双语版石黑一雄作品

我辈孤雏

When We Were Orphans

〔英〕石黑一雄——著

林为正——译

上海译文出版社

图书在版编目（CIP）数据
我辈孤雏：汉、英/（英）石黑一雄
（Kazuo Ishiguro）著；林为正译．—上海：上海译文
出版社，2019.4
（双语版石黑一雄作品）
书名原文：When We Were Orphans
ISBN 978-7-5327-8080-8

Ⅰ.①我… Ⅱ.①石… ②林… Ⅲ.①长篇小说—英
国—现代—汉、英 Ⅳ.①I561.45

中国版本图书馆CIP数据核字（2019）第038302号

图字：09-2018-151号

我辈孤雏（双语版）
［英］石黑一雄／著　林为正／译
责任编辑／宋金　装帧设计／张志全工作室

上海译文出版社有限公司出版、发行
网址：www.yiwen.com.cn
200001　上海福建中路193号
杭州恒力通印务有限公司印刷

开本 890×1240　1/32　印张 19.5　插页 6　字数 422,000
2019年4月第1版　2019年4月第1次印刷
印数：0,001—8,000册

ISBN 978-7-5327-8080-8/I·4968
定价：96.00元

总目录

我辈孤雏

第一部

一九三〇年七月二十四日·伦敦

第一章

那是一九二三年夏天的事了。那年夏天，我不顾姑妈要我返回什罗普郡的期望，离开剑桥南下，决定未来在首都发展，于是租下肯辛顿区贝德福德花园街十四号 b 室这间小公寓。如今回想起来，夏天就属那年的最美好。在寄宿学校，在剑桥读大学的时代，我长年生活在人群里，到了伦敦可以独来独往，真是惬意。我喜欢伦敦的公园，还有大英博物馆宁静的阅览室；兴致来了，就在肯辛顿区的街道逛一整个下午，天马行空想着未来的计划，走久了便把脚步稍歇，赞叹在英国这个国家，连这样的大都会区，也看得到爬山虎、常春藤攀爬在雅宅门面上的秀姿。

就在某一次这样的信步漫游里，我与老同窗詹姆斯·奥斯本不期而遇，发现他就住在附近，便邀他下回路过不妨上来小坐。尽管在此之前，我不曾邀谁到过我的住处，我却有信心他会接受邀请，因为这住所可是精心挑选的。房租虽然不贵，房东太太的装潢却十分不俗，散发着维多利亚前朝的悠闲；白天时分，客厅里阳光充足，陈设着一座年代久远的长沙发，还有两张舒适的单人扶手沙发椅、一个古董杯盘柜，以及一屏橡木书橱，里头满满地摆着一套老旧欲碎的百科全书——我相信这些东西正合这位客人的品味。除此之外，刚接下这栋公寓的时候，我就步行到骑士桥买了一套安妮女王风格的茶具、几包上好的茶和一大罐饼干。几天后，奥斯本真的突然在早晨时分来访，我便能以茶点招待，并且有十足把握——他绝对想不到，在此之前从来没有别的访客。

在头一刻钟里，奥斯本在客厅里四处走动，又赞美我公寓好，又东看看、西摸摸，还不时探头往窗外望，夸这里的街景新鲜。看了好一会儿，他终于在长沙发上安坐下来，我们这才开始叙旧——聊我们的近况与昔日校园友人最近发生的事。我记得我们谈了一会儿各个工会的活动，话题就转向了德国哲学，这场辩论漫长而愉快，展现出我们在不同学府里各自修成的功力。接着奥斯本又起来走动，一边高谈阔论他未来的各种计划。

“我打算到出版界，没错。报社、杂志社，这类机关。不瞒你说，我想辟个专栏，谈论政治、社会议题。当然啦，我的意思是，如果我决定不从政的话。我说班克斯，你真的还没想过自己未来要干什么吗？瞧，前程就在那儿。”他指向窗外。“你总有些什么计划吧？”

“也算有，”我报以微笑。“是有那么一两件在心里，到时候你自然明白。”

“你葫芦里卖什么药？别卖关子，就说何妨！不说看我怎么拷问你。”

我还是没露半点口风，过了一会儿，我就把话题引开，跟他辩一些哲学、诗歌之类的闲事。约莫中午的时候，奥斯本忽然想起他在皮卡迪利有个午餐约会要赶赴，便收拾起随身的东西。人走到门边却又转身说：

“对了，老兄，有件事差点忘了。今天晚上我要参加一个宴会。主客是伦纳德·艾弗夏，就是那位商场大亨，主人是我家族的某位长辈。现在才讲有点仓促，不过，不知道你肯不肯赏光？我可是诚心诚意。老早就想跟你提，不巧都没谈到这上头。地点是在查林沃思。”

他看我一时没有答话，靠近一步对我说：

“我邀你是因为我想起来了。我记得你以前总是拿我的‘家世不凡’来审我。少来了，现在可别跟我装傻撇清。你当年严词拷问起我来可是一点儿也不饶人。‘家世不凡？你给我说清楚一点，是怎么个不凡法？’好吧，现在机会来了，就让班克斯老兄自己亲眼来看看‘家世不凡’是怎么回事吧。”他接着还摇了摇头，仿佛在回想往事。“可不是？以前在学校里，你可真是怪胎一个哟。”我相信我是到这个节骨眼上，才接受了那晚的邀约——那一晚对我的影响，比我想像的还深远许多，这点往后自然会说明——奥斯本最后这句话听来刺耳，我且藏起愠色，送他出门。

事后我坐了下来，烦闷竟又浮上心头。事情是这样子，我心下忽然灵光一闪，明白了奥斯本那句话指的是什么。其实，整个学生时代里，我一直听人说奥斯本如何“家世不凡”。只要提到他，总是会听到这个说法，我相信，就连我提到他的时候，也会适时地用上几次。我经常暗自思忖，他这个人尽管长相、举止跟我们其他人殊无二致，却与王公贵族、各派权贵有讳莫如深的关系。然而他指控我“严词拷问”他，我可是怎么想也没那回事。他的背景确实让我在十四五岁时纳闷不已，不过奥斯本跟我在学生时代并不算亲，在记忆里，我们两人凑在一块儿，也就只有那么一次。

那是一个有雾的秋晨，我们两人并坐在一家乡间客栈外的矮墙上。我猜想我们应该上中学五年级了。我们在一场越野赛跑里，负责指示路线，就等选手破雾而来，经过附近的田野，我们便把正确的方向指出来，前面有条泥泞小径等着他们。我们看看时间还早，选手还不会到，就随便聊了起来。我肯定就是这一次，我问奥斯本究竟他家里有哪些“有头有脸”的人物。奥斯本尽管言行浮夸，本性倒还算谦虚，只顾左右而言他。我追问再三，他拗不过才说：

“班克斯，你就饶了我行不行。全是胡说八道，哪有什么有头有脸的。谁没认识几个人嘛，大家总是有爹娘、亲戚、世交等等。我不知道这有什么好让别人弄得神秘兮兮的。”他忽然发现自己言语唐突了，转身碰碰我的手臂。“真不好意思，老哥。我这张嘴就是会闯祸。”

这个“失言”似乎让奥斯本比我还难过。若要说这件事这么多年来一直留在他心头，那也未必不可能，因此他邀请我当晚陪他去查林沃思俱乐部，也算是弥补当年失言之过。其实，那个有雾的早晨，虽然他言语的确失当，可是我真的一点都不在意。我那些贫嘴的同学，对于别人的种种不幸，有哪桩不是大家抢着调侃的，偏偏每个人一提到我父母不在，都肃穆哀戚起来，老实说，后来我还真是看不下去呢。其实别人也许觉得奇怪，但我自己对于无父无母这件事——甚至没有什么近亲在英国（除了什罗普郡那位姑妈以外）——早就不觉得有什么不便之处。我还常跟同学说，读我们这种寄宿学校，大家都得学会过没父没母的日子，我的情况并没有特殊到哪里。总之，如今回顾这段往事，我对奥斯本“家世不凡”的着迷，部分原因可能是因为我觉得当时自己的人际关系，完全止于圣邓斯坦中学的围墙之内。而我一点也不怀疑，有朝一日，我也会为自己建立这样的人脉，出人头地。然而，或许我相信从奥斯本那里可以学到个中奥妙，学到这种事情的原理。

不过，我刚才说奥斯本离开前说的话让我听了刺耳，并不是指他说我多年前嘴上不饶人。其实我不以为然的部分，是他那句脱口而出的评语，说我以前在学校里，可真是怪胎一个。

事实上，奥斯本那天早上为何如此形容我，我至今依然不解，因为我记得我已加入英国的学校生活，跟大家水乳交融。就算是刚到圣邓斯坦的头几个星期，我也没做出什么让自己出糗的事。就拿我到校的第一天为例，我记得我就发现了许多学生站着交谈时，有一套肢体语言——把右手插进背心口袋，说到什么重点，左肩便如耸肩般上下晃动，作为强调。我清清楚楚记得，就在这到校的头一天，我已经把这套肢体语言运用得相当纯熟，没有哪个同学察觉什么异样或者想趁机取笑我。

我就这样胆大心细，迅速吸收其他肢体动作、语句转折、同侪惯常使用的大呼小叫等，至于掌握这个新环境里更深层的主流道德观与礼节，自然不在话下。我当然立刻就明白，我最好不要公开畅谈自己对于犯罪行为与侦查手段的看法——这个在我住在上海的日子里是家常便饭。这个部分我做得十分彻底，即便到了我在圣邓斯坦的第三年，校园里失窃事件频传，全校掀起一阵侦探热，我还是小心翼翼地不沾任何是非，必要时仅虚应一下。无疑也正是心中还残留的这种处世态度，让我在奥斯本来访的那个早晨，不肯多谈自己的“计划”。

然而尽管我想办法藏得滴水不漏，但是在印象中，我在学生时代还是至少有两件事显示我放松了警戒，让别人瞥见我心中的大志。就算在当时，我也无法解释自己为什么会这样做，到了今天当然就更不可能这么做了。

较早的那次，发生在我十四岁生日那天。我当时的两个好友，罗伯特·索顿-布朗与拉塞尔·斯坦顿，带我到镇上的茶点铺，享用烤饼与奶油蛋糕。那是个下雨的周六午后，店里座无虚席。于是每过一会儿，就会有满身雨水的镇民走进店里，四处看看，然后对我们投以不满的眼光，仿佛认为我们应该立刻把桌位让给他们。还好老板娘乔丹太太向来对我们照顾有加，在我生日那天下午，我们更觉得有十足的权利占用店里最好的桌位，就在飘窗旁边，窗外还有小镇的广场可以欣赏。那天我们聊什么，我大半忘了；不过等东西吃完，我的两个同伴相互使了几个眼色，索顿-布朗把手伸进背包里，拿出一个包装成礼物的包裹给我。

我动手撕开包装，才发现这个包裹不知道裹了几层，每当我揭去一层，却发现里头还有另一层，我的朋友就会哈哈大笑。这一切都显示，包裹拆到最后，里头的东西恐怕是要开我玩笑的。最后，从包裹里头冒出来的，是一只覆着皮革的盒子，我把小巧的扣片打开，掀起盒盖，里头是一把放大镜。

此时它就在我手上。它的模样这么多年来并没有什么改变；在那天下午之前，那把放大镜早已历尽沧桑。我记得我当时就看出这点，还发现它的放大效果绝佳，而且出奇地沉重，还有，那象牙镜柄有一边完全剥落。有一点则是后来才发现的——上头的镌文要拿另一把放大镜才看得清楚——它是一八八七年于苏黎世制造的。

收到这件礼物，我的第一个反应是欢天喜地。我抓起放大镜，把桌上成堆的包装纸扫到一边——我猜我正在兴头上，也不管包装纸有没有掉到地上——立刻用它来端详桌布上的奶油渍。我聚精会神地看，只是隐约听到我两个朋友捧腹狂笑——这个礼物显然就是要调侃我一番。等我抬头，总算感觉到有点尴尬，他们也不好意思地静了下来。这时候索顿-布朗挤出个戏谑的表情说：

“我们觉得，既然你立志要做侦探，你会需要这种东西。”

到了这个节骨眼，我灵机一动，虚应了一下，假装他们这个玩笑开得戏而不谑。不过，我猜想我那两个朋友觉得自己的玩笑开得莫名其妙，于是茶点铺里的气氛再也无法恢复先前那般融洽。

如我所说，此刻那把放大镜就在我眼前。调查“曼纳林案”时我用到它；最近在“特雷弗·理察森事件”里，我又用到了它。放大镜也许不是通俗悬疑故事里必要的装备，不过它用于搜集某一类证据时依然好用，因此我猜想这件罗伯特·索顿-布朗与拉塞尔·斯坦顿送我的生日礼物，我大概还会随身携带好一阵子。注视着它，我心头有个想法：假如我的朋友本意就是要嘲弄我，如今看来，他们嘲弄的是他们自己。只可惜我不可能确定他们心里想的是什么，更无法确定，我心中暗许的志向，在我重重隐藏之下，他们如何窥得一斑。斯坦顿谎报年龄志愿参军，在第三次伊普尔战役①里阵亡。索顿-布朗据说在两年前死于肺结核。总之，两人在我到圣邓斯坦的第五年离开了学校，等我听到他们的死讯，我们早已失联多时。我还记得索顿-布朗离开学校时我有多失望——他是我来英国以后，唯一真正的朋友；在圣邓斯坦后来的日子里，我非常想

① 一战时的一场血腥战役，发生于 1917 年。

念他。

我想到的第二件类似情况，发生在几年之后——在六年级下学期——不过这事我反而记得没那么详细。说真的，这件事的前情与后续，我忘得一干二净。我只是有个印象：我走进教室——“旧隐修院”第十五教室——一道道阳光正好从狭窄的修道院窗户泻下，照亮了悬浮在空中的灰尘。老师虽然还没到，不过我一定到得比其他人稍迟，因为我记得同学已经三五成群坐在书桌、长椅、窗台等处。我走近五六个同学围成的一群，他们忽然全都转过头来看我，我当下明白他们正在谈我。我还来不及说什么，其中一位叫做罗杰·布伦瑟斯特的同学指着我说：

“他想当福尔摩斯，未免矮了点吧。”

有几个同学笑了出来，笑声里倒没什么恶意，这就是我所能记得的一切了。我再也没听到有人谈到我想成为“福尔摩斯”的壮志，但过后不久，却觉得心头有根拔不掉的芒刺，担心我的秘密已经曝光，成为我不在场时的话题。

顺带一提，在我进圣邓斯坦之前，周遭的情势就已经让我觉得，我得小心避免碰触到我做侦探的志向这个话题。因为我到英国的头几个星期里，大部分的时间都待在姑妈什罗普郡的木屋附近，在那片公有的绿地上闲逛，在潮湿的蕨丛之间排演秋良跟我在上海一起编造出来的侦探故事。如今只剩我一人，我自然也得扮演他的戏份；此外，由于我感觉到从木屋可以看见我的一举一动，因此我怀着戒心把剧情动作缩小，台词则咕哝在嘴里，压着嗓子念——这跟过去我与秋良奔放不羁的惯用方式完全不同。

如此小心翼翼，终究还是徒劳。一天早晨，我在我阁楼的小房间里，无意间听到楼下客厅里姑妈跟客人在说话。原本我并不在意，可是他们忽然把声音压低，让我心生好奇，不由自主地蹑起脚步，溜到楼梯转角处，靠在扶栏上。

“他一去就是好几个钟头，”我听到她这样说，“才这么大的孩子，就这样整天自己一个，不理别人，简直有问题。他好歹也该看开了。”

“其实也难为他了，不是吗？”客人说，“才多大，就经历了那些事。”

“他这样闷着也没有好处，”我姑妈说，“他不愁吃、不愁穿，退一步想想，还算好命的了。这么久，也该看开了。我是说，不要再这样钻牛角尖。”

从那天起，我就不再去那块公有的绿地闲逛了，而且渐渐在各方面把“钻牛角尖”的样子收藏起来。不过，当时我只是个小毛头，夜阑人静躺在阁楼的房间里，听着地板吱吱作响——那是姑妈在木屋里走动，给时钟上发条，还有喂猫——我常常就在脑子里又把所有的戏码排练一番，就像秋良跟我从前做的那样。

还是回头谈谈奥斯本光临我肯辛顿寓所的那个夏日吧。我不希望让人以为我念念不忘他说我是“怪胎”，这事只怕没一会儿就被我抛诸脑后了。其实，奥斯本走后一会儿，我自己也跟着出门，心情还算不错，没多久就到了圣詹姆斯公园，在花坛间溜达，心中愈来愈期待当晚的聚会。

回想起那个下午，我的印象是，照理说我该觉得有点紧张才对，可是我一点也不，正是这种愚昧的傲慢，带着我度过了早年的伦敦岁月。我自然明白那天晚上我将见到的场面，那层次绝不是我在大学里见识过的；此外，也可能碰到我还不熟悉的应对礼节。不过，我觉得以我向来的精明，总有办法化解这类难题，大体上可以让自己举止合宜。我在公园闲逛时，心中关注的是别的事。当奥斯本提及某些“家世不凡”的客人时，我立刻假想其中至少包括几位当时顶尖的侦探。我猜想那天下午，我花了许多时间练习要怎么把自己介绍给马特洛克·斯蒂文森，或者甚至是乔维尔教授。我一而再、再而三地练习，要怎么在谦虚中带着几分自重，陈述自己的雄心壮志；我想像其中会有人怜惜我这个后生晚辈，提供我种种建议，坚持要我将来若有什么不懂的一定要去问他。

当晚自然是令我大失所望——尽管现在回顾起来，却因为不相干的理由，使得那晚别具意义。我当时尚不知情的是，在英国，侦探通常不参与社交聚会。倒不是没人邀请；我自己最近的经验证实了这一点，时髦的社交圈子向来想要把当时出名的侦探拉进自己的圈子里，只不过这些侦探常常也是诚恳而离群索居的个人，他们投入工作，一点也不想跟别人交往，更别提参加什么上流社会的社交活动了。

如我所说，那天晚上到达查林沃思俱乐部时，我并不了解这点。我有样学样跟着奥斯本向制服体面的门房愉快地打个招呼。可是才走进二楼拥挤的厅堂，没几分钟我就大失所望。我不知道事情发生的确切情况如何——因为我没时间确定在场的是哪些人物——只不过我凭直觉恍然悟到自己下午的兴奋期待真是愚蠢之至。忽然间，我不敢相信自己竟然会以为马特洛克·斯蒂文森或者乔维尔教授会在这里，跟眼前这些金融要人或政界高官生张熟魏地交际。说真的，整个下午我想得天花乱坠，而实际情况竟是如此，其间的巨大落差让我在诧异之余手足无措，至少一时之间无法回神，结果有半个多钟头，即使我心中不愿，却也不敢离开奥斯本身边。

我敢说，就是这种不愉快的心理因素让我如今忆起当晚的许多景象，都显得有点夸大或者不自然。例如，现在回想起那个房间，我就觉得好暗；尽管墙上有壁灯，桌上有烛火，头顶上还有一盏大吊灯——却无一挥得去笼罩全室的昏暗。地毯则是过厚，大家走动时不得不拖着步伐，而环顾室内各处，一些头发泛白、穿着黑色上装的人全都这么做，有些还把肩膀向前倾，仿佛顶着强风走路。托着银盘的侍者也一样得向前倾个角度才能跟客人交谈。在场的女士没有几位，却又出奇地内敛，几乎一眨眼就溶化在黑色晚礼服的森林里，失去踪影。

我刚才说了，我很确定这些印象并不准确，不过那个晚上在我心里留下的就是这幅光景。我记得我像个木头人似的，别扭地站在奥斯本身边，反复啜着杯中的饮料，奥斯本客气地与客人交谈，一个换过一个，客人们大都长我们足足三十岁有余。有那么一两次我想加入交谈，不过我的声音很显然稚气未脱，更何况他们谈论的人或事，我都一无所知。

后来，我愈想愈气——气我自己，气奥斯本，气这一切。我觉得我有十足资格鄙视身边的这些人；他们大部分都贪婪而自私自利，心中没有半点理想抱负或是对大众的责任感。仗着胸口的怒火，我终于离开奥斯本身边，在昏暗中到房里的别处走走。

我来到一处微弱光环笼罩的角落，光源是一盏小壁灯。这里人没那么挤，我发现有位年约七旬的银发先生背对着房间抽烟。我看了一会儿才明白，他凝视着一面镜子，那时他也察觉了我在看他。我正想走开，他却向镜中的我说：

“玩得愉快吗？”

“还不错，”我报以浅笑，“托您的福。这场面可不小。”

“有点混乱哦？”

我迟疑了一下，又笑了笑。“也许有一点吧。是有那么点儿，先生。”

银发先生转过身来，仔细把我打量一番。接着才说：“这里头谁是谁，我略有所知，你想知道的话，我可以告诉你。假如其中有哪位你特别想认识，我可以代为引见。你觉得如何？”

“果真如此，晚辈真是感激不尽。”

“好说。”

他向我靠近一步，环顾屋里有哪些人在我们眼前。接着就在我耳边说，这位是某某，那位是某某，并且把人指给我看。即使是鼎鼎有名的人物，他也好心地为我补上“这位是银行家”或“那位是作曲家”等等。名气没那么大的，他会把这个人的事业做个摘要说明，并告诉我这个人为什么重要。我想，就是在他谈到离我们极近的一位牧师时，他冷不防地岔开话题说：

“哪，我看你没在听哦……”

“真是对不起……”

“无妨，无妨。窈窕淑女，君子好逑嘛。像你这样的年轻小伙子。”

“我保证我……”

“欸，你何罪之有，”他笑一笑，用肘部顶一顶我的手臂。“你觉得她美吗？”

我不知道该怎么反应才妥。我委实无法否认，我分心去看了左侧约莫十步之外的一位少妇，她正在和两位中年男士聊天。不过实情是，刚看第一眼，我并不觉得她有什么姿色可言。情况甚至可能是这样子的：在那个时刻与地点，我第一次看到她，便不知怎么地感受到她的一些重要特质，那是我后来才得到验证的。我看到的是位娇小得像个小精灵的少妇，留着及肩的黑发。尽管当时她显然想讨好与她交谈的男士，但我看得出来，她的笑容随时都可以立刻变成嘲笑。她的肩膀微耸，有如鹰隼，她的姿态泄露了心中的城府。最重要的是，我在她眼睛周围注意到一种特质——可说是严厉而苛刻到无情的眼神——如今我回想起来，那天晚上，主要就是为了这点，我才如此醉心地注视她。

正当我们还在对她品头论足的时候，她向我们望过来，认出我身边的同伴，对他冷冷一笑。银发先生也回礼，并且郑重地鞠躬。

“迷人的女孩，”他口中喃喃念着，同时把我带开，“不过，像你这样的年轻小伙子，倒不必浪费时间去追她。恕我直言，你实在像个乖小孩儿。人家可是亨明斯小姐。莎拉·亨明斯小姐。”

那个名字对我没有任何意义可言。我这位向导，虽然在此之前都用心良苦地为我解说他点到名的客人的背景资料，这回却只说了姓名，显然认为我也闻名已久。因此我就顺势点头说：

“说的也是。原来那就是亨明斯小姐。”

老先生又停了下来，找了个新的山头开始瞭望。

“让我看一看。我猜你正在寻找可以提拔你的贵人。猜对了吧？别担心。我自己年轻的时候也玩这套。还有谁在这儿。让我看一看，今天有谁来了？”接着，他忽然转身问我：“你刚才说，你的人生抱负是什么？”

在此之前，我根本什么都还没谈到。不过既然如此，我迟疑了一下，便明白地告诉他：

“侦探，先生。”

“侦探？这个嘛……”他的目光继续在室内搜寻，“你不会是指……警探吧？”

“我指的是私人的咨询服务。”

他点点头。“那当然，那当然。”他继续抽了口雪茄，心思重重。接着他说：“你不会碰巧对博物馆有兴趣吧？那边那个家伙，认识他好多年了。博物馆。骨头、古物，那类东西。没兴趣？我想也是。”他继续环视屋内各处，有时伸长脖子好把人看个清楚。“当然啦，”他最后开口说道，“许多年轻人梦想要当侦探。我敢说，在我年少轻狂时也做过这种梦。你这个年纪的人，心中充满理想抱负，一心想做名震一代的大侦探，单枪匹马就除尽世上所有恶人。值得嘉许。不过，说真的，小伙子，不妨这么说吧，你好歹也有别的退路。因为过个一两年，恕我直言，反正过不了多久，你对世事会有完全不同的看法。有没有兴趣从事家具业？我会问，是因为那边那位先生不是别人，正是哈米什·罗伯逊本人。”

“我并无冒犯之意，先生。不过方才晚辈陈述的志向，绝不是一时奇想，是我一生都感受到的召唤。”

“一生？你能有多大年纪？二十一？二十二？我想我是不该泼你冷水。毕竟，假如连年轻人都没有半点理想主义式的想法，谁还会有呢？那么，小伙子，你必然认为今日世风，比起三十年前要败坏啰？而文明已在崩溃边缘，诸如此类的？”

“老实说，先生，”我直言不讳，“我正是这么认为。”

“记得当年，我也是这么想。”忽然间，他讥讽的口吻变得厚道许多，我甚至觉得我看到他泪水盈眶，“怎么会这样子呢？小伙子，你觉得呢？世风真的一日不如一日吗？难道智人正一步步地堕落成动物？”

“这点我也不明白，先生。”我回答，语气温和多了，“我只能说，从客观的角度来看，现代的罪犯变得愈来愈聪明。他们的胃口变大，胆量也更大，科学更是为他们准备了全套崭新的先进作案工具，供他们使用。”

“原来如此。要是没有你这种才华高的有为青年站在我们这边，未来就不堪设想了，是这样吗？”他悲哀地摇摇头，“看来你也许真的有心。我这样的老家伙太喜欢说风凉话了。小伙子，也许你说的没错。或许是我们放任事情恶化。唉！”

莎拉·亨明斯从我们身边走过，银发先生再度向她点头致意。她以高傲的优雅穿过人群，目光左右搜寻还有谁配站在她身边——我这么觉得。她注意到我的同伴，脸上闪过一抹微笑回礼，就跟刚才一样，不过脚步半点也没减缓。有那么一刹那，她的目光落在我身上，但转瞬间就把我抛诸脑后，我还来不及对她微笑，她早已穿过人群，走向房中另一个新发现的目标。

晚宴结束后，我和奥斯本共乘一辆计程车急驰回肯辛顿区，我试着从他那里多套点关于莎拉·亨明斯的事。奥斯本虽然满口说那晚的聚会真无聊，其实他满意得很，急着要仔仔细细地跟我说，他跟哪些达官贵人谈了多少事情。看来我不装出求知若渴的样子，是不可能让他把话题转到亨明斯小姐身上的。好不容易我才把他的话头引到亨明斯小姐的身上：

“亨明斯小姐吗？这个嘛，我想起来了。曾经跟海列特-刘易斯订婚。你知道的，那位指挥家。接着，海列特-刘易斯就在艾伯特亲王纪念厅举行舒伯特作品的音乐会，就去年秋天。记不记得，那简直是一场灾难。”

我向他承认，不曾听说这件事，奥斯本继续说：

“他们差点要把椅子砸过去，还好椅子都钉死在地上。《泰晤士报》有个记者还形容那次演出是‘胡搞乱来’呢。还是用‘污辱乐迷’这个字眼？反正他也不在乎。”

“而亨明斯小姐呢……”

“她把他甩了，像个烫山芋似的。显然她把订婚戒指退回去了，从此躲他躲得远远的。”

“就为了那场音乐会？”

“这个嘛，反正事情闹得很大。引起不小的骚动呢。我是说，她解除婚约这件事。不过，班克斯，今晚那些人真是无聊透了。你觉得等我们上了那个年纪，会不会也变成那样？”

离开剑桥后的头一年里，大半拜奥斯本的交情所赐，我发现我每隔一阵子就有时髦的社交宴会可以参与。那段人生，现在蓦然想起，觉得当时真是不务正业。我周游于晚宴、午餐聚会、鸡尾酒会之间，通常都在布卢姆斯伯里区以及霍尔本区的公寓里举行。我下定决心要改掉那夜我在查林沃思表现的别扭，我在这类场合的表现也日益稳健。一点也不假，有那么一阵子，我甚至可以说，我在时髦的伦敦社交圈里也占有一席之地。

亨明斯小姐不属于我那个圈子，不过每当我跟朋友提起她时，任谁都知道有这个人。此外，在晚宴聚会里，或者在一些豪华饭店的午茶厅里，也经常会瞥见她的身影。总之，关于她在伦敦社交圈的事迹，我总算累积了不少资料。

关于她，当时我所知的一切，不过是些模糊的二手印象，回想这样的日子，真是别有趣味！不用多久我就确定，许多人对她并无好感。即使与安东尼·海列特-刘易斯解除婚约之前，她早就因为许多人形容她的“直性子”而得罪了不少人。海列特-刘易斯的朋友——他们的看法恐怕无法客观，实在不足为信——说她先前曾经不择手段倒追这位指挥家。有人则指控她玩弄海列特-刘易斯的朋友，好接近他。她后来又把这位指挥家给甩了，有人觉得不解，有人则认为这恰好证实当初她就不安好心。反观我听到的，很多都是说亨明斯小姐好话的。我常听到人家说她“慧黠”、“迷人”、“有深度”。女性尤其支持她有解除婚约的权利，不论她的理由为何。然而，即使是为她说话的人，也同意她是“新品种的势利鬼”；同意她是认名不认人，倘若没有个显赫的姓氏，她连正眼也不瞧你。我也得承认，尽管那一年我只是在远处观察她，也实在找不到什么可以推翻这些说法。一点也不假，有时候她让我觉得，只有顶尖杰出人才周围的空气，她才呼吸得惯。有一阵子她与一位名叫亨利·奎因的律师交往，只因为“查尔斯·勃朗宁案”失利败诉，她就跟这位律师疏远。接着有流言说她与詹姆斯·比肯愈走愈近，当时他是政坛上旭日东升的新人。总之，到了这时候，我总算完全明白那位银发先生告诉我的话，像我这种“小伙子”别妄想追求亨明斯小姐了。我当时自然没有真正体会他话里的真意。现在明白了，反而让我别有兴致，在那一年里到处追踪亨明斯小姐的各种活动。即便如此，我第一次与她本人交谈，却是在查林沃思俱乐部初见后近两年的某个下午。

我与友人在华尔道夫饭店的午茶厅喝茶，他忽然有事先走一步。于是我独自坐在棕榈厅那里，享用我的果酱烤饼，这时我瞥见亨明斯小姐也是独自一人，坐在外头阳台上的桌位。我也说过了，我不是第一次在这种地方看到她，不过那天下午情况有所不同。当时“曼纳林案”结案才刚满一个月，我兴奋之情犹在心头。那是我首次功成名就，接下来有一阵子春风醉人的日子：许多新的机会忽然都浮现眼前；邀请函从新的领域如雪片飞来；原先顶多对我点头微笑的人，现在看到我出现，都欢欣地对我大呼小叫。也难怪我会有点忘形。

总之，在华尔道夫饭店的那个下午，我竟然起身向阳台走去。我不确定我期待的是什么。在那段志得意满的日子里，我经常这样，也不想想亨明斯小姐有没有这个兴致与我结识。也许在我晃过钢琴师身边，走近她看书的桌位时，心中曾闪过一丝疑虑。不过我记得，我还算满意自己开口说话的声音，礼貌中不失轻松：

“容我冒昧向您自我介绍。我们有许多共同的朋友呢。在下克里斯托弗·班克斯。”

说到姓名时，我还想办法说得有些花哨，不过在此之前，我的把握已然松动。因为亨明斯小姐抬头看我的眼神冷漠而严厉。她什么话也不答，立刻又低头瞥了一眼她的书，仿佛那本书不悦地哼了一声。过了半晌，她才用全然不明就里的语气回答：

“是吗？幸会。”

“‘曼纳林案’，”我提起此事，实属不智，“也许您知道这个案子。”

“当然，是您经手办的啰。”

这句话说得平淡无味，让我再也没办法装得神情自若。因为，她的语气不带半点拨云见日的意味；那句话没有任何意义，只表示她一开始就相当清楚我的身份地位，而且仍然想不出我有什么理由配站在她桌边。过去几周那种飘飘然的感觉，忽然消失无踪。我干笑了几声，相信是从那一刻开始，我心底明白了，尽管在“曼纳林案”里，我的调查毋庸置疑是十分杰出的，尽管我的朋友也对我赞美有加，但是对于圈外的世界来说，我并不如我自以为的那么重要。

我们极可能中规中矩地寒暄了几句，我便打了退堂鼓回到自己的桌位。今日再回顾此事，我觉得亨明斯小姐那样待我，已经是太客气了；像是“曼纳林案”这种小事，竟奢望亨明斯小姐听过，我真是可笑得不像话了！不过，我记得我又回自己桌边坐下，心中又生气又沮丧。我忽然觉得，我不只是在亨明斯小姐面前自取其辱，也许过去一个月以来，不知道自己出过多少丑态；我的朋友尽管在面前恭喜我，背后却嘲笑我。

到了第二天，我完全自知这个钉子我碰得活该。不过在华尔道夫饭店的这件事，恐怕着实在我心里埋下对于亨明斯小姐的恨意，至今都不曾全然消失——无疑也引发了昨晚那些不愉快的事。不过在当年，我却认为，我算是幸运才会遇到这整件事。毕竟它让我醒悟，我们是如何容易分心，而偏离自己珍爱的目标。我的志向是要打击邪恶——特别是暗中滋长、隐而不显的那种邪恶——这样的志向，跟在社交圈里沽名钓誉根本无甚关系。

从那时起，我大幅减少社交活动，并且更深入沉浸在我的工作里。我研究过去的著名案件，吸收新领域的知识，以备日后使用。也是约略在这个时期，我开始钻研各路名侦探的一生事业，发现我可以分辨出有些人的名声是建立在真实的贡献之上，有些则纯粹靠他在社交圈子的地位而浪得虚名；从中我了解了侦探成名的方法也有虚实之分。简言之，尽管我十分兴奋在“曼纳林案”之后，许多人都来攀连结交，但经过华尔道夫饭店一事，我想起父母立下的典范，并且下定决心不让琐事杂务再让我变心易志。

第二章

既然我现在想起了“曼纳林案”后的那段人生，或许也该顺带谈谈与张伯伦上校的不期而遇。说来也许让人感到意外，尽管他在我孩提时代扮演了相当关键的角色，后来我们却鲜少联络。不管是出于什么原因，我们就是没再联络，而我再次遇见他——那是在华尔道夫饭店遇见亨明斯小姐的一两个月后——则纯属巧合。

有个下雨的午后，我站在查令十字路上一家书店里，细看一本有插画的《艾凡赫》。我感觉有人在我背后徘徊了好一阵子，我以为他想要看我这边书架上的东西，于是就让了开来。可是后来，这个人还是在我身旁流连，我忍不住转身看看。

我一眼就认出上校，因为他的体态几乎没变。只是以成人的眼光看来，他已比我儿时的印象要羞怯而寒酸。他身着雨衣站在那儿，害羞地注视着我，直到我喊了一声：“是你，上校！”他才露出笑容，伸出手来。

“近况如何，孩子？我就知道是你。真是！近况如何，孩子？”

尽管他眼中含泪，举止却依旧尴尬，仿佛怕我听到他提起过去会心生不悦。我尽力表达再次看到他的欣喜之情，此时外头下起滂沱大雨，我们便在拥挤的书店里站着聊了起来。我发现他还住在伍斯特郡，还有他来伦敦是为了参加一场葬礼，顺便“放几天假”。我问他住什么地方，他支吾其词，我推测恐怕是某家便宜旅社。分手前，我邀他隔天晚上与我吃个晚饭，他欣然接受，不过听我提议去多尔切斯特饭店[1]，他似乎吓了一跳——“你以前待我那么好，这也是应该的。”我央求再三——求到他不得不点头答应。

如今回想起来，选择多尔切斯特饭店真是极不体贴。毕竟我已经猜到上校经济拮据；我也该想到，若不让他至少付他自己那份账单，岂不太伤他自尊了？不过在那段日子里，我哪有这么细心；我想，我只是太急着要让这位老先生清清楚楚地知道，自从他上次见过我以后，我早已不是昔日吴下阿蒙了。

这个企图，我想是达到了。其实在此之前，因为两次机缘，别人带我到过多尔切斯特饭店，因此与张伯伦上校相约的那个晚上，侍者问候我说：“真高兴又见到您，先生。”后来他又见识到我跟餐厅总管谈笑，等汤上桌以后，他突然笑了起来。

“真想不到，”他说，“这就是船上在我身边哭个不停的那个小鬼！”

他又笑了几声，忽然闭口不语，也许后悔自己不该再把话题引到这个方向。不过我用平静的笑容对他说：

“那趟路上，我一定烦死你了，上校。”

有那么一会儿，老先生的脸色凝重。接着他严肃地说：“以当时的情况来看，我觉得你实在是极为勇敢，孩子，极为勇敢。”

我记得这时候，两人都没再说话，气氛有点尴尬，等我们两人齐夸那汤味道鲜美，僵局就冰消烟散了。隔壁桌，有位珠光宝气的胖夫人开怀大笑，上校不太客气地看了她一眼。然后他似乎做了什么决定。

“你知道吗，有一件事真奇怪。”他说，“今天出门以前，我回想我们初次见面的情况，不知道你还记不记得，孩子，我想你大概忘了。毕竟，当时你心头要烦的事情太多。”

---

① 多尔切斯特饭店，位于伦敦的一家豪奢酒店，1931 年开张。

“才不呢，”我说，“那天我记得一清二楚。”

这并非谎言。即使是现在，只消阖眼片刻，我就可以让心神回到上海那个晴朗的早晨，还有哈罗德·安德森先生的办公室，他是家父在摩根洋行这家大贸易公司的上司。我正坐在一张覆着皮革的橡木座椅上，椅子打过蜡的气味依稀可闻，这种椅子通常只会出现在堂皇的大办公桌后，不过那一次，却放置在房间中央。我感觉得出这张椅子只保留给最重要的人，不过那次可能因为情况严重，或者为了表达慰问之意，那张椅子竟让给我坐。我还记得，不管我用什么坐姿，坐相就是不庄重；特别是我找不到任何姿势，可以让双肘同时放在雕工细致的扶手上。此外，那天早上我穿了一件全新的外套，是用粗糙的灰色布料缝制的——那件衣服怎么来的，我不知道——还有那排扣子，一路往上扣到下颔，让我丑得浑身不自在。

那个房间有个高挑又富丽堂皇的天花板，墙上有张大地图，安德森先生书桌后的大窗户阳光熠熠，微风徐徐透了进来。我想天花板上应该有电扇在转动，不过这点我记不清楚了。我记得的是，我坐在房间中央的椅子上，置身于严肃的关怀与讨论的焦点。我四周全是大人，都在讨论事情，大半都站着；有时候有几位会漫步到窗边，有争论的时候便把声音压低。我记得安德森先生本人对我的举止让我诧异。他身材高大，白发皤皤，嘴上还有一排大胡子，他待我仿佛多年老友似的——好得让我有那么一会儿猜想我更小的时候就认识他，只是我忘了。过了好一阵子我才确定，在那个早晨之前，我们绝不可能见过面。总之，他扮演父执辈的角色，不时对我微笑，拍拍我的肩膀，用肘部碰碰我，眨眨眼。他还问了我一次要不要茶，他说：“哪，克里斯托弗，这个可以让你舒服一点。”他还弯下身子，盯着我喝茶。后来，房内又是一阵交头接耳与讨论，接着安德森先生再度走到我面前，对我说：

“就这样吧，克里斯托弗。一切都安排好了。这位是张伯伦上校。他愿意不辞辛劳，护送你回英国。”

我记得就在这一刻，室内静了下来。事实上，我的印象是所有的大人都往后退去，全靠到墙边作壁上观。安德森先生最后给了我鼓励的一笑，接着也往后退去。到了这个时候，我才首度看见张伯伦上校。他向我缓缓走来，俯身望着我，接着伸出手。我觉得我该站起来与他握手；不过他手伸得极快，而我一时又站不起来，便坐着握住他的手。我记得他接着说：

“可怜的孩子，先是你父亲，现在是你母亲，你一定觉得周遭的世界就在你身边崩溃了。还好我们明天就回英国去。你姑妈正等着你，所以鼓起勇气吧，不久你就会恢复正常了。”

我一时之间竟说不出话，后来总算把话吐出来：“您真是太仁慈了，先生。您的协助，我感激不尽，而且我也不希望您以为我不懂事。不过有一点请您谅解，我觉得我不该在这个时候返回英国。”上校一时之间并没有反应，于是我接着说：

“是这样子的，先生，侦探们都尽全力在寻找家父家母，他们全都是上海最厉害的侦探。我想他们应该很快就会找到。”

上校点点头。“我确定有关当局会尽全力侦办。”

“那就是了，先生，尽管我十分感激您的好意，但我觉得回英国这件事，或许可以作罢。”

我记得这时候房内又是一阵交头接耳。上校则继续点头，仿佛仔仔细细地把诸事重新斟酌了一番。

“也许你说得对，孩子，”他最后回答说，“我真心希望你说的是对的。不过为防万一，你不妨还是跟我回去。反正一旦找到令尊令堂，他们也许会接你回来。谁也说不准的。说不定他们自己也想回英国呢。所以，你觉得如何？咱们俩明天就回英国，然后再看看事情怎么发展。”

“可是您知道吗，先生，恕我多嘴。您知道吗，侦探们都在找我父母，他们可都是最最顶尖的侦探。”

我不太确定上校怎么回答我这句话，也许他只是继续点头。总之，接下来他把身子沉得更靠近我，一只手搭在我肩上。

“听我说。我能体会你此刻的心情。全世界都在你眼前崩溃了。不过你得鼓起勇气。再说，你还有个姑妈在英国，她在等着你，明白吗？你总不能在这个节骨眼上让她失望，对不对？”

对着桌上的汤，我对他陈述我记忆里当时他所说的一字一句，我还以为这些往事能逗他笑一下。谁知道他反而严肃地回答：

“我真为你难过，孩子，非常难过。”接着，也许他察觉他误会了我的用意，凑趣地笑了笑，然后以轻松多了的语气说，“我还记得跟你在港边等船。我一直说：‘跟你说，搭船出海一定很有趣，我们可得要好好玩一玩。’而你只能不停回答我：‘没错，先生。没错，先生。没错，先生。’”

接下来几分钟，我就随他回想那天早上在安德森先生的办公室里，在场的人之中有多少人是他的旧识。他提到的人名，没有一个对我有任何意义。后来，上校停了一下，眉头皱了起来。

“至于安德森本人，”他半晌才开口，“那家伙总是让我不安。他就是有点不对劲。老实告诉你，那件事就是有点不对劲。”

一说完这句话，他抬头看着我，身子忽然一震。我还来不及反应，他就赶紧开始谈些别的，把话题引到那趟返英之旅，显然他认为这个部分比较安全。没多久，他就谈起船上同行的旅客、船长及船员、有趣的小事，那些事有些我已经遗忘，有些则根本不曾留意，他说到有趣之处便兀自发笑。他说得愉快，我也在一旁附和，常常假装我也记得他说的事情，好助他的兴。然而随着他这般漫谈往事，我心底却开始有些不悦。他在一件又一件温馨的陈年轶事里，渐渐把我形容得有点不堪。他不断影射我不管在船上哪里，都是畏畏缩缩而闷闷不乐，一丁点的小事就能让我掉眼泪。无疑上校曾经自视为护卫孤儿的英雄，如果事隔这么多年还要撕破这层幻想，我觉得不但不厚道，也没有意义。可是，如我所说，我心中的不悦愈来愈强烈。根据我清晰的记忆，我一下子便安然适应了环境的改变。我清楚记得，我在旅途中非但没有悲伤之情，那海上生活还过得十分兴奋，同时也期待上岸以后的未来。我当然有时会想念父母，不过我还记得我告诉自己，总是还有别的大人可以让我付出爱与信任。事实上，在旅程中就有一干妇人，耳闻我的遭遇，便到我身边赶着安慰致怜，胡缠了我好一阵子，我还记得她们给我的感受，就像在多尔切斯特饭店那夜对上校的不悦。其实我并非如我周遭大人以为的那么沮丧，就我记忆所及，在整个漫长的航程里，独独只有一件事，让我配得上“哭个不停的小鬼”这个头衔，而那还是发生在启程当天。

那天早晨阴霾漫天，四周的水域混浊。我站在轮船甲板上回望港口，回望杂乱的港边景物，船只、步桥、泥屋、暗色的木制船坞、远处上海滩的高楼，一切都在此时淡去，化成一抹灰影。

“还好吧，小伙子？”上校的声音就在耳边，“你觉得你会再回来吗？”

“会的，先生，我觉得我会。”

“难说哦。你一旦在英国安定下来，我敢说你很快就会把这里的一切忘掉。上海是不差，不过，我觉得八年我就受够了，我猜想，你也没必要再多留恋，再多待一阵子，你就会变成中国佬。”

“是的，先生。”

“说真的，好孩子，你真该高兴才对。毕竟你要返回英国了，要回家了。”

就是最后这句话，提到我“要回家了”，让我的情绪一时失控——我记得千真万确——是第一次也是最后一次。即便如此，我的泪水里也是气愤多于悲伤，因为我对上校的话厌恶至极。在我看来，我前往的国度，并无一人相识，而渐行渐远的那座城市却蕴含了我所知道的一切。最重要的是我父母还在那里，在港口的另一端，在上海滩高耸的楼影山脉之外某处，我对着海岸做最后的凝望，心想，说不定就在此时会看到母亲——甚至父亲——冲到港边，挥手高呼叫我回去。不过即使是当年，我心底也知道，这种愿望只不过是幼稚的胡思乱想。眼看着那座曾是家园的城市渐渐淡去，我记得我转身面向上校，带着欣喜之色说："我们应该马上就要进入大海了，对吧，先生？"

那天晚上，我把对上校的不悦之情，藏得滴水不漏。一点不假，直到他在南奥利街搭上计程车，我们互道再会，他始终满怀愉快的心情。一直要等到正好一年之后，他的死讯传来，我才有些愧疚，后悔那夜在多尔切斯特饭店没对他好些。他毕竟曾经有恩于我，而且在我看来，他是位正人君子。不过我也只能说，他在我人生里所扮演的角色——我无法否认他与当时发生的事情密不可分——会永远在我的记忆里定型为一个褒贬互见的人物。

华尔道夫饭店一事过后，有三至四年之久，莎拉·亨明斯与我没有任何接触。我记得这段日子里，有一次我在梅费尔区的某个鸡尾酒会上看到她。那次聚会上人很多，可是我没认识几个，所以决定先离开。我朝大门挤过去，发现莎拉·亨明斯正在与别人聊天，就挡在我往大门的路上。我的直觉反应是绕道而行。不过那一阵子，我又因"罗杰·帕克案"而名声大噪，我好奇之心油然而生，心想亨明斯小姐是否还敢像在华尔道夫饭店一样目中无人。于是我继续往人群里开路，对准方向，想从她面前挤过去。经过她身旁，我看到她的目光转过来认我的五官。她先是脸上一阵茫然，显然在回想我这个人到底是谁，后来我看出她认出来了，但她既不笑一下，也不点个头，又把目光转回跟她聊天的人身上。

其实，这种事情我才懒得去烦，因为那阵子，我手头上正忙着几件难解的案子。尽管当时距我建立今日这般的名声地位，还有好长一段时间，不过那时我已初尝任何稍有名气的侦探所承受的甜美负担。我向来了解，要根除那些行迹最隐秘的邪恶，而且要在恶行即将逃过法眼之际将之清除，固然是重大而严肃的事业，然而我一直要到经历了“罗杰·帕克谋杀案”这类案子之后，才切身体会，能把这类潜伏的坏事清除，对别人有什么样的意义——这不只是指那些直接与案情牵连的人，也指一般大众。于是我变得更加坚决，不让伦敦生活的浮华琐事害我分心。我也渐渐了解，也许我父母就是靠这点才能拥有他们的名声。总之，像亨明斯小姐这类人物，在我那个时期的心思里不会留下什么痕迹，若非那天在肯辛顿花园遇到约瑟夫·特纳，恐怕我早把她忘得一干二净了。

当时我在诺福克调查一个案子，正好回伦敦几天，打算研究一下我做过的各类笔记。其中一个阴天的早晨，我正在肯辛顿花园漫步，沉思与受害者失踪相关的诸多耐人寻味的细节。有人从远处喊住我，我立刻就认出是特纳，他是一位社交场合里的点头之交。他赶上来问我这阵子怎么这么难得见到踪影，随即邀我参加当晚他与友人在某家餐厅举行的晚宴。我礼貌地婉拒，推说我现在为手上的案子忙得无法分身，也不容分心，他回答说：

“真可惜。莎拉·亨明斯也要来，人家想跟你聊聊可想死了。”

“亨明斯小姐？”

“还记得是谁吧？人家可记得你哦。还说你们几年前就认识。她老是抱怨怎么到哪儿都没你的影子。”

我忍着不予置评，仅淡淡地回答：“仅代我问候她一声。”

我几乎话一说完就转身走了，不过回到书桌前，我承认听说亨明斯小姐想见我，让我有些分神。想了一会儿，我告诉自己，很可能是特纳会错了意；或者，他是夸大其词，想诱我参加那次聚会。不过从那次以后的几个月里，我耳闻好几件类似的事：有人听到莎拉·亨明斯向人抱怨，我跟她也曾经朋友一场，怎么现在她想见我一面却难如登天。我还从好几个地方听说，她扬言非把我“揪出来”不可。直到上个礼拜，我留在牛津郡夏克顿镇调查“斯塔德利农庄案”，亨明斯小姐终于本尊现身，显然是刻意安排的。

我找到那座围墙里的花园——查尔斯·埃默里的尸体就在花园的池塘里被人发现——在大宅子下方的草地一带。走下四层石阶，我便进入一处阳光难以触及的长方形区域，即使是晴朗的早晨，周遭一切依然笼罩在阴影之中。墙上虽爬满了藤蔓，可是人在其中总觉得像是走进一间没有天花板的牢房。

池塘占去这个区域的大半空间。尽管好几个人跟我说过里头养了金鱼，但我并没有看见里头有什么活物；事实上，池水如此阴寒，实在难以想像有什么生物能在这里生存——不过倒是顶适合在里头发现尸体就是了。池塘边上围了一圈覆满青苔的方形石板，底部全嵌在泥土里。我猜想我在那里勘查了约莫二十分钟——我趴在地上，用放大镜细看一块突出水面的石板——感觉到有人在观察我。起先我以为是这户人家的成员，想过来问东问西。由于稍早我已坚持不准有人打扰我，所以决定谁也不理，就算让他们觉得我无礼也在所不惜。

最后我听到园子的入口处有鞋子踏在石板上的声音。到这个时候，要是我还老是趴在地上不动，就有点不自然了；再说，我用这个姿势能查到的线索，正好也找得差不多了。此外，我还记得我趴的位置，几乎就是凶杀案发生的地点，而凶手还在逍遥法外呢。我爬了起来，拍掉身上的尘土，转身看到来者是谁，一阵寒意袭上我心头。

看见莎拉·亨明斯当然让我有些意外，不过我相信我脸上没有露出异色。我装出被打扰的表情，我猜想那也是她所见到的，因为她开口就说：

“噢，我可没有偷看您。不过这种机会实在难得。我是说，能看到大人物在工作。”

我仔细看她的表情，没有找到讥讽的痕迹。尽管如此，我尽量冷淡地回答："亨明斯小姐，我可是怎么也没料到会是您。"

"我听说您在这里。我来磐梅俐拜访朋友，从那条路走过去就到了。"

她停了一下，无疑是等我回答。我并未答腔，她全然不露愠色，反而向我走近。

"我跟埃默里一家是好朋友，您知道吗？"她继续说："这桩凶杀案，真可怕。"

"没错，可怕得很。"

"啊，所以您也觉得是他杀。那大概就错不了。有结论了吗，班克斯先生？"

我耸耸肩。"是有些发现罢了。"

"我觉得埃默里的家人也真是不该，四月事情发生的当时就该找您才对。我说真是的，这种事情，怎么会交给赛尔温·亨德森来办？他们以为那样能如何？那种货色，早该叫他回家养老去。您瞧，住在这种乡下地方，就会变得什么事都脱节。在伦敦随便问谁，保证人人都会跟他们谈起您的所有事迹。"

我必须承认，最后这句话吊起了我的胃口，因此，我迟疑了一会儿，还是禁不住问了她一句："容我多问，我有什么事情好让人家这样谈呢？说真的。"

"您也真是的，您可是全英国最杰出的侦探，可不是。去年春天，我们早跟他们力荐您不就没事了？可是埃默里的家人——就是要这么久才能开窍。也许迟些也总比没有好，不过我猜想，这时候线索恐怕都模糊了。"

"其实，有时候等案子发生一阵子再来调查也有好处。"

"真的吗？好高深哟。我总以为最好尽早赶到现场，好找些蛛丝马迹，您懂我的意思吧。"

"正好相反，要找您所谓的蛛丝马迹，永远不嫌晚。"

"可是这件案子，闹得大家心神不宁，真不是一个惨字能形容。

还不只是苦主家属而已，整个夏克顿镇都快毁了。以前这里是个欢乐的市集小镇，现在您瞧瞧大家，谁也不敢正眼看谁了。这整个事件，让所有的镇民彼此猜忌。我向您保证，班克斯先生，破了这个案子，镇民会永远记得您。”

“您真的这么认为吗？那可是有趣得很。”

“一点不假，他们会感激不尽，世世代代都会提起您。”

我浅笑一声。“看来您蛮熟悉这个小镇的嘛，亨明斯小姐。我还以为您从不离开伦敦呢。”

“哦，伦敦也不过如此，每当我受够了，总得跳出来才行。我可要说明白，在我心里，我可不是个城市女子。”

“您让我感到意外。我一直以为您向往都市生活。”

“您说得一点都不错，班克斯先生。”她语气里带有一丝气愤，仿佛被我将了一军，“都市确实有吸引我的地方，都市对我有一种……一种吸引力。”她这时候总算把脸转开，不再面对着我，四处看看墙内的花园。“这让我想起一件事，”她说，“好吧，我就招认，我才不是现在才想起什么。我装什么装呢？我们聊了半天，我心里一直在挂着这件事。我想求您帮我一个忙。”

“敢问何事？亨明斯小姐。”

“有个可靠的消息来源告诉我，您获邀参加今年梅瑞迪斯基金会的晚宴。可有此事？”

我略停了一下才回答：“没错，是有这么回事。”

“以您的年纪能受邀，可真不简单。听说今年的主客是塞西尔·梅德赫斯特。”

“没错，我想是的。”

“我也听说查尔斯·乌尔夫会出席这场盛会。”

“那位小提琴家吗？”

她开怀地笑了。“难不成他还会别的？还有托马斯·拜伦，这不难料到。”

她兴奋之情溢于言表，不过这时候，她又再度转身注视四周，身子微微一颤。

“您刚才是说，”我等了半天才问她，“您希望我帮您一个忙吗？”

“哦，没错，没错。我想请您……我想请您邀我做您的女伴，参加梅瑞迪斯基金会的晚宴。”

她此时以热烈的目光盯着我。我花了一会儿才想出对策，不过我开口时，语气如井水无波。

“我很想从命，亨明斯小姐。只可惜我几天之前已经回复过主事者。只怕现在才要通知他们我要携伴出席，为时已晚……”

“才怪！”她冒起火来打断我的话，“您的大名，谁人不知？何人不晓？您要带个伴儿，他们答应都来不及了。班克斯先生，您不会让我失望吧？这可不像您的为人哟。再说，我们这么熟也不是一两天了。”

最后这句话——让我想起我们“成为朋友”的历史——让我清醒过来。

“亨明斯小姐，”我语气坚决地说，“这个忙，实非在下能力所及。”

然而此时，亨明斯小姐眼露心意已决的神色。

“我知道一切细节，班克斯先生。地点是克拉里奇饭店，时间是下星期三晚上。我决心要去，我期盼当晚的盛会，我会在大厅等您。”

“克拉里奇饭店的大厅，就我所知，绅士淑女人人去得。假如您下周三晚上想光临该地，在下自然无法干涉，亨明斯小姐。”

她小心翼翼地看着我的脸色，不确定我的用意何在。最后她说：“那么您下周三肯定会见到我，班克斯先生。”

“在下已经说过，这是您的事，亨明斯小姐。现在请容在下告退。”

第三章

我花了好几天才解开查尔斯·埃默里之死的谜团。这个案子并没有像其他案子那样让我名噪一时，不过埃默里一家——甚至是整个夏克顿镇的镇民——深刻的感激，让我觉得这个案子跟至今所破的其他案子同样令我满意。我在幸福的气氛里返回伦敦，因此未曾多花心思去挂念调查的第一天，在围墙里的花园与亨明斯小姐邂逅一事。我倒不是说，我完全忘记她曾扬言要在梅瑞迪斯基金会的晚宴当天做什么事，不过如我所述，我当时正沉浸在得意的心情里，这种事才懒得多想。也许我心底深处相信，当时她的“威胁”不过是虚张声势罢了。

总之，当晚我在克拉里奇饭店外下计程车时，心里想的是别的事情。一则，我提醒自己，最近的成功何止给我带来参加宴会的资格；他们不但不会质疑我有没有分量出席这种聚会，其他客人恐怕还会缠着我追问最近办的这些案件的内情。我还提醒自己，绝不提早退场，即使一个人在角落枯立也要坚持。走进富丽堂皇的大厅，此刻，我全然没料到会看到亨明斯小姐面带笑容在那里等我。

她打扮得明艳动人，一身深色丝绸晚礼服，几件简单而高雅的首饰。她自信满满地向我走来，甚至还理所当然地用笑容跟走过我们身边的一对夫妻打招呼。

“啊，亨明斯小姐。”我口头先应付，心里则尽快回想那天在办“斯塔德利农庄案”的时候，我们之间谈了什么。此时此刻，我必须承认，我忽然觉得她似乎有充分的权利理直气壮地期望我邀她入席。她无疑看得出我心虚，于是就更加笃定。

“亲爱的克里斯托弗，”她说，“你看起来真是神采奕奕，把我完全迷住了！对了，我还没有机会恭喜你。你为埃默里一家人所做的事，真是太好了。你一向就是这么厉害。”

“过奖。其实那个案子也没那么复杂。”

她此时已经挽着我的手臂，要是此刻她就走向那位领客上楼的侍者，我确定自己是无计可施，只能任她摆布。不过，如今想来，她在这里走错了一着棋。也许她想要继续享受这得手的快感；也许她一时胆大妄为起来。总之，她并未往楼梯的方向移动，反而注视着鱼贯入厅的宾客，并且对我说：

“塞西尔·梅德赫斯特爵士还没到。我真希望能有机会跟他本人聊聊。今年梅瑞迪斯基金会向他致敬也算实至名归了，你觉得如何？”

“没错。”

“你可知道，克里斯托弗，我想不用几年，他们要致敬的人就会是你哟！”

我笑了出来。“哪里，哪里……”

“不必客气。这点我毫不怀疑。没错，也许还要等个三年五载，但是那天总是会到，等着瞧吧。”

“您太抬举在下了，亨明斯小姐。”

我们交谈时，她一直挽着我的手臂。过往的宾客不时有人向我或者向她微笑或打招呼。我得承认，我发现自己还蛮喜欢让大家——其中不乏知名人物——看到我和亨明斯小姐挽着手臂站在这里。我似乎看到他们与我们打招呼时，眼神里说着：“哦，瞧她缠上谁了，是他。这再自然不过。”这种想法一点也不让我觉得愚蠢，或者有任何屈辱的感觉，我甚至还觉得有几分得意。不过，忽然之间——我不确定出于什么原因——完全没有感觉到任何前兆，我对她燃起炽烈的怒火。我确定在那一刻，我的举止看不出任何改变，于是我们又气氛融洽地谈了几分钟，有时向路过的宾客点头致意。不过，当我放开她的手臂，转身面向她时，我的态度坚决似铁。

“那么，亨明斯小姐，真高兴再见到您。但此刻我得上楼入席了。”

我对她微微鞠躬，向后退去。这一着棋显然她没算到，就算她留了一手以应付我拒绝合作，这时候也难以施展了。我才走了几步，不巧有对年长夫妇拦下我向我问候，她逮住机会飞赶了上来。

“克里斯托弗！”她低声急切地说，“你敢！你答应过我的！”

“你知道没这回事。”

“你敢！克里斯托弗，你敢！”

“晚安，再会了，亨明斯小姐。”

我离她而去——顺带也丢下了那对老夫妇，他们尽全力装做什么都没听见——我快步穿过正厅阶梯上的人群登上楼去。

一到楼上，就有人带领我到一间灯火辉煌的接待厅。我依序跟着其他宾客排成一路走过一张桌子，桌后坐着一位身着制服、面如冰霜的先生，拿着名单核对来宾姓名。轮到我的时候，那位先生也在我的名字旁边打个钩，我看到他冰封雪覆的脸上闪过一抹兴奋之情，让我觉得很高兴。在留名册上签过名，我走向通往另一个大厅的玄关，可以看到厅中已有不少来宾在场。一跨过门槛，谈笑声立时围了上来，有位身材高大、胡子又浓又黑的先生向我致意，并跟我握手。我猜想他是今晚的主办人之一，不过我听不进他讲的话——老实说，那时候我还满脑子想着刚才在楼下发生的事，别的事情还进不来。我觉得心中有种没来由的莫名兴奋，我提醒自己，我没有算计亨明斯小姐；她要是蒙受了什么委屈，全是自取其辱。

我离开胡子先生，往厅里逛去，但莎拉·亨明斯还是在我心头挥之不去。我约略记得有位侍者端了一盘开胃酒迎向前来；还有各路宾客向我问候。有一会儿，我加入三四位先生围成的小圈子跟着聊天——他们都是科学家，也似乎都听说过我。在厅中过了约一刻钟，我察觉到气氛微微改变，四下环顾，发现所有的张望与耳语，都围绕着玄关那里的骚动，也就是此厅的入口。

我一注意到这点，心里便觉得事态严重，一时有股冲动想躲到厅内深处，不过有股神秘的力量把我推向玄关，不一会我又回到胡子先生身边，他背对着接待处，面露痛苦的表情，看着接待厅里上演的好戏。

我隔着他观望，确定闹事者确实就是亨明斯小姐。她让接待桌边等着签名入场的队伍停顿了下来。她虽然没有大呼小叫，不过似乎也完全不管别人有没有听见。我看见她推开一位上前劝阻的年长侍者；接着，她紧立在桌边，两眼直瞅着依然稳若泰山坐在桌后的冰霜面孔，然后以近乎啜泣的口吻说：

“你根本不懂！我非进去不可，明白吗？我里头有好多朋友，我属于那里，一点也不假！你得讲讲理呀！”

“我无能为力，小姐……”面如冰霜的先生接口。不过莎拉·亨明斯不让他说完，也不顾有一边的头发已经散落在脸上。

“一定是你们漏掉了，明白吗？就是这样，你们漏掉了！就因为这样，让你这样糟蹋我，真是岂有此理！岂有此理！……”

众人目睹这场闹剧，都一同僵在尴尬之中。这时候胡子先生打定了主意，威严地大步走进接待厅。

“发生什么事了？”他以安抚的口吻说，“小姐，有什么问题吗？没事，没事，我们会帮您处理，没问题，在下听候您使唤。”接着他身子一震，讶异地说，“哟，这不是亨明斯小姐吗？”

“不是我是谁！是我呀！你不明白吗？这个人简直太过分了……”

“可是亨明斯小姐，我的好小姐，您没必要为这个生气。来，我们先到这边来……”

“才不！你休想叫我走开！我不吃这套！我告诉你，我一定得进去，无论如何，我非进去不可，我梦想这刻好久了……”

“你们总可以为这位小姐通融一下吧？”旁观者里头有人讲话了。“何必这么小气？她都不辞辛劳来了，何不就让她进去？”众人也跟着在旁轻声表示赞同，不过我也看到有人露出反对的神情。胡子先生迟疑了一会，接着，他似乎决定当务之急是先平息骚动。

“那么，也许就破个例吧……”他转向桌后面若冰霜的先生，继续说，“我确定我们总有办法再挪个位子给亨明斯小姐吧，爱德华先生？”

我原本可以再多留一会儿，不过在他们对话的过程中，我忽然害怕起来：万一亨明斯小姐瞄到我在场，把过错赖到我头上，那可不妙。事实上，我正要退去的时候，她有那么一秒钟正眼盯着我看，但是她不动声色，下一刻，她焦虑的眼神又转回胡子先生身上。我于是趁机开溜。

接下来的二十几分钟里，我尽量逗留在厅中离入口最远的角落。过分看重这个场合的来宾实在多得出奇，以至于大部分的谈话——我身边所闻以及与人交谈的内容——都是在彼此恭维。等夸奖对方的话都说光了，大家就开始称颂今天的主要贵宾。后来，大家还把塞西尔·梅德赫斯特的丰功伟业巨细靡遗地算了一回，我向一位刚这样细数家珍的老先生问道：

“不知道塞西尔爵士到了没？”

老先生用杯子指给我看，我看到这位伟大政治家的高大身影就在不远处，略弓着身子，正在与两位中年女士交谈。接着，正当我还在望着他的时候，我看到莎拉·亨明斯从人群里冒出来，直接朝他走去。

刚才接待厅里的苦旦演出，此刻在她身上已找不到痕迹。她果然容光焕发。我看着她大步向前，毫不犹豫地把手搭上他的臂膀。

我身边的老先生开始把我介绍给别人，我只得回头应付一下。等我再回头看塞西尔爵士这边，我看见两位中年女士已经挪到一侧，脸上挂着尴尬的笑容，而亨明斯小姐则完全占据了他的注意力。我甚至看见塞西尔爵士不知听她说了什么，还仰头大笑。

时候到了，领座的侍者便带领大家进入晚宴厅，在辉煌的吊灯下，在一列既宽且长的餐桌边就座。所幸亨明斯小姐的位子离我有一段距离，有那么一刻，我觉得这个聚会还算愉快。我轮流与两侧的女士闲聊，觉得她们各有各的风韵，菜色还算可口丰盛。不过，随着菜一道道上桌，我发现我一再探出身子，瞄着长桌另一头的亨明斯小姐，然而我也一再告诉自己，刚才那么做绝无理亏之处。

也许就是因为这件事萦绕心头，现在我反而不太记得晚宴本身的事了。聚会末了是致辞；各方人物起身歌颂塞西尔爵士在国际事务上的贡献，特别是他在建立“国际联盟”中所扮演的角色。最后，是塞西尔爵士自己起身致辞。

我记得他的演讲，自谦而乐观。在他的观点里，人类从自己的错误中学习，现在已经稳固建立起一套体制结构，足以保证不会有世界大战那样的全球灾难发生。战争虽然可怕，但也不过是“人类演化过程里不方便的缺口”，每过几年，我们的科技进步超前了我们组织的能力，战争就会发生。我们全然想不到人类在工程学方面的发展有多快，并且以我们所获得的能力，运用现代化武器发动战争，但现在我们把这个缺口弥补上了。既然知道可怕的事情有可能在世界上爆发，文明的力量便抢占上风，并且立法加以规范。他的演讲谈的就是这些论点，我们也都热情地鼓掌。

餐后男女宾客并未分开，大会力邀所有人都到舞厅。在那里已有一组弦乐四重奏在演奏，而侍者则托着银盘，四处分送酒、雪茄、咖啡。宾客立刻流动起来，气氛远比餐前轻松。有那么一刻，我瞥见亨明斯小姐在厅内另一处看着我，我没料到的是，她竟对我微笑。我第一个感觉是，那是敌人的笑容，笑容底下计划着什么阴狠的报复；不过当晚我不时观察她，我觉得这点我错了。原来莎拉·亨明斯是打从心里快乐。她也许花了数月甚至数年的计划，才打进这个圈子，完成她的心愿，她就好像——套一句我们常听到的说法——刚生产完的妇女，把这一路上所吃的苦头，全部抛诸脑后。我看着她在小圈子之间穿梭，如鱼得水。我一时觉得不妨趁她心情好的时候过去跟她重修旧好，不过随即想到她也可能立刻翻脸再大闹一场，结果我还是躲得远远的。

大约晚餐后半个钟头，终于有人为我向塞西尔·梅德赫斯特引见。我并未刻意要会他，不过，我觉得要是来到这个场合，却未能与这位名声显赫的政治家谈上几句，难免会有些遗憾。实际的情况是，有人带他来看我——是亚当斯夫人，几个月前我们在一次调查中认识。塞西尔爵士亲切地握住我的手，并说："啊，年轻人，原来你在这里！"

有几分钟，我们身边没有别人，在我们四周，谈笑声喧闹如市，我们寒暄时必须倾向对方或提高声量。他还推推我说：

"我刚才在晚宴上说的每一句话——关于世界会更和平、更文明。我真的相信，真的。至少……"他抓起我的手，对我做个滑稽的眼神。"至少我宁可这样相信。没错，我好想相信这点。不过我不知道，我的朋友。我不知道到最后，我们是否能维持局面。我们尽人事就是了。组织、讨论。把大国的大人物凑在一块儿，要他们去谈。可是邪恶总是躲在暗处等着逮住我们。噢，没错，就算此时此刻，我们在这里谈什么大道理，它们也忙着密谋要让文明付之一炬。它们聪明得很，穷凶极恶地聪明。好人可以尽力而为，用一生把它们围堵在角落，不过，我觉得这样恐怕不够，朋友。这样恐怕不够。坏人太狡猾，不是你们平凡的正直百姓可以对付的。他们会在一般人的身边徘徊，腐化他，让他不利于自己的同胞。我看到这种事，我一直看到这种事，而情况只会变得更糟。这也就是为什么我们比过去更需要仰赖你这种人，朋友，我们好人阵营里，能跟他们较量脑力的人实在不多。像你这样的人，可立刻看穿他们的把戏，消灭邪恶之源，让它没有机会生根、蔓延。"

或许是他喝多了；或许这个场合让他忘我。总之他就这样在兴头上好一阵子，边说还边激动地握着我的手。也许是因为这位大人物如此真情流露——或者，是因为我心里整晚就想问他一件事——等他终于讲完，我便对他说：

“塞西尔爵士，我相信您最近去过上海。”

“上海？没错，我的朋友。来来去去嘛。中国的局势，事关重大呀。你知道的，我们不能再只管欧洲如何，现在必须把眼光放远。”

“我问这事，是因为我在上海出生。”

“真的吗？原来如此。”

“我只是好奇，先生，不知道您会不会碰巧遇到过我在那里的一位老友。当然，我这样问您实在有点没头没脑。不过，他姓‘山下’。山下秋良。”

“山下？这个嘛。我懂了，是日本人。上海日本人自然不少。他们在那里的影响力愈来愈强。山下，是吧。”

“山下秋良。”

“我不敢说有没有遇见过他。他是外交人员还是什么？”

“老实说，先生，我也不知道。他是我儿时的朋友。”

“哦，原来如此。如果是这样，你确定他人还在上海吗？也许你的朋友回日本去了。”

“不会的，我确定他还在那里。秋良非常喜欢上海。再说，他早下定决心永远不回日本，所以，我确定他还在那里。”

“可惜我没遇见过他。我跟一个叫‘斋藤’的很熟，还有几个军官，不过没人叫那个名字。”

“那当然……”我笑了笑，好掩藏我的失望，“本来就机会渺茫。不过我真的只是碰碰运气。”

这时候有件事让我略微一惊——莎拉·亨明斯竟已站在我身边。

“好啊，您可终于逮住我们的大侦探了，塞西尔爵士。”她欢愉地说。

“没错，亲爱的，”老先生回答，对她展露笑容，“我才在跟他讲，往后这些年，我们不知道要多么仰赖他们这些人呢。”

莎拉·亨明斯对我微笑。“我得说句话，塞西尔爵士，就我个人的经验，班克斯先生也未必一定可靠，不过我们要再找到更好的人也不容易了。”

我决定到了这个节骨眼上，不如尽早脱身来得妙，于是假装看到别处有个旧识，便先行告退。

过了好一会儿，我才再看到亨明斯小姐。那时候许多宾客已经准备打道回府，舞厅里也没那么拥挤。此外，侍者打开好几扇连着阳台的落地窗，让清新的晚风吹进舞厅。尽管如此，我还是觉得有点暖，为了透透气，我逛到其中一个阳台。我一踏进阳台才发现莎拉·亨明斯早已站在那里，背对舞厅，长烟嘴上点了根烟，凝望着夜空。我退了一步，不过虽然她动也不动，我却感觉得到，她知道我在那里。因此我便走上前去：

“亨明斯小姐，今晚您到底没有白跑一回。”

“今晚真是美极了，”她说，并没有转头看我。她满足地叹了口气，抽口烟，然后侧过脸对我淡淡一笑，随即仰首凝望夜空。“一切都如我所想。全是了不起的人物。无处不值得流连。了不起的人物。还有那塞西尔爵士，人真是好，你说是不？我跟埃里克·米切尔谈他的画展谈得最愉快不过。他邀我下个月参加私人展示会。”

我没说什么。有一会儿，我们只是一同靠在栏杆上站着。说来奇怪——也许是那弦乐四重奏的关系吧，一首柔美的华尔兹从那里飘来——如此无言并立，并不如常理以为的那样尴尬。最后她说了：

“我猜，你没想到我会这样。”

“会怎样？”

"决心这么强烈。今晚非来不可。"

"我的确没想到。"接着说,"你怎么会这么想,亨明斯小姐,非得要到像今夜这样的场合来找伴?"

"非得?你真的以为我非这么做不可?"

"我也只能这么猜啰。早一点的时候,在接待厅发生的事,可是支持这个说法的。"

我没想到她只是一笑置之,然后带着笑容对我说:"有何不可,克里斯托弗?有什么理由我不该希望自己能参加这种聚会。这里简直是……天堂!"

我并没有作答,她的笑容暗去。

"我想你并不同意。"她说,语调完全不同。

"我只是想说……"

"你尽管说。你说得对。刚才那件事你全知道,你觉得丢脸,所以你不同意。可是,我还有什么办法呢?我不希望等我老了,回顾人生才发现一场空虚。我要有所成就,足以自豪的那种成就。你知道吗,克里斯托弗,我有我的抱负。"

"我不确定我完全了解你的意思。你是否以为,只要跟名人搭上关系,人生就值得了?"

"你真的当我是这种人?"

她转过头去,也许真的伤了心,然后又抽了一口烟。我看着她注视楼下无人的街道,以及对街楼房灰泥粉刷的门面。她平静地说:

"我了解你为什么这样觉得。如果你要以嘲弄的冷眼看待我,这再自然不过。"

"我希望我没有这样看待你。如果有,我会很难过。"

"那么你就应该用点心体谅。"她转向我,眼中露出专注的眼神,然后又转回去。"假如我父母今天还在世,"她说,"那么他们一定会跟我说,我该嫁人了。他们也许没错。不过我不要跟我眼前许多女孩一样。我不愿把我所有的爱、所有的精力、所有的才智——尽管没多少——浪费在只会打打高尔夫球，或是在伦敦商业区卖债券的窝囊废身上。我要嫁，就要嫁给真正有所贡献的人。我是指对世人、对于改善世界有贡献的人。这样的抱负有什么不对？我不是来这种地方找名人，克里斯托弗。我是来这里找杰出的人。偶尔遇到一点尴尬场面，我才不在乎！”——她挥手指向厅内——“我就是不愿认命把人生浪费在某个愉快、礼貌、循规蹈矩的废物身上。”

“听你这么说，”我回答，“我看得出，你把自己看作，呃，一个狂热分子。”

“克里斯托弗，这样说也没错。哦，他们在演奏什么？这个我听过。是莫扎特吗？”

“我想是海顿。”

“啊，你说得对，是海顿。”有好几秒钟，她望着天空，仿佛在聆听乐声。

“亨明斯小姐，”我终究还是说了，“傍晚我对待你的态度，我感到十分不妥。老实说，我十分后悔，也满心愧疚，希望你能原谅我。”

她继续望着天空，轻轻用长烟嘴抚过脸颊。“你真是个正人君子，克里斯托弗。”她幽然道出，“不过该道歉的是我，毕竟我只是想利用你。毋庸否认。刚才闹得鸡犬不宁，我才不在乎。我却在乎我没有善待你，你也许不信，但是那一点也不假。”

我笑了出来。“那好，我们不妨就一起原谅对方。”

“好，就这么办。”她转向我，脸上忽然绽放笑容，简直有如孩童般开怀。接着，一股倦意似乎再度袭来，她又转身看夜空去了。“我一定糟蹋过别人，”她说，“我想，那是我的抱负心使然。而我剩下的时间也不多了。”

“你很久以前就失去了父母吗？”我问。

“就像永远那么久。不过话说回来，他们也永远与我同在。”

“嗯，我很高兴你今晚过得愉快。我只能再说一次，我后悔我待你的行为。”

“你瞧，大家都要走了。真可惜！我还想跟你聊好多事情呢，譬如说，聊你的朋友。”

“我的朋友？”

“你向塞西尔爵士打听的那位。上海的那位。”

“秋良吗？他只是个儿时玩伴。”

“可是我感觉得到他对你非常重要。”

我站直身子，回头看了看。“你说得对，大家都要走了。”

“那么我最好也走罢，免得我的离场跟我的进场一样轰动。”

不过她并未动身离去，最后还是我先告退，回到厅里。此时我回顾阳台，觉得她的身影在阳台上显得孤单，她兀自抽烟，把烟吹入夜空，任身后屋内的宾客如水流逝。我甚至想到我该回头，伸出手臂邀她一同离场。不过她提到秋良的事情又让我生起戒心，于是我决定暂且打住——今晚我已经尽了全力，改善我跟莎拉·亨明斯的关系。

第二部

一九三一年五月十五日・伦敦

第四章

在我上海家中的花园尽头，有座草丘，上头有棵槭树就长在丘顶。秋良与我约六岁大时，常喜欢在草丘周围和上头玩耍。如今，每当我想起这位儿时玩伴，脑海里常出现我们俩在草坡跑上跑下的景象，有时我们干脆就从最陡的地方跳下来。

每次我们玩累了，就会坐在丘顶，背靠着树干喘口气。从这个高处，我们可以清楚地俯瞰我家的花园与耸立在花园尽头的白色大宅。我只要阖眼片刻，就可以唤起那幅景象，如同身历其境：细心打理的"英国式"草皮，分隔我家与秋良家花园的那排榆树在午后所投下的阴影，还有房子本身——硕大的白色建筑物，有无数个厢房与花格栏杆阳台。我想，这段关于房子的记忆，不过是孩童的想像，实际上恐怕没那么富丽堂皇。当然，即使在那个时候，我也已经知道这栋房子怎么也比不上涌泉路那一带的住宅。不过，这房子给我们一家人住是绰绰有余，家里不过我父母、我、梅俐；再有一些仆人。

那是摩根洋行的房产，这表示屋中有许多装饰品与画是我不准碰的，这也表示我家不时会有"房客"——公司里刚到上海，还"立足未稳"的职员。我不知道我父母是否反对这样的安排。我一点也不在乎，因为房客通常是年轻人，带来英国小巷与草地的气息，那是我在童书《柳林风声》里读到的内容，或是柯南·道尔悬疑小说里多雾街道的气氛。这些年轻的英国人无疑都急于制造好印象，都肯耐着性子任我问个没完，或者答应我无理的要求。

现在想想，他们大部分都比此刻的我还年轻，而且全都远离了自己的家园。不过，当时对我而言，他们每一个都是我仔细研究与模仿的对象。

还是回头谈秋良吧：我现在想起某个下午发生的一件事，当时我们俩一直在草丘那儿，像无头苍蝇似的冲上跑下，排演我们一起编的戏。我们靠着槭树坐下来喘口气，我凝望着草地另一头的房子，等着胸口的起伏平息，这时秋良在我背后说：

“小心，老格。有蜈蚣。在你脚边。”

我清清楚楚听到他说“老格”，不过那时并没有多想。只是秋良用过一次以后，似乎爱上了这个小名，在接下来的几分钟里，我们又玩起我们的游戏，他不断用这个名字叫我：“这边，老格！快一点，老格！”

“反正不是老格就是了，”有一次我们争论游戏该怎么进行的时候，我终于告诉他，“是老哥好不好？”

正如我所料，秋良强烈抗议。“才怪，才怪。布朗太太，她要我说一次又一次。老格。老格。正确的发音，就是这样。她念老格。她可是老师哦！”

想说服他根本没有意义；自从他开始上英文课，他就极为自豪在家中他是英语专家。我每次总是不肯让步；吵到无法收拾，秋良气得干脆拂袖而去，丢下游戏不管，从我们的“秘密通道”离开——分隔两个花园的围篱上有一道缺口。

往后几次一起玩耍，他没有叫我“老格”，也没有提起我们在草丘上的争论。几周后的某个早晨，我早已忘记这件事，我们从涌泉路回家，路经一排富丽堂皇的房子与美丽的草坪。我不太记得我到底跟他说了什么，总之，他的回答是：

“你真好，老哥。”

我记得我忍住不提他也同意了我的念法。因为我已经太了解秋良了，他这样说“老哥”并非以间接的方式承认他先前念错，而是——不知怎么地，我也懂他的意思——而是他要表示，他可是一直都认为该念“老哥”的；现在他只是重申了他的论点，我没发出异议，更让他确信自己是对的。确实，当天下午，他更加得意忘形地跟我“老哥”来“老哥”去的，仿佛说：“所以你决定不再无理取闹啰，我很高兴你变得明理了一点。”

这种行为，在秋良身上并不罕见，尽管总是让我火冒三丈，但我很少会花工夫去反驳。事实上——虽然今天我觉得这件事难以解释——我当时觉得有必要为秋良保留这样的错觉，要是有哪个大人想裁定这场“老格”之争谁是谁非，我八成会为秋良说话。

我可没有意思要暗示，我完全受制于秋良的气势，或者我们的关系是段不平衡的友谊。在游戏里，常常是由我走第一步，而且大半关键决策都由我作出。事实上，我在心智方面比他强，他大概也接受这点。从另一个角度来看，我觉得其他各种事情，却让我的日本朋友拥有强大的权威。举个例子，像是他的擒拿术——每次我说了他不喜欢听的话，或是演戏的时候，我拒绝接受他很想采用的剧情转折，他就会用擒拿术来对付我。尽管他才大我一个月，但在一般事情上，我觉得他比我世故多了。他似乎知道许多我不知道的事情。最重要的是，他声称有数次，他曾经冒险走出租界的范围。

如今回顾起来，有件事倒让我有点意外，当时，像我们这样的小男孩，竟然可以在那些地方自由来去也没人管。当然，这些地方都还是在相对比较安全的公共租界内。就我而言，大人绝对不准我进入上海市区里的中国人区域，据我所知，秋良的父母对于此事，态度也一样严格。大人告诉我们，在那些区域，有说不尽的可怕疾病、污秽、坏人。有一次我几乎要走出租界：我与母亲所搭的马车意外走到苏州河靠闸北区的一条路；运河对岸拥挤的低矮屋顶就在眼前，我紧紧屏住呼吸，害怕瘟疫会越过那弯细流飘过来。难怪那时我的朋友声称他曾经数度秘密侵入这样的地区，会让我钦佩不已。

我记得我不断追问秋良的探险事迹。他告诉我，中国人的地区其实比传闻还要糟糕。那里没有像样的房子，只有茅屋木棚紧紧地塞在一起。照他的说法，那光景看起来顶像蓬路[1] 的市集，差别在于每个“摊位”都住了一整户人家。此外，死尸就随处堆积，苍蝇嗡嗡萦绕，大家都视而不见。有一次，秋良逛到某条拥挤的巷道，看到一个人坐在轿子上——他觉得是某个有权有势的军阀——身旁有个带剑的巨人。军阀随意指个人，那个巨人就立刻过去把那个人的头砍掉。毋庸置疑，大家躲的躲，逃的逃。秋良则是站着不动，挑衅地瞪着那个军阀。那个军阀花了一会儿工夫考虑要不要砍秋良的头，不过显然被他的勇气打动，最后哈哈大笑，还从轿上伸手拍拍他的头。接着军阀一伙人继续前行，所经之处，又有许多人头落地。

我不记得我曾经质疑过秋良的任何这类大话。有一次我跟母亲提到我朋友在租界外的冒险之旅，我记得她笑着说了些什么，让我开始怀疑这些事迹。我好生她的气，我想就是从那时起，一切和秋良有关的任何私密事件，我都小心不跟她提。

顺带一提，母亲是秋良唯一特别敬畏的人。假如他用擒拿术把我制伏，我还是不愿接受他的论点，我就会把母亲抬出来，警告他我要去母亲那里告状。当然，我也不会动不动就这么做——在那个年纪，要拿母亲的权威当靠山，还是觉得丢脸。不过在不得不这么做的情况下，我总是惊讶于这招引起的变化——一个张牙舞爪的残忍妖魔霎时变成惊慌的小孩。我永远也搞不懂母亲对秋良怎么会有这样的影响；尽管他一向非常有礼貌，但他一点也不怕大人。而印象中，我不记得母亲对他说话，有哪次语气不是温和而友善的。我还记得当时我就思索过这个谜，心中想到有几种可能。

有那么一阵子，我觉得秋良会这样看待母亲，是因为她“美

① 即如今的塘沽路。

丽”。我有位“美丽”的母亲，这是我在成长过程中接受的一件事实，不带任何情绪因素。大家向来都这么形容她，我相信当时这个“美丽”不过是用来标示母亲的一个标签，跟“高挑”、“娇小”、“年轻”一样，没有褒贬之意。然而，关于她的“美貌”对别人的影响，我也并非浑然未觉。当然，我当时还小，不甚明了女性魅力较深层的含义。不过跟着她走遍各种场合地点，有些事情我已视为当然，例如漫步在公花园①时，陌生人所投射的欣赏目光，或者又如星期六早上，我们想吃蛋糕便到南京路上的意大利咖啡店去，侍者总是额外招待我们东西。现在每当我欣赏她的照片时——我这里总共有七张，存放在我从上海带回来的相簿里——她的美，在我看来都属于较旧式、维多利亚时期的风格。今天，大家也许会认为她“端庄”；当然，不会说她“漂亮”。比方说，我就无法想像她会像今天的少妇那样，有各种惯常运用的小动作，像是卖弄风情地耸肩或甩头等。在那些照片里——拍摄的时间都在我出生以前，四张在上海、两张在香港、一张在瑞士——她看起来的确高雅、矜持甚至高傲，不过我清楚记得在她眉宇之间，还是有一抹温柔。总而言之，我这里要说的是，起初，我自然而然会怀疑秋良对我母亲的另眼相看，就像许多其他事情那样，是因为她的美貌。不过等我把事情再仔细想过，我记得我找到了一个更合理的解释，也就是秋良曾经目睹一件不寻常的事，发生在公司的卫生督察访问我家的那天早上。

我早就接受了生活里的这种事：每一阵子就会有一位公司派来的高级干部，在家中逛上一个钟头，在笔记本上记东记西，看到问题便唠叨。我记得母亲有一次告诉我，我很小的时候，喜欢“当”公司的卫生督察，每次我拿起铅笔研究我们家的厕所，她常常得设法把我哄开，免得我玩个没完没了。情况也许是如此，不过就我记

① 即黄浦公园。

忆所及，这些察访大半都平静无事，有好几年，我连想都没想起过。然而，如今我明白了，这些督察除了检查卫生情况，也来检查家中成员有无疾病或寄生虫的迹象，这类行动可能极为难堪，无疑公司选派执行人员时，也会挑选办事技巧与分寸拿捏都高明的人。我当然记得好些温和而善于察言观色的人——通常是英国人，有时是法国人——他们不但对母亲总是恭恭敬敬，连对梅俐也不敢造次。不过那天早上来的督察——当时我一定已经八岁了——却完全不是这种人。

今天我还清楚记得关于他的两件事：其一，他留着下垂的胡子；其二，他的帽子后面有块棕色的渍——也许是茶渍——延伸到环帽缎带底下。我在屋前马车道围成的草坪上玩耍。我记得那天天气阴沉。那个人出现在大门口，向屋里走来，我正全神贯注玩我的游戏。他从我身旁经过，喃喃说着："你好，小伙子。妈妈在家吗？"接着便往前走，也不等我回答。就在我注视他背影的时候，发现了他帽上的污渍。

我只记得，接下来的事大约发生在一个钟头以后。这时候秋良已经过来了，我们在游戏间玩得正起劲。他们说话的声音——虽然没有人拉高嗓门，却充满升高的紧张气氛——让我们停下游戏抬头细听，后来还溜到走廊里，缩在游戏间外面的橡木大柜旁偷听。

我家的楼梯比寻常住家要更堂皇些，从这个有利的位置，我们可以看到闪亮的护栏，顺着楼梯的弧度降到开阔的玄关。母亲与督察就在那里，面对面，两人都又直又僵，站在房间中央，看起来有如留在西洋棋盘上的两只敌对棋子。我发现那位督察把有污渍的帽子抓在胸口，而我母亲则两手相握，置于上腹前方，那样子就像某几个晚上，美国助理牧师娘刘易斯太太弹着钢琴，而母亲正要引吭高歌一般。

接下来的争执，尽管本身不怎么重要，但我相信对母亲却别具意义，也代表道德获胜的关键时刻。我记得，后来随着我成长，她也一再提起这件事，仿佛要我铭记在心；我记得客人来访时，经常听她从头到尾把整件事说给客人听，结束之前，母亲通常先笑一声，然后说那位督察在此事发生后，不久就被撤职。结果，我已经无法确定我对那天早上的记忆，有多少是我从走廊边上亲眼目睹的情况，有多少是来自母亲的叙述。总之，印象里，秋良和我在橡木柜后窥探时，督察大约是这么说的：

“我完全尊重您的感受，班克斯太太。但是我们来到海外，还是小心为上。公司对所有职员的福利负有责任，对于资深优秀的职员就更不用说了，像是您本人与班克斯先生。”

“对不起，赖特先生，”母亲回答，“可是我依然不明白您反对的是什么？您提到的这些仆人，这些年来都表现得极为良好。我可以为他们的卫生标准做担保。而您也才承认，他们看不出任何传染病的迹象。”

“就算这样，夫人，他们也是从山东来的。而公司有义务建议公司所有的职员，不要把那个省份的居民雇到家中使唤。虽然失之严苛，却是惨痛经验所换来的教训。”

“您不会当真吧？您希望我辞退我这些朋友——没错，我们早就当他们是朋友了！——就仅仅因为他们来自山东？”

这时候，督察的态度变得愈加冠冕堂皇，他继续向母亲解释，公司反对山东来的帮佣，无疑不但基于卫生与健康的理由，也是因为他们的诚信堪疑。由于屋内有许多物品属于公司财产——督察边说边指——他有责任以最坚决的态度一再重申他的建议。家母此时再度打断他的话，要他说明这个骇人听闻的论点有何依据，督察疲惫地叹了口气才说：

“夫人，事情很简单，就是抽鸦片。山东境内的鸦片瘾，已经到了十分悲惨的地步，甚至整个村子的人都离不开烧鸦片的烟枪。因此，班克斯太太，山东的卫生水准下降，传染病的发生率却高涨。而且，那些从山东来上海工作的人，就算他们自身本性诚实，不用多久也会开始偷窃，因为他们家乡的父母、兄弟、亲戚、族人，还有许许多多，都指望他们来满足毒瘾……噢，夫人！我只是想说……”

不只是督察此时不敢再说下去；我身边的秋良也倒抽了一口气。我瞥了他一眼，发现他张着嘴，凝视楼下的母亲。正是他此刻的神情，让我推测他后来对母亲毕恭毕敬，一定是从这个早上开始的。

不过，虽说督察与秋良两人，因为母亲在此刻所做的事而吓了一跳，我自己却看不出有什么反常的部分。在我看来，她只是重新摆个站姿，准备发表自己的意见罢了。话说回来，她的举止我早已熟悉；也许对于不熟悉的人，母亲在这种情况下惯常表现的表情与姿势，的确会让人觉得心惊。

这不是说我完全没警觉到山雨欲来的气氛，其实打从督察提到“鸦片”开始，我就知道这个可怜虫完蛋了。

他忽然闭口不语，无疑知道对方会打断他的话。不过，我记得母亲也沉默不语，营造出一种暴风雨前的宁静——虽然无言，两眼却炯炯盯着督察不放——对阵了半日，才用冷静下藏着怒火、一触即发的口吻说道：

“督察先生，敢情您是要代表这家公司，来和我谈鸦片喽？”

接下来是针针见血的猛烈抨击，她对督察所用的这一招，我早已熟悉，而日后也还要听她陈述其中概要好多次：她先泛泛地批评英国政府，再把火力集中到私人企业，特别是摩根洋行身上，说他们不该从印度，输入这么庞大数量的鸦片到中国，然后冷眼旁观这整个民族陷入悲惨与堕落。说的时候，母亲的声音常常高张欲裂，不过都尖而未破。她双眼始终不曾放松，最后问他：

“您不觉得羞耻吗？您还是基督徒、英国人、循规蹈矩的人吗？为这样的公司服务，您不觉得羞耻吗？告诉我，赚这种亵渎上帝的钱财来过活，您的良心能安吗？”

要是这位仁兄多点胆量，他也许可以指出，母亲之于他，也不过是公司同仁的眷属，并没有身份立场以这样的口吻、这样的言语斥责他。不过此时他知道再辩下去势必无法收拾，于是咕哝几句不痛不痒的话来保留自己的面子，就告退了。

在那些日子里，每次看到有大人——像是这位督察——还不知道母亲是“鹰派”的反鸦片健将，我都颇感意外。在整个成长的过程里，我一直认为母亲名闻遐迩，受人景仰，是中国鸦片毒龙的头号大敌。我得说明一下，关于鸦片的话题，在上海的大人并不会顾忌有无儿童在场，然而我年幼时，对这种事当然所知不多。每天乘车上学，我习惯看到南京路上有中国人摊成大字，躺在门口晒太阳，有一阵子，每当我听到母亲抨击鸦片，我总以为她帮的就是这种人。只不过后来，我长大了一点，就有更多机会一窥这个错综复杂的主题。像是后来母亲举办午餐会时，也会要我在场。

这些聚会在我家举行，利用平常日子父亲在上班的时间。通常会来四五位女士，仆人引领她们到花房，里头已经有张桌子陈设在藤蔓与棕榈树之间。我会在旁帮忙递茶杯、茶碟，还有盘子，然后等待我已知那一刻的来临：母亲会开始问客人，要是她们“凭着良心回答”，她们会怎么看待公司的政策。从这一刻起，愉快的谈话结束，所有的女士都静静聆听母亲继续表达她对“我们公司的行为”的深恶痛绝，她认为那“不是基督徒与英国人该做的事”。就我所记得，这些午餐聚会总是从这时候开始，变得安静而尴尬，没多久这些女士就会冷冰冰地道别，然后漫步走向等候的马车或汽车。不过我从母亲告诉我的事情里得知，她也在公司同仁的眷属里，赢得一些太太的赞同，于是志同道合的人就会受邀参加她的聚会。

这第二种聚会就严肃多了，我是不准参加的。他们会关在饭厅里进行，要是聚会进行的时候我在家，我走路时就不准发出声响。偶尔母亲带我去见见她特别景仰的人物——也许是一位牧师，或是某位外交官——不过一有客人要到，她总会叫梅俐把我带到最不碍事的角落。菲利普叔叔当然是每次必到的一员，而我总是想尽办法在散会的时候出现，好让他看到我。只要他瞥见我，每次都会带着笑容来到我身边，我们就会聊聊。有时候，他要是没有急事，我就会把他拉到一旁，看我那个星期画的图画，或者到后院的露台去坐坐。

一旦所有客人都走了，家里的气氛就会变得完全不同。母亲每次心情都会快乐起来，仿佛聚会把她所有的忧虑都一扫而空。我听见她在屋子里一边收拾东西，一边还哼着歌，一听到她的歌，我就会跑到花园里等候。因为我知道，她整理完毕之后，一出来就会看到我，不管离午餐时间还有多久，她都会陪我玩。

等我再长大些，在这样的时刻，也就是聚会结束之后，母亲会跟我一起去极司菲尔公园[①]散步。不过到我六七岁时，我们就比较常待在家里下棋，有时也玩我的玩具士兵。我还记得，我们在这些日子里发展出一套游戏的程序。那个时候，离露台不远的草坪上有架秋千，母亲会从屋子里哼着歌走出来，踏过草地，在秋千上坐下。我会在后花园里，在我的草丘上等候，然后向她奔跑过去，假装发脾气。

“下来啦，妈！你会把它压坏！”我会在秋千前胡蹦乱跳，挥舞手臂。“你太重了！你会把它压坏！”

而母亲则假装既没看见也没听见，反而把秋千愈荡愈高，同时放声高唱这样的歌曲：“黛丝，黛丝，请你跟我说你愿意。”等我的请求无效，我就会在草地上一直学倒立——其中缘由已不可考。她的歌声里就会穿插阵阵笑声，最后她会从秋千上下来，我们两人便去玩我准备好的游戏。就算是今天，每次想起母亲的那些聚会，我总会跟着想到会后随之而来的殷切期盼。

---

① 即如今的中山公园。

几年前，我在大英博物馆的阅览室花了几天，研究那个时代关于把鸦片输入中国的种种争论。我仔细阅读了许多当年的报纸文章、信件、文献，有一些儿时百思不解的议题，如今明朗了许多。然而——我也得承认——我做这样的研究，主要动机是希望能翻到有关母亲的报导。如我前面所述，毕竟儿时的经验让我相信，她是反鸦片运动的关键人物。结果她的名字连一次都没出现，我有些失望。以前我不断听到别人引用她的话、赞美她、批评她，怎么在我搜集的资料里却一次也没有出现。我倒是碰到好几则提到菲利普叔叔。有一则是在一封瑞典传教士给《字林西报》的投书里，他在谴责数家欧洲公司的同时，称菲利普叔叔是“可敬可佩的道德明灯”。找不到母亲的名字让我失望透了，失望之情实在沉痛，于是我从此放弃这方面的研究。

我其实无意在此立刻谈到菲利普叔叔。今天傍晚，我以为下午我曾在公车上对莎拉·亨明斯提起菲利普叔叔的名字——还告诉她一些基本生平。不过我把事情从头到尾仔细想了一回，我有理由确定菲利普叔叔根本不在我们的谈话之中——我得说我松了一口气。有个想法也许愚蠢，不过我向来觉得不该让菲利普叔叔的存在太具体，这样他就会留在我一个人的记忆里。

那天下午，我倒是跟她谈了一点秋良的事，如今我有机会再想想这件事，觉得这样做也好。反正我也没有透露太多，而她也并非真的有兴趣。我完全不知道为什么我会忽然跟她说了那么多事情；其实，在草秣市场站上公车时，我原本无意跟她说这些。

我受大卫·科贝特的邀请，参加他与一些朋友在摄政王南街的餐厅聚餐——此人与我只是泛泛之交。那是个时髦的餐会地点，他为我们这十几位客人在餐厅深处，预订了一张长餐桌。我很高兴看到莎拉也在客人里头——也有点意外，因为我一直不知道她也是科贝特的朋友——由于我到晚了，没办法坐在可以与她谈话的地方。

那时天色转阴，侍者为我们的餐桌点了一架烛台。我们这伙人里头有个名叫海格利的，喜欢把蜡烛吹熄再叫侍者来点上，他觉得这样闹着玩挺有意思。他在二十分钟之内做了三次——每次他认为热闹的气氛开始冷却就来上这么一回——而其他人似乎也觉得这个恶作剧很好玩。在我看来，莎拉这时候玩得还算愉快，跟着其他人起哄。我们在那里也许待了一个钟头——有几位男士先行告退回办公室去了——这时候，大家的注意力转到了艾玛·卡梅伦身上，一位热力四射的女性，坐在莎拉那头。我只知道她已经与身边的人谈了一会儿她的难题；然而此刻，餐桌上似乎静了下来，一下子让她成为聚会的焦点。接下来大家半正经、半嘲讽地讨论艾玛·卡梅伦与她母亲的问题——显然最近这对母女之间的关系，因为艾玛与一位法国人订婚而进入另一个新的危机。什么建议都有人提。例如那位名叫海格利的家伙，就提议在蛇河边盖一栋类似动物园的机构，把每个人的母亲——“当然还包括那些三姑六婆”——通通关进去。其他人则依自己的经验，提出更有用的建议，而艾玛·卡梅伦巴不得所有人的注意力都集中在她身上，她也把话题炒得热乎乎，陈述一则又一则洒狗血的轶事，以显示她这位至亲教人忍无可忍的个性。讨论进行了十五分钟左右，我看见莎拉在聚会主人耳边说了句话就离开房间。女士的化妆室位于餐厅大门的接待厅附近，因此别人——若有人看到她离去——无疑都以为她是去化妆室。不过我发现她表情有异，于是几分钟后就离席去找她。

我发现她站在餐厅入口，望着窗外的摄政王南街。她没有注意到我走近，我便上前碰碰她的手臂，问她：

“怎么了，没事吧？”

她吓了一跳，而且我注意到她眼中有些许泪痕，她立刻用笑容掩盖过去。

“是啊，我没事。只是觉得有点闷，就这样。现在好多了。”她笑了笑，又朝街上凝望，像在找什么似的，“真不好意思，我看起来一定很没礼貌。我真该进去了。”

“如果你不想这么做，我实在不觉得有什么该不该的。”

她仔细端详着我，然后问道：“他们还在谈刚才谈的那些吗？”

“我出来的时候还是，”我又补充，“我想，在讨论问题母亲的研究会上，我们两个无法做出任何贡献。”

她忽然笑出了声，拭去泪水，不再对我隐藏心情。“是啊，”她说，“我猜我们两个确实都没资格与会。”接着她又笑着说：“我真傻。他们也不过是给午餐助兴罢了。”

“你在等车吗？”我问，因为她殷切地观望街上的往来车辆。

“什么？没有，没有。我只是看看风景。”接着她又说，“不知道公车会不会来。你瞧，就在对街，那里有个站牌。我以前与母亲在公车上度过许多时光。我们只是坐着玩。我是说我小时候。要是我们坐不到双层公车的上层第一排，我们便直接下车等下一班。有时候我们会花几个钟头在伦敦市区里绕。看看风景，聊聊天，指着有趣的东西要对方看。我以前常常坐公车玩。难道你没上过公车，克里斯托弗？你该试试。从公车上层可以看到好多东西哦。”

“我得承认，通常我若不是步行就是叫计程车。我有点害怕伦敦的公车。我总觉得如果我上了公车，它就会带我到我不想去的地方，然后我得花一整天的时间找路回来。”

“有件事不知该不该告诉你，克里斯托弗？”她的声音变得非常冷静，“其实是我笨，我一直到最近才想通，以前从来没有明白过。母亲那时候一定已经非常痛苦，她没办法跟我一起做别的事，那也是为什么我们会在公车上待那么久，只有这件事我们还能一起做。”

“你现在想不想搭公车？”我问。

她又往窗外望去。“难道你不忙吗？”

“这可是我的荣幸。我也说了，我害怕自己搭公车。要是有你这样的老手带领，这可是我的福气。”

“很好。”她忽然眼神一亮，“就让我来教你怎么搭伦敦公车。”

后来我们没在摄政王南街上公车——我们可不希望他们午餐散会出来，看见我们在等车——而是到不远处的草秣市场站等车。我们登上公车上层，她发现前面第一排空着，竟表现出一种幼稚的喜悦。公车蹒跚驶往特拉法尔加广场，我们就坐在那里一起摇晃。伦敦今天看起来灰沉沉的，一路上人行道上的行人都人手一把雨伞或穿着雨衣。我估计我们在公车上大约待了半个钟头，或更久一点，路经斯特兰德大街、官署街、克勒肯维尔路。有时候我们静静地欣赏车下的街景；有时则聊聊，讲的都是些无关紧要的事。她的心情比午餐时要轻松多了，也不再提她母亲。我不确定那个话题是如何开启的，不过却是在许多乘客于上霍尔本路下车之后，那时，车子沿着格雷旅店路继续行驶，我竟然谈起了秋良。我相信一开始只是顺口提到，形容他是我的"儿时玩伴"。不过她一定试着想多了解我，我记得没过多久我就笑着跟她说：

"我总是忘不了，那时候我们还一起偷东西呢。"

"真的！"她惊呼，"真是这样吗！大侦探也有段不为人知的犯罪史！我就知道这个日本男孩会有文章。拜托，告诉我，你们偷了什么？"

"其实也算不上偷。我们那时才十岁。"

"可是你良心不安，对吧？直到现在，"

"才不。那只是小事一桩，我们从用人房里偷了点东西。"

"真有趣。那是在上海吧？"

我想我一定还跟她说了几件往事，当然都是些没什么意义的事，可是下午与她分手时——后来我们在新牛津街下车——我感到有些意外，也有些不安，我竟然什么事都跟她说了。毕竟到了这个国家以后，我从来不曾跟任何人提起过去，而且，如我所说，我也绝对没有打算要从今日开始破戒。

不过这也许只是迟早的事。老实说，在过去这一年里，我愈来愈专注地回想往事；这样的专注背后有个动力，那就是我发现我的记忆——儿时的、父母的——近来开始变得模糊。最近有好几次，我发现两三年前我相信会永铭心头的事情，现在却要想半天。换言之，我不得不接受我在上海的人生随着岁月流逝，将愈来愈模糊，最后只剩几抹残影。就在今夜，我坐下来把我还记得的事，大略依照顺序重新温习，我又再次警觉到，这些记忆竟然变得更为朦胧。就像我刚才述说的母亲与卫生督察这件轶事——尽管我对自己精确记得此事的梗概十分有把握，不过在心头重温一遍之后，对于细节已经没有那么肯定了。到头来，我不再确定她对督察所说的话，到底用了哪些字句："赚这种亵渎上帝的钱财来过活，您的良心能安吗？"现在我觉得，即使在母亲激动的时候，她一样会注意到这话说得牵强，而且可能会害她让人笑话。我不相信母亲会这么失态。换个角度来看，我把这些话跟她连在一起，可能正是因为这样的问题是我们住上海的时候，她常常问自己的问题。不争的事实是，我们"赖以维生"的这家公司所做的事，正是她认为该打入地狱的坏事，这一定成为她挥之不去的良心折磨。

说真的，也许我连她说那些话的前情后事都记不清楚；说不定这个问题不是对卫生督察说的，而是对父亲，而且是另一天早上，他们在餐厅里争吵的时候说的。

第五章

我不记得那次在餐厅里的争吵发生在卫生督察来访之前还是之后。我只记得那天下午雨下得好大，屋子里到处阴沉沉的，我还记得我在图书室里温习我的算术功课，梅俐则在旁陪伴。

我们称之为图书室，其实也不过是个前厅，而墙上碰巧摆了几排书罢了。中间的空地刚好只够放下一张红木书桌，那里向来是我做功课的地方，我的背就靠在通往餐厅的双开门上。梅俐，我的阿妈，认为我的学业是件严肃的大事，即使我做了一个钟头的功课，她也就一个钟头不苟言笑地站在我身边看着，从没想要往身后的书架上靠一靠，或者到我对面的椅子上坐一坐。用人们早就知道读书时间不可以闯进来，连我父母也这么认为，除非有什么重大事情，不然他们也不会来打扰我们。

那天下午，父亲竟然大步走过前厅，无视我们的存在，进入饭厅后把门牢牢关上。几分钟后，又有人闯入，是母亲，她也一样大步通过，迅速地走进饭厅。接下来的几分钟，即使隔着厚重的门，仍不时听到只字片语透过来，可见他们吵得多么不可开交。不过真正教人沮丧的是，只要我多听了一会儿，只要我手中的铅笔迟迟写不出算数题目的答案，就会招来梅俐的责骂。

可是就在这时候——我不知道怎么会这样——有人来唤梅俐过去，书桌边忽然只剩我一人。起先我还继续在做功课，好怕梅俐回来会发现我离开了椅子。不过她离开愈久，我就愈想要听清楚闷在那扇重门后头的争执到底在吵什么。终究我还是站了起来，走到门边——即便到了这个节骨眼，我还是每隔几秒就跑回书桌，以为听见了阿妈的脚步声。后来，我想到一个可以理直气壮地留在门边的办法：我把尺握在手里，就算梅俐逮到我，我也可以说我正在测量房间的大小。

尽管如此，也只有在我父母按捺不住，音量失控的时候，我才听得见整句话。我约略可以从母亲愤怒的声音里，听到义正词严的语气，就像那天早上她对卫生督察说的话一样。我听见她反复说了好几次："可耻！"还一直用"罪恶的生意"来指称她批评的事。她说："你把我们都变成了共犯！无一幸免！真是可耻！"父亲听起来也很生气，不过他的语气是辩解与无奈。他一直说着这类的话："事情没那么简单。一点也不像你说的那么简单！"忽然间，他扯着嗓门说：

"可惜啊！我不是菲利普！我天生就不是。可惜啊！真是可惜啊！"

他的咆哮里别有深意，像是某种锥心刺骨的无奈，我忽然好气梅俐在这种情况之下留我一个人在那里。也许就是这时候，我站在门边，手里握着尺，既想再听下去，又想逃回我的游戏间，到玩具士兵身旁寻找庇护，忽然间，我听到母亲说出这些话：

"为这样的公司服务，您不觉得羞耻吗？告诉我，赚这种亵渎上帝的钱财来过活，您的良心能安吗？"

我不记得后来梅俐是否回来了，或者父母出来的时候我是否还在图书室。我倒是记得随之而来的，是我父母之间一段相当长期的冷战——也就是说，持续了好几个星期，而非数日而已。我不是说他们之间连只字片语都没有，只不过所有的交谈都仅限于现实事务。

这种冷战我早就司空见惯，也从来不会多问。反正这也不太会给我的生活带来什么影响。例如，父亲来吃早餐的时候还是会先说一声："早安！"再把双手合在一块，只不过母亲的回应是冰冷的眼神。遇到这种情况，父亲为了掩饰他的尴尬，便转向我，用同样欢愉的语气问道：

"那么你呢，小海雀？昨晚有没有什么好玩的梦？"

根据我的经验，我该含糊应声然后继续吃东西。除此之外，如我所说，我的生活一切照旧。不过我想我一定对这件事多少有过什么想法，因为我确实记得，有一次我在秋良家玩耍，跟他有过一次特别的谈话。

在我记忆里，秋良的家从建筑本身来看，与我家十分类似；事实上，我记得父亲告诉过我，两栋房子是二十年前由同一家英国公司建造的。不过他家内部就另当别论了，那也是让我着迷之处。倒不是因为里头放眼皆是东方的画或装饰品——在上海，在我人生的那个阶段，我对这些东西必定是司空见惯——而是因为他家人在应用西式家具的方法上，有十分奇特的想法。我觉得该在地板上出现的小地毯，他们挂到墙上去；椅子的高度总是与桌子不搭；桌灯则顶着硕大欲坠的灯罩。最值得一游的，是他父母在屋子顶层布置的那两个和式房间。这两个房间小巧却不显得拥挤，地上铺了榻榻米，墙上则安上了纸板，如此一来，一旦进入房里——至少根据秋良的看法——就感觉不出自己其实不在木头与纸建造的纯正日式房子里。我记得这两个房间的门格外有意思：从外面看，"西式"的这面，是橡木门板配上磨亮的铜制手把；从里面看，"和式"的那面，是细致的纸配上漆木格框。

总之，有一次，天气酷热如蒸，秋良与我在其中一个和式房间里玩耍。他教我玩一种游戏，用的是一叠写了日本字的纸牌。我尽力学会了基本规则，玩了几分钟，我忽然问他：

"你母亲会不会有时候不再跟你父亲讲话？"

他茫然地看着我，可能是因为他没听懂我的话；每次我像这样另起一个话题，他的英文程度往往就应付不了。于是我又问了一次，他耸耸肩说：

“母亲不跟父亲讲话，当父亲在办公室；母亲不跟父亲讲话，当父亲在厕所！”

话一说完，他抱着肚子狂笑，翻身仰卧在地上，两脚朝空中乱踢。我只好暂时丢下这事不提。不过既然都提了，我决心要问出他的看法，过了几分钟，我又问了一次。

这次他似乎感觉到我是真心要问，便把纸牌摆一边，问了我几个问题，就这样我或多或少让他明白了我心中的忧虑所为何来。他接着又翻身仰卧在地，不过这次他若有所思地盯着天花板上旋转的风扇。过了一会，他说：

“我知道为什么他们不。我知道。”接着他转向我说，“克里斯托弗，你，不够英国人。”

我请他解释，他又望着天花板，沉默不语。我也翻身仰卧，跟他一样盯着风扇。他躺在房内的另一角，后来他开口了，我记得他的声音哽咽几不成声。

“我家，一样，”他说，“母亲和父亲，他们不说话。因为，我，不够日本人。”

也许正如我提过的，我常把秋良当作人情世故的权威，因此那天我非常仔细地听他说话。我父母不跟对方说话，依他之见，是因为他们对我的行为感到痛心——也就是说，因为我的言行举止不够像英国人。他说，假如我朝这个方向去想，我就可以找出每次父母不说话跟自己在这方面的疏失间的关联。就他自己而言，他总是知道每次自己对不起日本血统，他果然就发现父母不再跟对方说话。我问他，那为什么他们不能像我们不乖的时候那样，用一般的方式责骂我们就好了，秋良对我解释，情况不同；他谈的犯错，迥异于平时会让我们受责罚的行为不检。他指的是，我们让父母失望到连想责骂我们都没办法。

“母亲和父亲，非常非常，很失望，”他幽幽道出，“所以他们不说话。”

接着他坐了起来，指着当时窗户上半掩的百叶遮阳帘。我们这些小孩，他说，就像把帘叶系住的绳子。以前有位日本僧侣这么告诉他。我们常常不了解这点，不过正是我们这些小孩，不但把家系在一起，也把全世界系在一起。假如我们不尽自己的责任，帘叶就会散落一地。

我不记得那天我们还谈了些什么，再说，这种事情我不会老挂在心头。无论如何，我记得，我不止一次好想跟母亲求证我朋友说的理论，结果我一次也没问成，倒是有一次我跟菲利普叔叔谈起了这个话题。

菲利普叔叔并不是我的亲叔叔。他刚到上海时，曾跟我父母同住，在我家“做客”，当时我还没出生，他还受雇于摩根洋行。后来，我还很小的时候，他基于“自身与雇主对于中国该如何成长的看法，有极深鸿沟”的理由，辞掉了公司的职务，这是母亲每次描述的用词。等我年纪渐长，知道了这号人物的存在时，他已经在经营一家名为“圣木”的慈善机构了，宗旨是要改善上海中国人区域的生活条件。他是我父母长年的朋友，不过，我也提过，在母亲热衷反鸦片运动的那几年，他更成为家里的常客。

我还记得常常跟母亲一起去菲利普叔叔的办公室，地点就在市中心某教会的花园里——如今我猜测，应该是苏州路上的“联合教会”。我们的马车会直接驶进花园，停在一片果树成荫的大草坪边。在这里，尽管四周传来大都市的噪音，气氛却相当宁静，母亲下了马车会停下脚步，抬起头说一句：“空气，这里纯净多了。”看得出她的心情变得轻松，而且有时候——假如来早了些——我们就到草地上玩游戏，打发个几分钟。如果我们玩的是捉人游戏，在果树之间穿梭，母亲常常会跟我一样兴奋地欢笑尖叫。记得有一次我们玩到一半，她看见有牧师从教堂里出来，便立刻打住。我们文静地站在草坪边，他从我们身边走过的时候，我们还跟他寒暄一番。可是一看他走掉，母亲马上转身朝我蹲下来，与我共谋似的噗嗤一笑。这种事可能不止一次。总之，我记得一想到母亲也会跟我一样，参与一些会被“教训”的事情，心里就觉得好奇妙。那些在教堂墓园里无忧无虑玩耍的时光，也许就是因为这个层面，才让我永远有些特别的感觉。

在我记忆中，菲利普叔叔的办公室总是乱七八糟，到处摆放着大大小小的箱子、一堆堆的报纸，甚至还有零散的抽屉匣，里头仍装有东西，摇摇晃晃地叠成小塔。我猜想母亲不会准许房间搞成这副德性，不过每次形容菲利普叔叔的办公室，她都只用“温馨”、“忙碌”之类的形容词。

每次来看他，他总不忘好好招呼我，热情地与我握手，请我坐下，然后跟我聊上好几分钟，母亲则带着笑容在一旁静候。通常他还会送我一份礼物，还佯称是早就准备好，等着我来拿的——其实没几次我就看出来，他是当下眼前有什么东西就拿来给我。“猜，我给你准备了什么，小海雀？”他会这么说，而眼神则在房内寻找一件合适的东西。就这样，我得到许多办公室的用具，全都保存在游戏室的一个旧柜子里：一只烟灰缸、一个象牙笔架、一块铅制的镇纸。有一次，菲利普叔叔说要送我礼物，话说完了，却还没看到什么合适的东西。他先是尴尬地停了一下，接着跳了起来，在办公室里走来走去，口中喃喃念着：“我放哪里去了？我到底丢哪儿去了？”找了半天，也许是情急之举，他走到墙边，把长江流域的地图扯下，还弄破了一角，他把地图卷起来就捧到我面前。

我向他吐露心声的那次，办公室里只有菲利普叔叔与我独处，母亲因事出去，我们正在等她回来。他邀我坐上他办公桌后的椅子，而他自己则在办公室里走动。他像平常一样，跟我闲聊些趣事，换作平时，不用多久就可以逗得我开怀大笑，不过那次不同——就在我与秋良讨论过后没几天——我没心情玩笑。菲利普叔叔马上就看出异样，于是他说：

“怎么啦，小海雀，今天怎么不开心了？”

我觉得时机恰当，便顺势说了：“菲利普叔叔，我有个疑问。你觉得要怎样才能更像英国人？”

“更像英国人？”他放下手边的事情，看着我。接着，他脸上带着关心的表情朝我走来，顺手拉了一张椅子到桌边坐下。

“你怎么会想要比你现在更像英国人呢，小海雀？”

“我只是在想……我，我只是在想，也许可以嘛。”

“谁说过你不够像英国人了？”

“也没有啦。”过了一秒我又补充，“不过，我觉得也许我爸妈这样觉得。”

“那么你自己觉得如何呢，小海雀？你觉得你自己应该更英国一点吗？”

“我也说不上来，叔叔。”

“我想也是。哪，没错，你在这里长大，周遭什么人都有。中国人、法国人、德国人、美国人，什么人都有。你要是长得有点像个小混血，一点也不奇怪哟。”他略微笑了一笑。接着又说：“不过那绝不是坏事。你知道我怎么想吗？小海雀，我认为像你这样的孩子，要是长大成人后，都能博采各家之长，那可绝不是坏事。到了那时，也许我们会更加善待彼此。至少，战争会比现在少得多。没错。也许有一天，一切冲突都会结束，但绝不是因为有什么伟大的政治家或教会或我们这样的机构，而是因为人们改变了。他们会像你一样，小海雀，更像是一种综合体。所以变成混血儿有什么不好？好处多多呢。”

“可要是我真的变成了那样，世界可能会……”我没说下去。

“世界会怎样，小海雀？”

“就像挂在那里的遮阳帘一样，”——我指了指——“假如绳子断了。世界可能会四分五裂。”

菲利普叔叔凝视我所指的百叶帘。接着他站起来走到窗边，轻轻碰了碰帘子。

“世界可能会四分五裂。也许你说得对。我想，这种事要置身事外，恐怕不容易。人总是要有归属的感觉，要属于某个国家、某个种族。否则，谁知道会发生什么事。我们这个文明，也许就要崩溃。然后世界就会四分五裂，如你所说的。”他叹了口气，仿佛我辩倒了他，“所以你想要更像英国人。这个嘛，小海雀。那么我们该怎么做呢？”

“不知道，有一件事不知道好不好，叔叔，不知道你介不介意。不知道我可不可以有时候就模仿你。”

“模仿我？”

“没错，叔叔。有时候而已。就这样，我学学英国人的做事方法。”

“你真是太抬举我了，老弟。可是你不觉得，令尊才是该享受这项殊荣的人？他再英国人不过了，我敢这么说。”

我把脸转开，菲利普叔叔一定立刻就察觉自己说了什么不该说的话。他坐回到椅子上，又正对着我。

“你听我说，”他平静地说，“那么我们就这样做好了：只要你觉得有件事情，不管什么事，你担心做得不好，你就来我这儿，我们再好好讨论讨论。我们就讨论到你完全清楚要怎么做为止。哪，这样有没有好一点？”

“是的，叔叔。我觉得好多了。”我勉强笑笑，“谢谢你，叔叔。”

“我说小海雀，你有时也是个可怕的淘气鬼。不过以淘气鬼来说，你算是最可爱乖巧的一种了。我相信你爸妈都为你感到非常非常骄傲。”

“你真的这么觉得吗？”

“我是真的这么觉得，真的。好啦，你感觉好过些了吗？”

说完这句话，他跳了起来，继续在办公室里走来走去。他说话的语调又回复原先的轻松随兴，开始说隔壁办公室那位女士的奇闻怪谭，让我笑个不停。

我多么喜欢菲利普叔叔啊！然而，我有没有任何有根据的理由怀疑，他并非真心喜欢我？在那个阶段，也许他确实只想为了我好，然而他也跟我一样，对于世事会如何发展茫然无知。

第六章

同样在那段时间里——那个夏天——秋良的行为里有某些表现让我不安，特别是没完没了地吹嘘他们日本人的成就。这是他的老毛病，不过那个夏天简直到了无法自拔的地步。一次又一次，他中断我们正在玩的游戏，就为了对我宣布日本最近在商业区又盖了什么大楼，或者又有另一艘日本战舰即将进港。他强迫我听他说最微小的细枝末节，而且每隔几分钟，他就说一次日本会成为“非常、非常伟大的国家，就像英国”。最让人讨厌的是，他又开始比较哪国人比较爱哭，是日本人还是英国人。要是我替英国人讲话，我的朋友马上要求立刻测验，也就是说，他就动手用他可怕的擒拿术把我压制住，直到我屈服或哭出来。

在那个时候，我把秋良迷恋他们种族的神勇，归因于他在当年秋天就要回日本读书。他父母安排他住在长崎的亲戚家，尽管学校放假他就会回上海，我们都明白往后能相见的日子并不多。起初，这个消息对我们有如晴天霹雳，不过随着夏日流逝，秋良显然相信他在日本的生活，各方面都会比在上海强，于是对于新学校的期盼也就愈来愈殷切。我则是渐渐受不了他一而再、再而三地夸耀日本的一切——事实上，到了夏末，我还巴不得他走。说真的，等分手那天的早晨来临，我站在他家外面，对着载他到港口的汽车挥别，我相信我当时一点都不难过。

然而，没过多久，我就开始想念他了。不是因为我没有其他朋友。要说朋友，我家附近就住了一对英国兄弟，我常常跟他们玩，自从秋良走了以后就更常见面。我跟他们交情愈来愈好，特别是只有我们三个人的时候。不过有时候会有其他学童加入——其他就读上海公学的学生——他们对待我的方式就会改变，我有时会成为他们开玩笑的对象。当然，这个我一点也不在意，因为我看得出他们基本上是良家子弟，对我没有恶意。即便在那个时候，我也明白，五六个小孩组成的团体里，其中若有一人与其他人读不同学校，这个圈外人注定要让大伙开些无伤大雅的玩笑。我的意思是，我并不会因此就认为我的英国朋友不好，然而，不管怎样，这种事的确让我无法与他们发展出我与秋良之间那种亲密的感情，而随着时光流逝，我想我愈加怀念有秋良陪伴的日子。

其实秋良不在的那个秋天，怎么说也不算是特别悲伤。在我记忆中，那段日子经常闲散无事，空虚的午后一个接一个过去，当时的事大半已从我心中褪去。然而有几件小事发生在那些日子里，后来我却认为别具深意。

例如，我们跟菲利普叔叔去看赛马的事——我有理由确定这事发生在某个周六早晨，母亲安排的聚会之后。也许我已经提过，尽管母亲会鼓励我到客厅去跟她志同道合的人认识一下，可是等他们在客厅碰面后，进入餐厅开始聚会，我却被拒于门外。我记得有一次问她，可不可以让我参加一次聚会，没想到她考虑半天，最后才说：

“对不起，小海雀。安德鲁斯夫人与卡洛太太都不喜欢有小孩子在场。真可惜，如果你来的话，就可以学到一些重要的事情。”

父亲当然不在被拒之列，不过大家似乎有种默契，也就是他应该自行回避这些聚会。现在我已难以确定，究竟是什么原因造成这样的情况，不过每个有聚会的星期六，早餐的气氛总是不对。母亲不会对父亲明白提起聚会的事，吃早餐时却始终以近乎厌恶的眼神看着他。父亲这边则是强颜欢笑，而且愈装愈过火，直到母亲的客人一个个抵达为止。菲利普叔叔总是非常早到，他会跟父亲在客厅里聊个几分钟，两人笑声不断。等客人来得多了，母亲就会过来把菲利普叔叔带到角落，严肃地讨论当天聚会的内容。总是在这个时候，父亲就会告退，通常是到他书房里去。

那天，在我今日的印象里，我听到聚会结束，客人开始散去，就到花园等候母亲——我以为她会如平常一样，过一会儿就会出来霸占我的秋千，用她清扬美妙的嗓音歌唱。等了一会儿，看不到她，我进屋里看个究竟，走到图书室，看见餐厅的双开门已经打开了；我知道聚会已经散场了，可是菲利普叔叔与母亲仍在里头，在桌边专注地讨论事情，桌上摆满了文件。接着，父亲出现在我身后，无疑也以为早上的聚会已经结束。他听见餐厅里有人声，拉住我并对我说：

“哦，他们还在里头。”

“只剩菲利普叔叔。”

父亲面露笑容，接着绕过我走进餐厅。透过门缝，我看到菲利普叔叔站起来，接着我听见两位男士一起大笑的声音。过了一会儿，母亲走出来，脸上有不悦之色，怀里抱了一堆文件。

那时候已过正午，菲利普叔叔留下来吃午饭，同时又有更多开怀的笑声。午饭快吃完的时候，菲利普叔叔提议：下午何不一起到赛马场去逛逛？母亲想了想，认为这是个好主意。父亲也说他觉得这个主意不错，不过实在无法奉陪，因为书房里还有许多公事等着他办。

“不过那也无妨，亲爱的，”他转身对母亲说，“不妨就跟菲利普去。下午天气好极了。”

“老实说，我也是这么想，”母亲说，“去散散心，也许对大家都不无好处。克里斯托弗也来吧。”

这时候他们全对着我看。尽管我才九岁大，但我相信此刻的情势，我还是略知一二。我知道他们让我选择：一者跟着去赛马场，一者在家里陪父亲。不过我相信我也懂得背后隐藏的含意：假如我决定留在家里，那么母亲就会因为不便单独与菲利普叔叔同游赛马场而婉拒邀请。换言之，要不要出游，全看我要不要跟。此外我也知道——我有十足把握——在那一刻，父亲极度希望我们别去，我们要是去了，会让他痛苦万分。之所以看出这一点，并不是因为他的举止里有什么异样，而是因为我在那一阵子——或许是不得不然——所体会到的一切。当然，在那段日子里，有许多事情我完全不了解，不过，至少这个层面我看得一清二楚：在那一刻，父亲全赖我解围。

不过，或许我的了解还不够多，因为母亲催我说："来吧，小海雀。赶快把鞋子穿上。"我穿上鞋，一副兴高采烈的样子，其中兴奋之情是我装给他们看的。直到今天，我都还记得父亲把我们送到前门，跟菲利普叔叔握握手，马车载着母亲、菲利普叔叔跟我离去，他笑着挥手，目送我们在午后出游。

那年秋天，关于父亲的事，只有另一件还清楚留在我的记忆里，那就是几次耐人寻味的"自吹自擂"。父亲总是态度谦冲，觉得别人的自夸令人难堪。正因如此，那阵子在好几次不同的场合中，听到他那样子讲话，让我觉得很诧异。那都是一些小事，仅让我略感纳罕，不过这么多年来却一直留在心底。

举个例来说，有一次在晚餐桌上，他冷不防对母亲冒出一句："亲爱的，我告诉过你了吗？那个家伙，那个码头工人代表，他又跑来见我了。他要感谢我为他们所做的一切。他英语好得很。当然啦，这些中国人说话总是一副欢天喜地的样子，这种话的内容都得打个折扣才行。不过你知道吗，亲爱的，我清清楚楚觉得，他讲这话是诚心诚意的。他说我是他们'德高望重的英雄'。不赖吧！德高望重的英雄。"

父亲笑了起来，接着细看母亲的反应。她继续吃了一会儿才回答：

“是啊，亲爱的，你跟我说过了。”

父亲看起来有点泄气，可是才一下子他又满脸欣喜之色，笑了笑说：“原来我说过！”接着他转向我，对我说，“不过，小海雀可没有听过哦！有没有，儿子？德高望重的英雄。他们是这样称呼你爹的。”

我已经记不得这一切究竟怎么回事，可能当时也不在乎。会记得这段轶事纯粹是因为，如我说过的，这么谈论自己，实在不像我父亲的所作所为。

另一次类似的情况发生在某个下午，父母带我去公花园听铜管演奏会。我们刚在外滩北端的尽头走下马车，我与母亲遥望宽阔的马路对面的公园入口。那是个星期天的下午，我记得马路两边的人行道上，处处都是衣着讲究的人在散步，享受港口吹拂的微风。外滩的港堤上穿流着马车、汽车、黄包车，我与母亲正准备过马路，父亲付了车资随后赶上，没来由地大声说：

“所以，亲爱的，公司的人现在明白了。他们现在明白，我不会让步。像是本特利，他就明白这点。没错，他清楚得很。”

正如那次在晚餐桌上的情况一样，母亲最初的反应像是没有听到。她牵起我的手，穿越过往的车辆往花园走去。到了对街，她才在嘴里念了一句：“他当真明白？”

不过事情并没有就这样结束。我们走进公花园，有一阵子我们就像其他在周日午后游园的家庭一样，在草地花圃间闲逛，与朋友熟人寒暄，有时候停下来小谈片刻。有时我会碰到我认识的男孩子——有些是学校同学，有些是在刘易斯太太家上钢琴课认识的——不过他们也跟我一样，在父母身边表现最文静的一面，我们最多只是羞怯地打个招呼。铜管乐队会准时在五点半开始演奏，虽然游客们都知道这点，但大部分的人都要等到乐声飘过绿地才肯向演奏亭移动。

我们总是迟迟才出发，因此到的时候，座位都坐满了。我不是太在乎有没有座位，因为只有在演奏亭附近，父母才会让孩子走远一点，而我有时候也会跟其他男孩玩在一块儿。就在那天下午——一定是深秋，因为我记得夕阳已经低垂，在演奏亭后的水面——母亲走开了几步，跟站在附近的朋友说话，我听了几分钟的演奏，问父亲可不可以到听众区外围那里找我认识的一些美国男孩玩。他继续盯着演奏亭没有回答，我才要再问他，他却平静地说：

"所有在这里的人，小海雀，每一个人。如果你去问他们，他们都会表明自己有一套标准。不过等你长大一些，你会明白其实没几个人真的言行合一。不过你母亲，她不同。她从来不会违背自己的想法。还有，你知道吗，小海雀，也因为这样，最后她成功了，她让你父亲变成了更好的人。变得好多了。没错，她好严格，我不需要跟你提这点，哈哈！可以说，她对你有多严格，对我就有多严格。结果呢，谁知道，我竟然因此变成了更好的人。这可花了不少工夫，不过她办到了。我希望你知道，小海雀，爸爸今天已经不是你上次看到的那个人，你知道的，你跟妈妈闯到我房里的那次。你记得那件事吧，你当然记得。在我书房。很抱歉你得看到自己父亲的那副德性。反正那都过去了。今天，多亏你妈妈，我变得更坚强。让你有朝一日，我敢说，小海雀，会以我为荣。"

我一点也不了解他在讲什么，而且我觉得要是母亲——才几步远而已——听到了只字片语，一定会不高兴，所以我并没有回答父亲什么。我觉得我干脆再问他一次就是了。过了一会儿，我问他可不可以去跟美国小孩玩，整件事就到此为止。

不过接下来几天，我没事就会想起父亲这段耐人寻味的话，特别是他提起我跟母亲"闯进他书房"的那件事。过了好久我都想不出他到底指什么，思考多时，还是无法把任何往事跟他的话联系起来。最后我觉得有一件事最具可能，那事发生在我很小的时候，恐怕还不到四五岁——即使在我九岁的时候，那件往事在我心中也早已模糊。

父亲的书房位于房子顶层，可以清楚地俯瞰后花园。我难得获准入内，一般而言，连在附近玩耍都有可能被骂。从楼梯口到书房有一条狭长的走廊，廊上挂了一排画，镶在厚重的金色画框里。每一幅都是工笔风景画，画的是从浦东回望外滩的景色；也就是说，前有港中无数船舰，背景里则有上海滩头的高楼大厦。这些画最早可追溯到一八八〇年代，我猜跟屋子里许多摆饰与图画一样，都属于公司的财产。有件事我自己不记得，倒是母亲常跟我提起：我很小的时候，她跟我常站在画前，一起给港里的船只取各种奇名怪号当游戏玩。根据母亲的说法，我才玩一下就笑个不停，有时候不把眼前每艘船都取个名字还不肯走开。如果是这样——如果我们在玩这个游戏时，真的习惯玩得如此笑闹不忌——那么我差不多可以确定，父亲若在书房工作，我们绝不会上去那里放肆。不过等我再次思考那天父亲在演奏亭边所说的话，我开始想起有一次，母亲与我的确一起站在阁楼上——如果我没记错的话——玩我们这个游戏，忽然她停下来，完全静止不动。

我第一个念头是要被骂了，也许刚才说了什么话惹她不高兴。我不是没见过母亲忽然翻脸的样子，前一刻还和和气气地说着话，下一刻想起当天早些时候我犯了什么错，她就会开始骂人。不过等我静下来等着她爆发，却发现她其实是在倾听什么。接着，她突如其来地转身推开父亲书房的门。

我隔着母亲的身影瞥见书房里的状况。心中还存留的印象是，父亲撑着办公桌，脸上全是汗水，表情因为沮丧而扭曲。或许他正在啜泣，正是这声音引起母亲的注意。在他前面，文件、账册，撒得满桌都是。我顺着母亲的目光望去，发现地上也有很多文件与记事本，仿佛是他一怒之下扔的。他抬头看到我们，吓了一跳，接着他说话的语调让我有点吃惊：

“我们不能做这种事！我们会永远回不去！我们不能做这种事！你的要求太过分了，黛安娜。太过分了！”

母亲压低嗓子对他说了些话，无疑是在责备他，要他冷静下来。父亲这时稍微镇定了一些，目光越过母亲才发现我也在场。可是他的脸孔几乎立刻又绝望地皱了起来，转向母亲，无助地摇头，对着她说：

“我们不能做这种事，黛安娜。这会毁了我们。我从头到尾都想过了。我们会永远回不了英国。我们弄不到足够的钱。只要没有公司，我们就会被困在这里。”

接着他似乎又失去了控制，母亲开始说别的事——用平静却愤怒的语气说别的事——父亲则吼了起来，虽是对她，不过更像是对着墙壁发泄：

“黛安娜，我不干！老天爷，你当我是什么，我做不到，你听到没有？我做不到！我不干！”

也许就在这时候，母亲不再理会他，把门关上，把我带开。我不记得这件事后来怎么了。我当然也无法确定父亲那天到底是什么样的情绪，更别说他到底用的是哪些字眼。不过我承认，这里我确实用了点后见之明重建这段往事。

当时，这件事对我来说，只是一个让我困惑的经验，尽管我或许觉得父亲跟我一样有时也会哭闹是件有趣的事，但我却没有深究到底是怎么回事。此外，等我再见到父亲，他已恢复正常，母亲则从来不曾提起这件事。要是多年后，父亲没有在演奏亭边跟我说了那些耐人寻味的话，我大概永远不会重拾那件往事。

但如我所说，除了这几段耐人寻味的小插曲，那年秋天与随之而来的无聊冬天里，几乎没什么值得重新回味的事。那段日子我大半无精打采，后来有个下午，梅俐以近乎随口说说的语气告诉我，秋良刚刚从日本回来，隔壁门口的车道上，正卸着他的行李。

第七章

知道秋良回上海不只是暂访而是要长住，我心中为之欣喜。他打算从夏季班开始，回到四川北路他上过的学校复学。我不记得我们俩有没有以什么特别的方式庆祝他回来。印象中，我们只是重拾前一个秋天中断的友情，一切都低调处理。我十分想听秋良谈谈他在日本的事情，不过他让我觉得，幼稚的人才谈这种事——我们应该成熟些了吧——因此我们刻意继续做过去例行的事，仿佛不曾中断过一般。我当然猜想他在日本的情况并不顺利，不过直到那个温暖的春日，他把和服的袖子弄破之前，我完全没想过情况曾经糟到什么地步。

每当我们到屋外玩耍，秋良的衣着总与我大致相同——衬衫配短裤，盛暑之际则加顶遮阳帽。不过那天早上，我们在花园的草丘上玩耍时，他穿着和服——也没什么特别的，不过是他在家常穿的衣着。我们在草丘跑上跑下，搬演我们自编的剧情，他忽然在丘顶附近停住，皱着眉头坐下。我以为他哪里受了伤，等我过去看他，却发现他在检查和服袖子上的一处裂口。他的神情十分焦急，我相信我说了类似这样的话：

“怎么了？你家女仆或谁，马上就可以缝好。”

他没回答——似乎一时根本忘了我在身边——我明白他当着我的面，陷入了深沉的焦虑。他继续检查裂口一会儿，接着垂下手臂，瞪着他眼前的地面，仿佛刚才发生了什么重大的悲剧。

“这是第三次，”他喃喃念着，“第三次这个星期我做坏事。”

我继续盯着他看，他一脸茫然地说："第三件坏事。现在妈妈跟爸爸，他们要我回日本。"

我自然不以为和服上的一个小裂口，会造成这么严重的后果，不过我当时也被这个可能性吓到，于是蹲在他身边，急切地要求他把话说清楚。但是那天早上，我怎么求他，他都不说话——他愈来愈懊恼、封闭——我隐约记得那天分手时的气氛不是很好。然而往后几个星期，我却渐渐发现他怪异举止背后的秘密。

从秋良回到日本的第一天起，他就过着悲惨的日子。尽管他从未明白承认这点，但我猜他为了他的"异国风格"而受到排挤；他的举止、态度、言语、数不尽的事情，让他与其他人相异，不只是他的同学逗弄他，连师长，甚至让他寄住的亲戚——他不止一次暗示这点——也不放过他。结果他痛苦至极，于是他父母只好在学期当中把他接回家。

有可能再次回到日本——这成为我朋友心中挥不去的阴影。事实上，他的父母极为思念日本，常常谈到举家返国的事。连秋良的姊姊悦子也毫不反对回到日本定居，于是秋良成为家中唯一想留在上海的一员；全因他全力反对才让他父母打消念头，不再准备收拾行李搭船回长崎，然而他一点也不确定，他的意愿跟他姊姊与父母的愿望拮抗之下，还能有多久的优势。两者可谓势均力敌，他只要走错一步——任何不规矩的事、功课稍微退步——都可能让情势不利于他。于是他觉得和服上的小裂口，极可能带来严重的后果。

结果，和服上的裂口一点也没有像我们所害怕的那样，让他父母大发雷霆，当然也就没什么严重后果伴随而来。不过在刚回来的几个月里，却接二连三发生了一些小小的不幸，让我的朋友又坠入忧虑与沮丧的深渊。影响最大的一件，我觉得是跟凌田和我们的"窃盗行为"有关的那件事，也就是那天下午在我们的公车之旅上，让亨明斯小姐好奇不已的那件"我过去的犯罪行为"。

秋良他们家到上海多久，凌田在他家大约也就待了多久。我到隔壁他家玩耍的记忆里，最初的几个印象之中，有一个便是这位老仆人拿着扫帚忙东忙西。他看起来非常老迈，穿着厚重的深色长袍，就算夏天也一样，头上一顶小帽，后脑勺一条辫子。他不像这一带的中国仆人，他很少以笑容对待儿童，然而他也不会对我们生气或吼叫，要不是秋良对他的态度有异，我恐怕也不会认为他有什么好怕的。没错，我记得当初确实纳闷不已：为什么每当这个仆人一在我们身边出现，秋良就会变得紧张兮兮。比方说，假使凌田从走廊路过，不管我们在做什么，我的朋友都会立刻停下来，僵立在房内的某个角落，不让外面那位老先生看到，等危险过去之后才开始动作。在我们刚成为朋友的那段日子里，我还没感染到秋良的恐惧，还以为那是因为他跟凌田之间曾经发生过什么事。如我所说，我纳闷不已，可是每次要秋良解释他为何如此，他就是不理会我的问题。后来我渐渐体会，他因为自己无法控制面对凌田的恐惧而尴尬困窘不已，于是学会了在每次游戏因此中断时，不发一语。

然而等我们长大些，我猜想秋良渐渐觉得有必要交代他的恐惧。到了我们七八岁左右，我的朋友看到凌田的时候，不会再凝住不动；他会停下他手边正在做的事，对我挤出一张诡异的笑脸，然后把嘴巴靠到我耳边，用古怪呆板的声音——有点像是蓬路市场常听到的和尚诵经声——告诉我这个老仆人不为人知的骇人真相。

我这才知道凌田对于手竟有如此可怕的爱好。有一次，秋良朝用人房的走廊那头望去，正好碰上凌田难得忘了把房门关妥，秋良竟然看见地上堆着一堆切下的手，有男人的、女人的、小孩的、猿猴的。还有一次，夜色深沉，秋良瞄见这位老仆人拎着篮子走进屋里，里头装满从猴子身上砍下来的小手臂。我们得时时盯牢他，秋良这么警告我。假如我们给他丝毫的机会，凌田就会毫不犹豫地砍走我们的手。

这种耳语听了几次以后，我就质问为什么凌田对手情有独钟。

秋良很谨慎地看着我，然后问我能否守住他家族最不可告人的秘密。我向他保证没问题，他考虑良久，最后才对我说：

“那么我告诉你，老哥！可怕的理由！为什么凌田砍手。我告诉你！”

凌田显然发现了某种方法，可以把砍下的手变成蜘蛛。他房间里有许多大碗，各装了不同的汁液，用来把他搜集的手泡上几个月。手指慢慢会动起来——起初只是微微抽搐，接着会卷缩起来，最后还会长出黑色的毛发，这时凌田就会把它们从浸泡的汁液里头取出来，任它们像蜘蛛一样在附近乱跑。秋良时常在三更半夜听见这个老仆人溜出去，就为了做这件事。甚至还有一次，我的朋友在花园里看到花丛下有一只变形的手在爬，一定是凌田太早把它从浸泡的汁液里拿出来，因此还没完全化成蜘蛛，一眼就让人看出是砍断的手。

尽管当时还小，我也不全然相信这些故事，然而它们确实让我心里发毛，而且有一阵子，只要一瞥见凌田，就会让我恐惧不已。说真的，我们虽然年岁渐长，却也甩不掉心里对凌田的惧怕。这点总是困扰着秋良的自尊，到了我们八岁的时候，他似乎发展出不时挑战这些陈年恐惧的需要。我常常想起他拉着我到他家的某个角落，窥视凌田做事或打扫走廊。我并不那么在乎窥视这种事，只不过我害怕的是，秋良有时候会坚持要看我有没有胆量走近凌田的房间。

在此之前，我们都离那房间远远的，特别是因为秋良总是坚称，凌田那些汁液所飘出的烟雾会把我们迷晕，然后把我们勾引到他房间里去。但现在，走近那个房间反而成为我朋友满脑子想着的事情。或许我们正聊着完全不相干的事，但他脸上却冷不防地出现那抹诡异的笑容，然后轻声问我：“你怕了吗？克里斯托弗，你怕了吗？”

接着他会强拉着我跟他一起走过屋子，穿过装潢怪异的房间，来到巨梁拱门下，再过去就是仆人住的地方。走过拱门，我们便置身于一条阴暗的走廊里，墙面是抛光的素面木板，走廊尽头，正对着我们的，就是凌田的房间。

起先我只需站在拱门下，看着秋良强逼自己一步一步地沿着走廊前进，一直走到离那间可怕的房间一半远的地方。我依然看得见我的朋友，他矮壮的身影紧张得僵硬起来，每当他回头向我张望的时候，脸庞都闪烁着汗水。他勉强自己往前多走了几步，然后就转身跑回来，脸上带着胜利的笑容。接着他对我冷嘲热讽一番，闹得我最后也生出勇气来与他争个高下。有好一阵子，如我所说，这种用凌田房间来测验勇气的游戏让秋良很着迷，到他家玩耍的乐趣因此大大折损。

然而有好一阵子，我们两人都不敢走到房门口，更别说进房了。等我们终于溜进凌田房间的时候，我俩已经十岁了，而且——当时无法预知——已经是我在上海的最后一年。正是当时我和秋良干了那件小小的偷窃勾当——那是心血来潮之举，我们只顾着兴奋，至于此事会有什么后果，我们完全没有去想。

我们早知道凌田在八月初会回老家，到杭州附近探亲六天，我们常说这是我们的机会，终于可以进他的房间。我记得很清楚，就在凌田离开以后的第一天下午，我到秋良家里，发现我的朋友满脑子都是这件事。到了这个时候，我该说，整体而言我比一年前的我更有自信，即使我还有一点害怕凌田，我也很确定我没有表现出来。事实上，我相信我对闯进用人房这件事，表现得相当镇定——这点我确定我的朋友也注意到了，而且把这当作对他的又一层挑战。

结果那天下午，秋良的母亲整个下午都在缝制一件衣服，而为了某些原因，她必须在各个房间不停地走动，秋良于是宣称，就连想着我们的冒险都太危险。我当然一点也不会不高兴，不过我确定秋良更庆幸有这个借口。

接下来这天是星期六，我大约上午十点左右到他家，他的父母都出门了。秋良并不像我一样有个阿妈看着，我们更小的时候，常常为此争论谁比较幸运。他总是采取这样的论点，认为日本小孩比西方小孩要“勇敢”，所以不需要阿妈。有一回我们又在争论此事，我问他，万一他母亲不在的时候，他碰巧想喝冰水，或者割伤了自己，谁来照顾他。我记得他告诉我，日本母亲绝不会外出，除非她的子女明确地准许她们外出——我实在难以相信他的说法，因为我明明白白知道日本太太也有她们自己的社交圈子，就像欧洲太太一样——日本太太们常在四川路的礼查饭店或马歇尔茶点铺聚会。不过他又说，他有女仆照料他的一切需求，而且他爱做什么就可以做什么，完全无人管束，我这才开始相信我比较命苦。说来奇怪，我就一直抱持着这种想法，尽管实际上每次我去他家玩而他母亲不在的时候，总是有位仆人奉命自始至终看顾我们的一举一动。真的，特别是在我们更小的时候，这些人总是板着脸孔，无疑是害怕我们有个万一，他们可承担不起，于是紧紧跟在我们身边，而我们则想尽办法要玩得尽兴。

随着年岁渐长，到了那年夏天，大人还是给了我们更大的活动自由，不必让人看管。溜进凌田房间的那天早上，我们原本一直在三楼，待在秋良空旷的榻榻米房间里，有位年长的女仆——除了我们之外，当时唯一在家的人——就在正下方的房里忙她的针线活儿。我记得，秋良突然打断我们玩到一半的游戏，蹑手蹑脚地走到阳台上，上半身探出护栏伸得远远的，我真怕他会翻落下去。后来他急急忙忙地缩了回来，我注意到他脸上浮现一抹诡异的笑容。他轻声告诉我，那位女仆果然如他所料睡着了。

“现在我们就得进去！你怕了吗，克里斯托弗？你怕了吗？”

秋良忽然变得十分亢奋，一时之间，我对凌田的恐惧又涌上心头。到了这个节骨眼，我们两人谁也不可能临阵脱逃，于是我们尽可能放轻脚步溜到用人房那个角落，再一次一起站在那道素面木板墙的幽暗走廊中。

我记得我们毫不犹豫地迈步走向凌田房间，就在剩下四五码的时候，不知怎么我们就停了下来，有那么一会儿，我们两个都无法继续前进；要是那一刻秋良转身就跑，我一定也跟着跑。不过我的朋友似乎又生出了一线决心，便向我伸出手臂说："来吧，老哥！一起，我们走。"

我们挽着手臂，就那样走完最后几步。接着秋良把门拉开，我们一起往里头瞄。

我们看见房间不大，没什么家具，收拾得整整齐齐，木头地板也扫得干干净净。窗户放下了遮阳帘，不过灿烂的阳光仍从边缘泻下。空气中微微飘着线香焚烧的味道，房间另一头有座神龛，床则又低又窄，还有一个大得出奇的百屉柜，柜子的漆饰十分美丽，每个小抽屉上都饰着一个雕花拉环。

我们走进房间，有好几秒钟我们一动也不动，连大气都不敢出。后来秋良轻轻呼了一口气，笑容满面地转向我，显然很高兴终于克服他多年来的恐惧。可是不一会儿，胜利的喜悦就变成了某种担心，因为这个房间似乎看不出有什么邪恶之处，这么一来，秋良岂不是显得庸人自扰？我还来不及说什么，他立刻指着百屉柜，压低急切的声音说：

"那里！在那里头！小心，小心了，老哥！那些蜘蛛，它们，在那里头！"

我一点也没被他吓到，他一定也看出了这点。然而有那么一两秒，我心中浮现了一个影像：那些小抽屉在我眼前打开，那些怪物——它们正处于从断手化成蜘蛛的各个变幻阶段——伸脚出来试探。不过这时候，秋良兴奋地指着凌田床头的矮桌上立着的小瓶子。

"药水！"他低声说，"他用的魔药！就在那里！"

我不禁想嘲笑他这么无所不用其极地想要保留一个我们早该留在幼年的幻想，可就在那一刻，我心中又浮现了抽屉打开的影像，心底残留的恐惧让我什么也没说。再者，我开始担心一个更可能发生的下场，就是我们被女仆或者哪个碰巧路过的大人逮个正着。我无法想像那会有多丢脸，会有什么惩罚，我父母跟秋良的父母对此会有怎样的长谈等等。我甚至不敢想像我们要怎么解释自己的行为。

就在这时，秋良快步向前，抓起瓶子抱在胸口。

“走！走！”他嘶声下令，忽然间我们俩慌成一团。我们憋住笑声，冲出房间，穿过走廊。

等我们安然回到楼上的房间——女仆还在楼下打盹——秋良坚称那些抽屉里装满了断手。我现在看得出来，他十分担心我会嘲笑我们多年来的这个幻想。事实上，我也暗自觉得有必要保存这个幻想，因此我没说什么话来戳穿他，也没有暗示凌田的房间真教人失望，或者我们的勇气只是自欺欺人。我们把瓶子搁在一只盘子上，放在地板的正中央，然后坐下来仔细研究。

秋良小心地拔起瓶塞。瓶里头装着浅色的液体，有淡淡的洋茴香味道。直到今日，我还是完全不明白那位老仆人用这个药做什么；我猜是他买来治什么宿疾的成药吧。反正也看不出个所以然，正好随我们去猜。我们小心翼翼地把树枝插到瓶中，然后让液体滴在纸上。秋良提出警告，这液体一滴都碰不得，否则明早起床就会发现手臂连着蜘蛛。没有人真的相信，可是话说回来，似乎又有必要帮秋良留点面子，假装相信，所以我们做这些事的时候，都小心得不得了。

最后，秋良塞回瓶塞，把瓶子放到他保存特殊物件的盒子里，说他还要对那药水进行一些实验再归回原处。总之，那天早上我离去的时候，我们两人都心满意足。

不过第二天下午秋良到我家的时候，我立刻看出有点不对劲；

他心事重重，什么事都无法专心。我怕是他父母已经发现我们昨天做的事，有一会儿我还忍着不问他发生了什么。但到头来我还是憋不住，便要他把事情告诉我，再糟也得说。然而秋良说他父母并没有发现什么，可是神情却变得更加凝重，经我再三追问，他才告诉我事情的始末。

原来是秋良憋不住心头的得意，便向他姊姊悦子透露了我们的壮举。他没想到悦子竟会惊恐万状。我说他没想到，是因为悦子——大我们四岁——从来不附和我们认为凌田有什么邪恶一面的说法。不过听了秋良的故事，她瞪大眼睛看着他，仿佛他会在她眼前扭成一团死掉。接着她告诉秋良，我们能逃出来已属万幸；她还说，以前家里雇的用人，有几位是她亲身认识的，这些人做了我们所做的事，后来就消失不见了——他们的尸骸几周后才在租界边上的巷子里找到。秋良对他姊姊说，她只不过是想吓唬他，他一秒钟也没信过她的话。不过显然他已经吓坏了，而我听到有人“证实”了我们先前对凌田的恐惧——悦子已堪称权威——也觉得一股寒气窜过全身。

这时候我才了解秋良烦恼的事：有人得在凌田回来之前，也就是在三天内，把瓶子放回原处。然而毋庸再提，我们先前的勇气早已消失殆尽，要我们再回到那个房间，根本不可能。

我们没办法再定下心来玩平日的游戏，于是决定走到我们在运河边的老地方。一路上我们从各个角度来讨论这个问题。假如我们不把瓶子放回去，结果会怎样？也许药水非常珍贵，他们会报警处理。或者，也许凌田对谁也不提瓶子失窃，但是决定亲手对我们施以毒计暗中报复。我记得我们完全搞不清楚，我们究竟有多么想保留对凌田的幻想，又多希望理性地想出法子，尽量避免不可收拾的后果。我记得，举个例子来说，我们也曾想过那药水可能是凌田存了几个月的钱才买的药剂，而且少了它病情就会恶化；可是下一秒，心里还抱持这个想法，却也想着其他假设：也许那药水的用处，是我们一直以为的那样。

我们在运河边上的老地方，离我们家步行约十五分钟，就在怡和洋行所属的仓库后面。我们一直不确定这样算不算非法侵入；要到我们的老地方，得经过一扇从来不关的大门，然后走过一片水泥空地，经过几名中国工人，他们会狐疑地注视我们，但从不阻止。接着我们绕过一个摇摇欲坠的船坞，走过一段防波堤，然后沿着阶梯下到运河岸边那块深色的硬土地。那块地只够我们两人望着河水并肩坐下，不过即使是酷热的天气，背后的船坞也保证那里有块凉荫，而每当有船或舢板经过，水波便会轻抚我们的双脚。河对岸还有更多仓库，不过我记得，差不多就在我们正对面，两栋仓库之间有段空隙，透过去可以看到一条马路，夹道种满树木。虽然我和秋良常常到那里去，但我们还是尽量守紧口风，绝不让父母知道，免得他们不放心我们那么靠近水边玩耍。

那天下午在岸边坐定以后，有那么一阵子我们试着要忘掉一切烦恼。我记得就像每次到这里来的时候一样，秋良又开始问我，要是有什么紧急状况，我会游到当时停泊在附近水域的哪条船上。但他说着说着，忽然哭了起来，让我吃了一惊。

我难得看到我这个朋友哭。老实说，我印象中看到他哭，也只有今天这么一次。就算是上回我们在美国教会后面玩耍，有一大块混凝土砸在他腿上，尽管他面白如纸，还是没哭。可是那天下午在运河边，秋良显然已经乱了方寸。

我记得他两手拿着一块泡过水的朽木，一面啜泣，一面把木头剥成一片片扔进水里。我好想安慰他，只是心中的言语不知都躲到何处去了。我记得我起身去找了更多这样的朽木，帮他剥成小片递给他，仿佛这是急救良方。后来再找不到木头让他丢，秋良也渐渐止住泪水。

“如果父母亲查出来，”过了半晌他才说，“他们这么生气。到时候他们不让我留在这里。到时候我们全部回日本。”

我还是不知道要说什么。接着，有条船驶过，他喃喃说：“我永远也不要住在日本。”

“我也永远不要去英国。”我以这句话回应，这是每次他提到这件事，我都会接口说的话。

说完这些，我们沉默了一阵子。可当我们凝视着水面时，我愈想就愈觉得，只要我们做了某件事，这一切可怕的惩罚就全都可以避免了，最后我很简单地告诉他，只要我们及时把瓶子放回去，就什么问题都没有了。

秋良好像没听见，所以我又说了一次。他还是不予理会。我这才明白，他对凌田的恐惧，从我们上次冒险之后，已经更加真实；没错，我看得出，他现在的恐惧跟我们小时候一样巨大，只不过现在碍着面子不能承认。我看得出他的难处，他正绞尽脑汁想着如何脱困。最后，我平静地说：

“秋良。我们一起再进去一次。就跟上次一样。我们手勾着手，再进去一次，把瓶子放回原处。如果我们像这样一起行动，我们就会很安全，不会有任何坏事发生在我们身上。什么事也不会有。神不知鬼不觉的，谁也不会知道我们干了什么好事。”

秋良想了想，转身看着我，我在他脸上看出深刻凝重的感激之情。

“明天，在下午，三点钟，”他说，“母亲会出门去公园。假如女仆又睡着，那么我们有机会。”

我向他保证女仆铁定又会睡着，然后再提一次：如果我们一起进房间，就什么也不用怕。

“我们一起行动，老哥！”他这么说，脸上突然绽放出笑容，并且站了起来。

回程路上，我们把计划敲定。我答应第二天在他母亲出门之前，就早早到他家伺机而动，只要她一出门，我们就到楼上，一起等候，把凌田的瓶子准备好，就等女仆睡着。秋良的心情明显轻松了许多，不过我记得那天下午分手时，他勉强摆出一副满不在乎的样子，转身提醒我第二天可别迟到。

第二天又是同样炎热而潮湿的一天。多年来，我把记忆里那天发生的每一件事，反复想了许多遍，试着把各种不同的细节依序排列。那天早上的前半段我记得不多。我脑海里有那么一幕，是我送父亲出门上班的影像。我先到了外头，在马车道附近晃来晃去等他出来。他出来的时候，身着白衣白帽，手上拿着公事包与手杖。他眯起眼睛，往大门望一眼。接着，正当我等着他朝我走近的时候，母亲出现在他背后的门阶上，并跟他说话。父亲往回走了几步，跟她谈了几句，笑了笑，轻吻她的脸颊，接着就大步走向我等候的地方。那天他怎么离家的，我就只记得这些了。现在我不记得我们有没有握握手，他有没有拍拍我的肩膀，他到了大门有没有转身再临别挥手。我所记得的一切，都显示那天早上他出门上班的方式，跟任何一天的早晨没有两样。

那天早晨的后半段，我只记得我都在我卧室的小地毯上玩玩具士兵，心思则一直想着那天稍晚些等着我们的艰巨任务。我记得母亲后来出门去了，我便和梅俐在厨房吃午餐。午餐过后直到三点，还有一些时间要打发，我走了一小段路，到了两棵大橡树矗立的地方，树虽然不是种在路边，却正好在邻近花园围墙的正前方。

也许是因为我早已在心头鼓足了勇气，那天我在其中一棵橡树上，爬到了以前不曾到达的高度。我满怀欣喜地趴在大树岔出的分枝上，看到附近所有住户的围篱草坪全在我的视野之内。记得我在那里待了一会儿，风吹拂着脸，但我心里却为下午的任务不胜焦急。我忽然想到，我虽然心中害怕，可是秋良此时对凌田房间的恐惧则更强烈，这次得由我来当“头头”。我明白此举将带来的责任，于是下定决心到他家的时候，要把最有自信的一面表现出来。不过在树上坐久了，心头不禁浮现几种可能让我们无法得逞的结局：女仆也许没睡着；她也许正好选择今天来打扫凌田房间外面的走廊；要不然就是秋良的母亲改变想法，当天没有如预定计划出门。当然，我心中那些旧日不理性的恐惧还是萦绕不去，怎么也忘不干净。

过了许久，我爬下橡树，想回家喝杯水，顺便看看几点钟了。走进大门，我看见车道上停了两辆汽车。我心中有点好奇，不过这时候我自己心事重重，没有太理会。接着我走进玄关，透过客厅打开的门，我看见三位男士，手持帽子站立，跟母亲说话。这也没什么好奇怪的，因为他们也许在跟母亲讨论她推动的那些事——不过这气氛却让我在走廊上驻足。我一站住，谈话也跟着停止，他们全看着我。我认出其中一位是辛普森先生，父亲在摩根洋行的同事；其他两位则没见过。接着母亲冒了出来，她探头看到我在那儿。我想，我也许感觉到了其中有什么不寻常的事在进行。总之，我立刻往厨房跑去。

一进厨房，我就听见脚步声，母亲随即走了进来。我常常想要回忆她当时的面孔——脸上到底是什么样的表情——不过怎么也想不起来。也许某种本能要我别看她的脸。我记得的是她的身影，如泰山压顶，仿佛我又回到了幼儿时期，还有她那天穿的浅色夏装。她以压低却极其冷静的声音说：

"克里斯托弗，辛普森先生旁边的两位先生是警察。我得先跟他们谈完。请你先到图书室等我好吗？"

我才想说不，不过母亲凝视的目光让我不敢多说。

"那就到图书室等我。"她说完转身就走，"我跟他们一谈完就会去找你。"

"爸怎么了吗？"我问。

母亲转过来对着我。"你爸爸今天早上根本没进办公室。不过我相信，事情一定很单纯。到图书室等我。我马上来。"

我跟着她走出厨房，往图书室走去。我在我做功课的书桌边坐下等着，心里想的不是父亲，而是秋良，还有我一定会迟到。不知道他有没有勇气自己把瓶子放回去，就算放了，他还是会非常生我的气。当时我也想到秋良的情况实属火急，我认真考虑了要不要违抗母亲的指示，溜了再说。在此同时，客厅里的讨论似乎没完没了。图书室里有个钟，我盯着指针看。有一刻，我跑到走廊上，希望引起母亲注意，这样我就可以请她准我离开，不过我发现这时候客厅的门已经关上。接着我便在走廊上踱来踱去，再度想到开溜，此时梅俐出现了，严肃地指着图书室。我一进去，她就把门关上，我可以听到她在门外踱步的声音。我又坐了下来，继续盯着时钟。指针一过三点，我的心情沉到了谷底，满腔怒火地怨着母亲与梅俐。

接着，我终于听见送客的声音。我听见有位男士说：

“我们会全力协助，班克斯太太。吉人自有天相。”

我听不见母亲回答什么。

客人一走，我冲出去请母亲准我去秋良家。可是母亲无视我的怒气，完全不理会我的请求，只说：“我们进图书室去。”

尽管我好沮丧，但还是听话跟了进去，到了图书室里，她要我坐下，然后蹲在我面前，以极为平静的语气告诉我，父亲从早上就失踪了。警方接获办公室报案，正在进行搜寻，可是到目前为止仍一无所获。

“不过他可能到了晚餐时间就会出现。”她带着笑容说。

“他当然会。”我这么说，希望她听出我已经为这样小题大作感到十分不悦。接着我从椅子上站起来，再问她我可不可以离开。不过这次我没有那么热切，因为我看了时间，这时候去秋良家为时已晚。他母亲可能已经回家；他家的晚餐再过不久就要开动了。我心中对母亲极为不满：把我留半天，为的就是要告诉我一个半钟头前，我在厨房里多少就猜到的事情。她好不容易才说声准，我却直接回我房间，把玩具士兵排在小地毯上，尽量不去猜想秋良此时对我的感受。不过我却不断记起我们在运河边所说的话，还有他对我充满感激的眼神。更何况，不只是他不想回日本，我又何尝希望他离开？

我到了晚上还在闷闷不乐，不过大家当然都以为这是我对父亲出事的自然反应。母亲整晚都跟我说这样的话："我们先别担心。我相信一定会没事。"梅俐帮我洗澡时，简直温柔得不像她。不过我也记得随着夜色渐深，母亲有几次表现出"恍惚"的神情，那是接下来几个星期里司空见惯的。事实上，我相信就是在那天的夜里，我躺在床上，烦恼下次碰到秋良的时候要说什么，母亲喃喃自语，眼神茫然望着房内某处：

"不管发生什么事，你都能以他为荣，小海雀。你永远都能以他所做的事为荣。"

第八章

紧接着父亲失踪后的几天，我记得的事不多，只记得常常担心秋良——特别是担心我下次见到他的时候该说什么——于是做什么事都定不下心。然而我发现我一直在拖延，不上隔壁找他，有时候甚至还想到，我可能永远都不必再见他——他的父母因为我们做的错事而大发雷霆，此刻正在打包回日本。在那几天里，只要屋外有个风吹草动，我都会立刻冲到楼上的窗前，从那里仔细观察隔壁的前院有没有堆放行李的迹象。

三四天过去了。有个阴沉的早晨，我独自在我家前面的圆形草坪上玩耍，我听到有声音从秋良家那边的围篱传来。我立刻听出是秋良在他家的马车道上骑着他姊姊的脚踏车；他学骑这辆脚踏车的样子我非常熟悉，车子稍嫌太高，我认得他拼命保持平衡让轮子发出的噪音。有时候我听到摔倒的声音，连带着他摔下来的叫声。有种可能是：他从楼上窗户看到我在外头玩，所以下来骑脚踏车，还故意骑得这样惊天动地，好引起我的注意。经过几番内心交战——秋良则在围篱另一侧摔了又摔——我终于大步走出我家大门，转到隔壁，往他家前院里望。

秋良确实正在骑悦子的车，他专心尝试着马戏般的特技，双手不握车把绕着小圈子打转。他显然全神贯注，没注意到我，甚至我走上前去，他也好像没看见我一样。最后我干脆开口说：

“对不起，那天我没办法过来。”

秋良忿恨地瞪了我一眼，继续玩他的特技。我正想向他解释为什么我让他失望，可是不知怎的，话却说不出口。我站在那里看了一会儿。接着再往前走近一步，我压低声音近乎耳语：

“怎么样？你放回去了吗？”

我的朋友瞪了我一眼，回拒了我语气里表现的亲密，四处骑他的车。我感觉到泪水已经盈眶，不过想起我们长久以来争辩是英国人还是日本人更爱哭，我只得勉强忍住。我再次想要告诉他父亲失踪的事，忽然间，我发现这似乎是个天大的好理由，不但可以解释我为什么会失约，也可以解释我为何如此自怜。我想像秋良的表情会先是震惊，继而羞愧，只要我说出：“我那天不能来是因为……因为我父亲被人绑架了！”——然而，我就是没说。我记得我只是转身跑回家去。

接下来几天我都没看到秋良。后来，有天下午，他来我家后门，如往常一样，向梅俐问我在不在。我正好在做什么事，但还是丢下事情出来见他。他以笑容相迎，拉着我到他家花园时，还关爱地拍拍我的背。我自然急于知道凌田那件事到底怎么样了，不过却更害怕会重揭伤口，于是压下提出任何问题的冲动。

我们到他家花园后头——到我们称为“丛林”的灌木丛那里——不一会儿就说起我们编造的剧本对白。我觉得我们演的应该是《艾凡赫》，那是我当时正在看的书——也说不定我们演的其实是秋良读的武士冒险故事。总之，过了一个钟头左右，我的朋友忽然停了下来，用一种奇怪的方式看着我。接着他说：

“如果你要的话，我们玩新游戏。”

“新游戏？”

“新游戏。有关克里斯托弗父亲。如果你要的话。”

我吓了一跳，我不记得我回答了什么。他从高高的草丛里向我走近几步，我看见他以近乎温柔的眼神看着我。

“对，”他说，“如果你要的话，我们玩侦探游戏。我们寻找父亲。我们拯救父亲。”

我这才想到，秋良应该是从哪儿听到了父亲的事——无疑这件事已经在附近传开——才回头来找我。我也明白现在这桩提议，是他表现关心与帮助意愿的方式，我心中对他的感情油然而生。然而我还是装作若无其事地回答说：

“好啊。如果你想玩，我们就来玩啊。”

事情就是这样开始，今天回想起来，好像经历了一整个时代——其实，实际上可能只有两三个月——我们日复一日地以拯救我父亲为主题，编造并演出变化无穷的情节。

在此同时，警方也在进行我父亲失踪案的调查工作。这点我知道，是因为家里常有一些男士来访，他们把帽子拿在胸前，严肃地跟母亲谈话；加上有一天傍晚时分，母亲表情凝重地过来跟梅俐说话，两人都压低声音；更重要的是母亲在楼梯口对我说的那番话。

我不太记得那一刻之前我们在做什么。我正好要跑上楼去，急着到房间里拿东西，看到母亲从楼上正好要下阶梯。她一定是正要出门，因为她穿了那套特别的米色礼服，会散发特殊的腐朽树叶味道的那件。我想我一定感觉到她的举止里有异样，便停在第三或第四阶楼梯上等她下来。她带着笑容走近，向我伸出一只手。她这时距我还有几阶楼梯，因此我以为她要我扶她走完剩下的阶梯，就像父亲在楼梯口等她的时候，有时会做的那样。不过她只是用手臂揽着我的肩，和我一起走下阶梯。接着她放开我，走向玄关另一头的帽架。就在这个过程里，她对我说：

“小海雀，我知道过去这几天，你不好过。你一定觉得整个世界都要塌陷了。其实，我也不好过。不过，你一定要跟我一样。你一定要向上帝祷告，要存着希望。我希望你还记得你的祷告词，你没忘了吧，小海雀？”

“还记得。”我随口回答。

“这真是不幸，”她继续说，“在这样的城市里，不时有人遭到绑架。事实上这种事常常发生。在许多案子里，我只能说在大部分的案子里，被绑架的人都能平安回来。所以我们得有耐心。小海雀，你有没有在听？”

“有，我在听呢。”这时候我背对着她，双臂攀挂在梯栏的柱头上。

“我们必须庆幸，”母亲停了一会儿之后说道，“城里最杰出的几个侦探接了这个案子。我跟他们谈过，他们很乐观，认为不久就会有结果。”

“可是那要多久呢？”我怏怏地说。

“我们得抱持希望。我们得信任这些侦探。也许要花上一段时日，不过我们必须有耐心。最后事情一定会雨过天晴，一切又可以恢复到从前那样。我们必须继续向上帝祷告，永远抱着希望。小海雀，你在干什么？你听我说话没有？”

我没有立即回答，因为我在试一步可以跨过几阶，双臂还攀在护栏上。接着我才问：

“万一那些侦探都太忙了怎么办？他们有一大堆别的事要解决。杀人案、抢劫案。他们又不是万能的。”

我听见母亲朝我走近几步，她再开口时，声音里多了谨慎与小心翼翼的语气。

“小海雀，侦探们‘太忙’，这点是事实。上海的每一个人，我们租界里最重要的人物，每一位都非常担心你爸爸，也都急着找出事情的真相。我是说，像福斯特先生、卡麦柯先生等等，甚至总领事本人也一样。我知道他们都亲口交代过，要把你爸爸尽快安全救回。所以你瞧，小海雀，那些侦探都必须尽全力去办案。他们也在这么做，就在此时此刻。你知道吗，小海雀，孔探长受指派负责这件案子？是的，没错：孔探长。所以我们怎么说都该抱持希望。”

这段对话无疑有些分量，因为我记得接下来几天，我几乎不再担心什么。即使到了晚上，忧虑往往重回心头，上床睡觉时，我也常想着上海的侦探满城在搜寻，愈来愈逼近绑匪。有时候，在黑暗中躺着，我发现自己编织了一出出错综复杂的戏才渐渐睡去，其中有很多便成为第二天我与秋良所用的材料。

顺带一提，我并不是说在这段日子里，我跟秋良不玩与父亲案情完全无关的游戏；有时候我们会沉浸在比较传统的幻想里，好几个小时。不过每当我的朋友发现我别有心事，或者我的心思不在我们玩的游戏上头，他就会说："老哥，我们玩拯救父亲游戏。"

我们给这些关于父亲的游戏所编的内容，如我所说，有无穷的变化，但不久便建立了一个重复出现的基本架构。我父亲被关在租界外的一栋房子里。绑匪打算索取一笔庞大的赎金。许多较小的细节也跟着迅速发展，渐渐成为定案。情节永远是这样，尽管房子的周围是惨不忍睹的中国人区域，父亲所在之处却舒适干净。事实上我还记得这一项特殊的安排是怎么建立的。也许是我们第二或第三次玩这个游戏的时候，秋良与我一直轮流扮演传奇人物孔探长——他英俊的容貌与那顶戴得潇洒不羁的帽子，我们从报纸照片上早已熟悉。我们正投入幻想中，玩得起劲，忽然玩到了故事里父亲上场的部分，秋良指着我——意思是该由我来演他——并说："你，绑在椅子上。"

我们原本玩得很顺，这时候我停了下来。

"不要，"我说，"我爸爸才没被绑住。他怎么可能一直被绑住？"

秋良在发展故事时，从来就不喜欢人家反驳，他不耐烦地重复我父亲被绑在椅子上，我应该立刻到树干底下演出被绑的样子。我吼回去："不要！"接着转身就走。不过，我没有离开秋良家的花园就是了。我记得我站在草坪边上——也就是走到我们的"丛林"外缘——茫然地望着一只蜥蜴爬上榆树。过了一会儿，我听见身后传来秋良的脚步声，我准备好要跟他大吵一架。没想到等我转身，我看见我朋友以安慰的眼神凝视我。他走上前来，款语说道：

"你对。父亲没被绑起来。他非常舒服。绑匪的房子舒服。非常舒服。”

从此以后，秋良总是百般用心，好确保父亲在所有的戏码里得到舒适与尊严。绑匪总是让父亲衣着体面，他们自己却像是仆役，只要父亲开口要求，就为他送上食物、饮料、报纸。于是绑匪的性格也软化了；原来他们也不是坏人，只是家里有些嗷嗷待哺的亲人罢了。他们真心遗憾非铤而走险不可，他们会跟父亲解释，但他们又不能坐看自己的子女饿死。他们知道这样做不对，但他们还能怎样？他们选择班克斯先生，正是因为大家都知道他对中国穷人抱持着慈悲心，因此他比较可能体谅他们给他带来的不便。对于这点，父亲——每次都由我来演出——会同情地叹气，不过接着说，生活再艰难，犯下的罪行也不能就此赦免。再说，孔探长迟早会带人来把他们全部逮捕，他们会锒铛入狱，甚至押赴刑场处决。那么他们的家人又该如何？绑匪——由秋良饰演——就会回答，一旦警方查获他们的藏身处，他们就会束手就擒，并祝福班克斯先生与家人安然团聚。不过没到这步田地之前，他们还是得想办法让计划成功。他们接着会询问父亲晚餐想吃什么，我就会为他点一顿大餐，都是他爱吃的菜肴——里头总是包括烤牛里脊肉、奶油欧洲萝卜、清蒸黑斑鳕鱼。如我所说，秋良常常比我更坚持菜色要丰盛，而且常常是他加入许多很小却很重要的细节：父亲的房间必须比周遭屋顶还高，可以遥望河景，床则是绑匪为他从汇中饭店[①]偷来的，因此睡起来舒服得不得了。接下来秋良跟我会扮演侦探——不过有时候也演我们自己——直到故事尾声，其间还会在中国人区域的弯街窄巷里追逐、打斗、枪战，不管剧情如何曲折、如何变化，结局必然是极司菲尔公园里的盛大典礼，在典礼中，大家依序登上特别搭建的平台——母亲、父亲、秋良、孔探长，还有我——接受群众欢呼。这个部分，如我所说，

① 即后来的和平饭店南楼。

是故事的基本架构，顺带一提，我想这也是我返回英国初期，在那些阴雨日子里反复搬演的情节，那时候我漫步于姑妈家附近的绿地打发空虚的光阴，嘴里喃喃念着秋良的台词。

大约在父亲失踪一个月以后，我才好不容易鼓起勇气问秋良，凌田的瓶子后来怎么了。我们玩到一半停下来休息，在我们的草丘顶上，坐在槭树荫下喝着梅俐用两只茶碗送来的冰水。秋良不再有任何怪罪之情，让我松了一口气。

“悦子拿回去瓶子。”他说。

刚开始的时候，他姊姊真是救命恩人。不过现在每回她要强迫秋良做什么事，就以要向父母报告此事来要挟。秋良为此可谓吃足苦头。

“她也去房间。所以她跟我们一样坏。她不说。”

“所以没有问题。”我说。

“没问题，老哥。”

“因此你不用回日本定居。”

“不要日本。”他转向我笑笑，“我永远留上海。”接着他沉重地看着我问道，“如果父亲不找到，你必须去英国？”

这个令人震惊的想法，不知道为何我从来不曾想过。我想了想才说：

“不回。就算找不到父亲，我们也永远住在这里。母亲永远不会想回英国。再说梅俐也不会想去。她是中国人。”

有那么一会儿，秋良兀自沉思，盯着浮在茶碗里的冰块。接着他抬头看我，粲然而笑。

“老哥！”他说，“我们一起住这里，永远！”

“没错，”我说，“我们永远都要住在上海！”

“老哥！永远！”

父亲失踪后的头几个星期里，还有另一件小事，我如今认为影响深远。我以前并不这么认为；老实说，我差不多已经把此事抛诸脑后，直到几年前，机缘巧合发生了一些事，不但让我想起这件往事，更让我首次明白，那天我目睹的事，其实别具深义。

那是“曼纳林案”结束后不久的日子，我着手研究我住上海那几年的背景资料。我相信我前面已经提过，我是在大英博物馆里进行的这项研究。我想，我的企图中至少有一部分是想以成人的角度，理解我幼年时期根本不可能明了的那些力量的本质。还有一部分则是想先打好基础，准备有朝一日要全心投入，调查有关我父母失踪的整个事件——尽管上海警方仍持续侦查，可是案子至今未破。顺便提一句，我一直打算在不久的将来，着手这方面的调查。其实，若不是我忙得不可开交，我敢说我早就动手了。

总之，如我所说，几年前我花了许多时间在大英博物馆搜集鸦片贸易在中国的史料，还有摩根洋行的历史，以及当时上海复杂政治生态的资料。我还多次写信到中国，请他们提供我在伦敦无法取得的情报。结果有一天我收到一张发黄的《华北日报》剪报，发报日期大约是我离开上海后三年。我的特派员寄给我有关租界港埠贸易法规变迁的报道——无疑是我要求的资料——不过，立刻引起我注意的，却是碰巧在剪报背面顺带剪进来的照片。

我把这张发黄报纸上的照片装进一只锡制的雪茄盒，放在书桌的抽屉里，不时拿出来端详一番。相片里头拍了三个男人在林荫大道上，三个都是中国人。外侧的两位着硬领西服，拿着帽子与手杖。中间那个胖男士则着传统中国服装：深色长袍、瓜皮帽、辫子。正如当时大半的新闻照片，多少有点矫情做作的味道，而我的特派员几乎把左边四分之一的部分都剪掉了。总之，从我看到这张照片的那一刻起，这张照片——说得更精确些，中间那个人——就格外令我感兴趣。

我把这张照片，跟我那位特派员回复我的信件——他约莫在一个月后又答复了我更进一步的问题——一同放进抽屉里的锡制雪茄盒。信中他告诉我，那位着长袍、戴瓜皮帽的胖男士是王顾，一个军阀头子，拍那张照片的时候，在湖南有不小的势力，手下养了一支三百人左右的杂牌军。与他的大部分同类一样，他在蒋介石掌权后势力大减，但据说身体依然安康，目前在南京城内某处还算舒适的冷宫中蹉跎岁月。我的特派员针对我明确的问题，答说他无法确定王顾是否曾经与摩根洋行有任何公开的关系。然而依他所见，我们不无理由怀疑，他在某个时期与该公司曾有往来。在那个年代，我的特派员指出，任何走长江水域穿过湖南运送的鸦片——或者其他值钱的货物——都可能遭受盘踞当地的强盗土匪抢夺。只有借助割据当地的军阀，才能确保货物平安，而像摩根洋行这种商行，自然极可能花了工夫跟这种人建立关系。在我儿时的上海，以王顾手头握有的兵力，他应该会成为特别受青睐的盟友。我的特派员在信末道歉未能提供更进一步的具体资料。

如我说过，我在发现那张照片之后五六个星期，才请求我的特派员提供这些信息。延迟的原因是，尽管我明明确定我在过去某地见过那位胖男士，可想了半天却一点也想不起来是在何时何地，为了何事。那人让我觉得跟某件尴尬、不快的事有关，不过除此之外，什么别的也记不起来。直到有天早晨，我在肯辛顿高街上漫步找计程车，往事在全无预兆的情况下，忽然涌上心头。

那位胖男士刚到我家的时候，我并没有花什么心思注意他。毕竟当时距离父亲失踪才两三个星期，陌生人不时来来去去：警察、英国领事馆的人、摩根洋行的人，还有一些女士一进我家看见母亲，便会伸出双臂并发出一声痛苦的惊呼。对于这些女士，我记得母亲以冷静的一笑回应，然后走向她们，直截了当地谢绝拥抱，并以她最有自信的口吻说出这样的话：“艾格妮丝，真高兴见到你。”接着她会牵着客人的手——也许还僵在空中——带领她们到客厅去。

总之，如我所说，胖男士那天刚到家门口，并没有引起我多少兴趣。我记得我从游戏室的窗户往下瞄了一眼，看见他走下汽车。他当时的样子，我相信跟那张剪报上的照片差不多：深色长袍、瓜皮帽、辫子。我注意到车子硕大闪亮，他不但有司机还有另两位随扈，不过就算这样，这排场也不算什么；父亲失踪后的那段日子，许多有头有脸的大人物早已来访过。倒是菲利普叔叔迎上前去寒暄的样子，让我有些意外，他当时已在家中待了约一个钟头。他们一副相见甚欢的样子——仿佛至交——接着菲利普叔叔引领客人进屋子里来。

我不记得接下来的一时半刻里我做了什么。我还留在屋子里——不过不是为了那位胖男士，我说了，我对他没什么兴趣。事实上，当我第一次听到楼下的骚动时，我记得我还很诧异客人竟然还没走。我赶到游戏室窗前，看见汽车还在马车道上，三位留在车上的随扈——他们也听到了争吵声——急忙下车，表情紧张。接着我看到胖男士平心静气地走向汽车，挥手向手下示意不要担心。司机已开好车门等着胖男士上车，他上车的时候母亲出现了。事实上，刚才是她的声音让我赶到窗口观望。我一直告诉自己，这种语气只有对我或对用人生气的时候才有，不过等母亲的身影在楼下出现，她说的每个字都清楚可辨，我就算想骗自己也没办法了。有些东西她再也压抑不住了，我从未见她如此，但我立刻意会到，从父亲失踪之后，我早该接受这样的事了。

她对胖男士吼叫，多亏有菲利普叔叔拉住她。母亲指责胖男士背叛自己的同胞，指责他是恶魔的帮凶，她才不要他那种协助，要是他再回到我家，她会当他是禽兽不如的东西唾他的面。

胖男士听了一点也不动怒。他指示随扈们上车，司机发车时，他从车窗对母亲微笑，几乎颔首向她表示赞许一般，仿佛母亲在那儿礼数周到地向他告别。车子走了以后，菲利普叔叔劝母亲进屋子里来。

等他们走到大厅，母亲已不再说话。我听见菲利普叔叔说："可是我们什么方法都得试一试，你难道不明白吗？"他的脚步声跟着母亲的进入客厅，门随即关上，我就什么也没再听见了。

看见母亲这种举止，当然让我不安。不过，假如她发现对访客怒吼解放了她几个星期以来严密压抑的情绪，那么我内心也有类似的变化。正是因为目睹她情绪爆发，不管过去这两三个星期以来我怎么想，今天我终于能够接受这件事情已经有了最坏的可能，而随之而来的感受，则是心中的巨石落地。

顺带一提，我得承认，我不敢完全肯定那天所见的中国人，就是剪报照片上的那位——照片中的人已查出是军阀王顾。我只能说，自从我看到照片的第一眼开始，我就毫不怀疑，那张脸孔——而不是每位中国乡绅都极可能拥有的长袍、瓜皮帽、辫子——就是父亲才失踪几天后我所看见的那个人。这件事，我每在心中多回想一次，就愈相信照片中的人正是那天来我家的那位男士。这项发现的影响深远——它有助于提供我父母如今身在何处的线索，并且在我想做的诸多调查之中，居于中心地位——如我所述，这些事我想要尽快动手。

第九章

我刚才描述的这件事还有更深的一个层面，在此不知该不该提，我也不确定这件事有没有任何实质意义。此事跟菲利普叔叔那天在我家前面拉住我母亲的方式有关；还有，就是他进了屋子里对母亲说的话，声音有点不对劲：“可是我们什么方法都得试一试，你难道不明白吗？”我提不出任何具体证据，只不过小孩有时往往更能察觉那些比较不明确的事物。总之，我就是觉得那天菲利普叔叔绝对有问题。我不知道为什么，可是我清清楚楚感觉到菲利普叔叔这次并不是“站在我们这边”；感觉到他跟那个肥胖的中国人，比跟我们还要亲密；甚至还感觉到——这极可能纯粹是我的幻想——胖男士坐车走的时候，菲利普叔叔还跟他互换了个眼神。如我所说，我无法指出任何具体线索来佐证这些感觉，也许是因为菲利普叔叔最后终究还是现出原形，才让我有这些后见之明罢。

即使到了今天，想到我跟菲利普叔叔的关系会那样收场，我心中仍隐隐作痛。我可能已经清楚地提过，他在那些年里已成为我崇拜的对象，我对他如此崇拜，甚至在我父亲刚失踪的那几天，我记得我甚至还觉得毋需太介意，因为菲利普叔叔总是可以递补他的空位。我无法否认，这个想法到后来连我自己都觉得说不过去，不过我要说的是，我对菲利普叔叔有一份特别的感情，也难怪那天我会放松警戒跟他出去。

我说“放松警戒”，是因为在那最后一天来临前的一阵子，我愈来愈为母亲的安危担忧，不时看着她。就连她说想独处，我都会留心她走进哪个房间，并且留心有哪扇门、哪扇窗是绑匪可能闯入的。晚上我躺着不睡，听她在屋内走动，我总是把我的武器放在手边——那是一根末端削尖的棍子，是秋良给我的。

然而深入回想这一切，我觉得，事情发展到那个时候，我内心深处并不太相信我的恐惧会成为现实。就拿我认为一根尖棍儿就足以吓阻绑匪一事来说——我常在睡梦中幻想自己与数十名闯进楼上的绑匪恶斗，他们一个个被我打倒——这或许也说明了当时我的恐惧，依然停留在一个多么脱离现实、荒诞不经的层级上。

尽管如此，我为母亲的安危心焦不已是毋庸置疑的。我当时实在不懂，其他大人怎么都没有采取任何保护她的措施。那段时间，我不喜欢让母亲离开我的视线，而如我所说，倘若那天邀我的人不是菲利普叔叔，我绝不会放松警戒。

那是个晴朗多风的早晨。我记得我从游戏室的窗口，看着树叶在前院的马车道上飞舞。早餐后不久，菲利普叔叔就和母亲一起待在楼下，我于是可以放松一下，相信只要菲利普叔叔在她身边，她就不会有事。

上午过了一半，我听见菲利普叔叔叫我。我走到楼梯口，从护栏往下望，看见母亲与菲利普叔叔站在玄关抬头看我。这是几个星期以来，我第一次感觉到他们有欣喜之色，仿佛听了一则笑话才刚笑完一样。大门没关上，有一道细长的阳光泻进玄关。菲利普叔叔说：

“我说小海雀，你不是一直说你要手风琴吗？哪，我要买一架送你。昨天我在汉口路的橱窗里看到一架精美的法式手风琴。店主显然不知道价格开得太低呢。我说不如我们俩过去看看。你要是看了喜欢，就是你的了。这主意不赖吧？”

这件事让我冲下楼梯，最后四阶还并作一步，还在大人周围打转，鼓动双臂模仿老鹰。我在耍宝时，很高兴能听到母亲的笑声——好一阵子没有听到她这样笑了。老实说，有可能这种气氛——以为情况或许就要开始回到从前——正是导致我“放松警戒”的重大因素。我问菲利普叔叔我们什么时候可以去，他耸耸肩说：

“何不现在就走？如果放着，说不定就让别人看上了。说不定此时此刻，我们还在谈，它就被人买走了呢！”

我冲向门口，母亲又笑了。接着她告诉我，我得把外套、鞋子穿好。我记得我想说我不要穿外套，结果没提，以免大人改变心意，不只是害怕买不成手风琴，也怕整个轻松的气氛跟着改变。

菲利普叔叔跟我走过前院出发时，我漫不经心地向母亲挥别。接着我又走了几步，赶向等候的马车。菲利普叔叔拉住我的肩膀说：“哪，跟母亲挥挥手。”也不管我才挥过。不过我当时并没有多想，只是依他吩咐转身向母亲再次挥手，她的身影优雅端庄，亭亭立于门口。

大半的路，马车走的是我与母亲平日到市中心的路线。一路上菲利普叔叔沉默不语，这让我有点意外，不过我从来没有单独跟他共乘过马车，所以猜想这也许是他平常的习惯。每当我指着路旁的东西给他看，他的确会愉快地回应；不过没一会儿，他就又沉默地凝视窗外。林荫大道渐渐变成拥挤的街道，我们的车夫对着挡路的黄包车与路人吼叫。我们经过南京路那间小小的古玩店，我记得我伸长了脖子，想看看广西路转角的那间玩具店。马车接近蔬菜市场，我才想着该掩鼻阻挡腐菜味的时候，菲利普叔叔忽然用手杖轻敲，指示车夫把马车停下来。

“我们从这里开始走路，”他对我说，“我知道一条捷径。走那里快得多。”

这个变通之道完全合理。我从过去的经验知道，南京路附近的街道人潮汹涌，马车或汽车往往一被堵住就是五分钟，甚至十分钟不能动弹。于是我什么也没说就让他扶我下车。不过就在那时候，我开始有了某种不祥的预感。也许是菲利普叔叔扶我下车碰我的方式有点不对劲；也许是他的态度哪里不对。不过他接着对我笑笑，又说了些话，可惜周遭太嘈杂听不到。他指向邻近的巷子，我紧跟在他后面，挤过洋溢着欢乐气氛的人潮。我们从阳光走进阴影，接着他停下来转身向我，就在推推搡搡的人群当中。他把一只手放到我肩上，然后问我：

“克里斯托弗，你知道我们在哪里吗？你猜得到吗？”

我向四周看看，然后指着一座石头拱门，门下的菜贩四周围满人群，我答说：“知道，那里过去是九江路。”

“好，那么你完全清楚我们现在在哪里。”他诡异地一笑，“这一带的路你很熟啰。”

我点点头，静待其变，但心底深处却涌起一种感觉：非常可怕的事情就要发生了。也许菲利普叔叔要说别的事——也许他本来的计划完全不是这样——可是在那一刻，我们站在熙来攘往的人群里，我相信他从我表情里看出事迹已然败露。他脸上一阵错愕，接着他尽可能压过周围的噪音对我说：

“好孩子。”

他再度抓住我的肩膀，眼神则四下观望。然后他仿佛做好了决定——这个我早有心理准备。

“好孩子！”他说，这次声量更大，声音因激动而颤抖。他继续说：“我没有要伤害你的意思，你明白吗？我没有要伤害你的意思。”

说完他便转身消失在人群里。我只抱着些许希望跟了上去，过了一会儿，瞥见他的白色外套急忙穿过人群离去。他穿过拱门之后就再也看不见了。

接下来有一会儿，我就呆立在人群之中，尽量不去回想刚才的事情到底有什么道理。接着，我忽然开始移动脚步，往来时的方向走回去，回到我们下马车的地方。我再也顾不得礼节，在群众里看到缝隙就强挤，有空间就硬钻，惹得好多路人在我背后或大笑或叫骂。我到了那条街上，自然发现马车早已驶离。有那么几秒钟，我不知所措地站在马路中央，试着在脑子里想好回家的路线，接着就使尽全力快跑。

我沿着九江路跑，横越了石子高低不平的云南路，到了南京路则再次挤过人群。跑到涌泉路，我已经气喘如牛，不过我激励自己，就剩这一段又长又直的路了，路上的人还算少。

也许是因为觉得自己的恐惧纯属个人感受——也或许因为我的看法已经有了深沉的转变——我竟没有想到向路过的大人求救，或者拦下路上的马车或汽车。我开步就跑，尽管已经上气不接下气，尽管我的步伐一定很引人侧目，尽管燠热与疲倦让我有时只能半走半跑，但我相信我一路都没停过。最后我经过美国领事的住所，接着是罗伯逊先生的家。离开涌泉路便进入了我家所在的道路，再喘口气，我便一路跑到我家的大门口。

走过车道——尽管没有什么明显迹象——我知道已经太迟了，事情早已结束。我发现正门被闩上了。我跑到后门，一推就开，跑过屋内，不知怎么，我并没有呼唤母亲，反而是呼唤梅俐——也许都到了这个地步，我还不愿接受呼唤母亲所意味的事情。

家里好像空无一人。我站在玄关，奇怪，怎么会听到咯咯傻笑的声音。声音从图书室传来，我转身走过去，房门半开，我看见梅俐坐在我的书桌旁。她坐得直挺挺，我在玄关出现时，她朝我看看，又发出一声傻笑，仿佛听了一则有关别人私事的笑话，想要憋住不笑出来。那时候我才忽然意识到她是在啜泣，而我已然明白，我在那段痛苦的长跑之中就心知肚明，母亲已经不在那儿了。我心中对梅俐生起一股冷冷的愤怒——这么多年来，她让我敬畏有加，可现在我明白这一切全是装腔作势：她丝毫无法控制这个逐渐将我们吞没的混乱世界；她只是个可悲的小女人，全靠伪装在我眼中建立她的形象，当巨大势力相互冲突斗争之际，她根本贱于蝼蚁。我站在走廊上瞪着她，眼神鄙夷至极。

现在已是深夜——写下最后那句话，又过了一个多钟头——然而我还在这里，在书桌边。我想我一直坐在那儿，反复回想这些往事，其中有好些已经多年不曾从心底唤起。然而我也展望未来，期盼有一天我终于可以重回上海；期盼我可以跟秋良一起做的所有事情。那城市当然会经历一些变化。不过我也知道，秋良只会想带着我到处逛，向我炫耀他将这城市不为人知的角落摸得多么熟。他会知道吃该到哪儿吃，喝要到哪儿喝，逛又得到哪儿逛；也知道有哪个绝佳的场所，可以让我们在辛苦了一整天以后，坐下来聊到深夜，叙叙自从上回一别，我们各自经历了多少沧海桑田。

可是此刻我得先睡觉。明天早上还有许多事要忙，而且下午跟莎拉搭公车漫游伦敦花了些时间，我得把进度赶上。

第三部

一九三七年四月十二日·伦敦

第十章

昨天，小詹妮弗与吉文斯小姐购物回来时，我的书房已经一片昏暗。这栋窄而高的楼房，是用姑妈去世后留下的遗产购置的，从里头可以俯瞰一片广场，房子尽管还算体面，采光却比左邻右舍差。我从书房的窗户俯瞰广场上的她在计程车与屋子之间来来回回，把取下的购物袋靠着栏杆排好，吉文斯小姐则拿着钱包在掏车资。忙了半晌她们才走进屋里，我听见她们在斗嘴，虽然我也到楼梯口喊了一声向她们打招呼，但想想还是别下去的好。她们正在吵些鸡毛蒜皮的事——怎么买了这个，怎么没买那个——更何况我还在为早上到的信兴奋着——我可不想糟蹋了这份心情。

等我下楼，她们早已吵完了，我看到詹妮弗蒙着眼睛在客厅里走来走去，两手伸在身子前面。

“嗨，詹妮弗，”我说，假装没看到什么异于平常的事，“新学期需要的所有东西，有没有买齐？”

她眼见就要撞上珍玩柜，我忍住没喊她。她及时停步，双手摸着柜子时还咯咯傻笑。

“哎哟，克里斯托弗叔叔！你怎么不警告我？”

“警告？警告什么？”

“我瞎了呀！你看不出来吗？我瞎了！你看嘛！”

“哦，没错。你是瞎了。”

我随她在家具之间摸索，自己走到厨房，吉文斯小姐把桌上袋子里的东西拿出来，礼貌地向我打了个招呼，却清楚地让我看到她向桌子另一头瞥了一眼，我吃剩的午餐还摆在那里。自从上星期我们的女仆波莉走了，每次有迹象暗示她得勉为其难暂代其职，她都一副鄙夷的样子。

“吉文斯小姐，”我对她说，“有件事得跟您商量。”我侧脸向她低声地说，“是跟詹妮弗有关的要事。”

“请说，班克斯先生。”

“老实说，吉文斯小姐，我在想，我们可不可以到温室里去谈。我是说，这件事，可不是小事。”

就在这个时候，客厅传来东西砸到地上的声音。吉文斯小姐从我身边赶了过去，在门口就喊了：

“詹妮弗，够了！我早告诉你会这样！”

“可是我瞎啦，”她回答，“我也没办法。”

吉文斯小姐想起我还在跟她说话，一时之间一心不能二用。愣了一会儿，她回到我这里，平静地问我：“抱歉，班克斯先生。您刚才说的是……？”

“其实，吉文斯小姐，我想不如等晚一点詹妮弗上床了，我们再谈比较方便。”

“没问题，到时候我再过来。”

不知她对于我要谈的事有没有什么不祥的预感，反正她当时并没有表现出来。她对我例行地一笑，便走进客厅尽她的职责去了。

自从第一次遇见詹妮弗，到今天已经快三年了。我的老同窗奥斯本邀我参加一场晚宴，我好一阵子没见到他了。他当时还住在格洛斯特街，那夜我初遇后来成为他妻子的那位少妇。他的客人中还有比顿夫人，她是一位著名慈善家的遗孀。也许是因为客人我都不认识——他们整晚净说些笑话，取笑我一无所知的一些陌生人——我发现我老是跟比顿夫人讲话，有好几次我甚至担心我会不会烦扰到她。总之，就在热汤上桌时，她开始跟我谈起一件她最近遇到的悲惨个案，她负责某慈善机构的财务，所以有机会得知这种事情。有对夫妇两年前在康沃尔的船难中罹难，他们的独生女如今已十岁，目前在加拿大与祖母同住。老太太显然健康不佳，难得出门或有访客。

“上个月我去多伦多，”比顿夫人告诉我，“我决定亲自登门拜访。那个可怜的小东西，想死英国了。而老太太，连自己都照顾不来，哪里顾得了那个小女孩。”

“贵机构有办法帮她？”

“我尽量想办法就是了。可是我们要帮助的对象太多了，你明白吧。严格说来，她还不算优先关注对象。毕竟她还有住的地方，她父母留下的钱也够她温饱了。做我们这种事，有个大原则，不可以太感情用事。可是见了那女孩儿，不动感情都难。尽管她显然过得不快乐，却散发着某种气质，常人难比。”

晚宴里，她应该还跟我提了几件詹妮弗的事。我记得我很有礼貌地倾听，并未说什么。等到更晚一些，客人渐渐告辞，奥斯本款留大家，我才把比顿夫人请到一旁。

“我希望您不嫌我冒昧，”我说，“您刚才跟我提起的那个女孩。那位詹妮弗。我想为她尽点绵薄之力。老实说，比顿夫人，我打定主意要领养她。”

也许我不该怪她听了之后满脸狐疑地退了一步。反正在我看来是如此。过了半晌她才回答：

“您真好心，班克斯先生。那么容我另日再跟您详谈。”

“我可是真心真意，比顿夫人。我最近继承了一笔遗产，我相信我有能力让她过好日子。”

“那还用说，班克斯先生。那么我们约时间再细谈。”说完，她转身跟其他客人喧闹地道别。

比顿夫人的确不到一周就与我联络。有可能她先去查问了我的为人，也许她只是充分考虑过了；总之，她的态度改变了许多。在皇家咖啡厅共进的午餐以及接下来的几次会晤里，她对我简直再亲切不过，于是在奥斯本寓所的晚宴过后四个月，詹妮弗就顺利抵达了我的新居。

随行的是一位加拿大护士亨特小姐，待了一周就走了，临别时欣喜地吻了女孩的脸颊，提醒她要写信给祖母。詹妮弗仔细地比较我让她挑选的三个房间，最后选中最小的一间，因为她说墙上那排木架子，正好可以摆放她的“收藏品”。不久我便明白那是一些精挑细选过的贝壳、坚果、干树叶、小卵石以及几件她多年来收集的东西。她把这些东西在架子上仔细摆设妥当。然后有一天，她请我进去参观。

“每一个我都取了名字，”她解释道，“我知道这样做有点傻，可是谁教我这么爱它们呢。等哪一天，克里斯托弗叔叔，等我没那么忙的时候，我再把它们每一个的故事说给你听。可不可以请你转告波莉，打扫我房间的时候，要格外小心哦。”

比顿夫人过来协助我面试保姆，不过在隔壁偷听的詹妮弗才是真正做决定的人。每回应征者谈完一走，她就会过来判她出局。“糟透了，”她这样否决了其中一位，“她说上一位小姐死于肺炎，骗谁呀！根本是被她下毒害死的。”有一次她这么说了一位应征者：“她怎么行？没见过这么会紧张的。”

面谈的时候，我觉得吉文斯小姐有点呆板甚至冷漠，可是不知道为什么，她却立刻赢得了詹妮弗的认同，而我也必须承认，她过去两年半以来的表现，也算不负詹妮弗的眼光。

别人听完我介绍詹妮弗，几乎一致赞叹，她虽然经历那么悲惨的不幸遭遇，却能如此镇定。没错，她的定力的确非常好，一些会让她这个年纪的女孩潸然落泪的挫折，她尤其能泰然处之。她的行李遗失一事，就是个好例子。

她到达以后有好几个星期，一再提及她那口从加拿大走海路来的皮箱。例如，我记得她有一次仔细地向我描述她有个木雕的旋转木马，某人特地为她做的，就在那口皮箱里。还有一次，我赞美她与吉文斯在榭芙丽百货公司买的某一件衣服，她冷眼看着我说：“我有条发带跟这件衣服真是绝配。就在我皮箱里，快寄到了。”

然而有一天我收到船运公司的信，信中对方为了皮箱遗失而致歉，并且说明愿意照价赔偿。我告诉詹妮弗时，她先是愣了一愣，然后浅浅一笑说：

“既然如此，吉文斯小姐跟我恐怕还得再去好好采购一番了。”

过了两三天，她还是没有因为掉了皮箱而露出半点沮丧的迹象，我觉得我必须跟她谈谈，于是有天吃完早餐，瞥见她在花园里散步，我便过去找她。

那是个凉爽晴朗的早晨。我的花园并不大，就城里的花园来说也算是小的——一块长方形的绿地，被四周邻居包围环伺——然而花园的陈设精巧，无论如何，有种与世隔绝的静谧。当我走下台阶到草地上时，詹妮弗手上正拿着一只玩具马在到处漫步，让马儿如梦似幻地放蹄于围篱与树丛顶端。我记得我倒是担心玩具会被叶上的露水浸坏，想要提醒她。不过等我走到她身边，却只是说：

“关于行李的事，我们运气实在很糟。虽然你看起来毫不在意，但我想这事一定让你难过极了。”

“哦……”她心不在焉地玩她的马，“是有点烦啦。反正我总是可以用赔偿金买更多东西。吉文斯小姐说我们星期二可以去购物。”

“总之，我觉得你真是勇敢。不过你可不需要强忍心中的感受，如果你懂我的意思。如果你想发泄一下，尽管发泄就是。我不会告诉任何人，我敢说吉文斯小姐也不会。”

“没事的。我并不难过。毕竟也只是一些东西嘛。我连父亲和母亲都已经失去了，丢掉一点东西算什么，你说是不是？”说完她笑了一下。

我不记得她提过几次父母，这是其中一次。我也笑了笑说：“的确不算什么。”我开始往屋子走，但又转身向她说：

“你知道吗，詹妮，我不敢确定我这样说对不对。你也许跟许多人说过这类的话，他们也相信。不过，我个人的经验告诉我，事情不是这样。我从上海回来的时候，有些东西，我特别装在我自己的皮箱里，那些东西对我来说可是非比寻常。至今也依然重要如昔。”

“我可以看看吗？”

“给你看看？只怕大部分东西对你都没什么意义就是了。”

“我喜欢中国的东西。我想看看。”

“大部分都不是中国的东西，”我说，“哪，我要说的是，对我而言，我的皮箱对我别具意义。如果丢了我会难过。”

她耸耸肩，让马儿跑上她的脸颊。“那天我也难过啊。可是现在不了。人生总得往前看嘛。”

“没错。不管这是谁教你的，教得好。反正你好就好。现在，把你的皮箱忘掉吧，不过你要记住……”我一时无语，忘了本来想说什么。

“记住什么？”

“没事。别忘了，你要是有什么事想对我说，有什么事困扰你，我永远在这儿。”

“没问题。”她开朗地回答。

我走回屋子的路上，回头瞄了一眼，看见她又在园里漫步，让她的马儿在空中奔腾，画出一个接一个梦幻的圆弧。

对詹妮弗如此承诺，我并非轻许。当时我真心想实践承诺，而且在接下来的日子里，我对詹妮弗的爱怜有增无减。然而时至今日，我已经打算离开她；会离开多久，我根本不知道。当然，我有可能夸大了她对我的依赖。再说，如果一切顺利，下次学校放假之前，我早已回到伦敦，她根本不会察觉我离开。然而，我不得不承认，我可能会去得更久一点，就像昨夜吉文斯小姐开门见山问我，我就承认了。正是这归期不定泄漏了在我心中究竟孰轻孰重，我相信詹妮弗马上会有自己的结论。不管她脸上表现得如何不在乎，我知道她会视我的决定为背叛。

事情怎么会走到这步田地，并不容易解释。我只能说是从几年前开始——远在詹妮弗来以前——起先是一种隐约的感觉，不时浮上心头：我感觉有人不认可我，而且掩饰得相当勉强。说来奇怪，只要跟我认为最能欣赏我成就的人在一起，这种感觉往往就会浮现。比方在晚宴上，我跟某位政治人物或警界人物，甚至只是跟我的客户谈话，我总会突然觉得对方的握手怎么变冷漠了，相谈甚欢之际，对方怎么会唐突了几句，有时我以为对方会感激不尽，结果对方竟然只是礼貌地把我打发。起初这类情况发生的时候，我会回想自己是否曾无意得罪这个人；到后来我只能得出这样的结论：问题出在一般人看待我的方式。

我这里谈的事朦胧不清，极不容易举出例子，作为清楚的说明。不过我想，去年秋天我与埃克塞特来的警探有过一段奇怪的对谈，或许就是一例，地点是萨默塞特郡柯林村外一处幽暗的巷口。

那是我经手的调查里，最教人痛心的案件之一。我到达的时候，案发已经四天，他们在一条巷子里找到那些孩子的尸体，由于经常下雨，窄巷变成了泥河——想搜集相关证据变得难上加难。尽管如此，在我听见一位警探走近的脚步声之前，我已经对事发经过有了相当清楚的概念。

“这种事最让人不安。”我对走上前来的警探说。

“这让我反胃，班克斯先生，”警探说，“真是让我反胃。”

我本来蹲着细细察看围篱，现在站了起来，跟他面对面站着，小雨一直没停过。接着他说：

“您知道吗，先生，此时此刻我真希望自己是木匠。我父亲就希望我做木匠。我真希望做个木匠，先生。经历了今天这个案子，我真希望如此。”

“真是惨，没错。不过我们也别气馁。我们得让正义得以伸张。”

他哀怨地摇摇头，接着说：“我是过来问问，您对案情有没有什么看法。因为，您知道的……”他抬头看看头上滴着水的树枝，然后勉为其难地继续说道：“您知道，我自己的调查让我得出了某个结论。我很厌恶这样的结论，不太想去碰它。”

我沉重地看着他点点头。“您的结论恐怕没错，”我严肃地说，“四天前，案情看起来已经惨绝人寰。不过再看过一回，真相只怕更加骇人听闻。”

“怎么会这样呢，先生？”警探脸色苍白如纸，“怎么会有这种事？尽管我做了这么多年的探员，我还是无法理解这种……”他说不下去，转身背对着我。

“很不幸的是，我看不出有别的可能，”我平静地说，“事情的确令人震惊。我们似乎正俯瞰着黑暗的深渊。”

“如果是什么路过的疯子，我还能接受。不过，这……我想到都觉得恶心。”

“您不得不接受，”我说，“我们必须接受事实。因为事情就是这样发生的。”

“您确定，先生？”

“我确定。”

他凝望的眼神越过邻近田野，落在远处的一排村舍。

“在这种情况之下，”我说，“我可以体会您会因此气馁。不过容我直言，还好您没有听从令尊的建议。因为像您这样的人才，警探先生，这样的人才实在难得。像我们这样的人，我们的职责就是打击坏人，我们……该怎么说好呢？我们就像系住百叶窗叶片的细绳。一旦我们系得不牢靠，一切都会分崩离析。您背负的责任可是相当重大啊，警探先生。”

他沉默了一会儿，然后又开了口，语气里的坚决让我吃了一惊。

“我只是个普通人，先生。我会留下来尽我所能。我会留在这个位子上尽全力打击毒蛇。不过这回的对手可是个九头怪兽。你砍掉一个头，它却又长出三个。我觉得情况就是这样，先生。情况变糟了。每一天都在恶化。这里发生的事，这些可怜的小孩……”他转回来面对着我，我此时可以看到他脸上的怒火，“我只是个小人物。假如我有身份地位”——此刻，毫无疑问，他以控诉的眼神直视我双眼——“假如我有身份地位的话，老实告诉您，先生，我决不迟疑。我会直攻它的要害。”

“要害？”

“毒蛇的要害。我会去做。何苦跟这斩之不尽的头搏斗呢？我今天就到毒蛇的要害所在，斩草除根，免得……免得……”

他显然词穷了，只能站在那儿瞪着我。我不记得我回答了什么。也许喃喃说了这类的话：

“您能这么做的话，真是再好不过了。”然后转身离去。

还有去年夏天的一件事，那次我前往皇家地理学会听H·L·莫蒂默演讲。那个晚上相当温暖。一百多个听众，都是各个领域的一时之选；我看到听众里有一位自由派人士，还有一位来自牛津大学的知名历史学家。莫蒂默教授才讲了一个多小时，厅里已渐渐闷热起来。他的论文题目是：“纳粹主义是否会威胁基督教？”内容充满争议，认为全民普选会减弱英国对国际事务的控制力量。演讲后的发问时间，厅内讨论气氛炽热，不过都无关莫蒂默教授的想法，而是关于德军进入莱茵河以西非军事区的动作。宽容与谴责德国这项行动的声音一样热烈，不过那夜，我才刚度过忙碌不堪的几周，没花力气跟着起哄。

讨论得差不多了，来宾被引领到隔壁厅里用点心。那一边空间实在不够，等我进去的时候——我后面还有一串人呢——里头早已摩肩接踵。那夜留给我的印象，有一幕是身材高大、穿着围裙的女士，端着装有樱桃的托盘，挤过人群；还有一幕是头发泛白、体形如鸟的教授们，两两在那里交谈，大家的头部都往后仰，以保持礼貌的谈话距离。我觉得这种环境我实在待不下去，于是往出口挤了过去，此时有人轻拍我肩膀。我回头看见坎农·莫利对我微笑。他是位牧师，最近有个案子多亏他鼎力协助，不知他是否有话要跟我说，于是我停下来打个招呼。

“今夜真是棒极了，”他说，“启发了我好多思考空间。”

“的确有趣极了。”

“不过恕我直言，班克斯先生，我看到您也在会场，就等着听您发表高见呢。”

“可惜今晚我有点体力不济。再说，厅内每位来宾对这个议题的了解，似乎都比我多得多。”

“哪，您太客气，太客气了。”他笑了笑，轻轻碰了我胸口一下。接着他靠了过来——也许背后有人推挤——他的脸离我仅数寸。“我老老实实对您说，”他开口道，“我有点意外，您怎么忍得住不发言。大家都在谈论欧洲的危机。您说您累了；也许只是礼貌性的托辞罢。无论如何，我没想到您会任由他们胡诌。”

“胡诌？”

“我要说的是，请您包涵——今晚出席的这些绅士们，自然会认为欧洲是当前世界动乱的暴风眼。不过，班克斯先生您，您当然知道真相。您知道我们目前危机的中心，其实距离我们非常遥远。”

我认真地看了他一会儿，然后说：“对不起，先生。我不太懂您指的是什么。”

“噢，怎么可能呢。”他笑笑，一副心照不宣的样子，“您怎么可能不懂。”

“我说的是真的，先生，我真的不明白为什么您会认为我对这种事有什么独到的见解。没错，这些年我调查过一些刑案，也许我已描绘出某些邪恶的形式如何显形的基本图像。可是，对于强权之间如何保持平衡，我们如何遏制欧洲境内激烈的欲望冲突，对于这类事情，我得承认我没什么大理论可言。”

“没有理论？也许没有。”坎农·莫利继续对我微笑，“不过您有的，这么说好了，那是一种特殊的背景，当前我们一切焦虑的核心其实就跟这个背景有关。噢，别这么说吧，好老兄！您完全清楚我指的是什么！您比谁都清楚，暴风眼根本不在欧洲，而在远东。说准确一点，是在上海。”

“上海，”我语气疲软，“没错，我也觉得……觉得那个城市里，的确有些问题。”

“的确有问题。原本只是当地的问题，却任由它蔓延坐大，这几年来，把毒素散布到世界各处，浸透了我们的文明。这个哪里需要我来跟您提。”

“我想，先生，您会明白，”我说，决定不再隐藏我的不悦，“我这些年致力于阻止犯罪与邪恶的扩张，不管它们在何处现身。但是，我当然也只能在我有限的领域里发挥所长。至于那些发生在海角天涯的事，说真的，先生，您总不能期望我也……”

“噢，别这么说吧！真是的！”

我原本几乎要失去耐性了，可巧有位牧师挤过人群来跟他寒暄。坎农·莫利将我们介绍给对方认识，我也趁机告退。

这种事还有好几桩，就算没这么明白直截，也渐渐累积成一股推动力，让我渐渐往某个方向走去。当然，这也包括那次在德雷科茨的婚礼上与莎拉·亨明斯的相遇。

第十一章

这件事至今已一年。当时我坐在教堂后排的座位上——新娘还有几分钟才会出现——这时我看见莎拉·亨明斯与塞西尔·梅德赫斯特爵士从教堂中殿的另一侧进来。塞西尔·梅德赫斯特爵士固然没有比上次在梅瑞迪斯基金会向他致敬的晚宴上更显老迈；不过多方传闻他与莎拉的婚事让他返老回春，恐怕也只是夸大之词。不管怎么说，从他跟相识的人挥手的欢欣模样看来，他确实相当幸福。

我要到婚礼结束后才有机会跟莎拉说话。我在教堂的花园里闲逛，穿梭于聊天的宾客之间。我停下来欣赏一处花圃时，她忽然来到我身边。

“欸，克里斯托弗，”她说，“在场的真的就只剩你还没夸我的帽子好看哦！这是西莉亚·马西森亲手为我制作的。”

“美极了。确实与众不同。你近况如何？”

我们有好一阵子没见面了。我记得，我们在人群外围缓缓走着，客套地聊了片刻。接着我们停了下来，我问道：

“塞西尔爵士近来好吗？他看起来气色确实不错。”

“哦，他健康得很。克里斯托弗，你老实告诉我。我嫁给他，有没有遭人议论？”

“议论？哦，没有，没有。有什么好议论的？”

“我是说他比我年长许多。当然，没有人会当着我们的面说。不过你得告诉我。大家议论纷纷，对吧？”

“就我所知，大家都说好。当然啦，大家都很意外。决定得那么突然。但是，我相信大家都说好。”

“这样的话，也只证实了我担心的事。我在他们眼中一定是个老处女。所以他们才不议论。要是早个几年，他们不议论纷纷才怪。”

“怎么会……”

莎拉看我尴尬的样子，笑了起来，还碰碰我的手臂。“克里斯托弗，你真好。别担心。你一点都不用担心。”接着她补充，“哪，你一定要来看我们。塞西尔还记得上次晚宴见过你哦。他想再看看你。”

“随唤随到。”

“呃，只怕也来不及了。是这样子的，我们要远行。再过八天，我们就要坐船到远东去。”

“是吗。你们要去很久吗？”

“也许几个月。也许几年。不过等我们回来，你可要来看我们。”

我想，听到这个消息，我不知道该说什么才好。不过就在那时候，新娘与新郎走过草地出现在我们眼前，莎拉说：

“真是璧人一对，可不是吗？还真是相配。”有一会儿，她若有所思地望着他们。接着她说：“我刚刚才问他们，未来有什么愿望。艾丽森说他们只想在多塞特有栋小屋子，好让他们年复一年待在里头不用出来。要等到子女成群、鬓发斑白。多么美好，对不对？我也祝他们如愿。还有，他们认识的过程真是神奇，完全靠缘分。”

她继续凝视他们，仿佛被催眠了。后来她不再神游，我想我们又谈了几分钟，聊聊共同朋友的近况。接着有人加入了我们，过一会儿我就走开了。

那天稍晚，我又碰到莎拉一次，就在南丘边上举行婚宴的乡村旅馆。当时已近傍晚，夕阳低垂天际。那时大家都喝了不少酒，我记得我走过旅馆，穿过一群群衣冠不整的客人，有的三三两两斜坐在沙发上，有的摇摇晃晃地倚在墙凹里，我走上了多风的露台才看见莎拉在那儿倚着栏杆俯望草地。我正走向她时，听见背后有人说话，回头一看，是个粗壮红脸的男士，他冲过阳台追上我，抓住我的手臂，然后站定喘气，以严肃的眼神看着我。接着他说：

“你知道的，我一直看着。我看到了刚才的事，早些时候也看到同样的情况。真是丢脸，我身为新郎的兄弟，我要再次向你致歉。那些醉汉，我不晓得他们是谁。真对不起，老兄，刚才你一定很不愉快。”

“哦，别在意，”我笑着说，“我真的没事。大家多喝了点，闹着好玩而已。”

“那可是野蛮的行为。他们是客人，你也是客人，要是他们不礼貌，他们就得滚。”

“说真的，是你多心了。他们没恶意的。更何况我也没受委屈。有时候让人开开玩笑，也是人之常情嘛。”

“可是他们已经闹了一整个下午了。我早些时候就看到了，甚至在教堂里也是这样。这可是我弟弟的婚礼。我不容许这样的行为。说真的，我现在就要在这里把这笔账算清楚。跟我来，老兄。我倒要看看他们还敢不敢取笑你。”

“别这么做，嘿，你搞错了。再怎么说，那些玩笑，我跟他们一样觉得有趣。”

“我就是不准！这年头这种事情就是太多了。他们一次次逃过制裁，今天可不。在我弟弟的婚礼上绝对不行。来，你跟我来。”

他扯着我的手臂，我看见他脸上满是汗珠。我不确定我原本会如何应变，不过就在那一刻，莎拉袅娜走来，手里还拿着一杯鸡尾酒，对红脸男士说：

“欸，罗德里克，刚才是你搞错啰。那些是克里斯托弗的朋友。再说，克里斯托弗用得着你保护吗？”

红脸男士看看我又看看她。最后他问莎拉：“你确定？因为我看了一整天了。每次这位仁兄走近他们……”

"你操太多心了，罗德里克。他们是克里斯托弗的朋友。要是他有那么一点不高兴，你不会不知道的。克里斯托弗自己就有办法把他们痛骂一顿。说真的，克里斯托弗要的话，可以叫他们跪地求饶，或任他摆布，他爱怎样就可以怎么样，只要一个眼神就够了。所以不用操心，罗德里克。你尽管自便，这里没事的。"

红脸男士对我的态度里有了新的敬意，不知所措地伸出手来。"我是杰姆的哥哥，"与我握手时他自我介绍，"很高兴认识你。有什么可以效劳的地方，过来找我别客气。有什么误会都怪我不好。祝你玩得开心。"我们看着他蹒跚走回屋子。接着莎拉说：

"来吧，克里斯托弗。过来这里，我们聊聊吧。"

她啜了一口酒，袅娜离去。我跟着她走过阳台，走到栏杆旁俯瞰草地。

"谢谢你帮我解围。"我过了一会才说。

"没什么，这是应该的。克里斯托弗，你整个下午在忙什么？"

"哦，没什么。老实说，我一直在想。想几年前的那个晚上，为塞西尔爵士举行的那场晚宴。不知道那天晚上你与他会见时，有没有想到有一天……"

"拜托，克里斯托弗"——她打断我的话，我发现她已经很醉了——"我会告诉你的，告诉你也无妨。我们初次相见的那天晚上，我就觉得他好迷人哦。但真的仅此而已。事情是在更晚些时候发生的，呃，一年以后吧，或者更久一点。哦，没错，我会告诉你，你跟我交情那么好。有一次我们正在吃晚餐，有人谈起墨索里尼，有人就说，情况已经非同儿戏，可能有另一场大战要爆发，甚至是世界末日。就在这时候，有人提起塞西尔的名字。说什么这种时候，我们比任何时候都需要他这种人，还有，他实在不该退休，他总该还有不少活力罢。接着有人说，他正是承担大任的人选，有的人则说，不，要他承担不公平，他太老了，同侪没几个在世，他到现在连个老婆都还没娶。这句话惊醒了我这个梦中人。我想，怎么说，连他那样的大人物，功勋卓著，还是需要一个她，一个不一样的女人。在他事业的尾声，有人能帮助他，最后一次老当益壮，好好立个大功，给一生的事业写下辉煌的结局。”

她一时话都说完了，所以我就说：“这么看来，塞西尔爵士显然也有同感。”

“我想说服人的时候都会成功，克里斯托弗。再说，他说他第一眼见到我就爱上了我，就在那次宴会上。”

“真好。”

在我们下方，在草地上，离我们有段距离的地方，有几位客人在池塘边嬉戏。我们看到有位男士，领子在颈后翻起，他在那儿追赶鸭子。最后我说：

“塞西尔爵士最后再好好立个大功这回事，他的巅峰之作。你心里到底替他想到了什么？远行数月，就是为了这个吗？”

莎拉深深吸了一口气，凝视的眼神变得认真而沉着。“克里斯托弗。你一定知道答案。”

“要是我知道答案……”

“欸，真是的。我们当然是去上海。”

刚听她说出这句话，我心中的感受实在无法描述。也许心里多少还有点惊讶。不过最主要的是，我记得那是某种解脱；心中有种诡异的感觉：自从多年前在查林沃思俱乐部第一眼见到她，我心中就有个期待，等候这样的一刻来临；我也可以这么说：我跟莎拉的整段友谊，一直朝着这一点前进，如今终于走到了。接下来说的这些话，有种似曾相识的感觉，仿佛我们早在哪儿演练过许多回。

“塞西尔在那里是老地头了，”她继续说，“他觉得他也许有能力把那里的事情理出头绪，他觉得他该去。因此我们非去不可。下星期。我们的行李都已经打包好了。”

“那么，我诚挚地祝福塞西尔爵士，祝福你们两人，顺利完成在上海的任务。你是不是盼着要去？我觉得你一直盼着。”

“当然了。我当然期望。这种事情，我已经等了好久。我实在非常厌倦伦敦了，还有……还有这一切的一切”——她的手往旅馆的方向一挥。“我也不再年轻，有时候我觉得我的机会不会再来。不过现在不同了，我们要去上海。怎么了，克里斯托弗，有什么不对吗？”

“我想这件事，或许你会觉得没有什么，”我说，“不过我还是说说好了。你知道，我自己一直想要回上海一趟。我是说，去……去解决那里的问题。我一直这么想。”

有一会儿，她凝视着夕阳。接着她转向我，面露笑容，我想她的笑容里充满悲伤，还带了一丝指责。她伸出一只手，温柔地碰碰我的脸颊，然后又回头去看风景。

“也许塞西尔有办法很快就把上海的事情解决，”她说，“也许没办法。总之，我们会留在那里很久。所以，如果你刚才说的话当真，克里斯托弗，我们很可能会在那里碰面。对不对？”

“没错，”我说，“确实如此。”

到莎拉出发之前，我都没再见到她。她原本就可以指责我这么多年迟迟没有行动，那么现在，如果我再不有所作为，她就更有理由对我失望了。有件事不言自明：不管过去的几个月间塞西尔爵士在上海有了什么进展，解决方案依然遥不可见。全球的紧张情势持续升温；饱学之士把我们的文明比喻作干草堆上扔了点燃的火柴。此刻，我还在这儿，依然在伦敦闲着。不过，随着昨天那封信件的到来，情况大不相同了；我可以说，那最后一片拼图到齐了。一点不假，我亲自回去的时机终于来临，回到上海——事隔多年——回去“斩除毒蛇”，如同那位埃克塞特来的正派警探所说。

不过这事也有代价。上午稍早的时候，詹妮弗跟昨天一样外出购物——再添购最后几件她声称新学期必备的东西。出门时她显得既兴奋又快乐；她还完全不知道我的计划以及我昨夜与吉文斯小姐讨论的事。

我请吉文斯小姐到客厅，邀了三次她才肯坐下。也许她多少猜到我要谈的事，觉得跟我坐下来谈，等于是共谋。我尽可能把事情对她解释清楚；尽量让她了解事情的重大；还有，这件事我已涉入许多许多年了。她听我说话未做反应，只到了我稍停一会儿时，她才问我一个简单的问题：我要去多久？我想我接着又说了一会儿，想办法对她解释，为什么我要处理的这种事，没法给一个确定的时间进度。我隐约记得后来是她问了什么打断我的话，接着我们讨论了几分钟，设想我不在的时候会发生的种种状况。我们费尽力气谈了这些事情，她起身正要离去时，我对她说：

"吉文斯小姐，我很清楚，短期之内，虽然有您竭尽心力照顾詹妮弗，但我不在家，她心里恐怕还是会不好受。可是，如果您就长期的影响来看，我走上刚才向您解释的那条路，不论对詹妮弗还是对我，恐怕才会是最好的事。更何况，要是哪天她知道了，她的监护人竟然在他最神圣的使命发出召唤之际转身逃去，她如何能爱他，尊敬他？不管她现在想要的是什么，等她长大以后只会鄙视我。那样对我或对她又有什么好处？"

吉文斯小姐目不转睛凝视着我，然后说："这点您说得有理，班克斯先生。"接着又补上一句，"不过她会好想您，班克斯先生，她会好想您。"

"没错，没错，我相信会是如此。可是吉文斯小姐，难道您不明白？"这时我的声量也许提高了些，"难道您不明白现在的局势有多急迫？您不知道世界的动乱不断在加剧吗？我不能不去！"

"当然，班克斯先生。"

"对不起。我向您道歉。今晚我有点激动。总之，今天发生了好多事。"

"要不要由我来告诉她？"吉文斯小姐问我。

我想了想才摇摇头。"我看不要，还是我来说好了。我会找个适当的时机再告诉她。在此之前，可否请您先别对她说什么。”

昨晚我本想今天找个时间告诉她。不过再三考虑之后，我觉得时机还未成熟；再说，她目前对于即将开始的新学期还兴致勃勃，没必要破坏这种心情。无论如何，此刻最好是先把事情搁着，等我把一切安排妥当，再到学校找她。詹妮弗这女孩坚强得很，没理由担心她会因为我远行而伤心过度。

然而，我此时不禁想起两年前的那个冬日，那天是我第一次到圣玛格丽特中学去见她。我正好在离校不远处办案，她也刚住校不久，因此我决定去找她，看看她过得好不好。

学校包括一栋大宅，再加上周围的草地。大宅后面是一片草坡，坡底有片湖。也许因为有湖，我去的那四次，那一带都有薄雾笼罩。鹅儿四处漫步，闷闷不乐的园丁则整理着水边的草坪。大体上环境有些清冷，尽管那里的老师，每次我见到都表情亲切。那一天，我记得有位纳丁小姐——五十多岁的和善女士——领着我走过寒冷的走廊。走到一半，她停在一处墙凹边，压低声音对我说：

“大体上来说，班克斯先生，她适应得已经算是顶不错了。毕竟一开始总是会遇到一些困难，有些同学还当她是新生。其中有一两个，有时候难免失了分寸。不过到下个学期，这一切都不会有问题的，我确定。”

詹妮弗在一间装了橡木壁板的房间等我，壁炉里还有木块在燃烧。纳丁小姐离去后，詹妮弗站在炉架前，略带羞涩地对我笑笑。

“他们怎么不把屋子弄暖和些。”我边说边搓着双手走向壁炉。

“你应该去我们宿舍，看看那里有多冷。被单上都生出冰柱了！”她咯咯笑了。

我在壁炉边的椅子坐下，她还站着。我原本还担心她在不同的情境下见我会觉得尴尬，不过她马上就聊开了，谈她的羽毛球，谈她喜欢的女孩，谈到食物，她说什么都是“炖、炖、炖”的。

“有时候，新到一个地方，”我中间插嘴，“总是有些难处。她们没有一起……欺负你吧？”

“没有，没有，”她说，“有时候会逗逗我，不过她们没恶意。这里都是好女孩。”

我们谈了大约二十分钟，我站起来把我放在公事包里的纸盒取出交给她。

“哦？这是什么？”她兴奋地叫起来。

“詹妮弗，这不是……不是礼物之类的东西。”

她听出我声音里的警告语气，望着手上捧的盒子，显示出有戒心的样子。“那么这是什么？”她问。

“打开来，自己看看。”

我望着她除去盒盖——大约鞋盒大小的一个纸盒——往里头一看。她原本已经一副小心翼翼的表情，看了之后还是一点也没变。接着她伸手摸摸里头的东西。

“恐怕，”我温和地说，“我就只能找回这些东西了。你的皮箱，我查出来了，它并没有掉到海里，而是在伦敦的仓库里跟其他几件行李一起被偷走的。我尽了全力。很遗憾的是，不好卖的东西小偷干脆都砸坏了。我找不到衣服之类的东西。只找回来这些小玩意。”

她取出一条手链，仔细检视一番，仿佛在查看有没有瑕疵。她把它放回去，接着又取出一对小银铃以同样的方式检查。接着她盖回盒盖，抬头看我。

“你真好，克里斯托弗叔叔，”她平静地说，“你都那么忙了。”

“一点儿也不麻烦。我只是遗憾不能多找回一些东西。”

“你真好。”

“我想我得让你回去上地理课了。我来的时候真不巧。”

她没动，只是继续静静地站在原地，凝视手上捧的盒子。然后她说：

“在学校里，有时候什么都忘了。就是有时候。跟别的女孩一样算着日子等假期，那时候，我会以为自己还会见到爸妈。”

即便在这样的情境里，听她提起父母还是让我感到意外。我等她继续说下去，可是她没再开口；她只是抬头凝视着我，仿佛她刚才问了我一个问题。最后我说：

“有时候日子非常不好过，我知道。好像你的整个世界都垮了。不过我还是要告诉你，詹妮。你表现得非常好，你把自己的世界又重建了起来。你真的很了不起。我知道你的世界已经不可能和过去完全一样了，不过我也知道你已经重新出发，为自己建筑了一个幸福快乐的未来。还有，我会永远在一旁帮你，我要你知道这点。”

“谢谢你，”她说，“还有，谢谢你带来这些东西。”

就我记忆所及，那天会面就到此为止。我们离开较暖和的火边，走出那个多风的房间到走廊上，我便目送她回教室。

两年前的那个冬日午后，我当时完全没想到，我对她说的话全然不牢靠。等我下次到圣玛格丽特中学见她，向她告别，我们也许会在同一个多风的房间相见，在同一个壁炉旁边。果真如此，就教我更加为难了，因为詹妮弗铁定会清清楚楚记起我们在那里的上一次会面。不过她是个聪明的女孩，不管她当下的感受是什么，她都能完全了解我要跟她说的话。或许她甚至能领悟得更快，比她保姆昨晚还要快：等她年纪大了——等这件事成为辉煌的记忆——她会真心庆幸我不畏艰难，挺身迎向我的使命。

第四部

一九三七年九月二十日·上海·华懋饭店①

① 华懋饭店（Cathay Hotel），今和平饭店北楼，是当时上海滩最高的建筑，也是最豪华、最高级的饭店。

第十二章

到阿拉伯国家旅行的人，常常会抱怨当地人跟你讲话把脸靠得很近，让人不知所措。当然这不过是因为当地的习俗与我们不同罢了，任何思想开放的访客，不久便能见怪不怪。我也想过，我应该设法以类似的观点来看待这三个星期以来，我在上海碰到的某个状况，也就是：大家一有机会就挡住别人的视线。每当你刚进入某个房间或者才下车，马上就有人面带笑容挡住你的视线，让你连最基本的环境观察都无法进行。多半挡你的人，就是邀你来的那个人或是带路的人；但是，就算被围堵的视线一时有了缺口，那儿也永远不乏旁人急着填补这个空缺。就我所知，这个社区里的各国成员——英国人、中国人、法国人、美国人、日本人、俄国人——都同样热中此道，于是我们不得不做出结论：这是上海公共租界发展出来的独特习俗，超越所有种族与阶级的藩篱。

我花了好几天才看清楚这项本地的奇风异俗，并理解这就是我刚到的那阵子屡屡迷失方向手足无措的乱源。如今，尽管偶尔又为之气恼，我却不会再过度在意此事。再说，我发现上海有另一种可与之互补的习俗，这让我的生活好过些：在这里，对于挡路的人，就算你把他一脚踢开，似乎大家都还能容许。虽然我自己还没那个胆量亲身试试这种特许权，但我早在几次社交聚会上见识过名媛淑女扫除路障是何等霸气，而且不会惹来半声怨言。

到这里的第二天晚上，我走进汇中饭店顶楼舞厅的时候，还没搞清楚这两种耐人寻味的习俗，结果晚上大半时间都过得很不愉快，当时以为公共租界就是这般混乱拥挤。走出电梯，才瞥见铺向舞厅的豪华地毯——上面站了一整排的中国侍者——今晚的主人之一，英国领事馆的麦克唐纳先生，就把他的庞大身躯挡在我身前。我注意到我们经过时，这些侍者就会鞠躬，戴着白手套的手在身前抱拳，感觉挺新鲜的。不过我们才经过第三位——总共有六七位侍者——这一侧的视线也被晚宴的另一位主人挡住了。那是一位叫做格雷森的先生，代表上海工部局[①]。他赶到我身边，继续他刚才在电梯里讲到一半的话。根据我两位东道主的说法，“这是城里最时髦的夜总会，来的都是上海的精英”。才一进舞厅，我就觉得我掉进了人潮的洪流。高耸的天花板挂了华丽的吊灯，我依此猜测房间应该相当宽阔，虽然一时之间还无法证实。我跟着两位主人走过人群，看到厅内一侧全是大窗子，此刻夕阳斜照。我瞥见远处有座大舞台，台上有几位身着白色燕尾服的乐师在那儿闲晃聊天。他们跟大家一样，好像在等待什么——也许只是等待夜幕低垂。总之，会场的气氛浮动，大家互相推挤着，没有明显的目的。

我几乎跟丢了主人，不过我随即看到麦克唐纳先生向我招手，于是我走到一张小桌边坐下，桌上铺着浆熨过的白色桌巾，我的伙伴们也跟着挤了过来。从这个较低的位置，我可以看到一大片地板现在已经空了出来——待会儿应该会有歌舞表演——所有在场的人都挤到厅里靠玻璃窗这一侧的狭长地带。我坐的这张桌子跟一长排的桌子放在一起，我想看看这排桌子的尽头有多远，却被人挡住了。邻桌并没有人坐，可能是因为人潮拥挤不好坐。一点也不假，没多久我这张桌子仿佛变成了一叶小舟，任上海名流的浪潮从四面八方冲击。再者，我的到场也并非没人注意；我听到耳语在身边传递，告诉大家我来了，愈来愈多的目光投射过来。

---

① 上海工部局（Shanghai Municipal Council），上海公共租界内的最高行政机构。

后来的情况实在教人如坐针毡，尽管如此，我记得在我还能忍受的时候，我还是努力继续刚才坐车来饭店的时候，在车上与两位主人谈论的话题。我记得曾对麦克唐纳先生说：

“我深深感激您的建议，先生。不过，老实说，我宁可独自进行调查。我习惯这样工作。”

“那就依你了，老兄，”麦克唐纳先生说，“我只是想提提无妨。我建议的那些人当然对上海了如指掌。最厉害的几位可以媲美苏格兰场的高手。我只是觉得他们或许可以帮你省去些许宝贵的时间罢了。”

“不过，您应该记得我告诉过您，麦克唐纳先生。我是对案情有了清楚的了解，才从英国出发的。换言之，抵达此地并非起点，而是多年研究的顶峰。”

“换句话说，”格雷森忽然插嘴，“您来我们这里，就是要把这事做个了结。真了不起！真令人高兴！”

麦克唐纳对这位工部局的代表投以鄙夷的眼神，然后当格雷森没说过这些话似的，继续他的话题。

“我绝没有怀疑你的能力，老兄。你的记录可是相当辉煌。我的意思是，多一点人手支援你。当然是完全听命于你。不过，你知道的，就是要让事情尽快了结。你刚到这里，可能还不完全明白情况已经紧迫到了什么地步。表面上看起来风平浪静，我知道；可是，我只怕我们没那么多太平日子了。”

“我完全了解情况紧急，麦克唐纳先生。不过我只能重申一事：我有十足把握相信事情在相当短的时间之内，就可以得出令人满意的结论。条件即是，我必须要在没有阻碍的情况下进行调查。”

“那真是太棒了！”格雷森欢呼，又让麦克唐纳冷冷瞪了一眼。

那天大半的时间，麦克唐纳先生都陪在我身边，我愈来愈受不了他假装只是一位身兼接待事务的领事。让他露出狐狸尾巴的，不只是他对我的计划好奇得超乎常情——或者他急着强塞“助手”给我；还有他说谎时脸不红气不喘的样子，再加上雍容优雅的礼节，一眼就看得出他是高阶情报人员。当天晚上到了那个节骨眼，我大概已经厌倦于应付他言辞闪烁的把戏，于是我提出了一项请求，仿佛真相我们早已彼此心照不宣。

“既然您提起协助一事，我倒是对警方所谓的‘黄蛇凶杀案’特别感兴趣。”

“哦，是吗？”我看得出麦克唐纳的表情里出现戒心。反观格雷森，他似乎不知道我所指为何，看看我又看看他。

“老实说”——我说下去，仔细盯着麦克唐纳——“我正是搜集了充足的‘黄蛇凶杀案’的资料，才决定走这一趟。”

“原来如此。所以你对‘黄蛇’的案子有兴趣。”麦克唐纳假装若无其事，往厅里望了一眼，“那案子很棘手哟，不过没那么重要吧，若以大局而论，我倒不会想到这桩案子。”

“那可不然。我相信这案子事关重大。”

“容我打个岔，”格雷森终于找到空当插嘴，“敢问你们谈的‘黄蛇凶杀案’是怎么回事？我从来没听过。”

“那就是大家所说的共产党报复行动。”麦克唐纳告诉他，“红军对待背叛自己人的告密者，便是杀光他的全部同党。”接着他转过来对我说，“这种事情时有所闻。红军干起这种事毫不留情。不过那是中国人的家务事。红军已完全在蒋介石的股掌之上，蒋介石也打算继续把他们捏在掌心里，不管日本人侵不侵略。我们只想作壁上观，你知道的。真没想到你对这个案子这么有兴趣，老兄。”

“不过这些特定的报复行动，”我说，“这些‘黄蛇凶杀案’，已经持续许多年。过去四年来每隔一阵子就会发生，至今已有十三人遇害。”

“你细节知道得比我还多，老兄。不过就我所听到的消息，这些报复行动之所以会延续这么多时日，是因为红军不知道谁是叛徒。每当他们认为这位‘黄蛇’老兄另有其人了，他们就再找个目标下手。”

“麦克唐纳先生，有件事对我的工作会有很大帮助，就是让我跟这位告密者谈谈。这位大家所说的‘黄蛇’。”

麦克唐纳耸耸肩。“这全都是中国人的家务事，老兄。我们谁也不知道‘黄蛇’是谁。在我看来，要是中国政府肯公布此人身份，也算是好事一桩，免得又有无辜百姓被误认为和他有瓜葛。可说实在的，老兄，这全都是中国人的家务事啊，我们最好别插手。”

“我得跟这个告密者谈，这事关重大。”

“好吧，既然你的意愿这么强，我会帮你跟一些人说说看。不过，我可不能跟你保证什么。这家伙似乎对中国政府极有用处。蒋介石的人马把他的身份藏得滴水不漏，我猜想。”

我开始察觉，这时候有许多人从四面八方挤过来，不但想看看我本人，更想顺便听听我们在谈什么。在这样的情况下，我不必期望麦克唐纳会说真话，所以我决定暂时搁下这个话题。事实上，我当时有个冲动，想要站起来喘口气，不过我还来不及动作，格雷森就面带笑容倾身向我说：“班克斯先生，我有件事想简单向您报告。是这样子，先生，我好荣幸能负责举办那个宴会。就是那个欢迎仪式。”

“格雷森先生，我实在不愿显得不知好歹，不过就像麦克唐纳先生刚刚说的，时间实在相当紧迫。而且我已经感受到太多热情的接待了，实在承担不起……”

“不，不，先生”——格雷森先生紧张地笑了笑——“我指的是另一个欢迎的仪式。我的意思是，欢迎令尊令堂历劫多年归来的那个。”

这点，我得承认，来得有点突然，也许有那么一秒我愣在那里瞪着他。他又紧张地笑笑，对我说：

“当然，现在还言之过早，这个我明白。还得等您破案呢。当然，我也不想先空欢喜一场。可是无论如何，您知道的，我们还是有义务准备。只要您一宣布破案，大家的目光都会投向我们工部局，期望我们举办一个场面配得上这事的典礼。他们会希望典礼能别出心裁，他们会希望愈快愈好。不过您知道的，先生，举办这种场面的活动，实在不简单。因此是这样子的，不知道可不可以先提几个概略的方案让您选择。我想先请教，先生，不知道您满不满意极司菲尔公园这个地点？是这样子，我们恐怕需要一个相当大的场地……”

格雷森说话的当儿，我渐渐听到某种声音——从宾客谈笑声后面的某处传来——那是远方的枪炮声。这时格雷森的话被一记撼动舞厅的轰然巨响打断。我紧张地抬起头来，却见四周宾客谈笑依旧，甚至欢笑，鸡尾酒杯还拿在手上。过了一会儿，我可以察觉人群往窗边移动，就好像是外头有一场板球赛又开局了似的。我决定逮住这个机会脱身，于是起身跟着大家移动。我前面挡了太多人，什么也看不到，我想办法往前钻，这时我听到身边有位鬓发斑白的老太太对我说话。

“班克斯先生，”她说，“您知不知道，您来了上海，大家都觉得救兵来了？当然，我们并不喜欢形之于色，可是我们实在好担心，哪”——她指向枪炮声的来处——“我丈夫，他坚称日本人不敢攻打公共租界。可是您知道吗，他一天至少要提个二十次，那一点也不会教人安心。告诉您，班克斯先生，您即将抵达的消息才传来，那可是我们这里几个月以来的第一个好消息。我丈夫甚至不再念经似的反复提说日本人呢，至少停了好几天。天哪！”

另一声雷霆般的巨响撼动舞厅，激起了几声倒彩。接着我发现离我不远处有几扇落地窗已经打开，大家挤到阳台上。

“别担心，班克斯先生，”有位年轻人说，抓住我的手肘，“那不可能炸到我们这里来。双方自从‘血腥星期一’之后，都极度小心。”

“不过这声音是从哪里来的？”我问他。

“哦，是从港湾里的日本战舰来的。实际上炮弹越过我们头顶上空，落在那条河的对岸。入夜以后，就壮观了。有点像流星雨。”

“万一落得近了呢？”

我这个想法，不仅让跟我说话的年轻人笑了，连我身边其他几个人也笑了——我实在不该把心里的话说出来。接着有人说：“我们也只能信任日本人的射击技术啰。毕竟炸偏了，也可能炸到他们自己人。”

“班克斯先生，也许您需要这个。”

有人递上一只看歌剧的望远镜。我才接下，这动作就仿佛是一道指令，众人立刻让出一条路给我，我发现大家竟簇拥着我走向落地窗。

我踏上一座小阳台。一阵温暖的微风吹来，满天晚霞嫣红。我这里位置相当高，看得到另一排楼房外的运河。河的对岸是一大片低矮破旧的房子，有道灰色的烟柱从那儿升向夜空。

我把望远镜放到眼前，不过焦距不对，什么都看不见。我转了转调焦钮，发现我对准的是运河，看到的景象让我略感意外：河上各种船只竟然无视邻近的战斗，继续忙着日常事务。我对准某一艘船——类似舢板的小舟，上头只有船夫一人——船上堆满木箱与包裹，似乎钻不过我眼下这个低矮的运河桥洞。我看的时候，那条小船急速接近桥洞，我敢说至少堆在顶层的一两件一定会掉到水里。接下来的几秒，我透过望远镜盯着船，完全忘了战事。我注意到船夫跟我一样，全心关注着他货物的安危，完全无视他右方不到六十码处就有战斗在进行。接着船钻入桥底，等它顺畅地从另一头滑出，那些摇摇欲坠的货物一件也不少，我轻叹一声放下望远镜。

我发现我看船的时候，背后聚集了一大群人。我把望远镜递给旁人，没特别对谁说：“原来那就是战争。值得一看。伤亡情况不知道怎样，你们觉得呢？”

这个问题引发了许多回答。有人说：“闸北区死了一大堆人。

不过日本佬再过几天就会把那儿攻下来，到时又会安静了。”

“还不一定呢，”另一个人又说，“国民党到目前为止的表现都很让人惊讶，我敢说他们会坚持下去。我敢说他们还可以撑上好一阵子。”

接着，我周遭每个人似乎都同时争论了起来。几天、几周，这有何不同呢？中国人迟早要投降，为什么不趁早呢？有几个人反对这看法，事情不可能这么简单干脆。情况天天在变，有许多因素都相互关联，牵一发动全局。

“再说，”有人大声问道，“班克斯先生不是来了吗？”

说这话的人显然自以为很有说服力，可这话却僵在半空中，让大家鸦雀无声，再度将所有的目光投向我。事实上，我发现不只是阳台附近的人群，而是整个舞厅里的人都静了下来，等着我回应。我灵机一动，正好利用这个机会发表声明——也许在我踏进舞厅的那一刻，就有必要这么做——我清清喉咙，大声宣布：

“各位女士先生们，我看得出这里的情况陷入了困局。我也无意在这种时机带来虚假的期望。但是容我这么说：假如我没有信心能在不久的未来圆满地了结此案，我也不会来这里。事实上，女士们先生们，我觉得我不只是有信心而已。因此，容我请求各位在往后的一两个星期里耐心等待。之后再来看看我们做了多少事。”

我说完最后这些话，爵士乐队忽然在舞厅里演奏起来。我不确定这是否只是巧合，无论如何，倒给了我的演讲一个漂亮的结尾。我觉得舞厅内的目光渐渐从我身上移开，也看到大家都开始往厅内移动。我也往里头走，想办法找回原来那个桌位——有一会儿我有点迷失方向——发现一群舞娘已在舞池里载歌载舞。

舞娘也许多达二十名，许多都是欧亚混血，鸟形的服装极尽暴露之能事。舞娘翩翩起舞，尽管这片歌舞升平景象的背后杂音清晰可闻，然而大家似乎不再对一水之隔的战事感兴趣了。对这些人而言，这有如结束了一个节目，另一个又接着上场。我心里产生一股反感，自从抵达上海以后，这样的感觉已经不是第一次了。不只是因为这么些年来他们只会坐困愁城，面对难题束手无策，放任情况恶化到今天这种令人发指的地步，还衍生出许多盘根错节的难题。从我抵达的那一刻起，真正教我心里暗暗吃惊的是，这里每一个人都拒绝承认他们罪有应得。待在这里约两周的时间里，在我所接触的所有这些英国人当中，不论地位高低，我都还没遇到——一次也没有——有谁真心感到羞愧。换言之，在这里，在这个可能吞噬整个文明世界的大漩涡的涡眼里，大家在心照不宣中无耻可悲地集体否认现实，否认自身的责任，而这种行为转为自我封闭，变本加厉，以冠冕堂皇的自我保护表现于外，这是我经常碰到的情况。而现在眼前的这一群所谓上海的精英，如此不屑一顾地凝望他们的中国邻居在运河对岸受苦受难。

我沿着围观歌舞的人群背后走动，尽量把厌恶之情收藏起来，这时有人扯扯我的手臂，我转身一看，是莎拉。

“克里斯托弗，”她说，“我整晚想尽办法要挤到你身边。难道你没时间跟家乡来的朋友打个招呼吗？瞧，塞西尔在那里，他正在向你挥手呢。”

我花了一会儿工夫才在人群中找到塞西尔爵士；他独自坐在厅内远处角落里的桌位，果然在向我挥手。我也向他挥挥手，然后转向莎拉。

这是我抵达后首次和她碰面。那天晚上她给我的印象是她过得非常不错；上海的阳光驱走了她惯有的苍白，让她显得脸色红润。而且，当我们问候交谈的时候，她的态度依然轻松自信。一直要到此刻，经历了昨晚的事件，我才又想起那夜首次碰面的情况，真不知道我怎么瞎了眼似的，没看出端倪。当然或许只是后见之明，才让我吹毛求疵地回想她的笑容有无异样，特别是提起塞西尔爵士的时候。而且，即使我们交谈的内容仅止于寒暄问候，经过昨夜的事，那天晚上她说了一句话——就算是当时，也已经让我略微一怔——直到今天还在我心头镇日萦绕。

我当时问她跟塞西尔爵士在这里的一年过得可愉快。她向我保证，尽管塞西尔爵士并未达成他预期的突破，但他的诸多努力依然赢得了上海各界的感激。就在这时候，我问了她一个问题，没什么特别用意：

"这么说，你们没有立即离开上海的打算啰？"

莎拉听了以后笑了出来，又往塞西尔爵士的方向凝望一眼，然后才说："没有，我们现在安定得很。新城饭店非常舒适。我想我们近期内哪儿也不会去。除非有人来拯救我们，那就另当别论了。"

她说这些话的语气——包括最后说的拯救云云——尽管像是说笑，尽管我不清楚她话中是否有话，我还是浅笑了两声表示附和。那时候，就我记忆所及，我们转而聊起在英国共同的朋友，后来格雷森走过来，三言两语就打断了这场看似单纯的谈话。

如我所说，直到此刻，经历了昨夜的一切，我好像才开始追溯这三个星期里跟莎拉几次碰面的情况，而每次回溯，最后都归结到莎拉的这句话，一句仿佛事后才在她愉快的回答里加上的话。

第十三章

昨天下午，我大半时间待在那艘昏暗、吱吱作响的船屋上，那三具尸体就是在那里发现的。警方十分尊重我希望不受打扰的调查方式，而这竟然让我忘了时间，几乎没注意到船外已然夕阳低垂。等我走过码头，沿着南京路逛去，灯火都已点亮，人行道上挤满晚间出游的人。经过沉闷的一整天，我觉得我得放松一下，于是走向南京路与江西路转角的一个小俱乐部——我刚到的那几天，有人带我去过。那里没有什么特别之处，只是一所清静的地下室，通常晚上会有一位法国籍的钢琴师在那儿忧郁地诠释比才或者格什温。不过这恰好符合我的需要，几个星期以来我去了好几次。昨夜我在角落的桌位待了约一个钟头，吃了一点法国菜，把船屋里的发现做成笔记，那时有几位职业舞女跟着客人随乐起舞。

我爬上楼梯回到街上，准备回旅馆，却跟俄籍的门房聊了起来。他是某某伯爵，英语非常流利，据他说，是革命以前家庭女教师教的。我已习惯每次到这家俱乐部就跟他聊个几句，昨夜只是照旧——我不记得我们在讨论什么——他随口提到塞西尔爵士与他夫人当晚早些才来过。

"我猜想，"我说，"今晚他们不会在家啰。"

关于这点，伯爵想了一会儿才说："'鸿运宫'。没错，我相信塞西尔爵士提到这个地方，他们就是去那儿。"

那地方我并不知道，不过，伯爵不等我问就自动把地点告诉了我，由于不远，我就往那里走去。

他把路说得十分清楚，不过我对南京路附近的街巷还是很生疏，结果在路上有点迷失。对此我并不太在意。这一带市区的气氛还不算糟，即使入夜也还好，尽管有个怪模怪样的乞丐上前向我讨食，走到另一处，还有个醉酒的水手与我撞个正着，但我还是轻松平静地跟着夜游的人群闲逛。在船屋上辛苦了一天，能加入不同种族、阶级寻欢作乐的人潮，能在经过每一个灯火通明的门口时，闻到菜肴与焚香的气味，我的心情也轻松了起来。

昨夜，我相信我跟平常一样四下张望，如同我近日逐渐习惯的那样，用目光梭巡往来行人的脸孔，希望能发现秋良的踪影。事实上，我几乎确定我才抵达上海不久就看到过他——大约是到这里的第二或第三天晚上。正是那夜，怡和洋行的凯瑟克先生与其他几位城里的显赫人物力邀我“尝试夜生活”。我当时还在调适期间，觉得舞厅俱乐部一间间逛下来好不累人。我们到了法国租界的风化区——这时我看得出来，我这几位东道主带我来这些灯红酒绿的地方，就是想看我大惊小怪的样子——正当我们走出一家酒店时，我看到秋良的脸孔在人群里闪过。

他夹杂在一群衣着时髦的日本人当中，显然是到城里去玩。当然，如此惊鸿一瞥——他的身影事实上是一排门廊上的灯光所衬托出来的剪影——我无法完全肯定那就是秋良。也许为了这个原因，也许为了别的，我没有做任何举动来引起老友的注意。这也许难以理解，但我只能说，事情就是这样。我猜想，我当时以为这种机会还多的是；也许我觉得那样子见面，纯靠巧合，两人都各自跟友人在一起，并不适当——更配不上我对这场久别重逢的多年期盼。总之，我让时机溜走，只跟着凯瑟克先生和其他人走向等候的轿车。

然而，在过去这几周里，我有许多理由教我后悔那夜未能及时行动。尽管在最忙碌的时候，我也不停在人群中、在街上或各个旅馆的大厅里搜寻他的身影，但仍然不见他的踪迹。我明白我可以采取更积极的步骤把他找出来；可惜此刻案情才是第一要务。再说上海也没多大；迟早会再次邂逅吧。

言归正传，谈谈昨夜发生的事。我依门房所说的路，最后走到一个广场，是几条街巷的交汇处，这里的人潮再拥挤不过了。有人在这儿卖东西，有人乞讨，也有人只是站着聊天、张望。有辆落单的黄包车刚才钻进人潮，现在困在其中动弹不得，我经过的时候，车夫正在跟路人愤怒地争吵。我看见鸿运宫就在远处转角上，不久便有人引领我走上铺了猩红色长毛地毯的狭窄楼梯。

我先进入一个房间，大小跟一般旅馆的房间差不多，里头有十几个中国人围着一张赌桌。我询问塞西尔爵士是否在此处，两个在那儿做事的人迅速地讨论了一会儿，其中一位招手要我跟着他走。

我上了另一层楼，走过一条幽暗的走廊，接着进入一个烟雾弥漫的房间，里头有一群法国人在打牌。我摇了摇头，那人却耸耸肩，又跟我示意要我跟上。如此，我很快就看出这是家不小的赌场，里头有无数个小房间，不时进行各种赌局。可是我渐渐受不了每次我重提莎拉或塞西尔爵士，我的向导就点点头，一副懂我意思的样子，却又带我到另一个烟雾弥漫的房间，里头只有陌生人抬头对我投以狐疑的眼神。总之，我把这里摸得愈熟，我就愈觉得塞西尔爵士不可能带莎拉来这种地方；正当我要放弃的时候，我走进了一个房间，看到塞西尔爵士坐在桌边，瞪着一座轮盘。

在场约有二十个人，大半是男士。这里的烟没有别的房间浓，只是更热些。塞西尔爵士一心全在赌局上，只对我胡乱挥个手，两只眼睛就又转回去盯着轮盘。排列在房内四边的是包覆红色布料的扶手椅，其中一张座椅上有位中国老先生——穿着西装，满身是汗——在那儿打鼾熟睡。上头也坐着人的椅子，只有另外一张，放在距离赌桌最远的阴暗角落，上面坐的正是莎拉，她以掌心支颐，双眸半阖。

我在她身边坐下时，她吓了一跳。“噢，克里斯托弗。你在这儿干什么？”

“我只是路过。实在抱歉。我无意惊吓你。”

“只是路过？这种地方？我才不信。你尾随我们？”

我们压低声音讲话，免得惊动桌上赌客。楼房里不知何处传来练习喇叭的乐声。

“我必须承认，”我说，“我碰巧听说你来这里。而且我也路过……”

“唉，克里斯托弗，没人陪你。”

“不是这样。不过我今天有点闷，我想放松一下，如此而已。不过我得承认，假如我知道你在这种地方，我就拿不定主意要不要跟来了。”

“别刻薄了。塞西尔跟我喜欢过这种放荡的生活。有趣得很。这也是上海魅力的一部分。瞧你泄气的样子。看来你的案子没有什么进展。”

“进展是没有，我倒没泄气。案情正逐渐明朗。”

我开始跟她谈我趴在破旧的船屋里，耗了两个多钟头做了什么事，身旁还躺了三具腐烂的尸体，她皱起眉头，要我别说。

“真是恐怖极了。今天打网球的时候，有人说死者的手臂跟腿都被砍掉了，是真的吗？”

“恐怕是如此。”

她又皱起眉头。“真是恐怖得无法用言语形容。可是那都是些工厂的中国工人，对吧？说真的，他们不太可能跟你……你父母有关联吧？”

“事实上，我相信这件凶案跟我父母的失踪案有极大的牵连。”

“真的？在网球俱乐部那里，人家都说这些凶案是什么‘黄鼠行动’的一部分。他们说受害者是跟‘黄鼠’最亲、最近的人。”

“‘黄蛇’。”

“什么？”

“是共产党中的告密者。是蛇，不是鼠。”

“哦，没错。不管是哪个，都可怕极了。中国人在干什么，大敌当前，还这样杀得你死我活？你总以为红军跟国民政府好歹会联合起来对抗日本人，至少也可以多争取一点时间。”

“我猜想共产党跟国民党之间的仇恨非常深。”

“塞西尔也是这么说。唉，瞧他，赌成那副德性。”

我顺着她的目光看去，只见塞西尔爵士——他背对着我们——瘫向一侧，身体几乎全靠桌子撑着，看起来似乎随时会从椅子上滑下来。

莎拉看看我，脸上有些尴尬。她接着便站起来走过去，双手各扶一肩，轻声在他耳边说话。塞西尔爵士醒来，向身旁看了看。也许那时候我碰巧把视线转开了，因为我一点也不确定接下来发生了什么事。我只看到莎拉往后踉跄了几步，仿佛有人打她，有那么一秒仿佛就要摔倒在地，不过她又及时站稳。等我细看塞西尔爵士，他又坐正了，专注于赌局，我不敢确定是他让莎拉险些跌倒。

她看见我注视着她，笑了笑，又回到我身边坐下。

“他累了，”她说，“他精力真是吓人。可是在这个年纪，他实在应该多休息才是。”

“你们俩常来这里吗？”

她点头。“还有其他几个类似的地方。塞西尔不喜欢那些金碧辉煌的场所。他觉得在那种地方别想赢钱。”

“他出入这些场所，你都跟着吗？”

“总要有人照顾他吧。他不年轻啰。再说，我觉得还好。而且还有点刺激呢。这不就是上海该有的样子吗？”

赌桌那里大家齐声叹息，赌客们三三两两聚在一起讲话。我看见塞西尔爵士想站起来，这时候我才明白他醉得多厉害。他垮回椅子上，但他又试了一次，挣扎着站了起来，蹒跚走向我们。我起身准备与他握手，不过他把手扶在我肩膀上，大概只是怕站不稳跌倒而已，他说：

“小兄弟，小兄弟，很高兴见到你。”

“刚才手气怎么样？”

“手气？唉，背死了。今晚运气糟透了。这要命的一整个星期都背，背，背透了。不过谁知道呢？说不定我还可以东山再起，哈！哈！从灰烬里重生。”

莎拉也站了起来，伸手要扶他，不过他没瞧她一眼，就把她的手拨开，然后又对着我说：

“怎么样，喝杯鸡尾酒去？楼下有个酒吧。”

“您实在太客气了，先生。不过我真的得回旅馆了。明天还有得忙。”

“能看到你努力工作真好。当然，我来上海就是要有所作为。不过，你明白——”他倾身把脸凑近，直到离我只有一两寸的距离——“这实在太难了，我没办法，小兄弟，太难了。”

“塞西尔，亲爱的，我们回家吧。”

“家？你把那鼠窝般的旅馆房间叫家？有一点你比我强，老婆，你是个乞丐婆。所以你不在乎。”

“我们走吧，亲爱的，我累了。”

“你累了。我的小乞丐婆累了。班克斯，你外头有车吗？”

“恐怕没有。不过我可以帮您叫计程车。”

“计程车？你以为这里是皮卡迪利广场吗？你想叫车就有车吗？马上就有人把你宰了哟，这些中国人。”

“塞西尔，亲爱的，请你先坐坐，让克里斯托弗帮我们把鲍里斯找来。”接着她对我说：“我们的司机应该就在附近。真是太麻烦你了。可怜的塞西尔，磨了一整晚，有点累坏了。”

我尽量保持愉快的样子走出楼房，暗记怎么回到这个房间。外头的广场依旧人潮汹涌，可是再过去一点，有条街上有成排的黄包车与汽车在等候。我挤了过去，沿路对汽车里各种国籍都有的司机说塞西尔爵士的名字，最后终于有一位有反应。

等我回到赌场，莎拉跟塞西尔爵士已经站在门口，她双手搀扶着他，不过他高大倾斜的身躯看起来好像随时都会压垮她。我连忙赶上去，听到他说：

“他们不喜欢的是你呀，老婆。我以前自己来的时候，他们总是待我如皇亲国戚。没错，像皇亲国戚。他们不喜欢你这种女人。他们只要真正的淑女，没有淑女妓女也行。你两者皆非。所以你明白吧，他们一点也不喜欢你。我在这里从来没碰过麻烦，直到你硬要跟着我来。”

“走吧，亲爱的。克里斯托弗来了。辛苦你了，克里斯托弗。亲爱的，你看，他帮我们把鲍里斯找来了。”

那里离新城饭店没多远，可是汽车在人潮与黄包车阵中，往往移动得比走路还慢。在路上，莎拉一直挽着塞西尔爵士的手臂，他则时睡时醒。每次他醒来，就想把莎拉甩开，而她则笑脸相迎，在忽动忽停的汽车里把他牢牢挽住。

穿过饭店的旋转门时，换我上场来扶他，莎拉跟旅馆大厅里的侍者高兴地寒暄，我便搀扶着他走到电梯。我们终于到了梅德赫斯特夫妇的套房，我这才放开塞西尔爵士，让他在扶手椅上坐下。

我原以为他会昏睡过去，谁知道他突然醒了，问我一些没头没脑的问题，听来实在不知所云。这时候莎拉从浴室走出来，拿着一块法兰绒巾，替他擦拭前额，他对我说：

“班克斯，小兄弟，你坦白跟我说无妨。这个小妞。你也看得出来，比我年轻许多。但她也不是什么青春玉女，你不介意吧？哈、哈！总之，她就是小我好多岁数。你坦白告诉我，小兄弟，你觉得，在今晚那种地方，你找到我们的地方，像那种地方，你觉得不认识的人看到我们两个在一起……哪，我们打开天窗说亮话！我问你的是，别人会不会以为我太太是什么风尘女子？”

就我所见，莎拉的表情并没有改变，尽管她服侍塞西尔爵士的动作里多了一丝急迫，仿佛她希望她的照料能改变他的情绪。塞西尔爵士摇着头，好像在躲苍蝇似的，然后又说：

“怎么，小兄弟。坦白告诉我吧。”

“别这样，亲爱的，”莎拉平静地说，“你可要惹人嫌啰。”

“让我告诉你一个秘密，小兄弟。让我告诉你一个秘密。我有点喜欢这样呢。我喜欢别人以为我太太是风尘女子。所以我才喜欢常去今晚我们去的那种地方。别碰我！别烦我们行吗！”他把莎拉推开，然后继续说，“我去的其他理由，当然你猜着了，是我欠了点钱。背了一点债，就这样。没有什么我赢不回来，这不用说。”

“亲爱的，人家克里斯托弗真是好心，你可别烦了人家。”

“荡妇说话了？听到她说什么了没，小兄弟？哪，你别听。别听她的话。别听这小淫妇说什么，这是我的看法。她们会让你迷失。特别是在战争与动乱的年头。战争的年头千万别听小淫妇的话。”

他自己站了起来，有一会儿当着我们的面，在房里摇摇晃晃，解开的衣领从脖子边翘了起来。接着他走进卧室，把门关上。

莎拉对我一笑，便跟了过去。若不是因为这一笑——或者该说我察觉了笑容背后似乎隐藏着某种请求——我必然当时就告辞了。于是我留在房内，心不在焉地欣赏入口处矮几上的一只中国瓷碗。有一会儿，我听见塞西尔爵士在叫骂，接着就没了声音。

大约又过了五分钟莎拉才出来，看到我没走，脸上有意外之色。

“他还好吗？”我问。

“现在睡着了。明天就没事了。真是麻烦你了，克里斯托弗。晚上你来找我们，大概绝没想到会是这般光景。我们得想个办法来补偿你。我们请你到哪儿吃顿晚饭吧。礼查饭店的菜不错哦。”

她送我出门，可是到了门边，我回头问她说：

“这种事，常发生吗？”

她叹了口气。“再常不过了。不过你别以为我会介意。我只是有时候会担心罢了。他的心脏不好，你知道吗。所以我现在才寸步不离。”

“你把他照顾得很好。”

“你可别误会了。塞西尔人很好。我们得尽快请你这顿饭。等你不忙啰。不过我想你总是很忙。”

“塞西尔爵士晚上都这么过吗？”

“大部分晚上。有时候白天也是。”

“有没有什么我可以帮得上忙的地方？”

“帮得上忙？”她轻轻笑了一声，“你听我说，克里斯托弗，我没事。真的，你可别错看了塞西尔。他人很好。而我……我好爱他。”

“那么，我就先告辞了。”

她向我走近几步，似有若无地伸出手。我发现我握住她的手，一时还弄不清楚下一步该怎么做，便吻了她的手背，接着口中咕哝了声再会，就走到外头的走廊上去了。

“你不用为我担心，克里斯托弗，”她在门边轻声低诉，“我什么事也没有。”

那是昨晚她对我说的话。可是今天，萦绕心头挥之不去的，却是她更久以前说过的话，那是三个星期以前，我初次在汇中饭店舞厅里听她说的。“我想我们近期内哪儿也不会去，”她当时说，“除非有人来拯救我们，那就另当别论了。”她那天晚上跟我说这句话到底有什么用意？我也说了，当下一听，我就已经觉得不对劲，我本来还可以再多问出一些东西，都怪在那一刻，格雷森从人群里冒出来找我。

第五部

一九三七年九月二十九日·上海·华懋饭店

第十四章

早上我在英国领事馆与麦克唐纳先生的会面，我并没有处理得宜，今晚回想起来只让我充满挫折感。事实上他早已成竹在胸，而我却还没准备好。一次又一次，我让他引导我走寻假目标，浪费精力于争论一些他最初就决定透露给我的情报。甚至可以说，四周前在汇中饭店的那晚，我第一次提出要跟“黄蛇”会面的想法，那时我反倒把他看得更透彻。我袭其不备，至少让他明明白白地透露了他在上海真正扮演的角色。然而今天早上，我甚至没法逼他脱去那身假称自己只是一个礼宾司官员的蹩脚伪装。

我想我低估了他。我只想到要上他的办公室，责备他为何我要求安排的事情进度如此缓慢，我以为这样就好了。到现在我才看清他如何设下陷阱，我才明白自己一旦急躁，他就可以轻易占到上风。我那样表现自己的不悦，实属不智；不过这连续几天的繁重工作也确实让我疲惫不堪。当然，我上楼找麦克唐纳时，跟那个工部局代表格雷森不期而遇，这件事也有关系。事实上，我觉得这件事影响之大更甚于其他事情，让我在那个早上失控，害我接下来跟麦克唐纳讨论的时候，心思却系在别处。

他们请我到领事馆二楼的小休息室，让我等了好几分钟，秘书才来通知我麦克唐纳先生准备好了，于是我走过铺着大理石地砖的楼梯口，到了电梯门边，格雷森这时却急急忙忙从楼梯跑下来唤住我。

“早安，班克斯先生！实在抱歉，也许我来得不是时候。”

“早安，格雷森先生。老实说，是不理想。我才要上楼看我们的朋友麦克唐纳先生。”

“既然如此，我就不耽误您的时间。我只是碰巧在这里，而我又听说您刚好也在这里。”他开心的笑声在大楼里回荡。

“真高兴再见到您，只是现在……”

“只要一下子就好了，先生。容我直言，您最近实在很难找。”

“好吧，格雷森先生，如果能尽快的话。”

“很快，很快。是这样子，先生，我明白现在提有点言之过早，不过这种事总是要提早着手进行才好。万一这么重大的活动安排上有了闪失，万一办得寒酸了或是办差了……”

“格雷森先生……”

“对不起。我只是恳请您考虑关于欢迎仪式的一些细节。我们已经说好拿极司菲尔公园做会场。我们会搭个有舞台的大帐篷，并且装设扩音系统……对不起，我会尽量讲重点。班克斯先生，我真的想跟您讨论您在整个仪式的过程里扮演的角色。我们觉得整个仪式应该从简。我的设想是，也许您可以简单谈一下您是怎么破案的。是哪些关键线索让您好不容易找到令尊令堂等等这类事情。几句话就好了，底下的人会想听的。再来，您演讲完了，我想他们可能会想上台来。”

“他们？格雷森先生？”

“令尊令堂呀，先生。我的主意是不妨让他们站到台上，向群众挥手，接受群众欢呼，然后退场。不过，这当然只是我个人的拙见。我想说您一定有更高明的建议……”

“没有，没有，格雷森先生”——我忽然觉得一股倦意袭上身来——“您说的都很好，很好。现在如果没别的事，我真的得……”

“只剩一件，先生。有件小事，不过却可以带来极大的效果，假如配合得恰到好处的话。我的想法是令尊令堂走上讲台的那一刻，管乐队就开始演奏。也许可以演奏《希望与荣耀的土地》这类曲目。我有些同事并不喜欢这个想法，可是在我看来……”

“格雷森先生，您的想法听起来真不错。而且我也很荣幸您对我能破案有绝对的信心。不过实在很不好意思，我让麦克唐纳先生等太久了。”

“当然。那么谢谢您花这么多宝贵的时间跟我说话。”

我按了电梯钮，等候时格雷森依旧在我身后徘徊。我已经转身背对着他，面向电梯的门，却听到他说：

“只剩一件事我想请教，班克斯先生。典礼那天令尊令堂的住处，不知道您有没有什么高见？是这样，我们得确定往返会场的途中，他们可以尽量不要受到群众的干扰。”

我记不得我回答了什么。也许电梯门这时候正好打开，我恰好逮住机会，随口礼貌地应声话便告退了。不过正是最后这个问题，在会见麦克唐纳的时候从头到尾萦绕在我的心头，也可能是这个问题，如我所说，更甚于其他因素，让我无法把当时面对的事情想清楚。而今晚，当白天的事务都过去了，我发现这个问题又浮上心头。

我并非没想过我父母究竟要安置在何处。只不过这点对我而言，总是显得言之过早——甚至是“空欢喜一场”——案情还杂乱如麻，尚待厘清，何必在这时就做成功的假想。我想，在过去这几个星期里，只有那么一次，我好好思考了这个问题，那就是我巧遇老同窗安东尼·摩根的那天晚上。

当时我到此地还没多久——第三夜或第四夜吧。之前好一阵子我就已经听说摩根住在上海，不过由于我在圣邓斯坦跟他从来没有特别的交情——除了我们一直是同班同学——所以我没有特别花工夫找他碰面。不过第三天早上，我接到他打来的电话。我听得出他有点不高兴我没找他，谈到最后，我答应当晚到法租界一家旅馆跟他见面。

我在灯光昏暗的旅馆会客厅看到他的时候，天已经黑了。毕业以后我就再没见过他的人，看他变得苍老肥胖让我吃了一惊。不过我们亲切寒暄时，我尽量不在说话的声音里泄漏这个看法。

“真奇怪，”他说，拍拍我的背，“好像才没多久。不过从某些方面看来，却又恍如隔世。”

“确实如此。”

“你知道吗，”他继续说，“前一阵子，我收到了丹麦佬埃默里克的信。记得他吧？丹麦佬埃默里克！多少年没他消息了！看起来，他现在是住在维也纳。老埃。你记得他吧？”

“当然记得，”我说，尽管我心中只能唤起某个男孩的模糊印象，“老埃这家伙！”

接下来约莫半个钟头，摩根的嘴巴几乎没阖过。牛津毕业后，他直接到香港，然后十一年前在怡和洋行谋得一职便搬到上海。后来他搁下自己的故事，提起别的事：

“自从这里不太平了，你不会相信，我为司机的事伤透了脑筋。原来当班的在日本人轰炸的时候炸死了。再找了一个，竟然是个混混。不时就说帮派里有事就跑掉，每次要出门都找不到人。有一次他到美国人的俱乐部接我，满身都是血，别人的血。连句抱歉也没说，中国人都是这样。我受够了。可是接下来的两个，根本不会开车。有一个还撞上黄包车，把车夫撞成重伤。我现在雇的这个也好不到哪里去，所以让我们先祷告我们能平安到达。”

我完全不明白他指的是什么，因为我记得那天晚上我并没有说要跟他去别的地方。不过我并不想挑他话里的毛病，他马上又转到别的事上头，告诉我旅馆所受的物资短缺之苦。他透露说，我们见面的那个大厅原先灯光没那么暗：战争让闸北区的工厂没法送灯泡过来，旅馆里有些地方，客人还得摸黑。他还指着厅里另一头为舞客演奏的乐队里，至少有三位乐师只是在装模作样。

“他们其实是门房。真正的乐师有的早已逃离上海，有的被战斗波及而丧命。尽管如此，他们装得还满不赖的，对不对？”

经他一挑出来，我看了看，装得实在一点都不像。有一位满脸写着无聊，连琴弓都没靠在小提琴上；有一位只是茫茫然握着竖笛，张着嘴巴，瞪着周遭正牌的乐师，心里不知道在想什么。等我夸他知道这么多内幕消息，他才告诉我，其实他在那里已经住了一个月，因为他在虹桥区的寓所太靠近战区，住不安稳。我为他必须放弃住所表达了同情之意，他的情绪忽然一变，我第一次看到他流露出忧伤的神情，让我想起昔日同班那个抑郁孤单的男孩。

“那里也算不上家就是了，”他说，眼睛看着手上的鸡尾酒，“里头只有我，还有来来去去的用人。老实说，不过是个又破又窄的屋子。怕被战火波及——那只是个借口，让我有个好理由把它丢开。这个又破又窄的屋子。家具全是中国式的。坐哪里都不舒服。养过一只画眉，可是后来死了。我住这里比较好。离交际场所近多了。”他接着看看表，把饮料喝光，又说，“哪，别让他们等。车子就在外头。”

摩根的态度里有个微妙的地方——他催得理所当然，让人不知道要怎么拒绝。再说，那时候我才来不久，习惯让不同活动的东道主接来带去。因此我跟着摩根走出屋子，不久就跟他并排坐在他的汽车后座，驶过法租界热闹的夜生活区。

才开车，司机就以毫发之差，闪过迎面驶来的电车，我以为这又要让摩根唠叨找不到好司机的问题。可是他现在忙着想心事，静静凝视车窗外飞过的霓虹灯和中文招牌。路上我问了他一个问题，想套出他要带我去的地方：“你不觉得我们会迟到？”他看了看表，漫不经心地回答：“他们都等这么久了，不会介意再多等几分钟的。”接着他又补上一句，“你一定觉得很奇怪。”

之后车子又走了一阵子，我们几乎没有交谈。车子一度转向一条小街，两侧的人行道上挤满窝在一起的身影。在街灯下，我看到他们或坐或蹲或睡倒在地，相互挤靠在一起，街心只留下足以通行车辆的空间。这些人老少都有——我看到婴儿在母亲怀里睡觉——他们的财产全放在身边：破烂的布包、鸟笼，有的还有推车，上头堆满了家当。这样的景象我已经看惯了，不过那天晚上我看得心里很沮丧。那些脸孔大半是中国人，不过到了街尾，我看到成群的欧洲小孩——我猜是俄国人。

“从运河北岸来的难民。”摩根面无表情地说，然后面向他处。他自己也算是半个难民，对于情况更凄惨的同类，竟然一点也未能感同身受。有一次我们甚至辗过一个像是睡在地上的身形，我紧张地回头张望，我的伙伴随口说了一声：“别担心。可能只是件旧行李罢了。”

我们又沉默了几分钟，他笑了一声，吓了我一跳。“同窗岁月，”他说，“全涌上心头。那段日子还不赖，我想。”

我瞄了他一眼，发现他已泪水盈眶。接着他说：

“你知道吗，我们俩该团结起来。两只可怜的孤鸟。就这么说定了。你和我，我们该团结在一起。真不懂那时候怎么不呢？早团结在一起，我们就不会沦落至此。”

我吃惊地转向他。他的脸上光影流动，心思不知已飘到哪个遥远的地方。

如我前面所说，我清楚记得安东尼·摩根在学校时代就是一副“孤僻可怜虫”的模样。大家倒也没有特别去欺负他或寻他开心；其实，就我所知，是摩根自己很早以前就把这样的角色模式往自己身上套。他总是宁可独行，落在大伙一群人后面几码远；晴朗的夏日也不出来跟大家玩耍，却独自躲在屋里，在笔记本上涂鸦解闷。这些往事清晰如昨。事实上，那天晚上，我在昏暗的旅馆大厅一看到他，心中立刻想起大家穿过那个方形的院子，从美术教室走到回廊时，他闷闷不乐，在众人后方独行的身影。不过，他也把我认做可以跟他结交拜把的“孤僻可怜虫”，这倒是让我吃了一惊，我愣了一会儿才明白，这不过是摩根在自欺欺人罢了——极可能是多年前他创造的东西，好让那段黯淡的岁月多少还值得回忆。我也说了，我并没有马上想到这上头，现在回想起来，我觉得我当时的反应恐怕有点迟钝。因为我记得我说了类似这样的话：

“你一定把我想成别人了，老兄。我敢说你想的是毕格瓦这家伙。艾德里安·毕格瓦。他确实不太跟别人往来。”

“毕格瓦？”摩根想了想，接着摇摇头，“我记得这家伙。有点肥胖，还有一对招风耳？好个毕格瓦。真是。可是我想的不是他。”

“反正也不是我，老哥。”

“这就奇怪了。”他又摇摇头，接着转头望着车窗。

我也把头转开，凝视夜晚的街景好一会儿。我们又回到繁华的风化区，我双眼梭巡来往路人的面孔，希望能看到秋良。接着我们到了住宅区，到处都是围篱与树木，不久，司机把车子开进一栋大宅的院子里。

摩根匆忙下了车。我也跟着下车——司机一点也没有想帮我拉开车门的样子——跟着他走上一条绕到屋后的砾石小径。我以为会有一个盛大的欢迎会，但看来似乎没有这回事；房子大半没有点灯，而且院子里除了我们的车子，只停了另外一辆。

摩根显然很熟悉这里的环境，引我走到一处边门，门的两侧是高高的灌木。他门铃也没揿就把门打开，带我走了进去。

门一开，里头是一道宽敞的走廊，烛光照着廊道。我往前凝视，约略看得出陈旧的画卷、高大的瓷花瓶、漆饰百屉柜。空气闻起来——焚香的气味混着排泄物的味道——有一种奇特温馨的感觉。

仆人没出现，屋子的主人也没出现。我的伙伴一直站在我身边，一言不发。过了一会儿，我想到一点，他是不是在等我对这里的环境发表看法。于是我说：

“我对中国艺术品所知有限。但就算在我这个外行人看来，也看得出我们身边这些东西应该都是精品。”

摩根睁大了眼吃惊地看我。接着他耸耸肩说："你说的应该没错。我们进去吧。"

他带我往屋子更深处走去。有几步路我们完全摸黑，接着我听到有人说华语，看到某个遮有珠帘的门廊上有灯光。我们穿过珠帘，又推开布帘，才进入一处宫灯、烛火通明的温暖房间。

那个晚上接下来的事我还记得多少呢？往事在心里已经有点模糊，且让我试着把事情拼凑出最完整的面貌。进了房间，我第一个想法是，我们打搅了别人家的喜事。我瞥见一张摆满菜肴的大桌子，桌边围坐了八九个人。房里全是中国人，最年轻的两位——二十多岁的年轻人——着西式服装，其他则着传统服装。有位老太太坐在桌子的一端，吃饭的时候有仆人服侍。有位年长的绅士——以东方人的体格来看，算是出奇的高大宽胖——我想是一家之长，我们一到他就立刻站起来，此时在场的其他男性成员也都跟着起立。不过在这时候，这里的人给我的印象仍旧朦胧，因为房间本身很快就抢走了我所有的注意力。

天花板高悬在横梁上。越过用餐的人望去，就在他们的正后方，有个仿佛戏台的东西，护栏上还挂了一串纸灯笼。房内吸引我目光的，就是这个地方。此时我越过桌面凝视着那个戏台模样的东西，几乎没听到主人欢迎的话。因为，我忽然明白了：我所在这个房间的整个后半截，其实正是我上海故居的门厅。

显然这么多年来，这地方已经改装得面目全非。别的不说，我就怎么也厘不清楚，刚才摩根带我走进屋子的路，跟我家以前的旧厅堂有什么关系。不过后头的那个戏台倒是跟从前那座大圆弧阶梯顶上的平台若合符节。

我往前晃了几步，然后可能在那里站了好一会儿，凝视着那个戏台，用目光回溯那些阶梯以前依循的弧线。一阶阶的楼梯在心中找回，往事也回到眼前：小时候曾经有段日子，我喜欢高速冲下这座大弧梯，在最后两三阶的地方飞跃起来——通常还拍动双臂——

降落在不远处的长沙发深处。父亲每次看到都笑了出来；母亲与梅俐则不能苟同。没错，母亲虽然从来不曾清楚地解释这样做哪里不对，但她总是警告我如果恶习不改，就要把那张长沙发搬走。有一次，我已八岁大，歇停了几个月以后，我再度重施故技，发现那长沙发再也承受不了我的体重。沙发的一头完全垮下，害我滚到地板上，吓坏了我。我记得就在下一刻，母亲从阶梯走下来，出现在我身后，我正准备让她狠狠痛骂一顿。母亲的身影缓缓逼近，最后她竟然笑了出来。“看看你自己的脸，小海雀！”她大笑，“该拿面镜子给你照照！”

我一点伤也没有，母亲却大笑不止——也许我害怕责骂还在后头——于是把脚踝的不适尽量夸大。母亲这才没再大笑，温柔地拉我起来。我记得她扶着我慢慢在门厅里绕着走，一只手臂搭在我肩上，说着：“现在好一点了没有？走一走就会好。瞧，没事了。”

我从来没有为这件事挨过骂；几天之后，我发现长沙发已经修好；尽管我还是略过底部的两三阶一跃而下，却再也没试过直接跳进那沙发窝里去了。

我在厅里绕了几步，想推算出那张沙发原先放置的确切位置。如此推算着，我才发现这里原来的样子我只能唤起极为模糊的印象——尽管那丝质沙发布的触感还历历如昨。

绕了半晌，我才想起厅内还有其他人，也发现他们都面带笑容看着我。摩根与年长的中国人悄悄交谈。摩根见我转回身来，便往前跨了一步，清了清喉咙开始帮大家介绍。

他显然熟识这家人，每个人的姓名都如数家珍。介绍到谁，谁便点头微笑。桌子尽头的老太太，摩根介绍时格外尊敬，只有她依旧淡淡地凝视着我。这家姓林——除此之外，名字我一个也没记得——这时候，便由林老先生上场了，也就是年长的那位身材肥壮的绅士。

“我相信，先生您重回旧地，”林老先生的英语里，只有些微的中国腔，“一定觉得十分温馨。”

“没错，确实如此。”我浅浅一笑，“没错。但也觉得有点陌生呢。”

“那当然，”林老先生说，“就当做是自己家罢。摩根先生说您已用过餐。不过您也看得出我们为您备了点粗茶淡饭。我们不知道您喜不喜欢中国菜，因此向我们的英国邻居借了他的厨师。”

“可是班克斯先生说不定不饿。”

这是其中一个穿西式服装的年轻人说的话。他转向我继续说：“祖父还是挺古板的。要是客人不领情，他会很生气。”年轻人对长者粲然而笑，“您可别任他摆布，班克斯先生。”

“我孙子认为我是个古板的中国人。”林老先生说，向我走近，脸上始终挂着笑容，“事实上，我在上海出生长大，就在公共租界里。家父家母被迫逃离慈禧太后的魔掌，在这里寻求庇护，躲在这个外国人的城市里，我可以说彻头彻尾都是上海人。我这个孙子根本不知道，在真正的中国，生活是什么样子。说我古板！咱们别理他，先生。在这屋子里，不必担心那些繁文缛节。如果您不饿，但说无妨。我不会逼您吃的。”

“您真是太客气了。”我说，也许有点心不在焉，因为我其实还在打量这屋子到底有什么改变。

忽然老太太以中文说了些什么。刚才跟我说话的年轻人听了之后对我说：

“祖母说她以为您永远不会来了。她等了好久。现在见到了您的人，她很高兴您来到这里。”

他还没翻译完，老太太又开始说话。这次，她说完的时候，年轻人却沉默了一会儿。他望着祖父，仿佛寻求什么指示，接着似乎心下有了主意。

“请您多包涵我祖母，”他说，“她有时候有点古怪。”

老太太也许懂得这两句英语，她不耐烦地指指她的孙子要他翻译出来。年轻人推托不了，叹了口气说："她说今晚您还没到之前，她怨您。也就是说，她气您要把我们的家，从我们手上夺回去。"

我望着年轻人，心里觉得很困惑，不过老太太又开口了。

"她说，有好长一段日子，"她孙子继续翻译，"也希望您永远不要回来。她相信这个家现在属于我们家族。不过，今晚她见到您本人，看到您眼中的情感，她可以理解了。她现在衷心认为那桩协议是对的。"

"协议？这，想必……"

这句话我留在嘴里没说完。我当时虽不明就里，但是当年轻人翻译他祖母的话时，我渐渐想起一些模糊的往事，好像有这么一桩关于这栋老宅子还有我重返家园的协议。不过如我所说，这件事在我记忆里非常模糊，我暗忖此时若讨论这个问题，只会自讨没趣。总之，就在这时候，林老先生说：

"我们真是不体贴班克斯先生。瞧我们这样拉着人家讲话，其实他一定很想再看看这栋房子呢。"接着他转向我，以亲切的笑容对我说："跟我来，先生。待会儿要跟大伙聊天的话，时间还很多呢。这边请，容我带路。"

第十五章

接下来的几分钟，我跟着林老先生在屋里到处走。尽管主人年事已高，却一点都不显衰老；肥壮的身躯动作起来还十分稳健，有时虽然会慢下来，却也不曾停步喘气。我跟随着他的黑色长袍与窸窣作声的便鞋声，在狭窄的楼梯登上爬下，屋子深处的走廊，往往只点着一盏宫灯。他带我穿过一些没有家具只见蛛网四布的地方，行经无数排列整齐、装在木箱里的米酿酒。其他地方却又极尽奢华之能事——一处处美丽的屏风与壁上的挂饰，一面面嵌在墙上的什锦格里展示着各色的瓷器古玩。通常，他一开门就让开请我先走。我看了各式各样的房间，也花了好一会儿的工夫——不过就是没看到我熟悉的东西。

好不容易我来到一处勾起我回忆的地方。我多待了几秒钟，随即满怀感伤地想起这是我从前的“图书室”。这里已经大刀阔斧改建过了：天花板比以前高，有面墙被敲掉，好让房间变成曲肘形；曾经是通往餐厅的双开门处，现在则封以隔板，板子前面堆了更多箱酒。不过这里的的确确曾经是我小时候做完大部分功课的地方。

我往房间深处逛去，环顾四周。过了一会儿，发现林老先生看着我，我尴尬地笑了笑。这时候他说：

“显然有很多地方都改过了。请接受我的道歉。不过也请您谅解，我们在这儿也住了十八年了，为了家人和生意上的需要，一点改变是免不了的。我也明白在我们之前住在这儿的人，还有更早的，他们都大兴土木。这很不幸，但我们谁也没料到您与令尊令堂，有一天会……”

他就此把话收住，也许以为我没在听，也许他就像大部分中国人一样，不惯于道歉。我继续往四周多凝望了一会儿，接着才问他：

“因此这栋房子不再属于摩根洋行了吧？”

他一脸讶异，然后笑了笑。“先生，屋主正是在下呀。”

我看得出我伤了他的自尊，赶紧说：“我真是的。请原谅我一时失言。”

“别在意，先生”——他友善的笑容迅速回到脸上——“您问的也有道理。毕竟您与令尊令堂住在这里的时候，情况确实是如此。只是我相信如今早已人事全非了。先生，您只要想想上海这么多年来变了多少。一切，这一切都变了又变，改了又改。所有这些”——他叹口气，环指四周——“相较之下，这里的改变只是小巫见大巫。上海有些地区，我曾经了若指掌，有些地方我每天都会走过，现在我再去那里，连该转哪个方向都不知道。改变，无时无刻不在改变。现在是日本人，他们要加入他们的变化。更可怕的改变只怕还在后头。可是大家不应该悲观。”

我们默默地站了一会儿，两人都向四周看了看。接着他又平静地说：

“我的家族，自然舍不得离开这屋子。先父就是在这里过世的。两个孙子也在这里出世。不过刚才内人所说的话——您得包涵她心直口快，班克斯先生——她确实帮我们把话说出来了。当然我们还是认为能物归原主，把屋子还给您与令尊令堂，是我们无上的荣幸。嗯，先生，请继续随我来吧。”

我想不久我们就登上一道铺了地毯的阶梯——这楼梯在我小时候绝对不存在——走进一间金碧辉煌的寝室。布幔华丽，宫灯映红。

“这是内人的房间。”林先生说。

看得出这是个避难所，老太太大概一天大半的时光都消磨在这间舒适的闺房里。在宫灯温暖的光辉里，我看到有张牌桌，上头似乎有各式赌局在进行；有张书桌，桌侧一排缀着金穗流苏的抽屉；一张宽大的四柱床，挂了层层帐幔。目光所及都是精雕细琢的装饰品，还有一些我猜不出用途的古玩。

"夫人必定很喜欢这个房间，"我说了，"我在这里可以看到她的世界。"

"这里适合她。不过您可不要为她操心，先生。我们会为她找处住所，她一样会这么喜爱的。"

他说这些是要让我安心，可是他的声音里却有些心虚。此刻他走到房间远处，到梳妆台那里，有件小东西让他看得入神，也许是个胸针。过了好一会儿，他才平静地说：

"她以前真是个大美人。倾城佳人哪，先生。您无法想像的。就婚姻而言，我的心比较像西方人。除了她，我从来不曾想过要娶别的女人。妻子一位就够了。当然，我还是娶了几房妾。尽管我一辈子都住在这个外国人的城市里，但毕竟还是中国人。我有我不得已的地方。不过我真正关心的只有她。其他几位都不在了，她还好好的。我也想念其他几位，不过我心中庆幸，到了晚年，能再度只有我们俩长相厮守。"有好几秒钟，他似乎忘了我的存在。接着他转向我说："这个房间。不知道您会如何使用？恕我无礼。不知道您会不会把这个房间留给您的夫人？当然，我注意到许多外国人，不管多么富有，夫妻总是同睡一房。不知道，您与夫人是否会使用这个房间。我知道我这样好奇，唐突得很。可是这房间对我别具意义。我个人也希望您能拿它做特别的用途。"

"没错……"我再次仔细环顾四周，然后说，"也许不会给内人吧。内人，是这样，老实说……"我发现，一谈到夫妻，我心中立刻浮现莎拉的身影。我连忙说下去，以掩饰尴尬之情："我是说，先生，我还没结婚呢。所以没有内人。不过我想这个房间给家母正好。”

“说得是。毕竟令堂吃了那么多苦，这个房间给令堂再适合不过了。那么令尊呢？不知道他们会不会同房，像一般西方人那样？我这样问实在冒昧得很。”

“一点也不，林先生。毕竟您让我有幸踏进这个房间，您这么不见外，不管怎么说，您都可以问这些问题。只不过事情来得太突然，我还没有时间好好想过……”

我没再说话，信步绕着屋子，四处端详。过了一会儿，我对他说：“我说这话恐怕会得罪您，林先生。您待我如此真诚慷慨，我实在受宠若惊，我觉得您是可以坦率相见的。您自己才说过，每次屋子易主，变动在所难免。那么，先生，尽管这个房间对您胜似珍宝，但是等我家人住进来，恐怕我们也会进行我们的改建。这个房间，只怕也会改得面目全非。”

林先生阖上眼睛，周遭一时充满凝重的沉默。我不知道他是否正怒火中烧，有那么一瞬间，我后悔不该直言不讳。但他却睁开眼睛，温和地望着我。

“那当然，”他说，“这是人之常情嘛。你会希望这房子回到您孩提时的光景。这确实是人之常情。先生，我完全理解。”

他的话，我想了一会儿才回答：“嗯，老实说，林先生，我们大概不会完全恢复旧观。拿一件事来说好了。就我印象所及，从前我们就有许多不满意的地方。譬如家母从来就没有自己的书房。她那些政治活动，卧室里的小书桌根本不够用。父亲则想要一个小工坊来做些木工。我的意思是，恢复过去，本身没有太大意义。”

“这真是睿智，班克斯先生。而且尽管您还未成亲，也许不久就得为妻小做安排呢。”

“那是当然。不过，就目前看来，这娶亲成家的事，就算在西方习俗里……”我发现自己不知所云，因此把话打住。不过老先生倒是若有高见地点点头说：

“当然，感情的事，谁也说不准的。”他接着又问，“您想要孩子吗，先生？不知道您打算生几个呢。”

“老实说，我已经有一个孩子了。一个女孩。尽管不是我亲生的。她是个孤儿，现在由我监护。我视她如亲生女儿。”

我有一阵子没想起詹妮弗，忽然这样子提到她，不禁百感交集。她的身影一帧帧浮现在我眼前；我想到她在住校，不知过得如何，现在不晓得在做些什么。

也许我把脸撇开了，以隐藏我的感情。总之，等我再回头看着林先生，他又点了点头。

“我们中国人也常有这样的安排，”他说，“血缘固然亲，家人也一样亲。先父曾经领养一名孤女，她就像我亲妹妹一样跟我们一起长大。尽管我知道她是领养的，但我还是视她如亲手足。她病殁于某次霍乱肆虐，那时我还年轻，我难过得像是走了一位亲妹妹一样。”

“容我直言，林先生，能与您谈心真是我的荣幸。我难得遇到有人如此知心。”

他浅浅鞠个躬，双手的指尖在胸前相触。“活到我这把岁数的人，又经历这么多年的动乱，什么悲欢离合没尝过。我希望您的义女在这里能住得愉快。不知您会把哪个房间派给她。瞧，我又来了！请见谅，如您所说，这里还会改建。”

“老实说，刚才我们看过的房间里，有一间给詹妮弗真是配。就是墙上有一整排木壁架的那间。”

“她喜欢这种壁架？”

“没错。好放她的那些家当。其实，我还得给另一个人安排住所。名义上，她算是用人，不过在我家里，她总是不止于此。她叫梅俐。”

“她是您的阿妈，先生？”

我点点头。“她现在年龄更大了，我敢说她会想休息养老。

照顾小孩子顶耗神的。我一直认为她老了以后，应该继续跟我们同住。”

“您真是菩萨心肠。我们常听到外国家庭在孩子长大以后，就把阿妈遣散。这样的妇女，最后往往沦落街头行乞，以了残生。”

我笑了笑。“我想这恐怕不会发生在我家梅俐身上。老实说，连动了这种念头都算荒唐。总之，如我所说，她会跟我们同住。一旦我的任务完成，我就有心思好好找她。我想，要找到她，应该不难。”

“那么请告诉我，您给她的房间，会在用人那厢还是在家人这厢？”

“自然是在家人这边了。家父家母也许会不以为然。不过话说回来，现在一家之主是我。”

林先生露出笑容。“依你们的习俗，自然是如此。就中国人而言，还好，我们允许我这样的老头，不管多衰老无能都可以继续当家。”

老先生兀自笑了笑，转身向门走去。我正要跟上，就在那一刹那——突如其来却历历在目——心头浮现了另一段往事。后来我回想起来，却完全不明白为什么浮上心头的是那件往事而不是别件。那件事发生在我六七岁的时候，母亲与我在一块长长的草坪上赛跑。我不知道确切的地点究竟在哪里；我推想应该是在某个公园里吧——也许是极司菲尔公园——因为我记得跑的地方，旁边有一片格子状的围篱，上头爬满花朵与藤蔓。那是个温暖的日子，阳光倒不强。我忍不住向母亲挑战，看谁先跑到前方不远处的某个地方，我要向她炫耀我跑步的能力进步了。我满心以为我可以赢她，然后她就会用她惯有的方式表达她的惊喜，赞叹我的本事又长进了。然而事与愿违，她一路都没落后，还边跑边笑，我则是使尽了全力。我不记得实际上到底谁“赢了”，不过我还记得我好气她，觉得自己受了天大的委屈。那夜我站在林老夫人寝室那温馨安乐、风雨不侵的氛围里，这件事又回到心头。或者该说这件事的残篇断简：一个全力迎风而跑的我、一个在我身边欢笑的母亲、一阵她裙褶磨擦的窸窣声、一股涌上心头的挫折感。

“林先生，”我对主人说，“可否冒昧请教一事。您说您一生都住在租界。那么，不知您当年是否见过家母？”

“只可惜我从来没这个运气见到她本人，”林先生说，“不过，我当然听说过她，还有她推动的伟大运动。我景仰她，有正直心肠的人都景仰她。我相信她人一定很好。而且我听说她非常美丽。”

“我想她应该是很美。只是谁也不会在乎自己母亲到底美不美就是了。”

“噢，我还听说她是上海最美丽的英国女性。”

“我想应该是吧。当然啦，她现在也有些年纪了。”

“有些美貌，是不会褪色的。内人”——他伸手指向房间——“跟我当年娶她的时候一样美丽。”

当他说出这句话的时候，我忽然觉得自己擅闯了禁地，这回是我抢在前头走出房间。

我不太记得那天晚上重返故居还有什么别的事情。也许我们又待了一个钟头，与那一家人围在桌边聊天用餐。总之，我知道我离开林家时，气氛相当融洽。反倒是在回程上，摩根与我有些摩擦。

错可能在我。那个时候我很疲倦，甚至有些兴奋过度。车子行驶在一片夜色中，我们两人沉默了好一阵子，我的心思也许飘回了还在眼前的那项艰巨任务。因为我记得我冷不防地对摩根说：

“嘿，你说你在这里也待了几年了。告诉我，你有没有遇见过一位孔探长？”

“孔探长？是警探还是什么？”

“我小时候，孔探长简直是传奇人物。老实告诉你，我父母的案子，最初承办的警官就是他。”

没想到摩根竟在旁大笑了一阵。接着他说：

“孔？孔老头吗？没错，当然了，他以前是警探。那么，也难怪当年查不出什么结果了。”

他的语调让我吃惊，我冷冷回答：“姑且不提他在全中国的声望如何，至少在上海，孔探长可是当年最受敬重的警探。”

“这个嘛，他现在还有一点名气就是了，我不妨告诉你。孔老头啊。真没想到。”

“我很高兴至少他人还在上海。你知不知道该到哪里去找他？”

“最简单的方法，就是入夜后到法租界去逛。你迟早会遇到他。你通常会看到他倒卧在人行道上。要是有哪家破酒吧准他进去，他也会被嘘到昏暗的角落里去。”

“你的意思是，孔探长变成酒鬼了？”

“酒、鸦片都来。中国佬常有的玩意。不过他可是个宝。他会说些他当年如何神勇的故事，然后等人家赏他几毛钱。”

“我觉得你说的是别人，老兄。”

“才不呢，老哥。孔老头。所以他真的干过警察啰。我总是猜想他那些故事是瞎掰的。他的故事大部分都荒诞不经。怎么了，老兄？”

“你的毛病，摩根，就是老把事情给搞混了。你先把我跟毕格瓦弄混。现在你又把孔探长跟哪个一文不名的破乞丐扯在一起。你外放久了，脑筋也放糊了吗，大哥？”

“你听好，火气别这么大。我告诉你的，你尽管去问别人，看看说的可有两样？你的高见我可不苟同。我的脑筋一点也没糊涂。”

他把我送抵华懋饭店时，我们彼此可能又是客客气气的了，不过分手时显然毫无眷恋，我从此没再见过摩根。至于孔探长，从那夜起，我心里就急着要尽快把他找到，不过不知为了什么原因——也许害怕摩根说的是实话——这事从来就没排在第一要务里——至少到昨夜之前没有。昨夜我翻查警局的档案，无巧不成书，里头竟冒出他的名字。

顺带一提，这天早上我跟麦克唐纳略提起孔探长，他的反应跟那夜摩根的反应类似，我怀疑这是另一个原因，导致我面对他的时候失去耐性——在他那间高踞领事馆草坪之上、又小又闷的办公室里。总之，要是我稍稍克制一点，我知道我可以表现得好些。那天早上我根本的错误，在于我让他激得我动了肝火。只怕有那么一刻，我简直是在对他咆哮。

“麦克唐纳先生，事情就是没办法靠您所谓的我的‘力量’来解决！我没有这个‘力量’！我只是凡人，如果没人提供基本的协助，我根本办不了事。我也没要您帮多大的忙，先生。根本连件小事都算不上！我要求的事，我早说得清清楚楚了。我希望跟这位共产党的告密者谈一谈。跟他谈谈而已，就说几句话也成。我以最明白的方式提出了请求。我无法了解为什么还安排不了？怎么会这样，先生？怎么会这样？究竟有什么事耽搁您了？”

“你听好，老兄，这种事根本不在我权限之内啊。如果你接受，我可以请警政厅厅长跟你谈谈。恕我直言，你知道吗，我根本不确定这样有什么用。‘黄蛇’又不在他们手上……”

“我完全了解，庇护‘黄蛇’的是中国政府。所以我才来找您，而没去找警方。我知道这么重大的事，只怕警察还没资格管。”

“我尽力就是了，老哥。但是你得谅解，这里可不是英属殖民地。我们无权命令中国人。不过我会跟适当的主事者谈谈。你可别以为事情很快就会有结果。蒋介石以前也有别的内线，可是从来就没有一个可以把红军的底细摸得这么透。蒋介石宁可再吃日本人几场败仗，也不肯让‘黄蛇’出什么差错。对蒋介石而言，真正的敌人不是日本人，而是红军。”

我重重叹了一口气。“麦克唐纳先生，蒋介石或者他的第一要务，与我何干？此时此刻，我有案子要破，请您无论如何安排一下，让我跟这个内线谈谈。这是我亲自向您提出的，要是我一切的努力，全因为缺了这么件小事而化为乌有，我会立刻让大家知道，当初我去找的人是您……”

“不会吧，老兄，拜托！没必要这么说嘛！完全没必要！这里大伙都是朋友。大家都希望你能成功。相信我，我们由衷希望呢。听我说，我说过，我会尽力而为。我会找人谈谈，你知道的，那个圈子里的人。我会找他们谈谈，告诉他们你的意愿有多强烈。不过请你一定要谅解，我们可以使在中国人身上的力气，也就这么点而已。”接着他倾身向前，与我分享秘密，“其实，你不妨找找法国人。他们手上总是握有许多蒋介石的小辫子。你知道的，见不得光的事情。我们不碰的那种东西。法国人这条线，就算奉送啰。”

或许麦克唐纳的建议另有玄机。也或许我真的可以从法国当局那里得到一些有用的协助。不过，老实说，从那天早上起，我就没把这则建议太当一回事。我已看清，麦克唐纳为了某些不明的原因，一直搪塞推诿，可一旦他确知满足我的要求事关重大，刻不容缓，那他一定会尽力协助的。可惜那天早上我恐怕把那次会面搞砸了，我还得找个时机再去与他周旋。这可不是什么我想做的好差事，但至少下次我的手段会有所不同，届时他会发现，想教我空手而回，并没有那么容易。

第六部

一九三七年十月二十日 · 上海 · 华懋饭店

第十六章

我知道我们在法租界某处，离港口不远，其他则一无所知。有那么一会儿司机把车开进窄巷，那里实在不宜行车，只听他喇叭摁个不停以驱开行人，我渐渐觉得这实在荒唐，就像有人把马骑进屋子里一样。不过车子终究是停靠了下来，司机为我打开车门，手指着“晨欣旅社”的大门。

有位瘦削的独眼中国人带我进去。今天回想起来的笼统印象，是低垂的天花板、深色潮湿的木头与寻常闻见的阴沟味道。不过那地方看起来倒还算干净；走到一处，我们得绕过三位趴在地上的妇女，她们辛勤地刷着木头地板。到了这栋建筑物的后段，我们来到一条走廊，一长排都是门。这让我联想起马厩，甚至是牢房，其实这些小房间，竟然都是客房。独眼人敲敲其中一扇门，不等回应就把门打开。

房间小而狭长。室内没有窗户，不过隔墙并未连上天花板——最上面留了一英尺左右的空间，装有铁网——作为采光与空气流通之用。尽管如此，小隔墙里还是又闷又暗，就连外头午后高照的艳阳，也只在地上映出铁网诡异的图案。床上躺着的人似乎还在睡觉，不过等我站到床与墙之间，他动了动腿。独眼人咕哝了几句话就走了，并把门关上。

这位前孔探长骨瘦如柴，脸部和颈部的皮肤皱缩还带着斑；他的嘴巴松弛半开；一条光腿细瘦如棍棒，伸在粗糙的毯子之外，可是我看到他上身穿的内衣却白得出奇。他起先没打算坐起来，只是约略表示知道我的造访。然而他不像是抽了鸦片或喝了酒还没醒，于是我表明身份与来意，说着说着，他慢慢懂了，渐渐表现出一些应有的礼貌。

“对不住，先生”——他的英语，听起来还算流利——“我这儿没有茶水可以招待。”他咕哝了几句中文，在毯子底下动了动他的双腿。接着他似乎觉得自己失礼了，又说：“对不起。我身体不舒服。不过我很快就可以恢复健康。”

“我诚挚希望如此，”我说，“毕竟您曾是上海警界的顶尖警探。”

“真的？您实在太抬举我了，先生。我那时还算称职就是了。”他忽然用力一撑，坐了起来，把一双赤脚小心翼翼放到地上。或许是为了遮羞，或许是因为怕冷，他还是将毯子围在腰腹一带。“可是到头来，”他继续说，“这个城市会打败你。每个人都背叛朋友。你信任别人，最后才知道他原来一直在收帮派的钱。政府也是个帮派。警探在这种地方，如何善尽自己的职责？我这儿说不定还有烟。您要不要抽支烟？”

“多谢，不用了。探长，我这么说吧，我还是孩子的时候，您的英勇事迹就让我十分景仰。”

“您还是个孩子的时候？”

“没错，探长。邻家的男孩和我”——我浅浅一笑——“我们常常扮演您。您是……您是我们的英雄。”

“真有此事？”老人含笑摇摇头，“果真如此吗。那么，我就更不好意思了，我什么也没能招待您。您不要茶，也不抽烟？”

“老实说，探长，您可以给我更有用的东西。我今天来找您，是因为我相信您能提供我一条关键线索。一九一五年春天，您承办了一个案子，是福州路上一家名叫‘五城楼’的餐厅里发生的枪击事件。三人丧命，多人受伤。您逮捕了两名涉案人。在警局的记录里，这件事称作‘五城楼枪击事件’。这案子也许事隔多年，这个我也明白，不过孔探长，不知您是否还记得此事？”

在我身后，也许在两三间房外，有人咳嗽咳个没完。孔探长陷入沉思，接着说："'五城楼'的案子我记得很清楚。当时我还算风光。即使像现在这样卧病在床，我有时还是会想起这个案子。"

"那么，您也许记得您审问过一位嫌犯，后来您断定他并未涉及枪击案情。根据记录，那个人叫韦强。您问他'五城楼'的案情，他却供出其他完全不相干的事。"

尽管老探长的身体已如一只松垮的皮囊包着散骨，此刻他的双眼却充满生气。"一点也没错，"他说，"他跟枪击案无关。不过他一害怕就说个不停。他什么都招。我记得，他招认他几年前参加过一个绑架集团。"

"太好了，探长。这正是档案里记载的。您听我说，孔探长，有件事非常重要。这个人给了您一些地址。那是他们绑架集团用来藏肉票的地方。"

孔探长原先盯着天花板下的铁网边嗡嗡萦绕的苍蝇，现在慢慢把目光移降到我站的地方。"确实如此，"他平静地说，"可是班克斯先生，我们已经把那些房子彻查过了。他提到的那些绑架案，都是许多年前的事了。我们在那些房子里没查出什么可疑线索。"

"我知道，孔探长，您分内该做的事，一定丝毫不含糊，这毋庸置疑。只不过您当时的目标是枪击事件。倘若您没把精力花在横生的枝节上，这也是理所当然。我想说的是，如果当时有某些有力人士，出手阻挠您搜索其中一处，或许您也不会太坚持。"

老警探再度陷入沉思，过了半晌才开口说："是有那么一栋。我现在想起来了。我的手下会向我呈报结果。所有别的房子，总共七栋，我都收到回报。我记得当时确实有点不对劲。这最后一处没有报告。我的手下受到了干预。没错，我记得当时就觉得其中必有蹊跷。就是警探的直觉罢。您懂我的意思吧，先生？"

"那最后一栋，您从来就没有看到过调查报告。"

"正是，先生。不过如您所说，那实在不是什么要紧的事。您懂吧，‘五城楼’的事情可大了。闹得满城风雨。搜捕杀手的行动持续了好几周。”

“我记得没错的话，这案子难倒了两位比您资深的同仁。”

孔探长面露笑容。“如我所说，那是我事业上最风光的日子。别人办不出来，我才来接手。全城的人都在谈这件事。我才花了几天时间就逮捕了那些杀手。”

“我读过那些资料，真是佩服，佩服。”

不过这时候老人专注地盯着我看。最后他缓缓说：“那栋房子。我的手下没有搜查的那栋。那栋房子。您是说……？”

“没错。我个人以为，那正是家父家母被挟持的地方。”

“原来如此。”他沉默了好一会儿，试着消化这个庞杂的想法。

“您绝无疏忽之处，”我说，“容我重申，我读过报告，对您真是佩服之至。您的手下没有到那里搜查，是因为受到警界里更高层人士的阻拦。那些人，我们现在已经查明，他们收了犯罪集团的贿赂。”

咳嗽声再度传来。孔探长沉默了一会儿，才再抬头看我，缓缓说：“您是来找我帮忙。您来是要我帮忙找到这栋房子。”

“很不幸，档案给弄得一团糟。市政搞成这副德性，真是可耻。报告有的归错档，有的根本遗失了。最后，我还是决定直接来找您，这样会比较有用。我知道这简直不可思议，但我想请教您，是否还记得关于那栋房子的一点资料或是什么。”

“那栋房子。让我想想。”老人专注地阖上眼睛，但是过了一会儿，他摇摇头，“‘五城楼枪击事件’。都二十多年前的事了。真对不住。那房子我什么也想不起来。”

“探长，请您再仔细想一想。甚至只要想出在哪一区也行。比方说，是不是在公共租界里头。”

他又想了一会儿，接着再度摇头。“那真是好久以前的事了。我这脑筋，它不是很正常。有时候我什么都不记得，连前一天的事都记不住。不过，我还是会再想想，看能不能想得起来。也许明天，也许后天，我一觉醒来就想起什么也说不定。班克斯先生，实在很抱歉。但此时此刻，我什么事也记不得。”

等我回到公共租界，已是傍晚。我相信我在房里花了一个钟头左右，重温我做的笔记，想把跟老警探会面的失望抛诸脑后。八点过后我才下楼吃晚餐，在那华丽的餐厅里，坐在我常坐的角落。我记得那天晚上我胃口不太好，我才想丢下主菜不吃，回楼上工作去，这时候侍者却送来莎拉的纸条。

此刻我把纸条拿在手上。不过是张没有格线的白纸，上头潦潦草草写着几行字，上半张已经撕去。她写下这些话，恐怕未经斟酌；上头只写着要我立刻到三四楼楼梯间的平台去见她。如今回头看这件事，跟一周前在托尼·凯瑟克先生家发生的那桩小事，两者之间的关系显而易见；也就是说，要不是我们之间发生了那件事，她可能根本不会写这张纸条。说来奇怪，侍者刚递上纸条时，我并没有多想；我在那儿多坐了一会儿，完全不明白她为什么要那样召唤我。

我得在这里说明一下，自从在鸿运宫的那个晚上之后，我又遇到她三次。其中两次有旁人在场，我们只打了个照面，几乎没说什么话。第三次也一样——在怡和洋行董事长凯瑟克先生家的晚宴——我想我们又是在公共场合，所以几乎没有交谈；然而，事后看来，我们在那里的相遇，可说是某种相当重要的转折点。

那天晚上，我到得迟了些，等我被领进凯瑟克先生宽广的花房，六十多位宾客早已在树荫下与藤蔓间的几张桌子边坐定。我看到莎拉在房中远处——塞西尔爵士没来——不过我看得出她还在找自己的座位，因此我并不打算走过去。

这种场合里，宾客们似乎都遵守上海另一个特有的习俗，那就是甜点一上——甚至还等不及好好吃完——就离开原先排定的座位，四处找人交际。毫无疑问，我心想等这一刻到了，我就可以过去跟莎拉聊聊。然而等到甜点终于上桌，我却给坐在我身边的女士缠住了，她想跟我解释中南半岛政局的细节。我才甩掉她，主人却又站出来宣布“余兴节目”的时间到了。他接着介绍第一位演出者——有位弱不禁风的女士从身后的桌位走出来，到众人面前朗诵一首有趣的诗，显然写诗的人就是她自己。

她后面又有位先生清唱了几段吉尔伯特与沙利文的轻歌剧，我推断我周遭的人，大半都是有备而来。客人一个接一个上场，有时三两成群；还有情歌清唱与讲笑话。风格总是戏谑轻浮，有时甚至还开黄腔。

接着有位高大的红脸男士——我后来得知他是汇丰银行的董事——走到众人前面，他晚宴的短外套外面还套了一件短袍。他展开手上的卷轴，读一篇从各个层面讽刺上海生活的长篇大论。几乎文章里提到的所有人事物——某些人、某些夜总会洗手间的摆设、某些官场上文山会海的轶事——我都完全没有概念，可是房里的每一个角落很快就充满了笑声。到这时候，我四处寻找莎拉的踪影，结果看到她在另一个角落里，和一群女士坐在一起，跟大家笑得一样开心。她身边的女士，显然喝了不少，放声狂笑，几近失态。

红脸先生演出差不多五分钟的时候——那时大家的兴奋似乎有增无减——他连续说了三四个极其有趣的笑话，整个房里的人几乎都放声大笑起来。正巧在这时候，我又瞥见莎拉。起初这一幕似乎与之前别无二致：莎拉在人群中，笑得快要没有力气的样子。我之所以再多看她几眼，是因为我有点意外：她来上海也不过一年，怎么就已经对上海的社交圈这般烂熟，连这些极其晦涩的笑话也能让她乐成那样。正是这个时候，正当我凝视着她思索这个问题时，我才赫然发现，她根本不是在笑；她并不是在拭着笑出来的眼泪，是我看错了，她其实是在啜泣。我又盯着她看了一会儿，简直不敢相信眼前所见。后来，众人还在大笑，我悄悄起身，穿过人群。我略微闪躲，走到她的身后，此刻我已不再有疑问。在一片欢乐中，莎拉悲不可抑地独自哭泣。

由于我是从她身后靠近的，因此我递上手帕给她时，她吓了一跳。接着她抬头望着我，凝视着我——看了我约莫四五秒——目光中除了感激，还有类似疑问的眼神。我倾身向前，以便把她的眼神看清楚些，可是她接过手帕，却转身面向红脸先生那边。又是一阵欢笑响遍房里，莎拉也跟着笑了一声，尽管她拿手帕压在眼角，还是看得出她在强颜欢笑。

我想到我可能会害她遭人指点，随即退回原座，而且当晚确实没再靠近她，直到宾客彼此告别，渐渐散去，我才在花房的玄关，当着许多离去宾客的面，跟她行了个相当正式的告别礼。

不过几天之后，我心中隐隐期望她能就那天晚上的事给我一点回应。只是这段时间，我又把全副精神投注在调查工作上，直到我在华懋饭店的餐厅里收到了那张纸条，我还是完全没有联想到先前那天晚上的事情，登上大阶梯时，心中还在纳闷，怎么会是她想要见我。

莎拉所指的楼梯间的平台，其实相当宽阔，上面疏落有致地排放着扶手椅、茶几以及棕榈盆栽。尤其在早晨，一扇扇的大窗户敞开，吊扇呼呼地转着，可以想像那里会是客人看看报纸、喝杯咖啡的好地方。然而到了晚上，这地方却冷冷清清；也许跟物资短缺有关，这里没有点灯，只能借楼梯的灯光，还有从底下的外滩透过窗户照上来的光线。那一夜，除了莎拉，这个地方空无一人，我看见她人在大片的窗玻璃前有如一幅剪影，向外凝视着夜空。我走向她，在椅子上坐了下来，她听到声音转过身来。

“我以为有月亮可看，”她说，“可惜没有。今晚连炮火都没得看。”

“是啊。这几个晚上都平平静静的。”

“塞西尔说双方的士兵都打累了。”

“我想也是。”

“克里斯托弗，过来这里。无妨的。我不会对你怎样。不过，我希望我们的话只有我们俩听得见。”

我渐渐移近，最后到了她身边。我现在看得见楼下的外滩，一整排路灯标示出了港边步道的位置。

“我一切都安排好了，”她悄悄说，“这可不简单，不过再难的事也都解决了。”

“你到底做了什么安排？”

“一切。证件、船票，一切。我没办法在这里再待下去了。我尽全力了，现在我身心俱疲。我要离开了。”

“原来如此。塞西尔呢？他知道你的想法吗？”

“这事不会完全在他意料之外。不过我想他还是会震惊吧。你听了会吃惊吗，克里斯托弗？”

“没有，还好。就我看到的这一切，我多少猜到会有这样的可能。不过在走这步险棋之前，你确定没有别的……？”

“唉，该想的我都想过了。没有用的。就算塞西尔明天就愿意回英国也一样。再说，他在这里输了不少钱。他决定翻了本才回国。”

“我看得出来，这趟上海之旅并未完全如你所愿。我也替你难过。”

“上海之行本身还不算什么。”她笑了一声便沉默不语。过了一会儿她才说：“我试着去爱塞西尔。我费尽了力气。他人不坏。你看到他在这里的德性，恐怕不会同意我的说法。可是他原先不是这个样子。我也有自知之明，变成这个局面，我要负大半责任。他人生走到这个阶段，需要的是休息。可是我的出现让他觉得自己还得有所作为。这是我的错。我们刚到的时候，他确实努力过，卖命地苦干。但这实在不是他能力所及，我想事情就是这样，他就是这样垮了。也许我一走，他就有办法振作起来。”

“可是你要去哪儿？你要回英国吗？”

“就目前而言，我的钱还走不了那么远。我打算先去澳门。到了那里，以后的事以后再说。什么情况都有可能发生。老实说，就是这样，我才必须跟你谈谈。克里斯托弗，我承认，我有点害怕。我不要一个人去那儿单打独斗。我想知道你愿不愿意跟我一起走。”

“你的意思是，跟你去澳门？明天就跟你一起走？”

“对。明天就跟我去澳门。到了澳门再决定下一步怎么走。如果你想的话，我们还可以在南中国海上逍遥一阵子。或许我们可以去南美洲，像黑夜里遁走的小偷。那不是很有趣吗？”

我想，听到她说这些话，我吃了一惊；不过我现在还记得，那时最强烈的感受，是一种几乎触手可及的慰藉感。一点也不假，有那么一两秒，我仿佛一个久陷暗室的人，忽然走到阳光之下，走进和风之中，一时之间头晕目眩。仿佛她这些提议——我知道她只是一时冲动——包含了巨大的权威，带给我从来不敢奢望的特权。

然而正当这种感受袭上身来，我想我同时也心生警觉，会不会她对我说这些话，目的是要试探我。我记得我最后的回答如下：

“问题是我在这里的任务未了。我得先把这里的事情处理好。毕竟全世界正走到大难的边缘，假如我这个时候一走了之，世人会怎么看待我？既然说到了这个，到时候你又会怎么看待我？”

“噢，克里斯托弗，我们两个真是一样可悲。我们不能再这样子想事情了。否则我们将会一无所有，最后我们有的，就是再多尝一些过去这几年的经历。多尝几年寂寞，多过几天空洞的人生，永远只知道自己做得还不够。我们现在必须把这些全都抛开。放下你的工作，克里斯托弗。你已经耗费够多生命在这上头了。我们明天就走，别再浪费任何一天，再耗下去可就来不及了。”

“究竟什么事情会来不及呢？”

“来不及……呃，我不知道嘛。我只知道我已经浪费了许多年寻寻觅觅，寻找我必须费尽心血才配得到的奖品。可是现在我不稀罕了，现在我要别的东西，我要能给我温暖与庇护的东西，无论我做了什么事，变成什么样的人，都能接纳我的东西。永远都存在的东西，永远，像是明天的天空。这就是我现在要的，而且我认为你应该也想要。可是再拖下去，马上就要来不及了。我们会因为太僵硬而无法改变。如果现在不把握，你我以后永远也不会再有机会了。克里斯托弗，你跟那棵可怜的树有仇吗？”

我这才发现，我不知不觉把身旁棕榈树的叶子一片片撕扯下来，丢在地毯上。

“真不好意思，”——我笑了一声——“算是让我给毁了。”我接着说，“就算你刚才说的那番话没有错，即使如此，事情对我也没那么容易。因为，你知道的，还有詹妮弗。”

说到这里，我心里鲜明地想起上次我们交谈的情景，当时我们在校园后区某间温馨的小会客室道别，一个温柔的英国春日午后，阳光照在橡木墙板上。我忽然想起了她的表情——她先听我把话说完，想了想之后，体贴地点点头，接着又说了一番完全出乎我意料的话。

“你知道的，还有詹妮弗呢。”我又说了一次，觉得自己就快要陷入一场绮思梦想之中了，“即使此时此刻，她都还在等我呢。”

“可是这个我想过。我已经仔仔细细地想过了。我知道她跟我一定可以做朋友。不只是朋友呢。我们三个，我们可以，呃，组成一个小家庭，就像一般的家庭。我想过这个，克里斯托弗，这对我们来说都很幸福美满。我们一安排妥当，就把她接来。我们甚至可以回欧洲，像是意大利，她可以在那里跟我们会合。我知道我会是个称职的母亲，克里斯托弗，我有把握做到。”

我暗自思忖了一会儿，然后回答：“很好，就这样吧。”

“就怎样呢，克里斯托弗？”

“我是说，好，我跟你走。我跟你走，一切依你。没错，你说的也许是对的，詹妮弗、我们、一切的一切，或许有成功的机会。”

一说完这句话，我觉得心中一块重石落地，我几乎要大大叹一口气。此时，莎拉上前一步，深深盯着我的脸看了一下。我甚至以为她要吻我，可她似乎在最后一刻克制住了自己，然后说：

“你听我说。仔细地听我说，我们一步都不能出差错。行李至多一只手提箱。不要托运任何皮箱。我在澳门已经有一些钱，需要什么可以到那边再买。我会派人来接你，一个司机，明天下午三点半。我会找个信得过的人，不过还是小心点好，没必要说的话，一句都别说。他会带你到我等候的地方。克里斯托弗，你看起来好像被什么东西重重地敲到了头。你不会让我失望吧？告诉我。”

“不，不会。我会准备好。明天三点半。别担心，我会……我会跟你到天涯海角，不管你要到世上什么地方，我都跟你一起去。”

也许只是一时冲动；也许是回想起我们把塞西尔爵士从赌场带回的那夜分手的情景；总之，我忽然伸出手，双手握紧她的一只手，亲吻了她的手背。之后，我记得我抬头看着她，仍然抓着她的手，不确定接下来该怎么做；我很可能傻笑了一声。最后，她轻轻地把手抽走，抚摸我的脸颊。

“谢谢你，克里斯托弗，”她轻声说，“谢谢你答应我。我感觉一切都忽然改观了。不过你现在得走了，别让人看到我们在这里。走吧，赶快走。”

第十七章

昨晚上床时，我没什么睡觉的心情，今早一觉醒来，却发现有某种平静的感觉传遍全身，仿佛从身上移走了一个重担。穿衣服的时候，我再度思考我新的处境，发现自己有些兴奋。

那天早晨的情况，如今只剩朦胧的印象。我现在所能记得的是，我忽然有个念头，觉得自己应该以仅剩的时间，把原本计划在往后几天达成的任务，尽量加以完成；若不如此便没有职业道德了。这种态度显然有些荒谬，然而我并不觉得不妥。早餐过后，我急切地展开工作，在楼梯里匆匆忙忙地登上爬下，催促司机穿越城里拥挤的马路。到了下午刚过两点我坐下来吃午餐时，我已大略完成了自己原先预定要做的事情，尽管这一点今日对我而言已无甚意义，但我必须承认当时对此可是相当自豪。

然而与此同时，当我回顾那天发生的事时，我有个极其强烈的印象：我跟我做的事情之间有某种奇特的疏离感。当我在公共租界里穿梭，跟许多城里最有名望的人谈话时，我的一部分内心却几乎是在嘲笑这些人回答我问题时的殷殷切切，嘲笑他们一副想要帮忙的可悲模样。老实说，我在上海待得愈久，就愈鄙视这些所谓租界的领导人物。几乎我每进行一天的调查，就会多揭露一些他们这些年来的疏漏、腐败，或者更等而下之的事。打从到了上海的那天起，我从来不曾遇见过谁真诚地为自己感到羞耻，也没人承认若非那些掌权的人优柔寡断、短视近利，甚至别有居心，这里的情况根本不会走到这般风雨飘摇的地步。那天早上我去了上海俱乐部，会见三位非常杰出的“精英”。再次面对这些人的浮夸狂妄，面对他们一再拒绝承认这整件悲剧全是他们的无能所造成的，一想到自己就要把这些人从人生里甩掉，我就觉得十分愉快。确实，在这样的情况下，我非常确信自己做了正确的决定；确定这群人几乎共有的想法不仅毫无道理可言，而且根本就应该彻底唾弃——他们竟然认为，化解危机是我一人该独扛的责任。我可以想见，不久之后，这些人听到我离去的消息会有多么震惊——接下来是接踵而至的震怒与惊慌——我承认，想到这些真让我胸中的闷气一扫而空。

吃着午餐，我发现自己回想起那个阳光明媚的午后，跟詹妮弗在学校最后一次见面的情景；想到我们两人在那间小会客室里，各自尴尬地坐在扶手椅上，阳光在橡木墙板上舞动，从她身后的窗子还可以看见延伸到湖边的草地。她静静听我解释，我费尽唇舌告诉她为什么我非去不可，告诉她在上海等着我完成的任务有多么重大。有好几处我停了下来，期望她问我一些问题，或至少说说她的看法。不过每次她都只是认真地点点头，等我继续说下去。最后，我发现自己开始重复了，于是我把话打住，对她说：

“那么，詹妮弗。你有没有什么话要对我说？”

我不知道我想听到什么。不过她又凝视了我一会儿，脸上并无愤怒之情。她回答：

“克里斯托弗叔叔，我明白我自己什么事都做不好。不过那是因为我还年轻。等我年纪再大一点，或许不用太久，我就会有办法帮你。我就可以帮你，我保证我会帮你。所以，我不在你身边的时候，请一定要记得好吗？记得我在这里，在英国，你回来以后我会帮你。”

这实在很出乎我的预料，尽管人到了上海，我还是常常回想她说的这些话，我还是不太确定，她当日想传达给我的是什么讯息。她的意思是，尽管听我说了半天，她还是认为我不太可能达成我在上海的使命吗？我还是得回到英国，再耗很多年继续从事我的工作吗？同样地，这也可能只是个不知所措的孩子说的话，她在话里尽力掩藏心中的不满，我实在没有必要如此反复推敲。尽管如此，那天下午我坐在旅馆的花房里吃午餐时，我发现自己又再次陷入沉思，想着我们最后一次的会面。

咖啡快喝完的时候，旅馆服务台的职员过来告诉我，有通电话急着找我。他带我到外头楼梯平台上的电话亭，接线生忙乱了一会儿之后，我听到一个不知在哪儿听过的声音。

“班克斯先生吗？班克斯先生吗？班克斯先生，我终于想起来了。”

我没说话，生怕只要我一出声音，就会危及我们的计划。不过，那个人又说了：

“班克斯先生？您听得见吗？我想起了重要的事情。有关我们无法搜查的那栋房子。”

我才知道那原来是孔探长；他的声音虽然粗而沉，听来却是精神饱满。

“探长，对不起。没想到是您。请说您想起了什么。”

“班克斯先生。有时候，您知道的，我专心抽烟斗的时候比较想得起事情。许多遗忘多年的事都会浮现在眼前。所以我就想，再试一次，我该去抽个烟斗看看。于是我想起那个嫌犯跟我们说了什么。我们无法搜查的那栋房子。就在一户房主叫叶辰的人家的正对面。”

“叶辰？那是谁？”

“我不认识。许多比较穷的人说地址都不用街名。他们用显著的地标。那栋我们不能搜查的房子，就在叶辰他家对面。”

“叶辰。您确定就是这个名字？”

“我确定。现在我记得很清楚。”

“这是不是个常见的名字？上海有多少人会叫这个名字？”

“幸好那个嫌犯还给了我们另一条线索。这个叶辰是个瞎子。

您要找的房子，就在一个名叫叶辰的瞎子家对面。当然，他可能搬家了，也可能过世了。不过，只要能查出我们当年办案的时候，这个人住在哪里……”

“那当然，探长。您真是帮了大忙。”

“那我就开心了。我也猜您会这么觉得。”

“探长，真是感激不尽。”

我发现时间不早了，挂上电话之后，我没回去把午餐吃完，而是直接上楼回房间打包。

我正想着该带走什么，却有某种诡异的不真实感袭上心头。有一度我在床上坐下，望着窗外的天空。我蓦然感到不可思议：刚才得到的这条线索，若是早一天出现，就会成为我人生最重要的东西。不过此时此刻，我在脑子里随意想想，却觉得这东西已经像是湮没在逝去的岁月里，如果我不愿想起就可以将它忘记。

打包完毕之后显然还有时间，因为三点半有人准时敲门的时候，我已经坐在椅子上等了好一会儿了。我把门打开，外头站了一个年轻的中国人，也许还不到二十岁，穿着长袍，帽子拿在手上。

“我是您的司机，先生，”他轻声说明，“若有行李，容我来提。”

年轻人把车驶离华懋饭店，我望着南京路上的忙碌人群走在午后的阳光里，觉得自己像是从远处眺望着他们。我在车里坐定，把什么事都交给司机去料理——尽管年纪轻轻，但他貌似十分沉稳干练。我想问他跟莎拉有什么关系，但我随即想起她提醒过，要我别说非必要的话。因此我没有开口，不久，我的心思就转向了澳门，还有多年前我在大英博物馆看到的澳门相片。

车子开了约十分钟，我忽然把身子靠向年轻人，说道：“嗯，对不起。这样问你不知道有没有用。不过，不知道你会不会碰巧认识一个叫做叶辰的人？”

年轻人的目光并没有从眼前的路上移开，我才要再问他一次，他就说了：

“叶辰。那个失明的演员吗？”

“没错。呃，我知道他是瞎了，却不知道他是演员。”

“他不是什么知名的演员。叶辰。他以前是演员，好多年前，那时我还是个小孩。”

“你是说……你认识他？”

“不认识。不过我知道这个人。您对叶辰有兴趣吗，先生？”

“没，没有。没什么。正好有人对我提起他。没什么要紧的。”

路上我没再说什么。我们在窄街小巷里转来转去，等他在一条静谧的后街停下车子，我已经完全不知道我们到哪里了。

年轻人把车门打开，把手提箱递给我。

“那家商店，”他说，用手一指，“有留声机的那家。”

对街有个小店铺，肮脏的窗子里确实展示着一架留声机。我还看见一个英文写的招牌：“留声机唱片、自动钢琴曲卷、手稿”。我往街道左右望了望，街上除了两个黄包车夫蹲在他们的车边说说笑笑，就只剩我跟年轻人两个人。我提起行李，正要过街，忽然有个冲动，于是对年轻人说：

“不知道可不可以请你等一会儿？”

年轻人露出不解之色。“梅德赫斯特夫人只说要把您送来这里。”

“没错，没错。不过，这是我个人的请求，你明白吗。我希望你能多等我一会儿，也许等一下还有用得着你的时候。当然，也许用不着。不过你知道的，以防万一。你瞧”——我把手伸进口袋掏出钞票——“瞧，不会让你白等的。”

年轻人气得涨红了脸，转身避开钞票，仿佛我手中拿的是什么污秽不堪的东西。他气呼呼地回到车上，砰的一声关上车门。

我知道自己错估了什么，不过在那一刻，也没心情去烦这件事。此外，年轻人气虽气，却并未发动引擎。我把钞票塞回口袋，提起行李过街。

小店里十分拥挤。午后的阳光倾泻进来，然而只有几块灰尘满布的地方照得到阳光。店的一侧，有架琴键褪色的立式钢琴，还有几张没装在套子里的留声机唱片，排放在谱架上。唱片上不但有灰尘还有蜘蛛网。其他地方还有几块奇形怪状的厚绒布——看起来像从戏院舞台的帘幕上裁下来的——跟一些歌剧演唱家与舞蹈家的照片一起钉在墙上。我或许期望莎拉就站在那里等我，可是在场的只有另外一个人，一个瘦弱的欧洲人，蓄着尖尖的黑胡子，坐在柜台后面。

“午安，”他操着德国口音说话，从摊在他面前的账册里抬头瞄了我一眼。接着他上上下下把我仔细打量一遍，问道：“你是英国人吗？”

“我是。午安。”

“我们有一些英国来的唱片。例如，我们有张咪咪·强森演唱《我眼中只有你》的唱片。有兴趣吗？”

他小心翼翼的说话方式里有种东西，让我觉得这是事先安排的暗语的开场。可我在脑子里回想莎拉是否交代过什么口令或句子，却什么也想不起来。最后我说：

“我在上海没有留声机。不过我很喜欢咪咪·强森。其实几年前我还听过她的演唱会呢。”

“真的？咪咪·强森，没错。”

我清楚地感觉我错误的回答把他搞糊涂了。于是我说：“嘿，我姓班克斯。克里斯托弗·班克斯。”

“班克斯。班克斯先生。”那个人面无表情地念了我的名字，接着说，“假如你喜欢咪咪·强森的《我眼中只有你》，我就为你播放。稍候。”

他的身子伏到柜台底下，我趁此机会看了看窗外街上的状况。两位黄包车夫还在那儿谈笑，看到那位年轻人还在车上，我的心也就安了。正当我怀疑事情是否出了大差错时，一曲温馨慵懒的爵士乐在店里荡漾开来。咪咪·强森的歌声出场，我想起这首歌在几年前让伦敦所有的夜总会都为之疯狂。

过了一会儿，我注意到那个瘦弱的店员指着店内后方挂着深色厚重布幔的一个角落。我刚才没注意到那里有道门，可我一推，却发现里头还有一个房间。

莎拉正坐在一只木制行李箱上，一身便装加上一顶女帽。烟嘴上点了根香烟，储物柜般的小房间里早已烟雾弥漫。我们四周堆满了一叠叠的唱片还有一页页分门别类装在纸箱和茶叶箱里的乐谱。房内并无窗户，不过我看到一扇通到屋外的后门，此时并未阖拢。

“好啦，我来了，”我说，“我只带了一件行李，如你所坚持。不过显然你带了三件。”

“这个袋子装的是埃塞尔伯特。我的玩具熊。他跟了我好久了，一辈子了。很可笑，对不对？”

“可笑？才不，一点也不。”

“跟塞西尔来这里的时候，我错不该把他塞在一大堆东西里头。等我打开手提箱，他的手臂已经断了。我在箱子的角落里找到了那只断臂，卡在一只便鞋里头。所以这次，除了几条围巾，整只袋子里就只有他了。实在很可笑。”

“不会，不会。我完全能理解。埃塞尔伯特值得。”

她小心地放下烟嘴，站了起来。接着我们互相拥吻——我想，就像银幕上的情侣一样。这几乎跟我向来想像的一样，只不过我们的拥抱却有某种奇怪的别扭，我好几次想调整我的姿势；可是我的右脚已经紧紧靠在一只沉重的箱子上，真想转身的话，一定会失去平衡。接着她退后一步，深深吸了一口气，目光不曾离开我的脸。

“都准备妥当了吗？”我问她。

她起先没有回答，我以为她还要再吻我一次。但最后，她只是简单地说：

“一切都安排妥当了。只要再等几分钟。然后我们就从那里出去”——她指着后门——“走到码头边，那里有条舢舨会带我们走水路到两英里外，再上蒸汽船，接着就到澳门了。”

“塞西尔呢，他知不知道？”

“我整天都没见到他。早餐一吃完就到他常去的地方赌去了，我想他还在那里。”

“真是遗憾。说真的，总得有人教他振作振作。”

“这件事嘛，我们想管也管不着了。”

“我想也是。”我忽然笑了一声，“一切都随他去吧，我们只管走我们选择的路。”

“你说的对。克里斯托弗，有什么不对吗？”

“没事，没事。我只是想……我只是希望……”

我向她伸出双臂，想再抱抱她，她却抬起手说：

“克里斯托弗，我想你该坐下来。别担心，不管什么事以后再做都不迟，任何事情都一样。”

“没错，没错。对不起。”

“我们只要到了澳门，就可以好好想想我们的未来。认真考虑待在什么地方对我们最好。还有，什么地方对詹妮弗最好。我们把地图全摊在床上，望着房间外的大海，争执该去哪里。噢，我们一定会争执。我甚至好期待这些争执。你到底要不要先坐下来？嘿，坐下来嘛。”

“是这样的……嗯，如果我们得再等个几分钟，那我先去做一件事。”

“做一件事？到底是什么事？”

“就是……一件事嘛。真的，不会花多少时间，就几分钟。事情是这样子的，我刚才问了某人一件事。”

“问谁？克里斯托弗，我觉得这个时候我们不该跟任何人说话。”

“我不是那个意思，真的。我完全明白在这个节骨眼上，一切的一切都要小心。不是那样，别担心。是那个年轻人。你派来的那位，开车载我来的那位。有件事情我得问他。”

“可是他应该走了吧。”

“没有，他没走。他还在外头。听我说，我马上回来。”

我急忙穿过布幔回到店里，那位蓄着胡子的瘦弱男子抬头看我，一脸意外。

“你喜欢咪咪·强森吗？”他问。

“是啊，是啊。棒极了。我只出去一下子。”

“容我把话说清楚，先生，我是瑞士人。你的国家和我的国家，近期内应该不会陷于敌对状态。”

“啊，没错。那太好了。我马上回来。”

我赶过街道，来到车旁。那个年轻人看到我，把窗玻璃摇下，礼貌地微笑；他先前的火气似乎消了。我倾身悄悄问他：

“听我说。这位叶辰。你知不知道在哪儿可以找到他？”

“叶辰？他就住在附近。”

“叶辰。我说的是眼睛失明的那位叶辰哦。”

“对啊。再过去一点就到了。”

“他家就这么近？”

“没错。”

“听我说，你好像没听懂我说的话。你是说叶辰，眼睛失明的那位叶辰，他家就在附近？”

“没错，先生。您可以走过去，如果您想坐车，我就载您过去。”

“请听清楚，此事关系重大。你知不知叶辰在他现在这栋房子里住多久了？”

年轻人想了想，然后说：“他一直住那儿，先生。从我小时候就住那儿了。”

“你确定？你听好，这可是事关重大。你确定这位就是那个眼睛失明的叶辰，而且他住在那里很久了？”

“我才说了啊，先生。我还是个小孩的时候，他就住那里了。

我猜想他在那里已经住了很多很多年啰。”

我挺起身子，深深吸了口气，想想我刚才听到的事背后的各种可能。接着我再度弯下身子对他说：“我想该由你带我过去。我是说，坐车。我们必须小心地接近那里。请你载我过去，不过车子稍微停远些。只要让我能清楚看到叶辰家对面那栋房子就好了。你了解吗？”

我上了车，年轻人发动引擎。他把车掉头，然后开进另一条狭窄的街道。在路上，我想了满脑子事情。我不知道要不要告诉年轻人，这趟路有多么重大的意义，甚至想到要不要问他车上有没有枪——不过还是决定别问，问这种事也许只会让他惊慌。

我们又转了个弯，进入一条更窄的街道。接着又转了一次便把车停下。有一刻我还以为到了目的地，不过接着便看到发生了什么事。在我们前头的巷道上，有群小孩子想拉住一头晕头转向的水牛。孩童间似乎在争吵什么，我看的时候，有个孩子用棍子在牛鼻子上头打了一下。我觉得浑身紧张，想起母亲在我小时候不时警告我，这种牛发起火来，可是跟任何蛮牛一样危险。那头牲畜还好没有反应，男孩们继续争吵。年轻人徒然按了几声喇叭，最后叹了口气，只好把车子倒回原来的街道。

我们走旁边的一条巷子，不过换了条路似乎让我的司机有点迷失方向，他转了几个弯以后，又停下来倒车，可是这次路并没有被挡住。其间，我们来到一条较宽阔却凹凸不平的黄土路上，有一侧全是破旧的木棚屋。

“请开快一点，我时间不多。”

这时候一声巨响震动了车子行进的地面。年轻人不为所动继续开他的车，不过却紧张地遥望远处。

“开打了，”他说，“双方又开打了。”

“听起来好近。”我说。

接下来的几分钟，我们又绕过更多的狭窄巷口与矮小的木头房子，不停地响着喇叭，以驱开路上的孩童与狗。接着汽车又猛然刹住，我听到年轻人懊恼地叫了一声。我越过他肩头一望，发现马路已经被沙包墙与铁丝网给堵住了。

“我们得绕个远路才行，”他说，“没别的路了。”

“等等，那个地方就在眼前了吧。”

“非常近，没错。不过路堵了，所以我们得绕远路过去。不用急，先生。我们很快就可以到那里。”

可是年轻人的态度里，有了明显的变化。他先前沉稳的样子已经消失，现在他看起来却这么小，也许不过十五六岁，让他开车根本就是件荒唐的事。有一会儿，我们开过泥泞、发臭的街道，钻过许多小巷，我时时刻刻都以为车轮就要陷进未加盖的水沟里了——还好年轻人每次总有办法以毫发之距闪过。一路上我们听到枪炮在远处响起，看到人群纷纷躲到房子或遮蔽物下。不过路上还是有孩童跟狗，似乎都无家可归，在车子前方四处乱跑，浑然不知危险。有一刻，我们颠簸地开过一家小工厂的院子，我说：

“等等，你怎么不停下来问个路？”

“不用急，先生。”

“不用急？其实你现在跟我一样，已经不知道怎么走了。”

“我们马上就到，先生。”

“胡说。你为什么一定要这样装模作样呢？中国人都是这样。你迷了路又不承认。我们至少开了……我看，开了一整天了。”

他没有回应，把车开上一条陡峭的路，路旁是堆积如山的工厂废料。接着又是一声巨响，近得吓人，年轻人把车速减到近乎步行的速度。

“先生，我看我们现在回去吧。”

“回去？回去哪里？”

“战斗就在附近。这里不安全。”

“你是什么意思，战斗就在附近？”一个念头突然闪过，“我们是不是在闸北区附近？”

“先生，这里就是闸北区。我们已经在这区里一会儿了。”

“什么？你是说我们已经离开租界了？”

“我们已经在闸北区了。”

“可是……天啊！我们真的离开租界了！在闸北区？好啊，你是个笨蛋，你知道吗？笨蛋！你跟我说房子就在附近。现在我们迷路了。我们可能就在交战区的边上，随时都会有危险。我们竟然离开租界了！你真是个标准的笨蛋。知道为什么吗？让我告诉你。你不懂又要装懂。你自大又不肯承认自己的缺点。这正是我对笨蛋的定义。典型的笨蛋！听到没有？彻头彻尾的笨蛋！”

他把车停下，然后打开车门，头也不回地走了。

我花了一会儿工夫才冷静下来评估情势。我们已经开上一座小丘，车子现在孤零零地停在黄土路上，四周是成堆破碎的砖块、扭曲的铁条还有一些看似脚踏车残留的破烂车轮。我看见年轻人的身影走在山丘上的一条小径。

我下车追他。他一定听到了我的声音，但他既不加快脚步也不回头。我追了上去，拉住他的肩膀。

“等等，是我不对。”我说，有点喘，“我道歉。我不该发脾气。可是，事情是……你不明白这件事有多重要。现在，拜托”——我指着车子——“我们继续吧。”

年轻人不肯看我。“不开车了。”他说。

“别这样，我已经道歉了。现在，拜托，请你讲讲道理。”

“不开车了。这里太危险。战斗很近。”

“请听我说，找到这栋房子对我来说非常重要。真的很重要。现在请你老实告诉我。你迷路了吗，或者你真的知道房子在哪里？”

“我知道。我知道房子在哪儿。不过现在不安全。战斗非常近。”

机关枪声忽然在我们四周回响，仿佛佐证着他的看法。枪声听起来还算远，不过根本听不出来处，我们两人同时环顾四周，觉得自己忽然暴露在山头上。

“就这么办好了，”我说，从口袋里取出记事本与铅笔。“我看得出你不想再扯进这件事里，我可以理解你的想法。刚才冒犯了你，是我不对。不过你走之前，我想请你再为我做两件事。第一，我想请你在这里写下叶辰的地址。”

“没有地址，先生。那里没有地址。”

“没关系，可不可以画个地图。写下走法。什么都好。请为我做这件事。接着，请你送我到最近的警察局。当然，我一开始就该这么做。我需要受过训练的武装人员。拜托。”

我把笔记本与铅笔拿给他。前几页写满了当天早上我所做的调查。他翻过小巧的书页，直到有空白的地方。接着他说：

“不用英文。我不会写英文，先生。”

“你会写什么就写什么罢。画张地图。什么都好，请快点。”

这时，他似乎领会了我要求的事情非同小可。他仔细地想了几秒，接着提笔疾书。他写满一页，又写一页。写了四五页以后，他把笔插进书脊里一起还给我。我翻翻他写的东西，看不懂那些中文字有什么意义。尽管如此，我还是对他说：

“谢谢你。真的非常感谢你。现在，请送我到警察局。你就可以回家了。”

“警察局在这边，先生。”他又往原先前进的方向走了几步。他从山脊上，往下指着坡底。约两三百码远的地方，有一片灰色的房子。

“那里就是警察局，先生。”

“哪里？哪一栋？”

“那栋，有旗子的。”

“看到了，好。你确定那是警察局？”

“确定，先生。那是警察局。”

从我们所在的地方望去，那看起来确实像是警察局。此外我也明白了根本不必去开车了；车子停在山丘的另一侧，而我们刚才过来的路太窄，车子开不过来；我也知道若要找路绕过山丘，很容易就会迷路。我把笔记本放回口袋，考虑要给他几张钞票，接着就想到先前他对此深恶痛绝。于是我只是说："谢谢你。你真是帮了大忙。从现在开始我可以自己来。"

年轻人迅速地点了个头——似乎还在生我的气——接着转身朝汽车的方向走下山坡。

第十八章

那所警察局似乎已经荒废。我爬下山坡就看到了一些破窗子，有扇大门的门板还斜挂在铰链上。不过在我小心走过碎玻璃，进入警局接待处的时候，我碰到了三个中国人，其中两人持步枪对着我，第三位则舞弄着一把园艺用的圆锹助长声势。其中一人——穿着中国陆军军装的那位——用结巴的英语问我要干什么。我好不容易才让他们了解我是谁，告诉他们我想跟这里的主官说话，这些人开始辩了起来。过了半晌，拿圆锹的那位走进后面的房里去，等着他回来的这段时间，另外两个人依旧拿枪对着我。我趁机看看四周，心想恐怕不会有任何警察留在这里了。尽管还有几张海报和几条标语，可是这地方看起来已经荒废一阵子了。电线从墙上垂挂下来，房间后半截已经遭火焚毁。

大约五分钟之后，拿圆锹的人回来了。他们又交谈了几句，我猜那是上海话，最后那位士兵比比手势叫我跟拿圆锹的人走。

我跟着他穿过后面的房间，发现那里也有武装人员守卫。不过他们让路给我们，不久我走下一道摇摇欲坠的楼梯，到了警察局的地下室。

我们怎么走到那地窖里去，现在的记忆有点模糊；我记得我们走过类似地道的地方，还得低头避开横梁；这里一样有卫兵，每次有卫兵的身影迫近，我就得贴在粗糙的墙壁上才挤得过去。

最后我被带进一个没有窗户的房间，那里像是临时搭设的军事指挥所。里头的光源是两颗灯泡，并排垂挂在中央的横梁上。墙壁的砖头外露，我右边的墙上打了个刚好够一人爬过的洞。对面的角落里放了一台破旧的无线电，房间的正中央则放了一张办公桌——我看了一眼，发现桌子曾经从中被锯成两半，现在又用钉子、绳子等物勉强凑了起来。几口翻过来的木箱被拿来当椅子，唯一一把真正的椅子上，绑了一个昏迷不醒的人。他身着日本海军陆战队军服，脸的一侧有一大块瘀伤。

其他在场的只有两位中国陆军军官，都站在那儿低头看着摊在桌上的地形图。我进来的时候他们抬头看我，其中一人上前跟我握手。

“我是周中尉。这位是马上尉。班克斯先生能莅临本地，我们感到十分荣幸。您是来给我们打气的吗？”

“呃，老实说，中尉，我来这里是有事相求。然而，我相信只要我的事情办成，就可以大大提振士气。不管是这里的士气还是其他地方的士气。可是我需要一点协助，这也是我来此的原因。”

中尉向上尉说了几句话，显然后者不懂英语；接着两人同时看着我。那个昏迷的日本人忽然吐了满胸口的东西。我们全转身看他；接着中尉说：

“您说您需要协助，班克斯先生。究竟是怎样的协助呢？”

“我这里有份说明，是某栋房子的地点说明。我必须立刻赶赴此地，刻不容缓。这份说明是以中文写的，我不懂中文。不过，您也知道，即使我读得懂中文，我还是需要人带路，一个熟悉那一带的人。”

“所以您需要一个带路的。”

“不光是这样，中尉。我还需要四五个人，能再多些更好。最好是训练有素的，因为这件事有点棘手。”

中尉轻轻一笑；接着又板起脸孔说：“先生，我们此刻兵力不足。这个基地是我们防御线的要点。可是您也看得出我们的防御多么薄弱。老实说，您刚才看到的人，非病即伤，要不就是没有经验的志愿军。每个有战斗力的士兵，都送到前线去了。”

“我可以理解，中尉，你们现在的处境艰难。可是您必须了解，我要做的并不是一般的访查而已。刚才我说必须立刻到那栋房子……其实，中尉，我不妨坦白告诉您，没必要对您保密。您与这位马上尉可以是最先知道的人。我要找的这栋房子，我知道离这里不远了，正是我父母被囚禁的地方。没错，中尉！我正是要把这多年的悬案破解。因此，您现在可以理解，为什么我觉得，即使你们正忙得不可开交，我却认为我的要求合情合理。”

中尉的脸仍然对着我，上尉以中文问了他几句话，不过他没回答。接着他对我说：

“我们正在等几个出任务的人回来。出去的时候是七个人。不知道有没有办法全数回来。我原来的意思是立刻派他们到另一个据点。不过现在……在这样的情况下，我来扛这个责任。这些人，不管回来几个，就负责保护您完成您的任务。”

我不耐烦地叹了口气。“真是感谢，中尉。可是这些人我们得等多久？可不可能就派站在这里的这几位，就离开几分钟？反正那栋房子非常近。还有，事情是这样子，还有人在等我……”我忽然想起莎拉，心中忽然惊慌起来。我又向前走近一步说：“对了，中尉，不知道可不可以借电话一用。我真的得跟她说话。”

“这里恐怕没有电话，班克斯先生。那台是无线电，只能跟我们总部还有各个基地相通。”

“既然如此，那事情就更不能拖了！是这样子的，有位女士此时此刻正在等我！容我建议，我就从眼前这些卫兵挑个三四位……”

“班克斯先生，请冷静下来。我们会尽己所能帮您。但我刚才说过了，外头看到的那些人，不适合这样的任务。他们只会坏您的事。我知道您为了破这个案子等了好多年。容我建议您，别在这个节骨眼上轻率行动。”

中尉的话不无道理。我叹了口气，坐在其中一只翻过来的茶叶箱上。

“那些人应该马上就会回来，”中尉说，“班克斯先生，可否让我看看您手上的地点说明？”

我实在不愿让我的笔记本离手，几秒都不愿意。可是最后我还是把本子翻到那页，交给那位军官。他读了一会儿，便把笔记本还我。

“班克斯先生，我得告诉您。这栋房子。恐怕没那么容易接近。”

“可是我碰巧知道，先生，那房子就在附近。”

“近是近，没错。然而，想靠近却不容易。真的，班克斯先生，这房子现在可能已经在日军的防线后面了。”

“日军的防线？好，我想我总是可以跟日本人交涉。我跟他们可没有冲突。”

“先生，请跟我来，趁着等人回来的时候，让我来告诉您，我们确切的位置。”

中尉跟上尉很简短地说了一下话。接着他走向角落的扫帚柜，把柜门掀开走了进去。我愣了一会才明白他要我跟上，可我才走进扫帚柜，却险些撞到中尉皮靴的鞋跟——此时就在我脸的正前方。我听到他的声音在黑暗中从上方传来：

“请跟我来，班克斯先生。这梯子有四十八级。您最好低我至少五级比较方便。”

他的脚上去不见了。我往柜里走去，伸手向前，摸到身前砖墙上有几级铁制的梯阶。在头顶的一片黑暗里，我看到有一小片天空。我猜我们是在烟囱或者警察局的瞭望台底部。

前面几级梯子我爬得不顺手；不只是因为我害怕在黑暗中没抓稳而紧张不已，我也怕中尉万一失足压在我头上。还好那片天空愈来愈大，后来我看到了中尉在上方攀爬的身影。又过了一两分钟，我们就会合了。

我们站在高高的屋顶平台上，四周数里密密麻麻地挤着其他房子的屋顶。遥遥的远处，约往东半英里，我看到一柱黑烟在午后的天空升起。

“真奇怪，”我说，同时环顾着四野，“下面的人该怎么走动呢？那儿好像没有街道。”

“从这里看，当然是这样。不过也许您会想用这个来看。”

他递给我一副双筒望远镜。我把望远镜放在眼前，花了一点工夫调整到看得清楚，才发现我只对准了数码之外的烟囱。好不容易我才对准了远方的烟柱，并且调好焦距。我听到中尉在我旁边说：

“您现在看到的是一片大杂院，班克斯先生。工厂的工人们住在这里。我敢说您小时候，绝对不曾到这片大杂院去过。”

“大杂院？我想没有。”

“几乎可以确定您不曾去过。外国人难得在这里出现，除非是传教士。或者是共产党。我是中国人，但也一样，我们这一辈的人，也都不准走近那些地方。直到上次三二年跟日本人开战之前，我对那里几乎还是一无所知。您不会相信人类也可以那样过活。就像是蚂蚁窝似的。那些房子，是盖给一穷二白的人们住的。那些屋子，房间狭小，一排接一排，屋背靠着屋背。就像养鸡场。看仔细一点，您就能看到巷子。那些小巷子，窄得仅能让人走到屋里。屋子后墙根本没窗户。后面的房间就像个黑坑，靠着再后面的房屋。容我多言，我提这个不是没有原因，您自然会明白。那些房间都很窄小，因为是给穷人住的。有一阵子，这样的房间要住七八个人。日子久了，即使房间已经小成那样，有的家庭还是不得不再做隔间，好跟别户人家分摊房租。如果还是付不起房租，他们就隔得更细。我记得我看过那个一丁点大、像个暗柜似的房子，还隔成四份，每份各住一户人家。班克斯先生，您不会相信，人类也能住成那样吧？”

“听来确实不可思议，不过既然是您亲眼所见，中尉……”

“等打退日本人，班克斯先生，我会考虑为共产党效力。您觉得说这话有危险么？好多军官希望让共产党来领导抗日，而不愿让蒋介石领导。”

我把望远镜朝那片密密麻麻的破屋顶望去。可以看出有些已经塌陷。我还辨识出中尉提及的巷道，那是一些狭窄的通道，四出蜿蜒至各家各户。

“不过这些可不是木棚茅舍哦。”中尉继续在一旁解说，“尽管住户自己的隔间十分脆弱，但房子的主要结构，也就是大杂院本身，却是砖造的。这点在三二年日本人入侵的时候就是相当关键性的一环，至今也依然如此。”

“我懂您的意思，”我说，“大杂院如此坚固，又有士兵驻守。日本人即使有现代化的武器，恐怕也没那么容易攻下。”

“您说的没错。日军的武器，甚至他们的训练，在这里全派不上用场。这里的战斗变成只能靠步枪、刺刀、短刀、手枪、圆锹、菜刀等等。日军的防线，在过去的这个星期，甚至还被逼退了一些。您看到那阵浓烟吧？才不过是上周的事，那个地方还让敌方占领着。不过现在我们把他们打退了。”

“里头还有平民居住吗？”

“确实还有。您也许不相信，即使是那些逼近前线的房子，里头还是有人住。这让日军更加施展不开。他们不能随处轰炸。他们知道西方势力在观察，他们顾忌到任何不人道的行为都得付出代价。”

“你们的部队能撑多久？”

“天知道？蒋介石也许会派部队来增援。或许日本人决定放弃，重新调度，把重点放到南京或重庆。现在胜负都还在未定之天。不过最近的几次战斗让我们损失惨重。请您用望远镜往左方望去，班克斯先生。现在，您是否看到一条马路？看到了吗？那条路当地人叫它‘猪巷’。那条路看来不起眼，不过现在对于战情却十分重要。如您所见，那条路沿着大杂院的边缘延伸。目前我军将它封闭，想办法不让日本人进入。假如他们有办法进入那条路，这片大杂院就有可能从整个侧面被攻破。那样子我们再守下去也没有意义了。我们将会两面受敌。您要求我派人陪同您去关押您父母的那栋房子。要跟着您去的人，原本是派去防守设在‘猪巷’尽头的路障的。过去几天，那里的战况十分惨烈。同时，我们当然还是得守住那片大杂院的防线。”

“从这高处，倒看不出底下有什么动静。”

“没错。可是我可以向您保证，在大杂院里头，情况相当恶劣。我告诉您这点，班克斯先生，是因为您要进入那个区域。”

有那么一会儿，我继续用望远镜瞭望，没有说话。后来我开口说：“中尉，那栋房子，我父母被拘禁的那栋，我从这里看得到吗？”

他用手在我肩上轻轻碰了一下，只是我的眼睛并没有离开望远镜。

“您看到左边那座残塔吗，班克斯先生？就像复活岛上的那种神像。对，对，就是那个。如果您从那里画一条直线到右边那栋庞大黑色建筑物的废墟——那里原本是一家老纺织厂，这就是早上我军击退日军后的战线。拘禁令尊令堂的房子，大约就在与您左手边那座高烟囱同一个水平线的地方。假如您画条线，非常水平的线，横跨这片大杂院，一直到我们左边一点点的地方。对，对……”

“您是说靠近那片屋顶，那个屋檐翘起，呈拱形的……”

“没错，就是那栋。当然，我也不敢确定。不过根据您给我的地点说明，大约就是那栋房子的所在。”

我透过望远镜，凝视那一片屋顶。有一阵子，我忍不住看个不停，虽然我也知道我耽误了中尉分内的任务。过了一阵子，中尉开口说话了：

“这种感觉一定十分奇特。想想，您看到的那栋房子，里头可能正拘禁着令尊令堂。”

“的确。这感觉确实有点奇特。”

“当然也有可能不是那栋。这纯粹是我个人的猜测。不过就算不是也不会太远。我指给您看的那座高烟囱，班克斯先生，当地人称之为‘东炉’。眼前比较靠近我们的这座烟囱，几乎跟‘东炉’成一直线，这座叫做‘西炉’。开战前，本地的居民常在这两个地方焚烧他们的垃圾。我建议您，一旦进入这片大杂院，就以这两座大炉作为地标。否则外地人根本搞不清方向。请您再看清楚远处那座烟囱，先生。切记，您要找的房子，就往那儿再过去一点点，在往正南方的这条直线上。”

我终于放下望远镜。“中尉，您真是太好心了。我无法表达我的感激。事实上，有一事不知您是否在意，或许您可以容我将来在极司菲尔公园举行庆祝家父家母获释的典礼时，提起您的姓名。”

“哪里，我的协助实在微不足道。再说，班克斯先生，您别以为任务已接近尾声。站在这上头看，那地方看起来好像不远。可是在这片大杂院里，还有许多战斗在进行。尽管您不是作战人员，但要从一栋房子走到另一栋还是不容易。而且除了两座大炉以外，就没有其他清楚的地标了。然后，您还得把令尊令堂安然带出来。换言之，您还有相当艰巨的任务在前头。不过此刻，班克斯先生，我建议我们先下去。那些人员可能已经回来，正在等我的命令。至于您，务必设法在入夜之前回来。天还亮着的时候，大杂院那儿就已经像人间地狱了。到了晚上，那可比您最糟的噩梦还要糟。如果天黑了还回不来，那么我建议您就找个安全的地方，跟我的人一起等天亮了再回来。不过就在昨天，我的两名手下才彼此误杀了对方，天一黑，他们连东南西北都认不清了。”

“您所说的，我全牢记在心，中尉。那么我们就下去吧。”

楼底下，马上尉正在对一名军服破破烂烂的士兵说话。士兵看来没受伤，可是似乎受到惊吓而情绪不稳。椅子上的日军则在打鼾，仿佛正在享受安稳的小憩，不过我注意到他又多吐了些东西到前襟上。

中尉与上尉很快地讨论了一会儿，接着询问衣衫褴褛的士兵。接着他转身对我说：

“坏消息。其他人没回来。有两位确定阵亡。其余被困住了，不过也相当有可能脱困逃回来。敌军已经往前推进，就算只是暂时如此，那栋拘禁令尊令堂的房子，极可能已经在他们的占领区里头了。”

“就算这样，中尉，我还是必须继续下去，我不能再等了。请听我说，如果您答应派给我的人没回来，那么也许——我知道我这要求实在太过分——也许您可以好人做到底，陪我走一趟。老实说，中尉，我想此时此刻也没有更适当的人选可以帮我了。”

中尉脸色凝重地考虑了一下。“好吧，班克斯先生，”他过了半晌才说，“我就依您的意思。不过我们得快一点。我本来一刻都不该离开这个岗位的。离开岗位，无论多久，都可能造成极为严重的后果。”

他很快地跟上尉交代了一些事情，然后打开办公桌的抽屉，开始把一些东西放到口袋里与腰带上。

“您最好不要带步枪，班克斯先生。不过您有手枪吗？没有？那就带这把好了。德国制的，很好用。您得把它藏好，如果遇到敌军，您必须立刻清楚表明中立的立场，千万别迟疑。现在请随我来。”

他拿起靠在桌边的步枪，走向对面墙上打的洞，利落地爬了过去。我把手枪别进腰带——在外套下这把枪并不显眼——然后赶紧跟在他后头爬了过去。

第十九章

只有到了事后来看，才知道我前半段的行程其实比较简单。只是在当时，我跌跌撞撞跟着中尉快步前进的身影，可不会这么想。满布砾石的地面不久便踩得脚痛了起来，每次要钻过墙上的洞，都得把身体扭曲成极不优雅的姿势。

至于后半段，简直是个永无止境的任务，所有的墙洞，多多少少都跟地下室指挥所墙上的那个洞类似。有的小一点，有的则还有足够空间让两个人同时挤过，不过每个洞的边缘都被凿得粗糙不堪，攀过去的时候还得跳一下。没多久，我觉得自己快累垮了；好不容易才爬过一个洞，却看到前头的中尉已经轻松钻过另一面墙了。

并不是每面墙壁都还好端端地立在那儿；有时候我们得从一大堆瓦砾里穿过去，走过三四栋房子的残砖破瓦，才会碰到另一面墙。屋顶几乎全数都破了，往往连片瓦都不剩，因此光线十分充足——尽管不时还是有些昏暗的影子会让人踉跄失足。好几次我踩到两片裂开的石板中间，或是陷入深及脚踝的砾石堆里，脚步一滑，接下来就是痛楚，后来才慢慢熟悉这里的地形。

置身这样的环境里，你很容易就忘了几个星期前，这里还是好几百人的家园。事实上，我常常觉得自己走过的不是贫民窟，而是一栋千房万室的大宅废墟。尽管如此，我不时便会想起，在我们脚下的断垣残壁里，埋着人们珍藏的传家宝、孩童的玩具、大家喜爱的简单家用品；每想至此，我心中就会再度燃起怒火，恨那些让这么多无辜生灵涂炭的人。我又想起租界那些自大狂妄的家伙，想起他们推诿搪塞了这么多年，逃避他们该负的责任。此时此刻，我觉得自己满腔的怒火几乎无法抑制，差点没把中尉叫住，让他听我发泄。

这时中尉碰巧停了下来，我赶上去的时候，他说：

“班克斯先生，请好好看看这里。”他指着左边稍微过去一点的地方，有个类似锅炉结构的东西，虽然覆满了尘土，大致上还完整无缺，“这就是‘西炉’。您从这儿望上去，看到的就是我们在屋顶上看到的那两根烟囱里头比较近的一根。‘东炉’看起来跟这个炉很像，那是我们另一个清楚的地标。到了那里，我们就知道离那栋房子很近了。”

我仔细研究了那座锅炉。有根相当粗的烟囱从锅炉的肩部升起，我走近几步抬头看，可以看到一根巨大的烟囱直入云霄。我还在仰望时，我的同伴说：

“请吧，班克斯先生，我们得走了。我们必须赶在日落之前完成这件事。”过了“西炉”之后几分钟，中尉的态度明显变得更为谨慎。他的脚步变得小心翼翼，而且每到一处洞口，他总会先窥探一下，端起枪，专注地倾听，接着才会爬过去。我也开始看到洞口附近有愈来愈多的沙包堆或是一圈圈的铁丝网。当我第一次听到机枪声时，我立刻静止不动，还以为有人正朝我们开火。不过我看到中尉还在我前面走着，便深吸一口气赶了上去。

后来我爬过一个洞，来到一处颇为宽阔的地方。事实上，我已身心俱疲，看着这地方，还以为是人家带我去过的哪家租界里的大舞厅，只是被炸毁了而已。后来我才明白，这里原来是好几个房间，隔间的墙壁已经差不多都不见了，因此两面完好的墙壁相隔整整有二十五码之远。接着我看到七八个士兵面对砖墙排成一列。起先我以为是战俘，不过接着便看到每个人都站在一个小洞前面，洞里架着步枪的枪管。中尉走过砾石堆，跟一个蹲在机枪三脚架后头的士兵说话。这挺机枪架在最大的洞口前面——我们正是要经由这个洞口继续我们的行程。走近一看，那个洞已经被一圈圈的铁丝网封住，只留下枪管可以活动的空间。

我起先以为中尉会命令他们把挡在我们路上的东西拆掉，但我立刻发现在场的人都变得十分紧张。中尉对机枪后面的士兵说话时，那士兵一刻也没有把眼睛从那个洞口移开。其他排列在墙边的士兵也一样，全都静止不动，摆好射击姿势，全神贯注地盯着对面的动静。

一旦了解了此处的战情可能一触即发，我觉得我似乎得从原来的洞爬回去了。但我随即看到中尉朝我走来，于是便留在原地。

“我们遇到了一些麻烦，”他说，“几个钟头前，日军又向前推进了一些。我军现在又把他们击退，对峙线就停在早上原来的地方。然而似乎有一些日本士兵没有跟着撤退，现在困在我们的防线内。我的士兵相信他们这会儿就在这堵墙的对面。”

“中尉，您的意思不会是说，要等这个状况解决了，我们才能继续吧？”

“没错，恐怕我们不得不等了。”

“可是得等多久呢？”

“实在无法预料。这些散兵被困住了，最后若不能俘虏就必须将他们格毙。更何况他们有武器，十分危险。”

“您是说我们可能等上几个钟头，甚至几天？”

“都有可能。这个时候如果继续前进，会相当危险。”

“中尉，您真教我意外。我还以为您也是读书人，很清楚我们目前这件事有多紧急。总会有哪条路可以绕过这些散兵游勇吧？”

“是有别的路。不过情况还是差不多，不管走哪条路，都十分危险。先生，很不幸，我们只有等待，别无他法。这状况有可能不久就可以化解。容我失陪一下。”

墙边有位士兵急切地做着手势，此时中尉走过砾石堆跑到他身边。就在那一刻，机枪震天响起，枪声停止以后，对面传来连续不断的惨叫。那惨叫一开始是扯足了嗓子的嘶吼，接着减弱为一种奇怪的尖声呜咽。那声音如此诡异，我听得入神。后来中尉冲过来把我拉到一片断壁的后头，我才知道有颗子弹正打在我身后的墙上。对面那堵墙后头的那些散兵也开始还击，机枪手也展开另一波的射击。机枪手的武器火力强大，似乎让其他武器都噤声不语，接下来，又是一段近乎永无止境的时间，耳畔唯一的声音就是对面伤兵的哀嚎。他的尖声呜咽又持续了一阵子，接着开始以日语叫喊某句话，一遍又一遍；每隔一会儿，那声调就会升高为疯狂的尖叫，接着又减弱为呜咽。这个虚幻不实的声音在废墟里回荡，教人心底发毛，不过我面前这些中国士兵依然静止不动，他们的注意力始终专注于对面的情况。机枪手忽然转过来往身旁呕吐，接着马上转回面前满布铁丝网的洞口。从他呕吐的方式里，实在不容易断定他作呕是因为紧张，还是因为垂死士兵的声音，或者纯粹因为肠胃不适。

最后，虽然士兵们的姿势几乎没变，但还是看得出来，他们全都放松了。我听见中尉在身旁对我说：

“您现在明白，班克斯先生，从这里开始，路就不好走了。”

我们一直蹲跪在地上，我注意到我一身轻便的法兰绒西装上全是尘土与污渍。我理了一下头绪，接着才说：

“我明白其中的风险。但我还是得继续前进。特别是因为这些战斗还在进行，我父母必须尽快撤离那栋房子。我可否建议带着这些人跟我们走呢？假如有日军攻击我们，我们的火力也比较强些。”

“身为此地的指挥军官，这一点实在无法照办，班克斯先生。假如这些人离开此地，总部便完全失去了屏障。此外，我也不能让这些士兵冒无谓的危险。”

我懊恼地叹了口气。“我不得不这么说，中尉，若不是你们的士兵防御做得太过草率，怎么会让日军跑到你们的防线里。要是你们的士兵人人尽忠职守，我敢说这种事绝不会发生。”

“我们的士兵已经表现得英勇可嘉，班克斯先生。您的任务一时受到耽搁，实在不是他们的错。”

“您这话什么意思，中尉？您在暗示什么？”

“请冷静下来，班克斯先生。我只是想要指出，这并不是我部下的错，如果……”

“那是谁的错呢，请问？我知道您在暗示什么！没错！我知道从刚才您就开始这么想了。我一直在想，您究竟什么时候才会说出口。”

“先生，您到底在说什么……”

“我非常清楚这一路上您心里在想什么，中尉！我从您的眼神就看得出来。您认为这一切都是我的错，这一切的一切，这一切苦难，这一切破坏，从刚才过来的路上，我可以从您脸上看出来。不过这全是因为您对这件事的来龙去脉一无所知，确实是一无所知，先生。打仗的事或许您略知二一，不过让我告诉您，想解决这种复杂的案子，却完全不是那么回事。这里头的牵连有多广，您显然一点概念也没有。这种案子要花时间才能解决，先生！像这样的问题，要运用许多手腕、技巧才行。我猜想，您以为只要荷枪带刀猛冲上去就行了，对吧？我们已经花了不少时间，这我承认，但对于这类案子而言这根本不足为奇。我不知道我花工夫跟您讲这些做什么。您能了解多少呢？您不过是个军人罢了。”

“班克斯先生，我们实在没必要争吵。我只是诚心诚意地希望您能成功。我只想告诉您什么事是可行的……”

“我对您认为什么事可行、什么事不可行的想法，愈来愈没有兴趣了，中尉。容我直言，您实在不配做中国陆军的表率。我想，您现在是不是打算食言？您不愿再陪我继续走下去了？我想是这样的。我得一个人独自完成这项艰巨的任务。很好，我就自己来！我就独力攻进那栋房子里！”

“我认为，先生，您应该先冷静下来，别急着说话……”

“还有一件事，先生！有件事您可以放心，在极司菲尔公园的庆祝典礼上，我不会再提起您的名字。就算我提了，也不会有表扬的意思……”

“班克斯先生，请您听我说。如果您执意前行，不顾危险，我也阻止不了。但您一人独行，无疑是比较安全。跟着我，您肯定会成为枪口瞄准的对象。换个角度来看，您是身着平民服装的白种人。只要您尽量小心，遇到任何人先清楚表明身份，您可能就不会遭到伤害。当然，我还是得重申我的建议：留在此处等危局解除了再走比较好。但话又说回来，我自己也有年迈的双亲，我完全能体会您心中的焦急。”

我站了起来，试着掸尽身上的尘土。“既然如此，我要出发了。”我冷淡地说。

“如果是这样，班克斯先生，请您带着这个。”他递来一把小手电筒，“我的建议跟刚才一样：天黑前若还没到达目的地，就先停下来。不过从您目前的决心看来，您大概还是会继续前进。如果是这样，您一定会用得到手电筒。这电池已经不新了，所以若非必要，就先别使用。”

我把手电筒放进口袋，有点勉强地道了声谢，开始后悔方才对他发火。那个垂死的士兵不再说话，只是干嚎着。我开始朝那声音走去，这时中尉说道：

“您不能走那里，班克斯先生。您得先往北走一会儿，然后再设法转回您的方向。这边请，先生。”

有好几分钟，他带我走一条与先前那条路垂直的小径，不久便来到另一面墙前，上面已经凿了洞。

“这条路您至少得走个半英里才能再朝东前进。您还是有可能会遇到双方的士兵。记得我说过的话。把枪藏好，别忘了表明您中立的身份。如果遇到居民，就请他们告诉您‘东炉’怎么走。祝您好运，先生，我很遗憾不能再提供您任何协助了。”

我朝北走了几分钟，注意到这里的房舍损坏得没那么严重。但这个发现并没有让我的路好走些；屋顶受损得愈少，表示路上的光线愈黯淡——我决定等入夜以后再用手电筒——于是常要摸着墙壁走上一段路才找得到下一个通道。不知道为什么，这一带碎玻璃特别多，而且地上还会有大片的死水。我常听到老鼠成群流窜的碎步声，有一次还踏到一条死狗，不过却没听到任何战斗的声响。

行程走到了这个阶段，我却一次又一次想起了詹妮弗，想起我们分手的那天下午，她坐在那间小会客室里——特别是她的脸，当她起了那个耐人寻味、发自肺腑的誓言，说等她年纪再大一些定要“帮助我”时。我摸索前进时，脑中一度浮现了一幅荒谬的画面：这可怜的孩子决心要实践她的誓言，跟在我后面，攀爬过崎岖的地形。我心情忽然激动起来，一时泪水盈眶。

后来我摸到墙上有个洞，里头一片漆黑，却传来强烈难当的粪臭味。我知道若要走到原定的方向，得爬过那个房间，不过我实在无法横下心来这么干，于是继续走了下去。这样的洁癖让我付出了重大的代价，我好一阵子都再没摸到任何通道，因此我觉得我偏离既定的路线愈来愈远。

等天色完全变黑，我就开始使用手电筒。我看到愈来愈多有人居住的迹象。我常常撞到几乎完好无缺的五斗柜或神龛，甚至还有全室的家具都还放在原处，让你觉得那一家人只是刚好那天不在而已。然而再往下走，我又遇到更多全毁或积水的房间。

此外，流浪狗也愈来愈多——这些瘦巴巴的动物，我害怕它们会攻击我，不过我才用光照了一下，它们全都狺狺着退开了。有一次我碰到三条狗，不知正凶狠地把什么东西撕开，我拔出手枪，觉得它们会向我扑来；不过，连这群狗也都软弱地望着我走过，仿佛它们已经知道要敬畏人类所能施为的大屠杀。

碰到第一户人家的时候，我倒不怎么意外。我的手电筒照到他们蜷缩在黑暗的角落里——几个小孩、三个女人和一个老头。他们身边放着一些包袱与生活用具。他们恐惧地望着我，挥舞着临时凑合的武器，等我开口表示无伤害之意，他们才稍稍放下。我想办法问他们“东炉”怎么走，不过他们只用不解的眼神回答。我在附近屋子里碰到三四个这样的人家——渐渐地，我也学会使用真正的门，而不钻墙上的洞——不过他们还是一样没反应。

接着我来到一处较宽敞的地方，较远的那一头被一盏灯笼的红光所浸染。有许多人站在阴影里——大部分依然是妇女与孩子，再加上几位年长的人。我同样说了一些安抚的话，随即感觉到这里的气氛异样，便闭口并伸手去取手枪。

在灯笼的微光里，所有的脸都转向我，可是几乎立刻又转回远处的角落，那里有十几个孩子围着地上的什么东西。有的孩子用棍子戳那不知为何物的东西，接着我发现许多大人拿着磨利的圆锹、菜刀以及其他临时充场面的武器。我仿佛打断了什么邪恶的仪式，我的第一个反应是赶紧通过。不过，或许我听到了什么声音，或者是因为第六感；我发现我竟然走向那些围成一圈的孩子，枪还拿在手上。孩子们似乎不太愿意让我看他们围着的东西，不过他们的身影还是渐渐让了开来。我在昏暗的红光里，看到一个日本士兵的身影一动也不动侧卧在地上。他的双手被反绑在背后；双脚也被缚住。他双眼紧闭，我还看到他腋窝下的军服上有块深色的湿渍透出，渗到地面。他的脸与头发沾满了灰尘与血迹。尽管如此，我还是一眼就认出他就是秋良。

孩童又再度围拢上来，有个男孩用一根木棒戳了戳秋良的身体。我挥舞着手枪，叫他们走开，好不容易孩子们往后退了几步，但还是在那儿盯着我们。

我细细地看着秋良，他的眼睛依然闭着。制服的背部已经全部扯裂，露出蹭破的皮肉，显然他之前曾被人在地上拖行。腋窝附近的伤口可能是炮弹碎片所致。他后脑勺有道肿起的伤口。可是他满身厚厚的尘土，而手电筒的光又弱，实在难以确定这些伤有多严重。我把手电筒对着他照，但到处都是漆黑的影子，让我更看不清楚。

我细看了他一会儿之后，他睁开了眼睛。

“秋良！”我说，脸凑上前去，“是我。克里斯托弗！”

我忽然想到灯光在我后方，在他看来，我可能只像个可怕的黑影。于是我又叫了他的名字，这次，我把手电筒的光移到我脸上。这个动作有可能只是让我看起来像个冤魂厉鬼罢，因为秋良的五官扭曲起来，然后鄙夷地对我啐了一口。由于他没什么力气，只见唾沫慢慢淌下脸颊。

“秋良！是我！能这样遇到你，真是运气。我现在可以帮你。”

他看着我，接着说：“让我死吧。”

“你不会死的，老哥。你流了一点血，这段时间你一定不是很好受。不过我们会帮你好好处理，你会没事的，不要担心。”

“猪猡。猪猡。”

“猪猡？”

“你。猪猡。”他又啐了我一口，唾沫又无力地从嘴角流下。

“秋良。显然你还没认出我是谁。”

“让我死吧。死，像士兵那样。”

“秋良，是我，克里斯托弗。”

“我不认识。你猪。”

“听好，让我把这些绳子除掉。这样你会舒服得多。然后你很快会清醒过来。”

我扭头回望，想叫他们给我什么工具好切断绳子，却看到房中所有的人，都在我后方不远处聚在一起——许多人手中都握着可以当作武器的东西——仿佛摆好了姿势要拍张魔鬼群像的照片。我有点吃惊——有一会儿我忘了他们的存在——伸手取枪。不过就在这个时候，秋良又提起了精神说：

“如果你割线，我杀你。警告你，懂不懂，英国人？”

“你在说什么呀？听好，你这个蠢蛋，是我，是你的朋友。我正要帮你。”

“你猪。割线。我杀你。”

“听好，这些人会先杀了你。总之，你的伤口很快就会感染。你必须让我帮你。”

忽然有两个中国女人叫了起来。其中一个仿佛在对我说话，另一个则对着那群人。有一会儿大家乱成一团，接着有个约十岁的男孩握着一把镰刀走了出来。他走近光线时，我看到一块皮毛——也许是老鼠的残骸——挂在镰刀尖上。我只觉那男孩小心翼翼地握着镰刀，免得这刀尖上的祭品掉落，不过对着我叫喊的那个女人却一把抓住镰刀，那块天知道是什么的东西掉到了地上。

“大家听好，”我站起来，对着这群人厉声高呼，“你们搞错了。这位是好人。他是我的朋友。朋友。”

那个女人又叫喊起来，要我让开。

“他真的不是你们的敌人，”我继续说，“他是朋友。他马上就要帮助我，帮助我破案。”

我举起手枪，那个女人便退后。众人一时议论纷纷，有个小孩哭了起来。接着有位老人被推了出来，有个小女孩牵着他的手。

“我会说英语。”他说。

“那真是太好了，”我说，“请好言告诉大家，这个人是我的朋友。他马上就要帮我的忙。”

“他。日本兵。他杀害芸姨。”

“我肯定他没做这种事。人不是他杀的。”

“他杀人、偷窃。”

“不会是这个人做的。这个人名叫秋良。有人看到他杀人偷窃吗，确定是这里的这个人吗？去啊，问问他们。”

老人不太情愿地咕哝了几句话。这更让群情哗然，众人拿了个武器传来传去，那是把磨利的圆锹，最后被前排另一位妇人拿住了。

“怎样？”我问老人，“我没说错吧？没有人看到秋良本人做过任何不对的事情。”

老人摇摇头，也许是不同意，也许是不了解。秋良在我身后发出了声音，于是我转身向他。

“瞧，你看到了吧？还好我来了。他们把你跟别人搞混了，他们想杀你。看在老天的分上，难道你还没认出我吗？秋良！是我，克里斯托弗！”

我不再看着那群人，正面转向他，再把手电筒的光打在脸上。后来，当我把手电筒关掉时，他的脸上总算露出相识的表情。

“克里斯托弗，”他说，那样子近乎牙牙学语。“克里斯托弗。”

“没错，是我。真的。虽然这么多年了，却又仿佛昨日。”

“克里斯托弗，我的朋友。”

我站起来，目光扫过众人，然后招手要一个手持菜刀的男孩靠过来。我从他手上接过刀子时，持镰刀的女人面露凶光走过来，我举起手枪对她吼叫，让她不敢靠近。接着我再度跪在秋良身边，开始帮他割断绳子。我原以为秋良说“线”，是因为他懂的英文字不多，不过此刻我看到绑在他身上的，确实只是旧麻线，刀子一划就断了。

“告诉他们，”我对老人说，这时候秋良的双手已经解开，“告诉他们，他是我的朋友。而且我们要一起去破案。告诉他们，他们弄错了。去啊，告诉他们！”

我转身扶秋良站起来，听到老人咕哝了几句话，那群人又开始议论纷纷。接着秋良小心地坐直身体，看着我。

“我的朋友，克里斯托弗，”他说，“是你，我的朋友。”

我察觉人群围拢上来，于是跳了起来。也许是替朋友着急，我一开口语气便过于强硬：“别再靠近！我会开枪！真的会！”接着转向老人，我大叫：“叫他们退开！跟他们说，不想死的就退开。”

我不知道老人翻译成什么意思。总之，他们让我这么一吼——其实他们的凶狠样子只是纸老虎——便一哄而散。有一半的人以为我要他们靠到左边那面墙边去，其余的人以为我命令他们就地坐下。他们显然都被我的样子吓坏了，大家急着照我的话做，竟乱成一团，你撞我，我踩你，惊呼失声。

秋良知道他得抓住这个机会，想办法要爬起来。我挽住他的臂把他拉起来，我们站了一会儿不动，两人都摇摇晃晃。我不得已把手枪别回腰带，好空出手来，然后我们试着一起往前走一两步。他的伤口散发出一股腐臭味，可是我暂且不去想，侧着头对后面的人群大喊，不管其中有多少人能懂：

“你们很快就会明白！你们很快就会明白你们搞错了！”

“克里斯托弗，”秋良在我耳际喃喃着，“我的朋友。克里斯托弗。”

“听好，”我平静地对他说，“我们得远离这群人。门就在那个角落里。你觉得你走得过去吗？”

秋良重重压在我身上，看看那个暗处。“可以，走吧。”

他的腿似乎没有受伤，脚步还算稳。可是才走了六七步，他就跌倒了，为了别让两人一起摔倒在地，我们相互拉扯，不知情的人看到了，还以为我们两个在角力。幸好我们摸索出一个方法，又开始走了起来。一度，有个小男孩冲过来朝我们掷泥巴，不过立刻就被拉了回去。接着，秋良跟我走到门边——门板已经不在了——蹒跚地走进隔壁的屋子里去。

第二十章

我们又过了两道墙，还是没有人在后头追赶的迹象，我这才感觉到与老友久别重逢的狂喜。我发现我们蹒跚而行的时候，我会自己笑起来；接着秋良也跟着笑，分离的岁月就这么消失无踪了。

“多少年了，秋良？真是好久好久了。”

他在我身边痛苦地跟着，不过也忍着痛说：“好久了，是啊。”

“你知道吗，我回老家去过。我猜你还住隔壁。”

“是啊，隔壁。”

“哦，你也回去了吗？当然啰，你一直留在这里。你不会觉得有什么特别的变化。”

“是啊，”他又费劲地说了一次，“好久，隔壁。”

我停下来让他坐在一片断墙上。接着我小心地除去破烂的军服外套，借着手电筒和放大镜，我再次查看他的伤口。我还是不太确定；我怕他手臂下的伤口会疽烂，不过我忽然想到，或许那股恶臭来自沾在衣服上的东西，或许是他躺过的地上有什么。此外，我发现他身体烧得很厉害，浑身都是汗。

我脱下我的外套，撕下几条衬里权充包扎伤口的纱布。接着我用手帕尽量把伤口拭净。尽管我已经尽量轻柔地把血块拭去，但他偶尔会猛抽一口气，显然我还是弄痛了他。

“对不起，秋良。我会尽量不太粗鲁。”

“粗鲁，”他说，仿佛正在玩味这个词。接着他忽然一笑，然后说：“你帮我。谢谢你。”

“我当然是在帮你。待会儿，我们就帮你找个适当的医护。你马上就没事了。不过在那之前，你必须帮我。我们眼前有件十分紧急的任务，而你比谁都了解为什么这么紧急。是这样子，秋良，我终于找到了。拘禁我父母的房子。此刻，我们就在那附近。你知道吗，老哥，刚才我还在想，我只好单枪匹马冲进去救人了。我也当真会这么做，不过那风险可就大了。天知道里面有多少绑匪。我起先以为我可以跟中国军方要几个人来帮我，结果根本不可能。我甚至还想过要找日本人帮我。不过，现在我们两个又在一起了，我们一起来，一定可以办到。”

这一路上，我一直想办法把那条临时的绷带好好绕在他身体与脖子间，结结实实地绑好，压住他的伤口。秋良凝神望着我，待我话语稍歇，带着微笑对我说：

“是啊。我帮你。你帮我。好。”

“不过，秋良，我得跟你说实话。我有点迷路。遇到你之前一会儿，我还走得好好的。不过现在，我真的不知道该往哪个方向走了。我们得注意找一个叫‘东炉’的玩意儿。一个有大烟囱的东西。不知道，老哥，你知道哪里可以找到这东西吗？”

秋良继续望着我，胸口剧烈起伏。我一看到他这模样，昔日情景忽然回到眼前：我们那时常常一起坐在我们花园里的草丘下喘气休息。我正要跟他提这往事，他却对我说：

“我知道。我知道这个地方。”

“你知道怎么去‘东炉’？从这里？”

他点点头。“我在这里打仗，好多星期。这里，我知道，就像”——他忽然做了个笑脸——“像我的家乡村子。”

我也笑了，不过这句话我不明白。“你指的是哪个家乡村子？”我问。

“家乡村子，我出生那里。”

“你是说租界？”

秋良静了一会儿，接着说："嗯。是啊。租界。公共租界。我的家乡村子。"

"的确，"我说，"我想这也算我的家乡村子吧。"

我们两个都笑了起来，有好一阵子还一起大笑傻笑，也许有点停不下来。等我们都比较平静了，我说：

"我跟你说件奇怪的事情，秋良。这个只有你会懂。我住英国的这些年来，从来没有家的感觉。而公共租界，那里永远是我的家。"

"不过公共租界……"秋良摇摇头，"非常脆弱。明天，后天……"他举手一挥。

"我知道你的意思，"我说，"而我们小的时候，感觉它是如此坚固。不过就像你说的。那是我们的家乡村子。绝无仅有的一个。"

我开始帮他穿上军服，尽量小心不把他弄痛。

"感觉好一点了吗，秋良？抱歉，现在我只能做到这个地步。不久我们就可以让你得到良好的照顾。不过现在，我还有重要的事情要做。你来告诉我怎么走。"

我们前进得很缓慢。我想把手电筒对着前方照射，但这并不容易，我们常常在黑暗中摔倒，秋良吃尽了苦头。一点不假，他不止一次在中途休息时晕了过去，他的身体在我肩上愈压愈沉。我也不是没有受伤；最麻烦的，就是我右脚的鞋口开了，脚上有道深长的伤口，每走一步的疼痛都甚于刀割。有时候我们累得不行了，每走个十几步就得停下来。不过最后我们决定，这种情况不要坐下来，就摇摇晃晃地站着，大口喘气，调整倚靠的姿势，以小痛来代替大痛。他伤口传出的腐臭味愈来愈浓，周围不停传来鼠群奔跑的声音，教人不安。不过在这段时间里，我们没听到战斗声。

我尽可能地为我们自己打气，只要我喘得过气，就说些轻松的事。其实对于我们的重逢，在这段时间里，我可谓百感交集。不用说，我非常庆幸命运让我们及时相遇，一起完成这件大事。

不过我同时又忍不住为这样的重逢感到难过——我期盼了这么久的事——竟然发生在这般恶劣的环境里。这跟我一直想像的方式，自然有如云泥之别——我总想像我们俩可以坐在舒适的旅馆会客厅里，或者在秋良家的露台上，俯瞰一片静谧的花园，聊天叙旧谈上好几个钟头。

秋良虽然举步维艰，方向感却始终很清楚。他选的路，我常觉得恐怕是条死巷，可是走到底却会出现通道或门。我们不时会遇到居民，有些只是在黑暗中感知到的身影；有些则围在灯笼或火堆的光线里，他们眼中对秋良充满怨恨，这怨恨让我担心我们会受到围攻。不过我们大半都顺利通过了，没被为难，一度我还用口袋里的最后一张钞票，说服一位老妇给了我们一些饮水。

接着地貌显著地改变了。再也没有人家居住的迹象，就算遇到了人，也都是独自一个，孤魂野鬼似的，眼中只有绝望，或自言自语，或兀自啜泣。而且再也没有完整的门，只有中尉跟我在前半段行程钻过的那种墙洞。每一次过洞都困难重重，秋良每次攀爬——即使他的一举一动都有我协助也一样——都痛彻心肺。

我们早就没说话了，只是每走一步便喘息一声，忽然秋良停下脚步，抬起头来。那时我听到一种声音，有人在发号施令。声音难以听出远近——或许只与我们隔着几栋房子。

“日军吗？”我轻声问他。

秋良又听了一会儿，才摇摇头。

“国民党。克里斯托弗，我们现在非常靠近……靠近……”

“前线？”

“对，前线。我们现在非常靠近前线。克里斯托弗，这非常危险。”

“要到那栋房子，是不是非得经过这一带不可呢？”

“非得不可，对。”

忽然一阵枪响，接着另一处又响起枪声，是一挺机枪在反击。

我们的手本能地紧握起来，不过秋良把手松开，坐了下来。

“克里斯托弗，”他平静地说，“我们现在休息。”

“可是我们必须到那栋房子去。”

“我们现在休息。黑暗中走到交战区太危险。我们被杀。必须等早晨。”

我觉得他说得有理，反正我们两个都累得一步都走不动了。于是我也坐下来，把手电筒关掉。

我们在黑暗中坐了一会儿，只有呼吸声打断寂静。忽然枪声又响起，猛烈地持续了一两分钟。声音停得也突然；接着，安静了一会儿之后，有个奇怪的声音穿墙而来。细长的声音有如荒野里动物的长嚎，不过后来却转为声嘶力竭的吼叫，接着是一串短促的尖叫与啜泣声，然后伤者开始喊出成句的话——听起来像极了先前我听到的那个垂死的日本兵，当时我累得神志不清，以为一定是同一个人；我正想跟秋良说这个人真是倒楣到家的时候，却赫然发现他喊的是中文，而非日文。听出是不同的人，让我心冷了一截。他们可怜的哀嚎如此相似——先是惨叫，然后绝望地求救，接着又惨叫，我忽然有个念头，觉得这是我们每个人走向死亡的必经过程——这些凄惨的噪音，是人类共通的语言，就像新生婴儿的哭嚎一样。

过了一会儿，我渐渐开始担心：若是战斗波及我们这个房间，那么我们坐的位置其实是毫无掩蔽的。我正想建议秋良一起挪到比较隐蔽的角落里，却发现他已经睡着了。我又打开手电筒，仔细地照照四周。

就算以这一带的标准来看，这里的破坏也算是严重的。我看得到手榴弹的炸痕，弹孔处处可见，还有残砖、破瓦和断梁。有头死掉的水牛就侧躺在房里，离我们不到七八码远；身上覆满了尘土与瓦砾，一只牛角指向屋顶。我继续四处搜寻，把屋子每一处有可能被交战双方侵入的地方都看了一遍。最要紧的是，我在屋里的另一个角落，在死水牛身后，发现有个砖造的壁龛，也许曾经是火炉或是壁炉。那里看起来是个最安全的角落，可以让我们安然度过夜晚。我把秋良摇醒，把他的手臂绕到我颈后，我们又痛苦地站了起来。

走到了那个壁龛，我把地上的砾石扫开，清出一块平整的木头地板，足够我们两人躺下。我把外套铺好给秋良睡，小心让他用没受伤的那侧躺下。接着我也躺了下来，等着自己睡着。

尽管我已疲惫不堪，但一方面因为那个垂死士兵幽幽不绝的哀嚎，一方面又害怕自己卷入战事，再加上想到还有重大的任务未了，在在都让我无法入睡。我感觉得到秋良也没睡着，后来听到他坐起来的声音，我问他：

"伤口怎么样？"

"我的伤口。没事，没事。"

"让我再看一看……"

"不，不，没事。不过谢谢你。你，好朋友。"

尽管我们才相距几寸，却完全看不到对方。停了好一会儿，我听见他说：

"克里斯托弗。你必须学日语。"

"对，我必须学。"

"不，我是说现在。你现在就学日语。"

"这个嘛，老实说，老兄，这可真不是时候……"

"不，你必须学。假如日本兵进来，我睡觉了，你必须告诉他们。告诉他们我们是朋友。你必须告诉他们，不然他们在黑暗里开枪。"

"好，我懂你的意思。"

"所以你学。万一我睡觉了。或者我死掉。"

"你听好，我不要你这样胡说。你不用几天就可以活蹦乱跳了。"

接下来又静了一会儿，我记得多年以前，每当我的言语里，多了一些惯用语的东西，他就会跟不上。因此我又相当缓慢地说：

“你会完全康复。你明白吗，秋良？有我在这儿呢。你会康复的。”

“真好。”他说，“不过小心是最好的。你必须学会说。用日文。假如日本兵来。我教你字。你记住。”

于是他用他的母语说了什么，不过因为句子太长，我要他停下来。

“不，不要了，这个我永远学不会。短一点的句子罢。只要能让人知道我们不是敌人就好了。”

他想了一会儿，接着又念了一个句子，只比刚才那句略短一些。我试了试，不过他立刻说：

“不对，克里斯托弗。错误。”

又试了几次之后，我说：“嘿，这样是没有用的。就教我一个字吧。‘朋友’这个字好了。再长的，今晚我是应付不来了。”

“托莫达契，”他说，“你就说，托—莫—达—契。”

我复诵这个字几次，以为念得完美无瑕，才发现秋良在黑暗中偷笑。我发现自己也笑了起来，接着，旧戏又重演，我们两个又笑得想停也停不住。我们也许又笑了整整一分钟，后来，我想我就突然睡着了。

我醒来的时候，破晓的曙光照进了房内。那光线苍白泛蓝，仿佛整个黑暗只被掀起了一层。垂死的那个人已无声息，却有只鸟儿不知道在哪里歌唱。此刻我可以看出屋顶的大半已经不见了，我双肩紧顶着砖墙，从我躺卧之处，可以看到清晨的天空里还有星星。

我发现有东西在动，于是紧张地坐了起来。接着我看到三四只老鼠在死水牛附近钻动，有一会儿，我就坐在那儿盯着它们看。直到此刻，我才转身看着秋良，害怕他会有什么三长两短。他静静地躺在我身边，脸色非常苍白，看到他呼吸平稳我才松了一口气。我找出放大镜，仔细检查他的伤口，不过却把他惊醒了。

“是我。”我轻声说，他慢慢坐起来，四处看了看。他一脸惊恐与迷惑，接着似乎想起了一切，眼中浮现麻木的坚定眼神。

“你做梦了吗？”我问。

他点点头。“对，做梦。”

“希望你梦到的地方比这里好。”我笑着说。

“没错。”他叹了口气，补充道，“我梦见我是小男孩的时候。”

我们静了一会儿。接着我说：

“那你一定受到了强烈的震撼。从你梦中的世界，掉到现在这个世界。”

他盯着从瓦砾堆里突出来的死水牛头看。

“没错，”他半晌后才说，“我梦见我还是小男孩的时候。我母亲、我父亲。小男孩。”

“你记得，秋良。你记得所有我们以前玩的游戏吧？在那座草丘上，在我们的花园里？你记得吧，秋良？”

“是的，我记得。”

“那是美好的回忆。”

“没错，非常美好的回忆。”

“那些日子真幸福，”我说，“只不过当时我们人在福中不知福。孩子又能知道什么，不是吗。”

“我有孩子，”秋良忽然说，“男孩。五岁大。”

“真的？我想见见他。”

“我掉照片。昨天。前天。我受伤时。我掉照片。儿子的。”

“听好，老哥，别气馁。你不久就可以再见到你儿子了。”

他盯着水牛，望了一阵子。忽然有只老鼠一窜，密密麻麻的一群苍蝇飞了起来，接着又全部落回死牛身上。

“我儿子。他在日本。”

“哦，你把他送回日本，这倒是让我很意外。”

“我儿子。在日本。假如我死，你告诉他，拜托。”

“告诉他你死了？对不起，这个我办不到。因为你不会死。至少现在还不会。”

“你告诉他，我为国家死。告诉他，要孝顺母亲。保护。并且建造美好世界。”此刻他的声音细若游丝，努力地寻找恰当的英文，同时强忍着眼泪。“建造美好世界，”他又说了，手往空中一挥，仿佛泥水匠正在把墙抹平。他的眼神跟着手晃，仿佛看到了一片美景。“对，建造美好世界。”

“我们还小的时候，”我说，“我们住在一个美好的世界里。这些孩子，路上遇到的这些孩子，这么小就看到人世间真实的丑陋面貌，何其不幸。”

“我儿子，”秋良说，“五岁大。在日本。他都不知道，都不知道。他认为世界是美好的地方。好人。他的玩具。他的母亲、父亲。”

“我想我们也曾经那样。不过我想事情也不会永远那么糟。”我现在尽全力要打消笼罩在我朋友心头的不安与消沉，“毕竟我们小的时候，当事情变糟时，我们也无力拨正。不过现在我们是大人了，现在我们有办法了。这就是重点。看看我们自己，秋良。这么多年来，我们终于可以把事情匡正过来了。记得吗，老哥，以前我们都玩些什么游戏？一遍又一遍？我们怎么假装我们是警探，寻找我的父亲？现在我们长大了，我们可以把事情匡正过来。”

秋良好久都没说话。后来他说：“等我儿子。他发现世界不好。我希望……”他停了，也许因为痛苦，也许因为找不到适当的英文。他说了句日文，接着才又说道：“我希望我和他一起。帮助他。当他发现。”

“你听我说，大傻瓜，”我说，“说这么丧气的话干什么。你本来就会再见到你儿子。有我在这儿呢。还有，说什么我们小时候世界多美好，你也可以说那是一派胡言。那只是大人制造的假象。我们不该对童年这么念念不忘。”

“念—念—不—忘，”秋良说着，仿佛这是他拼命想要找出来的词。接着他又说了一个日本字，也许是日语的“念念不忘”。“念—念—不—忘。念念不忘是好事。非常重要。”

“真的吗？老朋友？”

“重要啊。非常重要。念念不忘。当我们念念不忘，我们记得。一个更好的世界，好过我们长大后发现的这个世界。我们记得，而且希望美好的世界再回来。所以非常重要。刚才，我做了梦。我是小孩。母亲、父亲，在我身边。在我们家。”

他沉默下来，一直望着瓦砾堆的另一边。

“秋良，”我说，觉得这样的谈话持续得愈久，我们就愈危险，但我实在不想讲明，“我们该走了。我们还有好多事要做。”

一阵机枪声响起，仿佛在回应我这句话。枪响的距离比昨晚的远，不过我们俩都吓了一跳。

“秋良，”我说，“现在离那房子远吗？我们必须想办法在战斗再度白热化以前赶到那里。到底还有多远？”

“不远。不过我们小心走。中国士兵非常近。”

我们的睡眠不但没让我们恢复体力，反而让我们更加虚弱。我们站起来的时候，秋良压在我肩上，酸痛传遍我的颈部与肩膀，我忍不住开口呻吟。刚开始，身体尚未习惯，每一步都痛苦不堪。

不仅我们的身体状况不佳，那天早上走过的那一带，困难更甚于从前。破坏的范围如此广泛，我们常常停下来，连绕过瓦砾的路都找不到。尽管看得清脚下该踩哪里确实有所帮助，可是原先隐藏在黑暗里的恐怖景象，现在都呈现在眼前，这让我们的精神大受震惊。在断垣残壁间，我们看到血迹——有的还鲜红欲滴，有的则风干多时——地上、墙上都有，也有些溅在破家具上。更糟糕的是——而且鼻子比眼睛更早发出警告——我们会遇到一堆又一堆人的肠子，遇到的次数多得惊人，腐败的程度各不相同。有一次我们停下来，我就对秋良提起这点，他只是淡淡地说：

“刺刀。士兵都把刺刀刺进肚子。假如刺这里”——他指着肋间——“刺刀拔不出来。所以士兵学会。一定刺肚子。”

“至少他们把尸体清走了。至少他们做了这个。”

我们不时还听到枪声，每次听到，我就觉得我们离战斗又近了些。这让我担心，不过秋良现在似乎更加确定我们的方向了，每一次我质疑他选的路，他都不耐烦地摇头。

我们来到两个中国士兵陈尸的地方时，一束束早晨的阳光已经赤炎炎地从屋顶缺口射下。我们离尸体有段距离，没办法仔细查看，不过我猜想他们可能才死了不到几个钟头。一个俯卧在瓦砾堆里；另一个跪着死去，前额靠在砖墙上，仿佛伤痛欲绝。

有一度，我心中强烈预感我们就要误入火网，便拉住秋良说：

“听我说。你到底想做什么？你要带我去哪？”

他没回答，只是倚着我站着，垂着头调整呼吸。

“你真的知道我们要往哪儿去吗？秋良，回答我！你知道我们要往哪儿去吗？”

他疲惫地抬起头，然后朝我背后一指。

我转身——我只能慢慢移动，因为他还倚在我身上——从断墙的缺口望出去，才十几步远的地方，无疑就是“东炉”。

我没说话，只是带着他走过去。“东炉”和“西炉”都逃过了战火摧残。外表虽然尘土满布，不过看起来还能正常运作。我把秋良放开——他立刻在瓦砾堆上坐下——直接走到炉边。就像在“西炉”一样，我看到直入云霄的烟囱。我回到秋良坐下的地方，轻轻地碰了碰他的肩膀。

“秋良，对不起，我刚才用那种语气。我想告诉你，我很感激你。光靠我自己绝对到不了这里。真的，秋良，我好感激。”

“好。”他的呼吸顺畅了一点，“你帮助我。我帮助你。好。”

“可是秋良，那栋房子一定就在这附近了。让我看看。从这里开始”——我指过去——“巷子通到那边去。我们必须走那条巷子。”

秋良看起来不愿动身，不过我把他拉了起来，于是我们又出发了。我走的这条巷子，显然就是中尉从屋顶指给我看的那条，不过没走几步，我们就发现巷道全给掉落的瓦砾砖块堵住了。我们爬过一堵墙，进入邻近的房子，再走进我觉得应该是平行的一条路，在遍地瓦砾的房间里找路。

我们现在经过的这些房子，受损没那么严重，而且明显比先前经过的区域要体面些。屋里有椅子、梳妆台，有的镜子和花瓶甚至还完整无缺地留在断垣残壁之间。我急着要继续前进，不过秋良的身体开始支撑不住了，我们只好再停下来。我们坐在一根断落地面的横梁上，两人正试着把气喘过来时，我瞥见一块手绘的门牌，躺在我们面前的瓦砾之中。

这门牌已顺着本身的纹路，整齐地断裂开来，不过两片木头却并排掉落在地上；我还看得出过去将这块门牌固定在前门上的格框。这绝非我们头一次遇见这样一件物什，但不知怎的，我一时心血来潮，特别注意到这块门牌。我走过去，从残砖破瓦中取出这两片木头，把它们拿到我们坐下的地方。

“秋良，”我说，“你看得懂这写什么吗？”我把两片木头凑起来，送到他面前。

他盯着上头的字看了一会儿，才说：“我的中文，不好。一个名字。什么人的名字。”

“秋良，你仔细听好。看看这些字。你一定知道它们是什么字。拜托，仔细看一看。这个非常重要。”

他又看了看，然后摇头。

“秋良，听好，”我说，“这个中文会不会就是‘叶辰’两个字？上头写的，有没有可能就是这个名字？”

“叶辰……”秋良露出思考的表情，“叶辰。没错，有可能。这里这个字……没错，有点像。这写的是叶辰。”

“真的？你确定？”

"不确定。不过……有可能。非常有可能。没错"——他点了一下头——"叶辰。我想就是。"

我放下那两片木头，小心绕过瓦砾堆到我们所在的屋子前面。原先是大门的地方有个缺口，从那里望出去，可以看见外头的窄巷。我看着正对面的房子。它左邻右舍的门面全都被炸成了断壁残垣，惟独我眼前的这栋房子不可思议地逃过了战火的摧残。看不出任何明显的损坏痕迹：窗户上的窗板、简陋的木制窗格，甚至挂在走廊上的符咒，全都毫无损伤。看过一路上的惨况，这栋房子反而像是从另一个比较文明的世界来的幽灵。我站在那里凝望了一会儿。接着我朝秋良打了个手势。

"嘿，过来。"我尽量压低声音，"一定就是这栋房子了。不会是别栋。"

秋良没动，不过深深叹了口气。"克里斯托弗。你，朋友。我，非常喜欢。"

"小声一点好吗。秋良，我们到了。就是这栋屋子。我打从骨子里肯定就是这里。"

"克里斯托弗……"他挣扎着站起来，慢慢绕过来。等他走到我身边，我把那栋房子指给他看。早晨的阳光照进巷子，形成几道明亮的光柱打在那屋子的门面上。

"那里，秋良，那栋房子就在那里。"

他在我脚边坐下，又叹了一口气。"克里斯托弗。我的朋友。你必须想清楚。都好多年了。到现在好多、好多年了……"

"很奇怪，不是吗？"我说，"战斗竟然一点都没有波及这栋房子。竟然没有波及我父母所在的这栋房子。"

说这些话的同时，我突然觉得整个人快要崩溃了。不过我马上镇定下来并说："现在，秋良，我们得进去。我们要一起进去，手挽着手。就像当年一起进凌田的房间那样。你还记得吗，秋良？"

"克里斯托弗。我亲爱的朋友。你必须想得非常清楚。都好多、好多年了。我的朋友，请你听我说。也许父亲和母亲。到现在好多、好多年了……”

“我们现在要一起进去。然后，等我们把该做的事做好了，我们就帮你找适当的医护，相信我。其实，说不定那里头就有些东西，有急救箱，就在那栋房子里。至少有清水，也许还有绷带。我母亲可以帮你看看伤口，也许还可以给你换上干净的绷带。不要担心，你马上就会没事的。”

“克里斯托弗。你必须想得非常清楚。这么多年过去……”

他没说下去，因为对面的门嘎的一声滑开了。我还来不及拔出手枪，就见到一个中国小女孩走出来。

她约莫六岁，脸上有种宁静的表情，有几分俏丽。她的头发仔细地扎成一束一束的。她身上的外套与宽松的长裤稍微大了些。

她环顾四周，眯着眼睛看看日光，然后又朝我们望过来。她一眼就看到我们——我们俩谁也没动——然后朝我们走来，竟然一点害怕的样子也没有。她停在巷子当中，距离我们几码远，用中文说了几句话，手指着屋子。

“秋良，她说什么？”

“不懂。也许邀请我们进去。”

“不过她怎么会跟这事有关？你觉得她跟绑匪有关联吗？她说什么？”

“我想她要我们帮助她。”

“我们得叫她走开，”我说，一边拔出手枪，“我们得提防有人反抗。”

“没错，她要我们帮助。她说她的狗受伤了。我想她说狗。我的中文，不好。”

我们看着她的时候，从她梳理整齐的发束下缘某处，有一道细细的血流过她的前额淌到脸颊上。小女孩似乎浑然不觉，又开口跟我们说话，手又朝屋子指了一指。

“没错，”秋良说，“她说狗。狗受伤了。”

“她的狗？是她受伤了吧！也许还伤得不轻。”

我朝她靠近一步，想要检查她的伤势。可是她以为我要跟她走，便转身边跑边跳，越过巷道回到她家门口。她又把门推开，回头用眼神哀求我们，接着便进屋子里去了。

我站在那里，犹豫了一会儿。接着我把手伸给地上的朋友。

“秋良，时候到了，”我说，“我们得进去。我们现在一起进去吧。”

第二十一章

走过巷子的时候，我设法把枪举在前方。不过秋良的手臂绕在我颈子上，我必须支持他大半的重量，我想我们一起走向那栋房子的步履蹒跚，一点威武的样子也没有。我隐约瞄见玄关旁边立了一只装饰用的花瓶，我相信门梁上挂的装饰物在我们从旁拂过时，发出了细微的叮咚声。接着我听到小女孩说话的声音，于是抬头看看四周。

尽管房子的门面几乎丝毫无损，但这一户的后半部却已夷为平地。今日回想起来，我猜想应该是有颗炮弹从屋顶穿过，砸垮了上层楼房，并且炸毁了房子的后半部，以及后面比邻的房舍。不过当时我最想找的是我父母，我不确定我到底注意到了什么。我先是高兴了一下——绑匪弃守逃走了。接着我看到尸体，又很害怕那会是我父母——绑匪看到我们过来就把他们杀害了。我必须坦承，当我看到室内的三具尸体都是中国人时，我的感觉是松了一大口气。

靠近屋后，在墙那边，有具女人的尸体，大概是女孩的母亲。可能是爆炸让她飞过去，人就躺在落地之处。她的脸上带着震惊的表情，一只手臂齐肘折断。此时她以断臂指着天空，也许是要指示炮弹飞来的方向。几码外的瓦砾堆里，有位老太太也同样张口睁眼，对着天花板上的大洞。她脸的一侧已经焦黑，不过我没看到血或是其他明显的伤口。最后，就在最靠近我们站立之处的地方——压在倒下的架子底下，我们起先没看到——有个男孩，只比那个带我们进来的女孩大一点。他的一条腿从臀部炸断，伤口处拖着肠子，长得出奇，有如装饰在风筝后面的长尾巴。

“狗。”秋良在我身边说。

我看着他，然后顺着他凝视的方向望去。在废墟中央，离男童尸体不远处，小女孩跪在一只受伤侧卧的狗旁边，温柔地抚摸着它的毛。狗尾巴虚弱地摇动回应。我们站在那儿看着她，她抬头看我们，说了几句话，声音依然相当镇定而平稳。

“她在说什么，秋良？”

“我想她说我们帮助狗，”秋良说，“没错，她说我们帮助狗。”接着，他忽然无助地傻笑起来。

小女孩又说了一次，这次只对着我说，也许她当秋良是疯子而不理他。接着她把脸俯到狗身边，继续温柔地抚摸它的毛。

我放开我朋友的手臂，朝她走近了一步，我手一松，秋良就垮到一旁的破家具上。我吓了一跳，回头看看，他却继续傻笑；另一边，女孩的请求也没停。我把手枪放在一旁，走到她身边，碰碰她的肩膀。

“听我说……这一切”——我指着这片屠杀的现场，而她似乎视而不见——“这真是噩运。不过你瞧，你逃过一劫，真的，你可以表现得很好，只要你……只要你继续保持你的勇气……”我不悦地转向秋良，对他吼叫，“秋良！别吵了！看在老天的分上，没什么好笑的！这可怜的女孩……”

不过女孩这时抓住我的袖子。她又说了一次，仔细而缓慢，正视着我的眼睛。

“听我说，真的，”我说，“你好勇敢。我对你发誓，不管是谁造成了这一切，不管是谁做了这些可怕的事情，他们会得到报应的。你也许不知道我是谁，不过我正好……呃，我正好是你需要的人。我保证这些人逃不掉的。你不用担心。我会……我会……”我从刚才就开始在外套里摸东西，直到现在才掏出一把放大镜，拿给她看，“瞧，你明白吗？”

我踢开挡在我前面的鸟笼，走到那位母亲倒卧之处。接着，或许只是出于习惯，没什么特别的原因，我弯下去用放大镜检查她。她的断臂看起来断得好整齐；突在肌肉外面的那截骨头白得发亮，几乎像磨光打亮过似的。

我记忆里的这些时刻已不再清晰。不过我觉得应该就在这时候，刚刚用放大镜看完那女人的断臂，我忽然挺直身子，开始寻找我父母。我只能说——这部分解释了随后发生的事——秋良还在他跌坐下来的地方傻笑，女孩则继续在那儿哀求，语气依旧平稳而坚定。换言之，气氛变得无法控制，或许这就是为什么我后来会那样行事，把小屋里所剩的每件东西全都翻了个遍。

后头还有一个很小的房间，完全被炸毁了，我从那里开始寻找，把木头地板掀起来，用一根桌脚把倒地的储物柜门打破。后来我又回到最大的那个房间，开始把瓦砾堆推到一侧，遇到任何踢不开、推不动的，我就用那根桌脚锤打。后来，我发现秋良不再傻笑，而是跟在我后面走，拉着我的肩膀，在我耳边说话。我没管他，继续我的搜寻，甚至一个不留神把一具尸体掀翻都没停下来。秋良继续拉我的肩膀，过了一阵子，我实在不明白为什么我指望能帮我的这个人，竟然不停地阻挠我，我转身向他，大喊类似这样的话：

“你滚开！滚开！如果你不想帮我，就走开！滚回你的角落里傻笑去！”

“士兵！”他嘘声对我说，“士兵来了！”

“你滚开！我母亲，我父亲！他们在哪里？他们没在这里！他们在哪里？他们在哪里？”

“士兵！克里斯托弗，停下，你必须冷静！你必须冷静，不然我们被杀！克里斯托弗！”

他抓着我用力晃，把脸贴近我的脸。这时我才明白，确实有人声从附近传来。

秋良把我拉到房间最深处。那个小女孩，我发现她不再说话，正温柔地抱着狗的头轻摇。狗尾巴仍然有一搭没一搭微弱地摆着。

“克里斯托弗，”秋良急切地在我耳边说，“假如，士兵，中国人，我必须躲。”他指指角落，“中国士兵，必须不找到。但是假如日本人，你必须说我教的字。”

“我什么也不会说，听好，老兄，如果你不愿意帮我……”

“克里斯托弗！士兵来了！”

他摇摇晃晃走过房间，躲进角落里的储物柜。柜子的门破损得很厉害，因此他整截小腿与靴子都可以透过门板看到。这样的躲法实在可笑，我笑了出来，正当我要叫说我还看得到他时，士兵就从大门进来了。

第一个进来的士兵，用步枪对我射击，不过子弹打在我身后的墙上。他随即发现我举起双手，又是个外国平民，便对同伴喊了句话，他们随即在他身后围上来。这些士兵是日军，接下来我只记得其中三四个开始争论该怎么处置我，整个过程里，大家的枪口都对着我。后来又进来了更多的士兵，还开始搜查屋内。我听到秋良从藏身处喊了句日文，士兵便团团围住他的柜子，我看见他爬了出来。我注意到他们双方相见，似乎没有显得特别高兴。其他人围着小女孩，也在争论该怎么做。接着有位军官进来，所有的士兵都在一旁立正，室内静了下来。

这位军官——一位年轻的上尉——环顾室内。他的目光先落在小女孩身上，接着在我身上，然后盯着此时由两名日本兵架着的秋良。接下来他们开始用日语交谈，秋良却没有开口的余地。他眼中无奈的眼神里，出现了一抹恐惧。他一度想跟上尉说话，可是上尉马上要他闭嘴。接着他们又简短地谈了几句，士兵们便把秋良带走了。此时他脸上的恐惧明显可见，但他没有反抗。

“秋良！”我朝他的身影呼喊，“秋良，他们要带你去哪儿？出了什么问题？”

秋良回头一望，对我温柔地笑了一下。接着他就走进巷子里去，被围在他身边的士兵挡住看不见了。

年轻的上尉正望着小女孩。接着他对我说：

“你，英国人？”

“是的。”

“请问，你在这里做什么？”

“我在……”我看看四周。“我在寻找我父母。我姓班克斯，名叫克里斯托弗·班克斯。我是著名的侦探。也许你……”

我不知道我该怎么说下去，而且，我发现我已经啜泣好一会儿了，这给上尉留下了坏印象。我揩揩脸，继续说：“我来这里找我父母。不过他们已经不在这里了。我来晚了。”

上尉再度环顾这些断垣残壁、尸体、抱着垂死的狗的小女孩。接着他对身边的士兵吩咐了一些事，眼睛一直盯着我。最后他对我说：“先生，请随我来。”

他以礼貌却坚定的手势，指示我应当跟他走到巷子里。他没把手枪收回枪套，却也没再将枪口对着我。

“小女孩呢？”我说，“你会不会把她带到安全的地方？”

他回头静静盯着我。接着他说：“先生，请你现在就走。”

日本人对我的照顾，大致上还算得体。他们把我安置在指挥所后面的小房间——这里原先是消防队——供应我食物，还有一位医生治疗我的几处伤口，那些伤什么时候弄的，我几乎都不知道。我的脚裹了绷带，他们还给我一双大号的皮靴方便我穿进去。看管我的士兵不会说英语，似乎不确定我是囚是客，不过我也累得管不了那么多；我躺在他们置于这间密室的行军床上，一连好几个钟头时醒时睡。房门并没有上锁；事实上，与隔壁办公室相通的门还关不拢，因此每当我恢复意识，就会听到有人用日语争论或者对着电话筒吼叫，我猜是跟我有关吧。如今我怀疑，那段时间里，我大半时候一定有点发烧；总之，在半睡半醒之间，脑子里盘旋萦绕的，不只是过去几个小时发生的事，还有过去几周的事。接着，那些杂念逐一沉淀消散，到了向晚时分，长谷川上校把我叫醒，我发现我对整个案情向来困扰我的部分，有了全新的观点。

长谷川上校——一位外表干净利落的男士，年约四十——礼貌地自我介绍，然后说："我很高兴您已经好多了，班克斯先生。我相信他们把您照顾得很好。我很高兴告诉您，上层指示我护送您回英国领事馆。容我建议我们立即出发。"

"那当然，上校，"我说，一边小心翼翼地站起来，"我倒是想起一个地方，不知可否通融一下，先带我去那里。是这样子，这事有点急。我不太清楚那里确切的地址，不过离南京路不远。也许您知道那里。是一家唱片行。"

"您急着买唱片吗？"

我实在没力气解释，只是说："这事很要紧。愈快到那里愈好。"

"可惜上层指示我带您到英国领事馆，先生。若带您到别处，恐怕十分不便。"

我叹了口气。"我想您说的是，上校。反正，我现在赶去，我猜，也已经太晚了。"

上校看看腕表。"是啊，恐怕是有点晚。但容我提议，假如我们立刻动身，您的音乐欣赏之旅，受到的延误就会最少。"

我们搭乘敞篷军车，由上校的侍从开车。那是个晴朗的下午，阳光照耀着闸北区的废墟。我们缓缓前进，因为，尽管路当中的瓦砾大半都已清除——在路边堆积如山——路面却已经炸得坑坑洼洼。我们偶尔会经过几乎没有损坏的街道；但是一转过街角，就全是断垣残壁，一片狼藉，仅存的电线杆也都东倒西歪，电缆乱缠。当我们驶过这样的地区，我一度发现视线可以越过一大片夷平的废墟，瞥见那两座锅炉的烟囱。

"英国是个伟大的国家，"长谷川上校说，"平静、尊贵。美丽的绿色原野。她依然是我的梦想。还有英国文学。狄更斯、萨克雷。《呼啸山庄》。我尤其偏爱贵国的狄更斯。”

“上校，恕我提起一事。昨天贵国士兵找到我的时候，还有别人在场。一名日本士兵。您会不会碰巧知道他现在怎么了？”

“那名士兵。我不确定他的下场如何。”

“不知道要怎样才能再见到他？”

“您想再见到他？”上校表情严肃起来，“班克斯先生，容我建议您，别与那名士兵有任何牵扯。”

“上校，您是否认为他犯了什么错？”

“犯了错？”他望着路旁的废墟，面带温和的笑容，“我们几乎可以断定他泄漏军情给敌方。他可能就是用这个作为脱困的条件。我知道您自己也说，是在国民党的防线附近遇到他的。这明白显示他懦弱与通敌。”

我正想反驳，然而我明白，与上校起冲突，对我、对秋良都没有好处。我好一会儿没有答话，他又说：

“感情用事并不理智。”

他的发音原本相当纯正，倒是在“感情用事”这词上有点结巴——他念得太重，听起来倒像日语。这句话我听来刺耳，便转头不予理会。过了一会儿，他却以同情的口吻说：

“这名士兵。您与他曾经认识？”

“我以为认识。我以为他是我儿时的旧友。不过现在我不太确定了。我开始明白，许多事情，都不像我所以为的那样。”

上校点点头。“我们的儿时似乎已经远去。这一切”——他挥手指向车外——“这一切苦难。我们日本有位诗人，一位古代的仕女，抒发过这种感伤。她写道，我们一旦长大成人，儿时就变得像另一个国度。”

“对我来说，上校，那可一点都不是另一个国度。从许多方面来看，我的一生都是在那里度过的。直到现在，我才开始踏出那里，展开我的旅程。”

我们通过日军检查哨进入虹桥，这里位于租界的北区。这一区除了有紧张的备战状态，也和其他地方一样，有战火摧残的痕迹。我看到许多沙包堆，以及载满士兵的卡车。接近运河时，上校说：

“班克斯先生，我也像您一样，喜欢音乐。尤其是贝多芬、门德尔松、勃拉姆斯。还有肖邦。第三号奏鸣曲真是优美。”

“像您这样有文化素养的人，上校，”我说，“必然会为这一切感到遗憾。我是说贵国侵略中国，造成尸横遍野的惨况。”

我害怕他会生气，然而他面带平静的笑容说：

“这的确教人遗憾，我同意。不过日本如果要成为伟大的国家，像贵国一样，班克斯先生，这就无法避免了。就像英国的过去一样。”

我们有一会儿没有交谈。接着他问道：

“我敢说，您昨天在闸北区一定看到什么不愉快的景象吧？”

“是的。确实如此。”

他忽然诡异地笑了一声，令人为之一颤。“班克斯先生，”他说，“您明白吗？您有没有任何概念，往后还有什么样不愉快的景象要发生？”

“如果贵国继续侵略中国，我敢说……”

“容我说明，先生”——他这时候说得眉飞色舞——“我不只是指中国而已。我指的是全世界，班克斯先生，全世界都要卷入战火。您昨日在闸北区之所见，不过是大火燎原之前的一个小小火花而已！”这些话他说得趾高气扬，接着却又哀伤地摇摇头，“那将何等可怕，”他平静地说，“何等可怕。您想像不到的，先生。”

我不太记得回来以后的最初几个钟头如何了。不过我猜想，我变得跟流浪汉相去不远，让日军的军车送我回到英国领事馆前的草坪，这点对于租界焦急的居民来说，恐怕振奋不了什么人心。我隐约记得领事馆的人冲出来接我，把我带进大楼，我也隐约记得英国总领事从楼梯上赶下来时脸上的那副表情。我忘了他对我说的第一句话是什么，不过我倒是记得我好像还没跟他寒暄问候，就先说：

“乔治先生，我必须要求您，让我立刻见您的属下麦克唐纳。”

“麦克唐纳？您是指约翰·麦克唐纳吗？怎么，你找他做什么呢，老弟？听好，你需要的是好好休息。我们有医生可以照顾你……”

“我承认我看起来蓬头垢面。别担心，我这就去洗把脸。不过拜托您，立刻请麦克唐纳先生下来。此事关系重大。”

我被带到领事馆里的客房，我想办法好好刮了胡子，洗个热水澡，尽管一直有人来敲我的门。其中有一位是个一本正经的苏格兰外科医生，他把我检查了半个钟头，认为我还对他隐瞒了什么重大伤势没说。其他人则是来关心我还有没有什么需要服务的地方，我至少对其中三位不耐烦地询问麦克唐纳到底准备好了没有。我得到的只是含糊的答复，说什么麦克唐纳还没找到；接着，随着夜幕低垂，我一身的疲惫——也许是因为那个医生开给我的药里有什么特殊成分——让我沉沉入睡。

我一直睡到第二天早上才醒来。我要他们把早餐送到房里，换上了干净的衣服，那是昨晚我睡觉的时候，他们从华懋饭店取来的。我精神好多了，决定当下就要自己去把麦克唐纳给揪出来。

我以为上次走过一次，就找得到麦克唐纳的办公室，不过领事馆大楼盖得有点像迷宫，我不得不向几位碰巧擦肩而过的人问路。我还是有点弄不清方向，正打算走下一道楼梯，就碰巧瞥见塞西尔·梅德赫斯特爵士的身影出现在我底下的楼梯平台。

早晨的阳光从平台上的落地窗泻下，照亮他身后一大片的灰石墙。平台上没有别人，塞西尔爵士略微躬身向前，双手叠握在身后，俯瞰楼下领事馆前的草地。我本想退回楼上，可是大楼的那部分十分清静，我的脚步声随时都有可能吸引他抬头。我索性走下楼去，来到他身边，他转过身来，仿佛早就察觉我的一举一动。

“早啊，老弟，”他说，“听说你回来了。不妨告诉你，你的失踪引起不小的恐慌哟。觉得好些了吗？”

“没事了，多谢关心。就是这只脚还有点肿。鞋子套不太进去。”

阳光照在他脸上，让他看起来年迈而疲倦。他又转向窗户，凝视着外面；我移到他身旁，也望着外头。在我们底下，三个印度籍的警察在草地上忙进忙出，把沙包堆成一排。

“你可听说她走了？”塞西尔爵士问。

“听说了。”

“当然啦，当你跟她同时失踪的时候，我自然以为是那么回事。我猜，还有些人也有同样的想法。所以我早上才会在这里。我要向你道歉。不过他们说你还没醒，所以我就……我就先逛到这里来。”

“实在没有什么好抱歉的，塞西尔爵士。”

“当然有。我想那天晚上我四处说了些话。你知道的，妄下结论。当然啦，现在大家都知道是我错了。但是无论如何，我觉得我还是亲自来向你解释比较好。”

底下来了个拉着轮车的中国苦力，运来更多的沙包。印度籍的警察开始卸货。

“她有留信吗？”我问，尽量装得毫不知情的样子。

“没有。不过我早上收到一封电报。哪，她人在澳门。说她平安无事。她自己一人，不久还会写信等等。”接着他转身抓住我的手肘，“班克斯，我知道你也会想念她。从某方面来看，哪，我倒宁愿她是跟你走了。我知道她……她对你可是大有好感。”

“您一定十分震惊。”我这么说，不知道还能说什么。

塞西尔爵士转过身去，有一阵子凝视着楼下的警察。接着他说：“倒也没有，老实告诉你。我一点都不意外。”接着他又说下去，“我一直告诉她，她该离开，我叫她离开我，去寻找爱情，我是说，真爱。这是她应得的，对不对？她应该是去追寻了。去寻找真爱。也许她就找到了。在南中国海上，谁知道？她变得浪漫了，我得让她自由。”此时他泪水盈眶。

“您现在有什么打算？”我语气和缓地问他。

“我有什么打算？天知道。我想也该回家了吧。我想就这么办。回家。等我把几笔债还清了就走，没错。”

打从刚才我就听到有脚步声在我身后走下楼梯，此时脚步声慢了下来，并且完全停住，我们两个一起转过身来，看到的竟是格雷森，那个工部局的代表，我有点慌。

“早安，班克斯先生。早安，塞西尔爵士。班克斯先生，真高兴见到您安然无恙回来。”

“谢谢您，格雷森先生。”他就站在那阶楼梯上不走，一味傻笑着，我补充道，“我相信那极司菲尔公园欢迎典礼的筹备事宜，进度一定符合您的要求啰？”

“哦，当然，当然。”他含糊地笑了一声，“不过此刻，班克斯先生，我来找您，是因为我听说您想跟麦克唐纳先生说话。”

“没错，是有这么回事。老实说，我正要上去找他呢。”

“唉，可是他不会在他平时的办公室里。如果您肯跟我走，我现在就可以带您去找他。”

我在塞西尔爵士肩上轻轻地握一握——他转向窗户藏住眼泪——然后我就踩着急切的脚步跟格雷森走了。

他带我走过大楼里无人的一区，接着我们走到一道走廊，一整排都是办公室。我听到讲电话的声音，后来有人从其中一间走出来，向格雷森点点头。格雷森打开另一间的门，挥手示意让我先行入室。

我走进一间狭小但布置得宜的办公室，里头塞了一张大办公桌。我在门槛边上就停住了，因为办公室里空无一人，可是格雷森用肘触了我一下，把我推进去，然后把门关上。他接着绕过办公桌坐下，作势指着一个空座位。

“格雷森先生，”我说，“我没时间跟您玩这些愚蠢的把戏。”

“对不起，”格雷森说，“我知道您想见麦克唐纳。不过，您知道的，麦克唐纳的职责属于礼宾司。他的确十分称职，不过他的职权恐怕非常有限。”

我不耐烦地叹了口气，不过我还来不及说话，格雷森就继续说：

“是这样，老兄，您刚才说您想见麦克唐纳，我就猜您想见的人是我。我才是您该找的人啊。”

我这才发现格雷森起了一点变化。他逢迎奉承的态度已然消失，他隔着办公桌盯着我看。等他看到我露出明白状况的眼神，又再次指着那个座位。

“请自便，老兄。我得道歉，从您来到此地，我就四处尾随。不过是这样子，我得确定您不会出什么纰漏，把其他势力给惹毛了。哪，让我猜猜，您想跟‘黄蛇’碰面。”

“没错，格雷森先生。不知道您可否安排此事？”

“可巧了，就在您离开的时候，我们终于得到回音。各方似乎都乐意答应您的要求。”接着他倾身向前对我说，“所以，班克斯先生。您觉得您快破案了吗？”

“是的，格雷森先生。好不容易，我相信快了。”

因此昨夜刚过十一点，我就乘车驶过优雅的法租界住宅区，随行的是两位中国秘密警察。我们开过一条林荫大道，经过一些豪宅，其中有几栋完全隐藏在高墙与围篱之后。接着我们驶入重重大门，每道都有许多身着长袍头戴帽子的人把守，最后我们停在一处以碎石铺地的庭院中。一栋幽暗的建筑，约四五层楼高，矗立在眼前。

屋内灯光昏黄，四下的阴影里都躲着一些守卫。我跟着护送我来的人走上中央的大楼梯，我隐约觉得这屋子曾经属于一位欧洲富翁所有，不过如今已落入中国政权的手中；我看到简略的记事条与日程表，钉在一些精致的中西艺术品旁边的墙上。

他们领我进入三楼的一个房间，从这个房间的配置来看，前阵子应该还有一座桌球台。现在房间中央多出了一块空地，我等的时候在上面走来踱去。等了二十分钟，我听到楼下庭院里来了更多汽车，不过我走到窗边想看个究竟，却发现窗子面对的是屋子另一侧的花园，看不到正门前发生了什么事。

大约又过了半个钟头，他们才终于来带我。他们护送我走上另一道楼梯，然后转到一处走廊，两旁又有更多的守卫。后来，护送我的人停了下来，其中一位指着前方几码远的一扇门。我独自走过最后这段路，进入一处看来像个大书房的地方。地上铺着厚地毯，墙上几乎排满了书籍。在房间的尽头，重重布幔掩住一座凸窗，窗前有张书桌，前后两侧都有一张椅子。桌上的阅读灯下有一圈温暖的光线，可是房中其他部分都一片幽暗。正当我站在那里观察周遭的情况，有个身影从书桌边站了起来，小心地绕过书桌，回头指着桌后他空出来的座位。

“怎么不过去坐那儿，小海雀？”菲利普叔叔对我说，“你还记得吧？你以前最喜欢坐我书桌后面的位子了。”

第二十二章

若非我心里早已有数，我很可能认不出菲利普叔叔来。这些年来他发福不少，尽管算不上肥胖，脖子还是变粗了，双颊也下垂了。他的头发灰白稀疏。不过他的眼神仍像我记忆里那样平静而幽默。

我朝他走去时，脸上并无笑容；我也没有过去坐他让我坐的位子。“我坐这里就好。”我说，走到另一把椅子旁边。

菲利普叔叔耸耸肩。“反正这书桌也不是我的。事实上，我从没来过这房子。与你有关吗，这地方？”

“我也从没来过这里。我们坐下来聊，如何？”

等我们都坐了下来，才靠着桌上台灯的光线，清楚看到对方，我们花了好一会儿工夫仔细观察对方的容貌。

“你没变多少，你知道吗，小海雀，”他说，“即便是现在，也不难从你身上看出当年的那个孩子。”

“请你不要再用那个名字叫我。”

“对不起。我承认这么叫你太无礼了。所以，就这么回事：你想尽办法追查我的下落，而我一直避不见面。不过到后来，我渐渐想要再见你一面。我有义务给你一些解释，我想。不过我不确定，你知道的，我不确定你如何看待我。我是说，把我当朋友还是敌人。可是这年头，我自己对大部分人该放哪一边都不确定了。你知道吗？他们竟然要我带着这个以防万一。”他取出一把银色的小手枪，拿到灯光下晃了一晃，“你能相信吗？他们以为你会攻击我。”

“不过，我看你也当真把它带在身上了。”

“欸，我到哪儿都带着呀。这年头，好多人想在背后整我。我带枪其实不全是为了要见你。说不定外头那些人里，有人被买通了，会冲进来捅我一刀。谁知道？我过的，恐怕就是这种日子。打从‘黄蛇’这个把戏开始玩，就是这个样子了。”

“没错。看来你常常出卖人。”

“如果你话中的话，真是我听出来的意思，那就有点刻薄了。要说共产党的事，好罢，我承认我是叛徒。就算这样，我也从来不是故意的，你知道的。蒋介石的手下有一天把我抓去，威胁说要严刑侍候我。我承认我并不想挨打，一点也不想。不过后来他们做了一件非常狡猾的事。他们设圈套让我出卖了一个同志。于是，这下子就没完没了了。你也看到了，天底下惩罚叛徒最残忍的，就是我从前的那些同志。我没有别的办法可以存活。我只有依赖政府保护，不让那些同志杀害我。”

“根据我的调查，”我说，“许多人因你而丧命。不只是被你出卖的人。有一次，大约一年前，你让共产党以为‘黄蛇’是另一个人。他的许多关联人因此都在第一波的报复行动中被杀。”

“我可不认为我自己有什么了不起的。我是个懦夫，而且我早就知道了。可是红军的残忍，不能怪到我头上来。我早就对他们不存敬意了。不过，我不认为你来找我，是为了要聊这些吧。”

“的确不是。”

“那么，小海雀。对不起。克里斯托弗。那么，我该告诉你什么呢？咱们从哪里开始？”

“我父母。他们在哪儿？”

“你父亲恐怕已经过世了。都过这么多年了。我很遗憾。”

我没回答，等他说下去。过了半晌，他才说：

“告诉我，克里斯托弗。你认为你父亲发生了什么事？”

“我怎么想，跟你有什么关系吗？我来，就是要听你怎么说。”

“好吧。不过我很好奇，你自己得出的答案是怎样的。毕竟你在这方面已经大有名气了。”

这话教我生气，不过我忽然想到，得顺着他的话，他才会说。于是我说：“我的猜测是，父亲挺身而出，勇敢反对自己的雇主，反对当年他们靠进口鸦片获利。这一来就挡了许多人的财路，于是就被人除掉。”

菲利普叔叔点点头。“我也猜你是这么以为。你母亲与我仔细地讨论过，到底该让你相信什么。我们讨论出的大约就是你刚才说的那么回事。这么说来，我们成功了。真相，小海雀，真相只怕没有那么伟大。你父亲当年是与情妇私奔的。他跟情妇在香港住了一年，女的叫作伊丽莎白·康瓦利斯。可是香港，哪，极沉闷又保守得紧，哪容得下这对奸夫淫妇，于是他们只好转奔马六甲或什么类似的地方。后来他染上伤寒死了，在新加坡。那是他离开你们两年以后的事。对不起啰，老伙计，听了这一切，你并不好受，我知道。可是你还是要有心理准备。今天晚上我还有好多事要跟你讲呢。”

“你是说，我母亲知情？她当时就知道了吗？”

“没错。她起先不知道。大约蒙在鼓里一个多月吧。你父亲把行踪藏得相当隐秘。你母亲会知道，是因为你父亲写信给她。这真相，从来只有我们两个人知道。”

“可是那些侦探呢？那些侦探怎么可能查不出父亲做了什么事？”

“那些侦探？”菲利普叔叔笑了一声，“那些薪资低廉、工作过量的笨蛋？把一头大象丢在南京路上，只怕他们都还找不到呢。”我依然没答腔，他便说，“她本来想找个机会告诉你。不过我们想保护你。所以才让你以为是你想的那回事。”

坐得这么靠近桌灯，我渐渐觉得不自在，不过椅背直挺挺的，不容我往后靠。由于我还是没答话，菲利普叔叔又说：

“让我也替你父亲说句话罢。他日子可不好过。他一直爱着你母亲，深爱着她。我十分确定，到死前都不曾停止爱她。有时候，小海雀，问题就出在这儿了。他太爱她，把她理想化。于是他觉得自己根本无法达到她要求的标准。他试过了。一点也不错，他试了，这几乎让他崩溃。他大可说：‘你听好，我顶多只能做到这个地步，如此而已，我就是我。’可是他崇拜她。拼命想让自己能够得着她的标准，后来他发现自己实在办不到，就逃走了。跟一个不在乎他好坏的女人跑了。我个人以为他只是要休息。他长年来拼命苦干，他只是想休息而已。你可别把他想得多坏，小海雀。我相信他不曾停止爱你母亲。”

“那么我母亲呢？她发生了什么事？”

菲利普叔叔向前探身，双肘撑着桌子，头部微微往后仰。“你对于她的事，现在知道的有多少？”他问。

他先前在声音里所表现的轻松已经完全消失。他现在看起来有如心事重重的老人，饱受自我悔恨的折磨。尽管他把头往后仰，却还是仔细盯着我看，桌灯的黄光照拂下，看得到他白色的鼻毛突出鼻孔。我听到楼下某处，唱片正播放着中国军歌。

“我没有要烦扰你的意思，”看我没有回答，他说道，“我不想再听到自己提起此事，能躲就躲。说吧。你查出多少了？”

“直到最近，我都还以为我父母被囚禁在闸北区。所以，你瞧，我没那么厉害。”

我等着他开口。他维持那个耐人寻味的姿势好一会儿，然后坐下来才说：

“有件事你不会记得。你父亲离家之后不久，我来你家看你母亲。有一个人那天也来了。一位中国绅士。”

“你是指军阀王顾吗？”

“啊，那你还算不错嘛。”

“我是查出了他的姓名。可是，后来我下工夫追查的，恐怕是条不实的线索。”

他叹了口气，竖起耳朵倾听。“你听，”他说，“国民党的国歌。他们播这个来戏弄我。每次不管他们把我带到哪儿，都会听到这个。屡试不爽，不可能是巧合。”我并没有搭腔，他便站起来，走入重重布幔边的暗影里。

“你母亲，”他最后说，“十分投入我们的运动。阻止鸦片卖到中国。许多欧洲国家，包括你父亲所属的公司，都从印度进口鸦片到中国牟取暴利，让无数中国人成为有毒瘾的废人。那段日子里，我是这个运动的核心人物之一。有好长一段日子，我们的策略显得天真。我们以为让他们觉得羞耻，就可以让他们放弃从鸦片得到的利益。我们写信，对他们提出证据显示鸦片对中国人民造成什么伤害。没错，你会觉得可笑，我们非常天真。你看，我们以为我们面对的，是同样信仰基督教的一群人。结果呢，我们发现我们毫无进展。我们发现，这些人不只是贪图其中暴利，他们其实是真的希望中国人变成废人。他们喜欢让中国人混乱，耽溺于毒瘾，无法妥善治理自己的国家。如此一来，这个国家就可以拿来当作殖民地剥削，还不必为这个国家负起殖民母国的一般义务。于是我们改变策略。我们手腕变得复杂了。在那些日子里，现在也还是如此，鸦片顺着长江运送。船只溯江而上，货物行经盗匪遍布的区域。没有相当的保护，货物还没到长江三峡恐怕就要遭到劫掠。因此所有的公司——摩根洋行、怡和洋行等等——全部都与运送路径上的军阀有协定。这些军阀，其实就是有头有脸的盗匪罢了，不过他们拥有军队，有力量保护货物安全通过。于是我们有了新策略。我们不再求这些贸易商。我们转而求这些军阀。诉诸他们的民族自尊心。我们指出，想要终结以鸦片牟取暴利的事，想要除去阻止中国人掌握自己命运与国土的主要障碍，全看他们的决定。当然，有一些军阀还是贪图他们所得到的重金报偿。不过，也有一些被我们说动了。王顾在当时是这些强盗军阀里势力比较大的一位。他的地盘涵盖湖南省北部数百平方英里的面积。一个相当残暴的家伙，不过深受敬畏，因此对于那些贸易商大有用处。王顾相当赞同我们的诉求。他常来上海，喜欢这里的高级生活，他来上海的时候，我们就成功地说服了他。小海雀，你还好吧？”

“没事，还好。我在听。”

“也许就到此为止吧，小海雀。你没必要听我接下来要说的事情。”

“你就说吧。我在听。”

“好吧。我觉得你是该知道的，如果你受得了的话。因为……嗯，因为你必须要找到她。你还有机会找到她。”

“这么说，我母亲还活着？”

“我没理由相信她不在了。”

“那就说吧。继续刚才说的。”

他回到桌边，又在我对面坐下。“那天王顾到你们家，”他说，“也怪不得你还记得。你怀疑那是个关键时刻，你是对的。正是那天，你母亲发现王顾的动机非常不单纯。简单地说，他打算私吞那些船运的鸦片。当然啦，他巧施玲珑手段，让货物先经过三四股其他势力，这真是典型的中国人的手段，不过最后呢，没错，还是通通落到他手里。我们大部分人都知道这点了，不过你母亲却被蒙在鼓里。我们瞒着她，或许这么做实属不智，那是因为我们觉得她不会接受。我们其他的人，心里当然会有些不安，不过我们还是决定跟王顾合作。没错，他还是把鸦片卖给那些贸易商卖的同一批人。但重点是终止进口。让进口鸦片无利可图。可惜那天王顾来你家，他说了些话，让你母亲发现了他跟我们的真正关系。我想，她觉得自己被骗了。也许她早就怀疑了，不过她不愿面对事实，她气她自己也气我，就如同她气王顾一样。总之，她大发雷霆，还甩了王顾一个耳光。只是轻轻一记，你明白吧，不过她的手确实已碰到王顾的脸颊。当然，她能当他的面骂的话，全都脱口而出了。我当时就知道，为此，她恐怕要付出可怕的代价。我想办法当场把事情抚平。我向王顾解释，你父亲才刚遗弃她，她只是心情不好，王顾走出去的时候，我一路跟在旁边表达这个意思。他面带微笑，说不用担心，可是我担心，没错，不担心才怪。我知道你母亲所做的事，要想化解并不容易。不妨告诉你，要是王顾一气之下不跟我们合作也就罢了，我还觉得松了口气。可是他要鸦片，他已经花了好多工夫安排。再说，他被一个外国女人羞辱，他要报一箭之仇。”

我探身向他，进入桌灯炫目的光亮之中，我有种奇怪的感觉，身后的黑暗愈变愈大，此时在那里摊成一大片幽暗无光的空间。菲利普叔叔用掌心拭去前额的汗珠。不过他现在专注地看着我，继续说：

“那天后来我去新城饭店见王顾。我尽我所能化解可能降临的灾难。不过为时已晚。他那天下午对我说的话，一点都没有生气的样子。他发现你母亲的精神——他就是这么说的，她的‘精神’——非常迷人。他已经为之倾倒，因此打算娶她为妾，带她回湖南。他说要‘驯服’她，如同对待一匹野生的母马一样。这个你得理解，小海雀，你得理解那时候在上海、在中国是什么样的局势，像王顾这样的人，若是决定要做这类的事，谁也阻止不了他。这点你必须理解。向警方或任何人要求保护你母亲，根本不会有结果。也许能暂时缓一缓，不过终究是无用。没有任何人能保护她，不让这种人得逞。不过你明白吗，我真正担心的是你，小海雀。我不确定他打算怎么处置你，这才是我求他的事。结果我们达成协议。我想办法让她落单，无人守护，而同时我又把你带离现场。我只求他这件事。我不希望他连你也带走。你母亲，只能说是在劫难逃。至于你，还有商量的余地。我就是做了这样的事。”

我们相对无言，沉默了好一会儿。后来我开口说：

“你当完这个顺水媒人，不知道王顾后来是不是还继续跟你们合作，对你们言听计从？”

“别这么尖酸，小海雀。”

“那他到底有没有？”

“情势使然，他有。他得到你母亲，心满意足。于是他依着我们的计划行事，而且，容我这么说，他的介入，是各公司最后决定不再进口鸦片的因素之一。”

“依照你的说法，母亲算是为了崇高的目标，牺牲小我啰。”

“听好，小海雀，世事不是样样都由得我们自己来决定的。你一定得理解这点。”

“你后来有再见到我母亲吗？在她被这个男人掳走之后？”

我看得出他的犹豫。不过他接着说：

“有。不妨告诉你，我见过她。一次，在事情发生七年以后。我碰巧路经湖南，接受王顾邀请到他那里做客。在那里，在他的堡垒里，没错，我看到了你母亲，那是最后一次。”

他的声音此时近乎耳语。楼下的唱机已经不再播放，我们两人之间凝结着一片沉寂。

“那……那她后来怎么了？”

“她身体很好。妾自然不只她一位。在那种情况下，我猜想，她在新生活里，适应得还不错。”

“她过得还好吗？”

菲利普叔叔把脸转开，然后平静地说：“我见到她的时候，她自然就问我你的事。我把我知道的事都告诉她。她听了也很高兴。你知道的，在她见到我之前，她完全与外界隔绝。在那七年当中，她只能听到王顾让她知道的事。我是说，她不确定那桩财务的安排，是否正常执行。因此当我见到她时，那件事自然是她最想知道的，我也向她保证此事正常执行。经过七年悬肠挂肚的担心，我终于让她安心了。我实在无法形容她得到了多大的解脱。‘我只想知道这个。’这句话她说个不停，‘我只想知道这个。’”

此刻，菲利普叔叔非常仔细地盯着我看。过了一会儿，我问了他期待我问的问题。

“菲利普叔叔，什么财务安排？”

他低头看着手背，端详了半晌。“要不是为了你，她对你的爱，小海雀，我相信你母亲会毫不迟疑结束自己的生命，不会让那个恶棍碰她一下。她总会有办法，也一定会做到。可是她还得担心你。因此，到了最后，她看情势比人强，便做了安排。你将会得到财务上的供应，以换取……换取她的顺从。我亲自监督了大半的程序，经由公司来安排。公司里有个对这件事全无概念的人，还以为这是在为鸦片的安全运送做安排呢！哈！哈！真是个傻子，那个人！”菲利普叔叔摇摇头，面露笑容。接着他的表情又阴沉起来，仿佛他要回到我们原先要谈的主题。

“我的生活费，”我平静地说，“我继承的财产……”

“你在英国的姑妈。她从来就没富有过。真正资助你的人，这么多年来，一直是王顾。”

“这么说，这么多年来，我一直靠……我一直靠……”我说不下去，于是住口。

菲利普叔叔点点头。“你的教育。你在伦敦社会上的地位。你所有的一切一切。全都是靠王顾。或者该说，靠你母亲的牺牲。”

他又站了起来，对着我看，脸上有了新的表情，几乎像是怨恨。但随即他转身走入暗处，我再看不到他的脸了。

“我最后见到你母亲的那一次，”他说，“在那座堡垒里。她已经完全不在乎反鸦片的运动了。她只为你而活，只担心你。当时，进口鸦片已是非法行为。但即使是这件事，对她也已经毫无意义。我当然气这点，其他人也一样，毕竟我们努力这么多年了。我们终于达成目标了，我们是这么想的。鸦片贸易被废止了。但是只过了一两年，我们就知道，这废止其实另有文章。进口贸易不过是换个人做罢了，如此而已。现在换由蒋介石的政府来执行。上瘾的人比以前更多，只不过现在卖鸦片的所得，是用来支付给蒋介石的军队，支付给他的政权。也就是因为这样，我才加入了红军，小海雀。你母亲，我原本以为，她要是知道我们的运动竟如此收场，一定难过至极，可是她已经不在乎了。她要的，只是你受到照顾。她要的，只是你的消息。你知道吗？小海雀”——他的声音忽然有了不寻常的语调——“我见到她的当时，她看起来似乎过得相当不错。不过我留在那里的几天，我问了家里的其他成员，知道内情的成员。我要知道实情，她受到什么样的待遇，因为……因为我知道有一天，这一刻，我们现在这样的对话，必然会来临。而我发现了。是的，我发现了。一切。”

“你故意这样，是在折磨我吗？”

“那不只是在……不只是在床笫之间屈服而已。他常常在晚宴的客人面前鞭打她。驯服白种女性，他这么说。而且还不只是这样。你知道吗……”

我早已掩上耳朵，不过此刻却大叫：“够了！为什么要这样折磨我？”

“为什么？”他的声音现在有了火气，“为什么？因为我要你知道真相！这些年来，你一直认为我是卑鄙小人。也许我是，不过要怪，就要怪这个世界。我从来没有要变成这个样子。我也想对这个世界有所贡献。我曾经以我自己的方式，做过勇敢的决定。结果看看我的下场。你鄙视我。你这些年来一直鄙视我，小海雀，你简直就像是我的儿子，而你依然鄙视我。不过，现在你看清世界的真实面貌了吗？你看清楚让你在英国养尊处优，靠的是什么了吗？你看清楚自己是靠什么成为知名大侦探了吗？大侦探！这对谁有好处啊！寻获失窃的珠宝，查出贵族们为了继承权而杀人？你觉得这样就足够了吗？你母亲，她要你永远活在你的童话世界里。不过那是不可能的事。这个梦想终究要破灭。能维持到今天，已经是个奇迹。哪，小海雀，拿去。我给你这个机会。拿去。”

他又把手枪掏了出来。他走出阴影朝我而来，等我抬头看他，他的身影已赫然浮现在我头顶上方，就像儿时他站在我面前一样。

他把外套扔开，把枪抵在背心上的心脏部位。“拿着，”他弯下身子轻声说，好让我闻到他气息陈腐的呼吸，“拿着，孩子。你可以杀我。你不是一直都想杀我吗？正因如此，我才想办法活到现在。谁也不配杀我。我这条命，我只留给你，明白吗？只留给你。扣扳机啊。这样好了，我们可以把场面弄得好像我攻击你，枪拿在我手上，我会压到你身上。等他们冲进来，他们会看到我的尸体压在你身上，你看起来就像是自卫。瞧，这里，我已经握好了。你扣扳机啊，小海雀。”

他的背心贴在我脸上，随着他胸口起伏而上下移动。我感到一股厌恶，想要逃开，不过他空着的手——皮肤粗糙得无法形容——抓住我的手臂，想把我往他身上拉。我忽然想到，只要我的手碰到手枪，他有可能自己动手扣扳机。我猛然抽身，推倒了椅子，往后踉跄几步。

有那么一秒钟，我们两个都心虚地望着门口，看看这里的骚动有没有引来警卫。不过什么也没发生，最后菲利普叔叔笑了出来，把椅子扶正，仔细地摆回书桌前。接着他自己往上头一坐，把手枪放在桌上，花了一会儿工夫喘过气来。我又退了几步，远离书桌，不过这个洞穴般的房间里没有其他东西，我干脆停下来，依然背对着他。接着我听到他说：

“好罢。这样也好。”他又喘了几口气，“我就告诉你也罢。把我心底最黑暗的秘密告诉你罢。”

不过接下来的几分钟，我只听到我身后传来他沉重的呼吸声。半晌后他终于开口：

“好罢，我就向你坦白真相。为什么我那天让王顾绑走你母亲。我刚才所说的话，没错，一点都不假。我必须保护你。没错，没错，我先前说的话，或多或少都可以成立。不过，只要我真的想要，只要我真的想要救她，我知道我一定找得出办法。我现在要告诉你一件事，小海雀。这件事许多年来，我连对自己都无法坦白。我帮助王顾绑走你母亲，是因为我心里确实想让你母亲成为他的奴隶，受到百般凌虐，夜复一夜。因为，你知道，打从到你们家做房客的那段日子起，我就一直想得到她。没错，我想得到她，后来你父亲就那样跟别人跑了，我相信我的机会来了，我是当然的继位者。可是……可是你母亲，她从来不会那样看待我，你父亲走了以后我才醒悟。她只是敬重我是个正直的人……不，不，根本没希望。就算再过千年万代，我也没办法让她要我，那样子根本没可能。于是我火了。我真的火了。等事情发生了，她惹毛了王顾，我却为之兴奋。你听见没有，小海雀？*我为之兴奋*！他把你母亲掳走以后，每到夜深人静的时刻我就为之兴奋。那几年里，我把王顾当做替身。仿佛我也征服她了。不知多少次，我想像她的遭遇，心底兴奋快活极了。哪，快，杀了我吧！你为什么不动手？你都听见了！拿去，一枪毙了我吧！”

我在房里黑暗的地方站了好久，背对着他，听着他的呼吸。接着我再度转身向他，相当平静地说：

“你先前说你相信我母亲还活着。她还在王顾身边吗？”

“王顾四年前死了。他的军队，总之，被蒋介石解散了。我不知道她现在在哪儿。我真的不知道。”

“那样，我还是会找到她。我不会放弃。”

“这可不是容易的事，孩子。战火已经延烧全中国。马上就要吞噬一切。”

“没错，”我说，“我敢说战火马上就要吞噬全世界了。不过那不是我的错。事实上，我已经不在乎了。我要重新开始，这次，我要找到她。你还有没有什么事可以告诉我，让我可以找得顺利些？”

“恐怕没有了，小海雀。我什么都告诉你了。”

“那么再会了，菲利普叔叔。原谅我，你的要求我无法照办。”

“没关系。还怕没人想杀我这条‘黄蛇’吗？”他哼地一笑。接着他以疲惫的声音说：“再见了，小海雀。希望你找到她。”

第七部

一九五八年十一月十四日·伦敦

第二十三章

那是我多年来第一次远行，抵达香港后过了两天，我还是相当疲倦。搭飞机固然快得惊人，可是机舱内拥挤又摸不清东西南北。我的腰痛又狠狠发作起来，而头疼在我停留的这段时间又久久不退，这无疑影响了我对这块殖民地的看法。我听说有人到那儿旅游回来以后赞不绝口。“一个有前瞻性的地方。”每个人都这么说，“美得摄人。”然而那个星期的天气大半都阴阴沉沉，街道又拥挤不堪。我想我有时还是蛮喜欢这里隐隐呼唤的上海味——商店外的中文招牌或者只是看着中国人在市场里忙进忙出。只不过这样的呼唤，有时又教我不快。那就像在肯辛顿或贝斯沃特的无聊晚宴上，遇到曾经相爱的远房表妹，她的手势、表情、轻轻耸肩的小动作等，依然唤醒回忆，但她整个人与心中珍藏的印象相比，却像个不搭调，甚至丑陋的拙劣模仿。

我后来还是很高兴有詹妮弗陪着我来。起初她在一旁暗示，要我让她跟来，我还故意装不懂。因为即使到了最近这个阶段——我谈的是过去这五年——她依然觉得我像是个卧病在床的人，特别是当我人生里又出现了有关过去，也就是关于远东地区的事。我想，我心里早已不喜欢她这般过度关心，但后来，我念头一转，想到她是真的想离开现状一阵子——想到她也有她的烦恼，想到这样一趟旅程对她也有好处——我才同意让她与我同行。

詹妮弗还提议，我们不妨把行程延伸到上海，我认为这也未必不可行。我可以跟几位旧识谈谈，他们依然对外交部有些影响力，我确定要获准进入中国大陆，应该不会有太大的困难。我知道有人就这么做过。然而，据说今日的上海，犹如昔日的上海借尸还魂一般。共产党最终没有破坏实体建筑，因此当年的租界，今日大体上仍维持旧观。尽管街道已经重新命名，街景却是一眼就认得出来，听说熟悉旧上海的人，回到那儿不必担心会迷路。可是，外国人自然完全不准进入，昔日奢华的酒店与夜总会，今日则成为毛主席政权的政府机关。换言之，今天的上海恐怕会糟蹋昔日上海的印象，这个更加拙劣的模仿给人带来的痛苦，比起香港是有过之而无不及。

附带一提，我已听说大半的贫穷问题——以及母亲曾经奋力苦战的鸦片毒瘾——在共产党统治下已大幅消减。这些邪恶的事情根除到什么地步，仍有待观察，不过，显而易见的是，共产党在几年之间所达到的成果，是那些慈善机构和热诚的运动几十年也没达到的。我们在香港度过的第一个晚上，我在怡东酒店的房间里踱步，调养我的腰酸，让自己心情平静下来，我记得我当时心里想着，母亲对这样的结果会有什么看法。

到了第三天，我才去“萝丝黛庄园”。我们早就说好我独自前往，詹妮弗尽管整个早上都看着我的一举一动，午餐后送别我时却没再要把我捧在手心里不放了。

那天下午，阳光破云而出，我的计程车爬上山坡路时，道路两旁修剪整齐的草坪上有成群仅着背心的园丁在浇水、推平。最后计程车爬到了坡顶的平地，停在一栋大白屋前面，建筑风格属英国殖民地的大宅，有一长排的百叶窗，还有一厢楼房从另一侧延伸出来。这里必定一度是绝佳的居住环境，可以俯瞰海洋以及小岛西侧的大部。当我迎着微风站立，遥望码头，我可以直眺远方，看见有辆缆车正爬上一座遥远的山丘。转身面对大宅，看得出人们任它凋敝；尤其是窗台与门框上的漆都龟裂剥落了。

屋内，走廊里，隐隐闻得到煮鱼的闷腥味，不过却是一尘不染。有位中国籍的修女领我走过足音跫跫的走廊，到修女比琳达·希尼的办公室，她大约四十五六岁，脸上表情严肃，略显阴沉。是在那里，在那间拥挤的小办公室里，她们说有位名叫“黛安娜·罗伯茨”的女人，经由一个帮助滞留在红色中国的外国人的交涉机构，转送到她们这里。中国主管当局对她所知的一切就是，她自从战争结束以后，就住在重庆的精神病院。

“有可能战时大半期间，她也待在那里，”比琳达修女说。“我们实在难以想像，班克斯先生，那是什么样的地方。任何人一旦关进那种地方，极可能就从此消失。找得到她，全靠她是白种人。中国人不知道该怎么处理她。毕竟他们希望所有的外国人都离开中国。因此后来，她就被送到我们这里，而且待在这里两年了。她刚来的时候，脾气好暴躁。不过，才一两个月，所有‘萝丝黛庄园’常有的好处，像是平静、秩序、祷告等，就发挥了作用。您现在可看不出她刚到时的那副可怜模样了。她平静多了。您刚说，您是她亲戚吗？”

“是的，很可能是。”我说，“既然我人在香港，我想我应该来探望一下才是。我至少可以做到这点。”

“是啊，有任何亲人、好友或者在英国的亲戚朋友的消息，我们都很乐意知道。而且，我们的大门永远为访客敞开。”

“她有访客吗？”

“她有定期访客。圣约瑟学院的学生会来我们这里当义工。”

“原来如此。那么，她和其他人处得怎么样？”

“还不错。她没有带给我们任何麻烦。别人要是能像她就好了！”

比琳达修女带我走过另一条走廊，来到一个阳光充足的大房间——这里也许以前是餐厅——里面有二十来位女性，全穿着罩衫式的米色长袍，有的静坐，有的拖着步伐走来走去。敞开的落地窗外是草地，阳光从窗子照进来，落在镶木地板上。

要不是到处都放置了养在瓶里的鲜花，我还以为这里是育儿室；墙上到处都钉满了鲜艳的水彩画，在不同角落里，摆设着小桌子，桌上有跳棋的棋盘、纸牌、画纸与粉蜡笔。比琳达修女把我留在门口，自己走向坐在一架立式钢琴旁的修女，有几个女人停下手边的事情瞪着我看。有几位觉得不自在，想躲起来。几乎全是西方人，其中我也看到一两位欧亚混血的。接着，从我身后宅内不知何处，传来有人放声哭嚎的声音，说也奇怪，这声音反而让她们放松下来。我身旁一个满头粗丝乱发的女人对我挤个笑容然后说：

“别担心，甜心，只不过是玛莎而已。她又发作啰！”

我听她有约克郡的口音，不知道什么样的命运把她带到这步田地，这时候比琳达修女回到我身边。

“黛安娜应该就在外头，”她说，“请跟我来，班克斯先生。”

我们走出落地窗，到一片细心打理的草地上，地面起起伏伏，让我想起此处距离山丘顶不远。我跟着比琳达修女走过开满天竺葵与郁金香的花圃，目光越过修剪整齐的灌木篱，可以瞥见这里的全景。四处都有身着罩衫式米色长袍的年长女性坐着晒太阳，有的织毛衣，有的一起聊天，有的则平静地自言自语。比琳达修女一度停下来环顾四周，接着又带我走下草坡，穿过一道白色的门，来到一座围在墙里的小花园。

花园里仅有的一个人，是一位独坐在稀疏草地另一头晒太阳的老太太，她正在一张花园铁骨桌边玩牌。她专心地玩她的纸牌，我们走近也没抬头。比琳达修女碰碰她的肩膀说：

“黛安娜。这位先生来看你哟。他是从英国来的。”

母亲抬头对我们两人微笑，接着又低头玩她的纸牌。

“有时候黛安娜听不懂别人跟她讲什么，”比琳达修女说，“想叫她做什么事，都得一说再说。”

“不知道我们可不可以独处聊聊？”

比琳达修女并不喜欢这个主意，有那么一会儿，她似乎在心里找理由拒绝，不过后来还是说："班克斯先生，如果您想这样，应该无妨。我人会在值班室里。"

比琳达修女一走，我便仔细观察母亲怎么玩牌。她比我预期的要瘦小许多，两肩严重耸起。她的头发雪白，紧紧盘成一个髻。我在一旁观看时，她有时候会抬头瞄我一眼，对我笑笑，不过我可以看到里头有一丝恐惧，是刚才修女还在时所没有的。她脸上的皱纹并不太多，不过两眼下方却有厚重的眼袋，使得袋下的褶痕深如刀割。她的颈子也许受过什么伤害或病痛，深深缩进躯体，以至于她转头看两边的纸牌时，连肩膀也必须跟着转动。她鼻尖上挂了一滴鼻涕，我拿出手帕想把它拭干净，却忽然想到这么做可能让她过度惊吓。最后，我平静地说：

"对不起，我未能事先给你一点心理准备。我明白这可能会让你吓一跳。"我停了下来，因为她显然没在听我说话。接着我说："妈，是我。克里斯托弗。"

她抬头看看，露出与刚才类似的笑容，接着又低头玩牌。我猜想她是在玩单人牌局，只不过她独门的玩法很怪异。有一度，微风把几张纸牌从桌上吹落，但是她似乎不在意。我把纸牌从草地上拾起，拿过去还她，她笑一笑然后说：

"真谢谢你。不过实在没必要，你知道吗。我呢，我就扔着不管，等草地上撒满了纸牌再说。只有在那时候我才会去收拾，一次捡完，你明白吗。反正它们总不会飞下山去吧，对不对？"

接下来一阵子，我继续看着她。这时母亲唱起歌来。她兀自轻声吟唱，几乎没张口，手则继续取牌排放在桌面。她的歌声微弱——我听不出她在唱什么——不过旋律悠然自在。我边看边听，心头浮起一段往事：有个多风的夏天，在我家花园里，母亲荡着秋千，高声欢笑歌唱，我则在她面前直跳脚要她停下来。

我伸手轻轻碰她的手。她立刻把手缩回，并且愤怒地瞪着我。

“请你手脚放规矩点，先生！”她说，声音微弱却带着惊吓，“规规矩矩放好！”

“对不起。”我退了两步让她安心。她继续玩牌，等她再度抬头瞄瞄我，她又露出笑容，仿佛刚才什么事也没发生。

“妈，”我缓缓说，“是我。我已经从英国来了。真的很抱歉让你等了这么久。我知道我让你好失望。好失望。我尽了全力，不过，你知道，这实在不是我能力所及。我明白这一切都已经太迟了。”

我一定是哭了起来，因为母亲抬头盯着我看。然后她说：

“你牙齿疼吗，小伙子？牙齿疼，最好告诉艾格尼丝修女哦。”

“不，我还好。不过，你知道我在说什么吗？是我呀，克里斯托弗。”

她点点头，然后说：“再拖也没有用，小伙子。艾格尼丝修女会帮你填表格。”

此时我心头灵光一现。“妈，”我说，“我是小海雀。小海雀啊。”

“小海雀。”她忽然凝住不动，“小海雀。”

母亲过了好久都一语不发，不过她脸上的表情已完全改变。她又抬起头来，但是眼睛却凝视我身后某处，温柔的微笑在她脸上扩散开来。

“小海雀，”她平静地喃喃着，有一会儿似乎沉醉在幸福之中。接着她摇摇头说：“那个男孩。他真教我操心。”

“请听我说，”我说，“请听我说。假定你这个儿子，你的小海雀。假设你发现他已经竭尽所能，用尽一切方法来找你，可是最后还是没找到你。如果你知道这点，你会觉得……会觉得你能原谅他吗？”

母亲凝视的目光依旧越过我的肩膀，不过脸上出现了迷惑的表情。

“原谅小海雀？你是说原谅小海雀？他又没犯错！”接着她又幸

福地粲然而笑，“那个男孩。他们说他过得不错哦。可是，这个我倒没那么有把握。唉，他老是教我操心。你不会懂的啦。”

“你也许会觉得我好笑，”我说，上个月我又再度与詹妮弗谈起那趟旅程，“不过，要等到她说了这句话，我才开始明白一件事。我的意思是，我才明白她从来不曾停止爱我，不管经历了多少苦难。她所要的，只有一件事，就是让我过好日子。而其余一切，包括我设法找她、想要拯救世界等等，有没有成功都没有什么差别。她对我的感情，永远存在，不需仰赖任何事物。我想这也没什么好意外的。可是却花了我大半辈子才明白。”

“你真的认为，”詹妮弗问我，“她完完全全不知道你是谁吗？”

“我确定她不知道。她说的都是真心话，而且她知道自己在说什么。她说没有犯错，何来原谅，而且她真的搞不懂，我说的究竟是什么事。你要是在我第一次说出那个名字的时候，看到她脸上的表情，你就不会有任何疑问了。她不曾停止爱我，一刻也不曾。”

“克里斯托弗叔叔，你觉得，你没告诉修女们你是谁，是为了什么？”

“我不确定。这看起来似乎很奇怪，我知道，反正到最终，我就是没表明身份。再说，也没有理由把她从那里带走。她似乎还算满足。倒说不上是快乐。不过仿佛痛苦已经过去。回英国的家也未必会过得更好。我想，倒是她过世以后，才会有这个问题。她走了以后，我考虑过让她安葬在英国。可是话说回来，我又想了想，还是决定不要这么做。她一辈子都住在东方。我认为她宁可留在那里。”

那是个冷冽的十月早晨，詹妮弗与我正穿过格洛斯特郡的一条蜿蜒小巷。前晚我住在离她寄宿处不远的旅社，早餐过后不久来找她。我看到她这一阵子的住处实在简陋，也许我忘了把心疼的样子藏好，难怪她不顾寒冷，立刻坚持带我去附近教堂的墓园，去俯瞰温德拉什山谷。走近巷底，我看见巷底是座农庄的大门；不过还没到那里，她就带我离开小巷，钻过围篱的一处缺口。

“克里斯托弗叔叔，来看看这个。”

我们穿过浓密的荨麻丛，来到一处栏杆边上。这时候，我才看到一直延伸到谷底的原野。

“这里风景真美。”我说。

“从墓园那里可以看得更远。你从来没想过要搬到这里来住吗？伦敦现在比以前拥挤多了。”

“的确不再是从前那样，你说得没错。”

我们在那里站了一会，肩并肩，凝视底下的风景。

“对不起，”我对她说，“最近不常来看你。我猜已经好几个月了。不知道我在忙什么。”

“欸，不要为我操心。”

“可是我会操心啊。我当然操心。”

“那件事已经过去了，”她说，“去年的那一切。我绝不会再做那种傻事了。我已经答应过你了啊。那一阵子，情况碰巧糟透了，不过如此而已。再说，我也没有真心要那么干。我特意留了扇窗子不关。”

“可是你还年轻，詹妮弗。还有大好将来等着你。就算你只是想到那个念头，都够让我难过了。”

“我还年轻？三十一岁，没有子女，没有结婚。我想我的确还很年轻呢。可是也要有动力才行，你知道吗，这样才能再从头来过。现在我身心俱疲，有时候我就想干脆自己一个人安安静静过一辈子算了。我可以找个店员的工作，一个礼拜去看一次电影，也不去碍着谁。这样的人生也没什么不好。”

“可是你不会安于那样的生活。那听起来不像我认识的詹妮弗。”

她笑了一笑。“可是你根本不明白我的苦衷。像我这个年龄的女人，在这种地方寻找爱情。每次一出房门，房东太太跟其他房客就开始交头接耳。我到底该怎么办嘛？登广告吗？这样更让他们有得说了，倒不是我在不在乎的问题。”

“可是你非常迷人啊，詹妮弗。我是说，人们只要看着你，就可以看到你的心里，看到你的善良、你的温柔。我敢说缘分还在某处等着你。”

“你认为别人看得到我的心里？克里斯托弗叔叔，那只是因为你眼中看到的，还是多年前的那个小女孩呀。”

我转向她，仔细瞧瞧。“哦，还在呢，”我说，“我看得到。那个小女孩还在你身上某处，等人发现。世界带给你的改变并不如你以为的那么多，好孩子。世界只会让你一时震惊罢了。除此之外，这个世界上正人君子也不少，我会帮你看着。只要你别一味躲着他们就好了。”

“好吧，克里斯托弗叔叔。下次我尽力而为。如果还有下次。”

有一会儿，我们望着底下，欣赏风景，有阵轻风拂过我们的脸庞。过了半晌我才说：

“我应该多关心你一点才是，詹妮弗。是我的疏忽。”

“可是你也无能为力啊。谁教我一时想不开……”

“不是，我是说……我是说更早一些。你还在成长的过程里。我该多陪陪你。可是我太忙了，想要解决世界的问题。我为你付出的关心太少，应该更多才对。是我不对。唉，老早就想告诉你。”

“千万别向我道歉，克里斯托弗叔叔！没有你，我今天会在哪儿？我原来是个无依无靠的孤儿。你万万不可以向我道歉。我欠你太多了。”

我伸手触摸张在栏杆上的湿蜘蛛网。网子破了，在我指端晃来晃去。

“呸，好恶心哦！”她大叫，“我受不了！”

“我以前就喜欢玩这个。小时候，我脱下手套就为了玩这个。”

“哟，你怎么会这样！”她放声大笑，我忽然看到了昔日的詹妮弗。“那你自己呢，克里斯托弗叔叔？你结不结婚？难道都没想过吗？”

“我才是真的太晚呢。”

“哦，我可不敢说哟。你把单身生活打点得很好。可是这种生活却不太适合你。你还有遗憾。所以你郁郁寡欢。你也该想想。你老是提起你的那些女性朋友。难道她们没半个要你？”

“她们只想跟我吃吃午餐。恐怕仅此而已。”我接着又补充，“我曾经爱过一个人。很久以前。不过那段事情跟一切都已经成为过去。”我笑了一下，“我的伟大使命，老是从中作梗，就是这样。”

我大概是把脸转开了，因为我感觉到她碰碰我的肩膀，我回头看她，发现她温柔地凝视着我的脸庞。

“你不要老是怪罪你的事业嘛，克里斯托弗叔叔。我向来欣赏你所做过的努力。”

“努力是有，最后却没有什么成果。再说，这些都与我无关了。眼下我最大的野心，就是控制我的风湿。”

詹妮弗忽然露出笑容，用她的手臂挽着我。“我知道我们该怎么办了，”她说，“我有个计划。我决定了。我要找个好男人嫁了，然后我要生三个，不，四个小孩。我们会住在这附近，这样就可以随时来眺望这座山谷。而你也可以离开伦敦那栋拥挤的小公寓，来跟我们同住。既然你的女性朋友们不要你，你不如来做我未来子女的叔公。”

我对她微笑。“这主意听起来很不错。虽然我不知道你未来的丈夫有没有这个雅量，让我整天在他家晃来晃去。”

“哦，到时候我们会帮你搭个旧木棚之类的东西。”

“嗯，这个计划听起来很吸引人。这个提议请你先保留着，我会考虑考虑。”

“这是我的承诺，你得多留心啰。因为我保证会兑现的。到时候你一定要来住木棚子哦。”

过去这个月里，我任由伦敦的阴冷日子流逝，独自在肯辛顿花园闲逛，身旁还有秋季的观光客与中午出来吃午餐的上班族，有时还会遇到旧识，便跟着去吃顿午餐或喝茶，我常常发现我心里想着那天早上跟詹妮弗的一番话。我不能否认这带给我安慰。情况在显示，她已经度过她人生中最黑暗的时期，来到另一个新的开始。她的未来还得拭目以待，不过她这个人天生就不会轻易认输。的确，她很可能会积极实现她那天俯瞰山谷时对我说的计划——虽然只是半开玩笑的口吻。而且只要几年光景，也许事情真如她所愿地发生，那么我倒不无可能下乡去与她同住。当然，我不敢奢望她的木棚子，反正她家附近也总是找得到房子。我感激詹妮弗的心意。我们打从心底了解对方，那个冷冽早晨里那样的谈话，正是我多年来得以慰藉的泉源。

但话说回来，乡间生活可能太安静，最近我变得舍不得伦敦的生活。再说，我有时候还是会遇到有人打从大战前就听过我的名声，上前向我请教某事该怎么办。老实说，才上个礼拜，我跟奥斯本一家人吃晚餐，他们向我介绍一位女士，她立刻抓起我的手，大叫道：“你说你就是那位克里斯托弗·班克斯吗？那位大侦探？”

原来她大半人生都待在新加坡，是莎拉极亲密的朋友。“以前她常常谈起你，”她告诉我，“我真的觉得我们已经认识了。”

奥斯本一家还邀请了其他几位客人，不过一旦坐下来进餐，我发现我刚好坐在这位女士身边，话题难免又转回莎拉身上。

“你是她的好朋友，不是吗？”她问我，“她提到你的时候，总是不断地赞美你。”

“我们当然是好朋友。只是她去了东方以后，我们就形同失散了。”

“她常常谈到你。她有好多你这位名侦探的故事。每次桥牌打得烦了，她这些故事总是带给我们好多乐趣。她每次都对你推崇有加。”

“没想到她还这么惦记着我，我真感动。如我所说，我们形同失散，不过我曾接到她一封信，大约在战后两年。直到那个时候，我才知道大战期间她过的是什么样的日子。她对那段俘虏营里的日子轻描淡写，不过我相信绝非好日子。”

“哦，我确定那不是人过的日子。我丈夫跟我，我们险些遭受同样的命运。我们想办法及时逃到澳洲去了。可是莎拉跟蒙·德·维弗先生，他们总是太相信命运。他们那种夫妻，常常晚上没计划就出游，遇到什么就接受什么。在大半的情况下，随遇而安是不错的生活哲学，不过等日本人都来到了门前，这种态度就不行了。你认识他吗？”

“我从来没这个荣幸认识伯爵。我知道他在莎拉过世后就回到欧洲，可惜我们不曾相遇。”

“咦，听她谈你的那个样子，还以为你跟他们俩都很熟呢。”

“没有。你知道的，我认识莎拉，是她还非常年轻的时候。恕我多问，也许你也无法回答这个问题，不过，他们的婚姻在你看来，是否快乐，莎拉跟这位法国老兄？”

“婚姻快不快乐？”我身旁的女士想了一会儿，“当然，这种事确实很难讲，不过我说真心话，也很难想像他们不快乐。他们看起来都深爱着对方。他们一向不富有，也就是说，他们绝不能像他们想要的那样无忧无虑。不过伯爵似乎总是如此，呃，如此浪漫。你笑了，班克斯先生，不过就是这个词，浪漫。她的死让伯爵身心交瘁。全都是俘虏营造成的。她跟许多人一样，身体没有完全复原。我好想念她。这么迷人的朋友。”

自从上周的这场邂逅后，我又把莎拉的信拿出来读了几次——

那是我们自多年前上海一别之后，她写给我的唯一一封信。日期是一九四七年五月十八日，从马来半岛某个小山的车站寄来的。也许我是希望跟她的朋友聊过以后，能从那些很是拘谨的，甚至毫无生气的愉快叙述里，找出一些藏在字里行间的东西。不过那封信只提供了她离开上海后的行程概要。她谈到澳门、香港、新加坡，都说“景色怡人”、“多彩多姿”、“引人入胜”这类的话，提到数次她的法籍伴侣，不过每次都一笔带过，仿佛我该知道的就那些而已。她还轻松地提及日军的俘虏营，她说她的健康问题“是个无聊的话题”。她以礼貌的方式问候我，并称她在重获自由的新加坡“生活愉快，一切正常”云云。这封信，是你人在异国的某个下午，隐约想起某位旧识，心血来潮时会写的那种信。只有在信接近尾声的时候，有那么一次，她的语调才隐隐透露我们昔日曾经共享的亲密。

“我不介意告诉你，克里斯托弗，”她写道，“那一次，我可是真的失望透了，尤其是我们彼此都已经知道了对方的心意。不过别担心，我早已不生你的气了。更何况命运又再度眷顾我，我怎么能继续怨你？再说，我现在也由衷相信，那天你没跟我走，是正确的决定。你向来觉得你有使命要达成，我敢说你若是没有先完成你的使命，你也永远无法把心献给任何人。我只希望那件任务早已完成，而你现在可以找到我近来几乎视为当然的幸福与呵护。”

她信里的这些段落——尤其是最后那几行——总有些不真实的感觉。字里行间隐约有种气氛——老实说，她会在那一刻写信给我的这件事本身——跟她口口声声说日子充满“幸福与呵护”，就是教我觉得不太对劲。她与那位法国伯爵的生活，是否真与她走出上海那家小店，登上码头时立志追求的相同？我多少持疑。我觉得她提到使命感的时候，她心里想到的不仅是我，更是她自己，以及想要逃避使命的徒然。也许有人可以继续过他的人生，完全不受这种心情的羁绊。不过，对于我们这种人而言，我们的命运是以孤儿的眼光看待世界，长年追逐着父母消逝的暗影。我们只有尽全力把使命完成，别无解脱之途，在此之前，心中无法得到片刻的平静。

我不想显得洋洋自得；可是在伦敦过的这些闲散日子，大体上确实还算惬意。我喜欢在公园漫步，或是逛逛画廊，最近更是愈来愈常到大英博物馆的阅览室里，翻查报纸档案里有关我杰出事迹的报导，愚蠢地觉得自己好了不起。换言之，这座城市已然成为我的家，就算我必须在此度过余生，我也不会介意。然而，有些时候，日子还是会充满莫名的空虚，所以我还是会慎重考虑詹妮弗的邀请。

编者后记

2017，瑞典文学院在将诺贝尔文学奖授予石黑一雄时，在颁奖词中曾对他的创作主题做过一个精妙的提炼，那就是："记忆、时间与**自我欺骗**……以其巨大的情感力量，发掘了隐藏在我们与世界的虚幻联系之下的深渊。"无论他笔下的作品发生在怎样的时空背景，借用怎样的故事外壳，其核心是一以贯之的。

《我辈孤雏》是石黑一雄的第五部长篇小说，首次出版于2000年，入围当代英语小说界最高奖项布克奖短名单。与他的成名作《长日将尽》或两度改编为影视作品的《莫失莫忘》相比，《我辈孤雏》相对而言并不知名。但这同样也是一部非常典型的石黑式小说，而且更具文学野心。也正因为此，这部作品对于读者提出了相当高的阅读要求。而从本书在国内翻译出版后的一些读者反馈来看，许多人对于这本书的技法与主旨也确实存在着相当的困惑与误解。

读者们的困惑主要集中在两方面。第一，《我辈孤雏》表面上看是一部采用第一人称叙事的侦探小说：故事开篇，主人公克里斯托弗·班克斯就自称福尔摩斯再世，立志要惩奸除恶。读者们当然期望看到一个名侦探用缜密的思辨与逻辑破解重重谜团的故事。但随着叙事的推进，他们看到的却是主人公越来越失真、凌乱、不可信，最终趋于荒谬的回忆。这完全不是他们期望的那个精彩的侦探故事。第二，本书中一个最重要的时空背景设置在1937年淞沪会战爆发后的上海。对于中国读者而言，这是一段我们怀有深刻历史与民族情感的记忆，容不得半点扭曲失真。可恰恰是在这里，主人公的回忆达到了荒谬的顶点。读者很容易将这样的失真归因于作者对于中国现代史的不了解。

读者们的困惑是可以理解的，而他们不满的源头就在于主人公所叙述的不是一个可信的侦探故事。然而，《我辈孤雏》并不是一部真正的侦探小说，故事本身的不可信恰恰是作者有意为之的。无法理解这一点，也就无法走近这部作品真正的主旨。但在做进一步的剖析之前，我们先来了解一个概念：**“不可靠的叙述者”（Unreliable Narrator）**。

这是一个历史不算久远的文学术语，由美国文艺批评家韦恩·布斯（Wayne Booth）于1961年首创，指的是文学作品中那些可信性存疑的故事叙述者。在许多传统的第一人称叙事作品中，叙事者忠实地记录，转述所见、所闻、所想的一切，他们就是读者的眼睛和耳朵，通过他们读者得以了解书中的所有事件与人物。一个典型的例子就是狄更斯的名著《大卫·科波菲尔》中，那位无比绅士、无比诚实的同名主人公。但在另一些作品，尤其是现当代作品中，作者却打破传统，刻意选择一些不那么诚实可靠的叙事者，而通过他们扭曲的视野与内心，读者们看到的是一个完全变了样的世界。许多时候，这些“不可靠的叙述者”是骗子、恶棍、凶手，讲述的是颠倒黑白的谎言。他们中最臭名昭著的代表人物，就是纳博科夫的《洛丽塔》中那位狡诈狠毒，操纵人心，用诗意的语言误导读者，粉饰自己邪恶内心的“怪叔叔”亨伯特了。但另一些“不可靠的叙述者”并非是在蓄意撒谎。他们的记忆失真源自可怕的心灵创伤，源自某些他们难以直面的现实，源自**自我欺骗**。《少年派的奇幻漂流》就是这一类型的一个范例。少年派起初讲述的是一个不可思议的奇幻故事，但这个故事背后隐藏的却是一段黑暗恐怖的地狱之旅。与恶棍骗子相比，这一类不可靠的叙述者更难识别，因为不同于蓄意的欺人者，自欺者往往并不自知。而《我辈孤雏》中的主人公班克斯，就是属于这一类不自知的自欺者。

一个侦探，不能引领读者接近真相，反倒连自己的记忆都真假难辨，这究竟是怎么一回事呢？但《我辈孤雏》要讲述的不是神勇侦探破解谜题的老套故事。石黑一雄只是借用了侦探小说的外壳，探讨的却是**“自我欺骗”**究竟可以在何种程度上改写人的记忆，模糊幻想与现实的边界。故事的主人公——克里斯托弗·班克斯——是一个永远活在童年梦境中的男人，这个梦境不断涂改着记忆，扭曲着理智，一步步突破幻想与现实的边界，最终成为一个吞噬一切的黑洞。而读者要做的，就是从班克斯的这个记忆黑洞中，筛出真相的蛛丝马迹。虽然小说的主人公是名义上的侦探，但真正的侦探却是读者自己。

* * *

1930 年，伦敦。故事开篇，主人公克里斯托弗·班克斯自我展示的是一个前途无量、自信热切的青年才俊形象。在应同窗旧友之邀参加的一场上流聚会中，班克斯道出了此生的志向：要做一名铲除奸恶、扶正扬善的大侦探。也正是在这场聚会中，班克斯见到了一位令他着迷的奇女子——莎拉·亨明斯。

自以为已在侦探界小有名气的班克斯自信满满地想与莎拉结识，却不料在冷若冰霜的莎拉面前碰了一个大大的软钉子。主人公那光鲜的自我形象从一开始就现出了破绽。尽管班克斯自称对此不以为意，但随后的故事发展很快会证明，他绝不是一个能够袒露内心波澜的人，即便是在自我回忆之中。

一场与旧相识的邂逅，勾起了主人公的童年回忆。班克斯讲述了幼时由一位“张伯伦上校”自上海护送回英国的旧事，由此引出了多年前父母双双失踪，自己沦为孤儿的事实。在与上校重逢叙旧的过程中，主人公的自我记忆却与上校对他的回忆大相径庭：班克斯坚称当年的自己坚强、镇定，处乱不惊；上校却记得登船那日的他只是个“哭个不停的小鬼”。主人公记忆的不可靠性在此始露端倪。

与此同时，班克斯的侦探生涯蒸蒸日上，莎拉终于向他抛出绣球，希望班克斯邀她作为女伴，共同出席一场盛大的上流社交晚会。班克斯婉拒，莎拉则明言定会准时现身晚会现场。

晚会当天发生了戏剧性的一幕：班克斯先是出于旧嫌，坚决不邀莎拉入席，莎拉大闹礼宾处，最终两人长谈一番，误会冰消瓦解——班克斯这才得知，原来莎拉也是孤儿。

班克斯终于开始回忆父母失踪前，他在上海公共租界度过的童年：英国商行派驻上海的高管父亲；严厉但慈爱的母亲，“全上海最美丽的英国女人”；儿时玩伴，邻家日本男孩秋良；还有一位父母的密友，也深得班克斯信任与尊重的“菲利普叔叔”。但金色的童年从一开始就蒙上了一层阴云：班克斯父亲所服务的英国公司从事着母亲最深恶痛绝的鸦片贸易，母亲甚至为此义愤填膺地当面怒斥前来督察的公司要员：“为这样的公司服务，您不觉得羞耻吗？赚这种亵渎上帝的钱财，您的良心能安吗？”

这场风波过后不久，父母的冲突爆发了。面对母亲的道德怒火，父亲进退两难。从母亲口中，先前斥责督察的那番话，居然一字不差地重现了。这不禁会让作为旁观者的我们疑惑：母亲这般怒斥的究竟是谁？那位公司督察，真的不是班克斯在记忆中替父亲寻找的一个替罪羊吗？而这时，“菲利普叔叔”则坚定地站在母亲的阵营中。尽管他此刻与班克斯情同叔侄，但某个弦外之音却暗示着另一番光景的未来。

菲利普渐渐在母亲的“反鸦片”团体中成为主心骨。父亲、母亲与菲利普叔叔三者间发展出一种微妙的关系。而在班克斯的几个记忆片段中，父亲似乎逐渐被母亲所感化。*多亏你妈妈，我变得更坚强，让你有朝一日，会以我为荣。*他记忆中的父亲如此对他说道。然而，这并非班克斯九岁时的日记，而是班克斯成人后的自叙；选择性的记忆，选择性的解读，为的是支持一个自我构建的故事。

不久后的一天，父亲突然失踪。警方接报搜寻，但直到当天晚上仍一无所获。又一次，成年班克斯在自叙中轻描淡写地否认自己童年时的不安与焦虑，仿佛“他”当晚所担心的是未能履约去秋良家，而非父亲的失踪：“我已经为这样的小题大做感到十分不悦。”他如此宣称道。但无论是从人之常情，还是从接下来的情节发展，我们都不难看出，这绝非实情。最终，班克斯“**相信**”，母亲当夜对他如此说道：“不管发生什么事，你都能以（你父亲）为荣。”**相信**——记忆的不可靠性，正是通过这样细微而别具深意的用词，不动声色地显露纸间的。这就是石黑一雄细腻内敛的写作手法。

在邻家伙伴秋良的提议下，班克斯开始与他一道编排起上海滩第一神探孔探长出马，绑匪束手就擒，父亲终于获救的侦探剧。幻想与现实的边界上出现了第一道裂缝。随着剧本的不断改写，父亲渐渐从一个被五花大绑的人质变成了备受礼遇的座上宾；绑匪们甚至从汇中饭店偷了一张舒适的软床，专供父亲享用。

也正是在父亲失踪后不久，小班克斯目睹了另一场风波：母亲当着众人的面，痛斥一名菲利普叔叔引荐上门的中国士绅。多年以后，班克斯相信，此人正是湖南军阀王顾，且与父母失踪有着重大关系。而就在这场风波之后不久，“菲利普叔叔”设计诱骗小班克斯一同乘车去买手风琴，却在半途下车，将他抛下。等到小班克斯跑回家中，母亲已经不见踪迹。

时间跳转回当下，淞沪会战爆发前夕的1937年。班克斯收养了同样是孤儿的小女孩詹妮弗，对她爱怜有加。尽管不忍心在此刻抛下爱女独自留守伦敦，就像当年父母抛下他那样，但一种强烈的使命感却推动着他动身重返上海，去完成那个他毕生的任务。

而在班克斯的自叙中，似乎周围的整个世界都在敦促他踏上这趟旅程。就连埃克塞特的警探和牛津大学的历史教授都在责怪他迟迟没有动身去世界动乱的中心铲除邪恶。幻想与现实的边界愈发动摇了。警探和历史教授怎么会指望一名英国侦探去扑灭世界大战的火苗，就算班克斯真如他自述的那样是福尔摩斯再世？而他寻找父母的个人使命又是怎么和宏大的历史使命合二为一的？班克斯没有给出任何解释。唯一的可能就是，他的潜意识在为一个被压抑的童年幻想寻找一个正当而堂皇的理由。而他重返上海的另一个理由则是莎拉。

班克斯在一位朋友的婚礼上与莎拉再度相遇。此时的莎拉已经嫁给了一位年迈的知名外交官——塞西尔·梅德赫斯特爵士，此人正是莎拉在数年前那场风波晚会上结识的一位名流。塞西尔爵士临危受命，即将奔赴上海斡旋危局，“为一生的事业写下一个辉煌的结局”。而莎拉决计陪伴在夫君左右，协助他成就伟业——这似乎是她心中毕生的使命：与一个真正不凡的男人共度此生。班克斯终于下定了最后的决心。

5个月后，班克斯如约抵达上海，出席租界当局在汇中饭店举办的盛大晚宴。晚宴中，班克斯要求英国领事馆官员麦克唐纳提供协助，尽快安排他与一名受到蒋介石庇护的中共叛徒“黄蛇”会面。班克斯相信，这名“黄蛇”是解开父母失踪之谜的关键。但麦克唐纳似乎并不情愿涉足复杂的中国内政。

晚宴大厅内歌舞升平，觥筹交错，而就在对岸，侵华日军的几声炮响打破了一切安好的幻象。在班克斯的自叙中，租界内的各路名流都众星捧月般簇拥在他的身边，殷切期盼着他的到来能够平息战乱，化险为夷。而在作为旁观者的读者眼中，班克斯记忆的不可靠性变得愈发显眼了。一位侦探寻找父母的冒险与淞沪战局何干？又与租界的安危何干？幻想与现实的边界进一步模糊了。

晚宴临近尾声时，莎拉出现了。一番寒暄后，班克斯似乎听到了莎拉话外有话的一句暗示："我想我们哪儿也不会去。除非有人来拯救我们……"然而，这句他记忆中不同寻常的话语，是否真有他事后层层附加的那些深意？

班克斯在追踪"黄蛇"之余，也开始追踪莎拉的行迹。在上海滩一家声名狼藉的赌场内，他发现斡旋受挫、心灰意冷的塞西尔爵士正赌性大发，而莎拉则寸步不离地陪侍一旁。酩酊大醉的塞西尔对妻子出言不逊，极尽侮辱，莎拉却显得不以为意，一再让班克斯不用为自己担心。临分别时，班克斯再度想起了前些天晚宴上莎拉的那句话，以及这句话背后他所认为的深意。

几天后，在一间寒酸的廉价客房中，班克斯见到了他儿时心中的英雄，如今老迈憔悴的孔探长。孔探长向班克斯透露了一条重要线索：多年前，在调查一桩枪击要案时，他从一名嫌犯口中审出了另一桩与此案无关的绑架案。嫌犯透露了七处可能用来窝藏肉票的地址，孔探长的手下随即搜查了其中六处，但最后一处的搜查却因为警界高层的阻挠而不了了之。孔探长怀疑此中必有蹊跷，但因为时隔太久，无法提供给班克斯关于那处地址的任何线索。

回到下榻的华懋饭店后，班克斯接到莎拉差人送来的一张字条，约他到饭店的某处楼梯间私会。在楼梯间里，莎拉告诉班克斯，自己已安排好了一切，决意离开塞西尔，要与他一同私奔去澳门，明天就动身。尽管难以舍弃自己的使命，但在莎拉的力劝下，班克斯最终答应与她第二天下午碰头，共赴天涯海角。哦，克里斯托弗，我们不能再这样子想事情了。否则我们将一无所有。多尝几年寂寞，多过几天空洞的人生，永远只知道自己做得还不够。放下你的工作，克里斯托弗。我们现在必须把这些全都抛开。我们明天就走，别再浪费任何一天……这番话究竟是出自莎拉之口，还是班克斯一厢情愿的内心？

第二天中午，班克斯在酒店中接到了孔探长打来的一通电话。老探长终于想起了最后一处未搜查的房屋就在一户叫"叶辰"的人家正对面。挂断电话后，莎拉差来的一名年轻的司机也如约现身，接上班克斯，驱车来到一家唱片店门口。路上，班克斯向司机打听叶辰的下落，发现对方果然听说过此人。

班克斯走进小小的店面，一曲慵懒的爵士乐——《我的眼中只有你》——蓦然响起，店主一指屋后角落，只见厚厚的布幔下现出一道暗门。推门进去，班克斯看到莎拉正坐在一只行李箱上，已经等候他多时了。

“她小心地放下烟嘴，站了起来。接着我们互相拥吻——我想，就像银幕上的情侣一样。这几乎跟我向来想象的一模一样，只不过我们的拥抱却有某种奇怪的别扭。”两人拥吻过后，莎拉告诉班克斯，她已雇好一条舢板，很快就会在附近的码头上靠岸，等着将他们送到一艘驶往澳门的汽轮上。班克斯却又想起了方才向年轻人打听的那位“叶辰”。此时此刻，他做出了一个没有回头路的抉择：他请求莎拉稍候片刻，自己去去便回。

然而，他这一去，便是永远。

班克斯出了店门，找到依然等候在外面的年轻司机，请他开车送自己到叶辰家。汽车在一道道狭街窄巷间迂回穿梭，远处隐隐响起了隆隆的枪炮声；尽管年轻人一遍遍向焦急的班克斯承诺叶辰家近在眼前，但一次次，前进的道路被瓦砾、人群和街垒所阻隔，那栋房子就像海市蜃楼一样可望不可即。而这正是梦境的特征：焦急地寻找一个永远无法抵达的地方。

终于，在闸北区的一片废墟之中，年轻人停下了车。这里靠近中日军队对峙的火线，年轻人不愿冒着危险继续前进。班克斯只能下车，请年轻人画下地图，独自徒步跋涉。而他踏上的则是一段真正的噩梦之旅。

在一名中国军官的指引下，班克斯开始艰难地穿越一片惨遭战火蹂躏的闸北工厂区，依靠两座屹立在炮火中的高大烟囱辨明方位。在迷宫一般的厂区废墟间，中日军队正在进行惨烈的巷战，逐屋争夺，白刃相接。四周不时传来伤兵濒死的哀嚎声，也分不清是中国人还是日本兵。在一间破屋的角落里，班克斯救下了一个负伤的男人。尽管这个披着日军军服的伤兵满脸血污，半人半鬼，还吐出一连串咬牙切齿的咒骂，但班克斯仍然一眼认定，这就是他的童年好友，邻家伙伴秋良。终于，男人的脸上也隐约有了故人相识的表情。于是，两人相互倚靠，朝着班克斯坚信关押着父母的那栋房子蹒跚而去……

班克斯的故事讲到了这里，作为旁观者的我们终于可以确信，这一切只可能发生在他的梦境中，因为分隔幻想与现实的逻辑边界已经彻底崩溃了。就算班克斯苦苦寻觅的那栋房子真的一度是绑匪关押人质的窝点，也只有一个孩子才会相信，在过去了整整二十年之后，他依然能够在同一个地方寻得父母。而这恰恰就是班克斯此刻的心智状态：一个永远活在童年迷梦中的男人。更离奇的是，他所遇见的每一个人——受莎拉雇用的年轻司机，与日军拼死鏖战的中国军官，还有身负重伤的那位“秋良”——都在默认，纵容，甚至协助他追逐这个荒诞的“使命”，没有一个人对他提出半点质疑。而只有在一个孩子的迷梦中，整个世界才会围绕着他的心愿旋转。莎拉——他此生的至爱——在他的梦境中越飘越远，最后彻底消失了，剩下的只有那个吞噬一切情感与理智的执念，那个童年创伤留下的黑洞——他毕生的“使命”。

班克斯的梦境继续着。最终，在一片断壁残垣之间，他找到了他苦苦寻觅的那栋房子：尽管左邻右舍都已在炮火中化为乌有，唯有这栋神奇的建筑毫发无伤，像是一个从另一个世界来的幽灵。忽然，房门吱呀一声开了。门里走出的不是班克斯的父母，而是一个孤零零的小女孩。而在她身后的屋子里，躺着三具鲜血淋漓、支离破碎的尸体——她的家人。又一个不幸的孤儿——还是说，这个梦境中的孤儿本来就是班克斯自己？班克斯走进屋里，焦急地寻找着父母的踪迹，翻箱倒柜，掘地三尺，越来越疯狂，越来越绝望。就在这时，一群日本兵夺门而入，俘虏了班克斯和他的“朋友”。

班克斯在这一场梦魇中，究竟真正经历了什么？他遇到的那个日本士兵果真是秋良吗？他真的接到过孔探长的电话吗？他真的找到了那位“叶辰”的家吗？——还是说，他只是像一个地狱里的梦游者那样，漫无目的地在中日军队的交火线上游走？甚至，他真的在那家唱片店里见到了要与他共度此生的莎拉吗？幻想与现实已经水乳交融，难分彼此了。我们唯一能够肯定的是，他所以为的记忆与真相相去甚远。他与其说是在寻找真相，倒不如说是在逃避现实。但不论他如何逃避，真相终究是要水落石出的。

日军的军车将班克斯押送回了租界内的英国领事馆。而在那里，英国总领事为精疲力竭的班克斯准备了一份意想不到的礼物：他追踪了多时的那条“黄蛇”终于现身了。揭晓谜底的时刻到来了。

会面安排在了一栋由国民党特务严密把守的法租界洋楼内。在一间大书房的尽头，班克斯看着一个人影绕过书桌，朝自己走来。他认出了这个人正是他曾经的“菲利普叔叔”，今日的“黄蛇”。

在菲利普吐露真相之前，班克斯抢先道出了那个他在心中默默编织了二十年的童话故事，那个他如此渴望求证的幻梦：父亲和母亲因为反对鸦片贸易，致力于帮助中国人民根除毒瘾而开罪于父亲所服务的商行，结果先后遭人绑架暗算。他们是为正义的事业而献身的。“我猜你也是这么以为。”菲利普点点头。只是真相——“真相只怕没有那么伟大。”班克斯的父亲没有被人绑架。他只是和一个情妇私奔去了马六甲，后来染病死在了新加坡。母亲对他过高的道德要求最终压垮了他，而他的选择就是彻底沉沦。母亲的命运则更为悲惨。她因为羞辱了那名湖南军阀王顾而给自己招来了厄运。就在菲利普将小班克斯骗开的当天，王顾派人将母亲掳走，押往他的湘西山寨为妾。就这样，班克斯的母亲沦为了一个残暴军阀的玩物，而她之所以甘心忍受这样的屈辱，没有一死了之，唯一的原因就是她的儿子：班克斯在英国享有的一切优渥生活与公学教育，背后的真正金主不是他的富有姑妈，而是军阀王顾；而换来这一切的，则是母亲的血泪。这，就是他的“菲利普叔叔”当年为了他与王顾达成的协议。

许多年过去了。在养女詹妮弗的陪伴下，班克斯乘班机来到了香港。终于，在故事临近尾声的时候，班克斯的自叙中出现了第一个，也是唯一一个云淡风轻的自证，暗示他之前的回忆有多少是一个病人的妄想。“即使到了最近，詹妮弗依然觉得我像是个卧病在床的人，特别是当我人生里又出现了有关过去的事时。”而他过去的病显然是心病。最终，在香港的一家精神病人疗养院中，他找到了自己的母亲。多年的磨难与屈辱摧毁了她的心智，但没有摧毁她对儿子的爱，尽管她已认不出眼前的这个男人了。当班克斯流着泪问母亲能否原谅儿子时，母亲迷惑地反问，原谅他的什么呢？他又没犯错！

至于莎拉，班克斯与她此生再未相见。去往澳门后，她一路辗转来到新加坡，在那里嫁给了一位浪漫的法国“伯爵”。战争结束两年后，班克斯收到了莎拉寄来的唯一一封信，信中莎拉用“拘谨，甚至毫无生气”的愉快语调讲述了她幸福的婚后生活。只是到了最后，莎拉才隐隐透露了她埋藏在心底的真情：“我现在由衷地相信，那天你没跟我走，是正确的决定。你向来觉得你有使命要达成，我敢说你若是没有先完成你的使命，你也永远无法把心献给任何人。我只希望那件任务早已完成，而你现在可以找到我近来几乎视为当然的幸福与呵护。”

* * *

班克斯的故事结束了，但他留给我们的思考却余音绕梁。在一次访谈节目中，石黑一雄曾如此评论他的这位主人公：“我并不是在文学技巧的意义上构思一名**‘不可靠的叙事者’**的。我的写作发生在一个无法确定现实在何处的领域。从某种程度上讲，我想，这就是我们**所有人**生活的世界——在一片迷雾之中。”而这片迷雾之中的所在，恰恰就是“**隐藏在我们与世界的虚幻联系之下的深渊**”。也许，这就是为什么班克斯记忆的虚妄这么难以洞察吧，因为他的视角与声音就是我们每一个人的视角与声音。又有多少人穷其一生都对伪装成真实回忆的**自我欺骗**视而不见呢？

战争，是石黑一雄作品中一个反复出现的背景。但他并非是在用宏大的历史事件烘托个人的渺小；相反，用他自己的话说，“动荡之中的上海城是班克斯内心世界崩坏的一个外在体现”。石黑所关注的，并非巨人的碰撞与理念的对决，而是深不可测的人类情感。在这个宏大的舞台上，真正的主角无疑是人心。在“宏大”与“深度”之间，石黑选择的是后者。

石黑的大部分作品主题都是灰暗的。同《长日将尽》一样，《我辈孤雏》所讲述的也是一段被荒废的人生，一场被错过的幸福。但在一次访谈节目中，他却声称自己的作品是乐观的、积极的。听众们都笑了，但石黑并不是在开玩笑。在他看来，人终有一死；因此，以何种方式离开这个世界也许并不重要。名利终为身外之物。而一个人是否曾经拥有过对于人心而言最为宝贵的东西，才是我们应该关注的。而对于班克斯来说，那就是母亲爱的证言与莎拉的真情流露。

宋　佥

KAZUO ISHIGURO

When We Were Orphans

to Lorna and Naomi

PART ONE

London, 24th July 1930

Chapter One

It was the summer of 1923, the summer I came down from Cambridge, when despite my aunt's wishes that I return to Shropshire, I decided my future lay in the capital and took up a small flat at Number 14b Bedford Gardens in Kensington. I remember it now as the most wonderful of summers. After years of being surrounded by fellows, both at school and at Cambridge, I took great pleasure in my own company. I enjoyed the London parks, the quiet of the Reading Room at the British Museum; I indulged entire afternoons strolling the streets of Kensington, outlining to myself plans for my future, pausing once in a while to admire how here in England, even in the midst of such a great city, creepers and ivy are to be found clinging to the fronts of fine houses.

It was on one such leisurely walk that I encountered quite by chance an old schoolfriend, James Osbourne, and discovering him to be a neighbour, suggested he call on me when he was next passing. Although at that point I had yet to receive a single visitor in my rooms, I issued my invitation with confidence, having chosen the premises with some care. The rent was not high, but my landlady had furnished the place in a tasteful manner that evoked an unhurried Victorian past; the drawing room, which received plenty of sun throughout the first half of the day, contained an ageing sofa as well as two snug armchairs, an antique sideboard and an oak bookcase filled with crumbling encyclopaedias – all of which I was convinced would win the approval of any visitor. Moreover, almost immediately upon taking the rooms, I had walked over to Knightsbridge and acquired there a Queen Anne tea service, several packets of fine teas, and a large tin of biscuits. So when Osbourne did happen along one morning a few days later, I was able to serve out the refreshments with an assurance that never once permitted him to suppose he was my first guest.

For the first fifteen minutes or so, Osbourne moved restlessly around my drawing room, complimenting me on the premises, examining this and that, looking regularly out of the windows to exclaim at whatever was going on below. Eventually he flopped down into the sofa, and we were able to exchange news – our own and that of old schoolfriends. I remember we spent a little time discussing the activities of the workers' unions, before embarking on a long and enjoyable debate on German philosophy, which enabled us to display to one another the intellectual prowess we each had gained at our respective universities. Then Osbourne rose and began his pacing again, pronouncing as he did so upon his various plans for the future.

'I've a mind to go into publishing, you know. Newspapers, magazines, that sort of thing. In fact, I fancy writing a column myself. About politics, social issues. That is, as I say, if I decide not to go into politics myself. I say, Banks, do you *really* have no idea what you want to do? Look, it's all out there for us' – he indicated the window – 'Surely you have *some* plans.'

'I suppose so,' I said, smiling. 'I have one or two things in mind. I'll let you know in good time.'

'What have you got up your sleeve? Come on, out with it! I'll get it out of you yet!'

But I revealed nothing to him, and before long got him arguing again about philosophy or poetry or some such thing. Then around noon, Osbourne suddenly remembered a lunch appointment in Piccadilly and began to gather up his belongings. It was as he was leaving, he turned at the door, saying:

'Look, old chap, I meant to say to you. I'm going along tonight to a bash. It's in honour of Leonard Evershott. The tycoon, you know. An uncle of mine's giving it. Rather short notice, but I wondered if you'd care to come along. I'm quite serious. I'd been meaning to pop over to you long ago, just never got round to it. It'll be at the Charingworth.'

When I did not reply immediately, he took a step towards me and said:

'I thought of you because I was remembering. I was remembering how you always used to quiz me about my being "well connected". Oh, come on! Don't pretend you've forgotten! You used to interrogate me mercilessly. "Well connected? Just what does that mean, well connected?" Well, I thought, here's a chance for old Banks to see "well connected" for himself.' Then he shook his head, as though at a memory, saying: 'My goodness, you were such an odd bird at school.'

I believe it was at this point I finally assented to his suggestion for the evening – an evening which, as I shall explain, was to prove far more significant than I could then have imagined – and showed him out without betraying in any part the resentment I was feeling at these last words of his.

My annoyance only grew once I had sat down again. I had, as it happened, guessed immediately what Osbourne had been referring to. The fact was, throughout school, I had heard it said repeatedly of Osbourne that he was 'well connected'. It was a phrase that came up unfailingly when people talked of him, and I believe I too used it about him whenever it seemed called for. It was indeed a concept that fascinated me, this notion that he was in some mysterious way connected to various of the higher walks of life, even though he looked and behaved no differently from the rest of us. However, I cannot imagine I 'mercilessly interrogated' him as he had claimed. It is true the subject was something I thought about a lot when I was fourteen or fifteen, but Osbourne and I had not been especially close at school and, as far as I remember, I only once brought it up with him personally.

It was on a foggy autumn morning, and the two of us had been sitting on a low wall outside a country inn. My guess is that we would have been in the Fifth by then. We had been appointed as markers for a cross-country run, and were waiting for the runners to emerge from the fog across a nearby field so that we could point them in the correct direction down a muddy lane. We were not expecting the runners for some time yet, and so had been idly chatting. It was on this occasion, I am sure, that I asked Osbourne about his 'well connectedness'. Osbourne, who for all his exuberance, had a modest nature, tried to change the subject. But I persisted until he said eventually:

'Oh, do knock it off, Banks. It's all just nonsense, there's nothing to analyse. One simply knows people. One has parents, uncles, family friends. I don't know what there is to be so puzzled about.' Then quickly realising what he had said, he had turned and touched my arm. 'Dreadfully sorry, old fellow. That was awfully tactless of me.'

This *faux pas* seemed to cause Osbourne much more anguish than it had me. Indeed, it is not impossible it had remained on his conscience for all those years, so that in asking me to accompany him to the Charingworth Club that evening, he was in some way trying to make amends. In any case, as I say, I had not been at all upset that foggy morning by his admittedly careless remark. In fact, it had become a matter of some irritation to me that my schoolfriends, for all their readiness to fall into banter concerning virtually any other of one's misfortunes, would observe a great solemnness at the first mention of my parents' absence. Actually, odd as it may sound, my lack of parents – indeed, of any close kin in England except my aunt in Shropshire – had by then long ceased to be of any great inconvenience to me. As I would often point out to my companions, at a boarding school like ours, we had *all* learned to get on without parents, and my position was not as unique as all that. Nevertheless, now I look back on it, it seems probable that at least some of my fascination with Osbourne's 'well connectedness' had to do with what I then perceived to be my complete lack of connection with the world beyond St Dunstan's. That I would, when the time came, forge such connections for myself and make my way, I had no doubts. But it is possible I believed I would learn from Osbourne something crucial, something of the way such things worked.

But when I said before that Osbourne's words as he left my flat had somewhat offended me, I was not referring to his raising the matter of my 'interrogating' him all those years before. Rather, what I had taken exception to was his casual judgement that I had been 'such an odd bird at school'.

In fact, it has always been a puzzle to me that Osbourne should have said such a thing of me that morning, since my own memory is that I blended perfectly into English school life. During even my earliest weeks at St Dunstan's, I do not believe I did anything to cause myself embarrassment. On my very first day, for instance, I recall observing a mannerism many of the boys adopted when standing and talking – of tucking the right hand into a waistcoat pocket and moving the left shoulder up and down in a kind of shrug to underline certain of their remarks. I distinctly remember reproducing this mannerism on that same first day with sufficient expertise that not a single of my fellows noticed anything odd or thought to make fun.

In much the same bold spirit, I rapidly absorbed the other gestures, turns of phrase and exclamations popular among my peers, as well as grasping the deeper mores and etiquettes prevailing in my new surroundings. I certainly realised quickly enough that it would not do for me to indulge openly – as I had been doing routinely in Shanghai – my ideas on crime and its detection. So much so that even when during my third year there was a series of thefts, and the entire school was enjoying playing at detectives, I carefully refrained from joining in in all but a nominal way. And it was, no doubt, some remnant of this same policy that caused me to reveal so little of my 'plans' to Osbourne that morning he called on me.

However, for all my caution, I can bring to mind at least two instances from school that suggest I must, at least occasionally, have lowered my guard sufficiently to give some idea of my ambitions. I was unable even at the time to account for these incidents, and am no closer to doing so today.

The earlier of these occurred on the occasion of my fourteenth birthday. My two good friends of that time, Robert Thornton-Browne and Russell Stanton, had taken me to a teashop in the village and we had been enjoying ourselves over scones and cream cakes. It was a rainy Saturday afternoon and all the other tables were occupied. This meant that every few minutes more rain-soaked villagers would come in, look around, and throw disapproving looks in our direction as though we should immediately vacate our table for them. But Mrs Jordan, the proprietress, had always been welcoming towards us, and on that afternoon of my birthday, we felt we had every right to be occupying the choice table beside the bay window with its view of the village square. I do not recall much of what we talked about that day; but once we had eaten our fill, my two companions exchanged looks, then Thornton-Browne reached down into his satchel and presented to me a gift-wrapped package.

As I set about opening it, I quickly realised the package had been wrapped in numerous sheets, and my friends would laugh noisily each time I removed one layer, only to be confronted by another. All the signs, then, were that I would find some joke item at the end of it all. What I did eventually uncover was a weathered leather case, and when I undid the tiny catch and raised the lid, a magnifying glass.

I have it here now before me. Its appearance has changed little over the years; it was on that afternoon already well travelled. I remember noting this, along with the fact that it was very powerful, surprisingly weighty, and that the ivory handle was chipped all down one side. I did not notice until later – one needs a second magnifying glass to read the engraving – that it was manufactured in Zurich in 1887.

My first reaction to this gift was one of huge excitement. I snatched it up, brushing aside the bundles of wrapping covering the table surface – I suspect in my enthusiasm I caused a few sheets to flutter to the floor – and began immediately to test it on some specks of butter smeared on the tablecloth. I became so absorbed that I was only vaguely aware of my friends laughing in that exaggerated way that signifies a joke at one's expense. By the time I looked up, finally self-conscious, they had both fallen into an uncertain silence. It was then that Thornton-Browne gave a half-hearted snigger, saying:

'We thought since you're going to be a detective, you'd be needing one of these.'

At this point, I quickly recovered my wits and made a show of pretending the whole thing had been an amusing jest. But by then, I fancy, my two friends were themselves confused about their intentions, and for the remainder of our time at the tea-shop, we never quite regained our former comfortable mood.

As I say, I have the magnifying glass here now in front of me. I used it when investigating the Mannering case; I used it again, most recently, during the Trevor Richardson affair. A magnifying glass may not be quite the crucial piece of equipment of popular myth, but it remains a useful tool for the gathering of certain sorts of evidence, and I fancy I will, for some time yet, carry about with me my birthday gift from Robert Thornton-Browne and Russell Stanton. Gazing at it now, this thought occurs to me: if my companions' intention was indeed to tease me, well then, the joke is now very much on them. But sadly, I have no way now of ascertaining what they had in mind, nor indeed how, for all my precautions, they had ever gleaned my secret ambition. Stanton, who had lied about his age in order to volunteer, was killed in the third battle of Ypres. Thornton-Browne, I heard, died of tuberculosis two years ago. In any case, both boys left St Dunstan's in the fifth year and I had long since lost touch with them by the time I heard of their deaths. I still remember, though, how disappointed I was when Thornton-Browne left the school; he had been the one real friend I had made since arriving in England, and I missed him much throughout the latter part of my career at St Dunstan's.

The second of these two instances that comes to mind occurred a few years later – in the Lower Sixth – but my recollection of it is not as detailed. In fact, I cannot remember at all what came before and after this particular moment. What I have is a memory of walking into a classroom – Room 15 in the Old Priory – where the sun was pouring through the narrow cloister windows in shafts, revealing the dust hanging in the air. The master had yet to arrive, but I must have come in slightly late, for I remember finding my classmates already sitting about in clusters on the desk-tops, benches and window ledges. I was about to join one such group of five or six boys, when their faces all turned to me and I saw immediately that they had been discussing me. Then, before I could say anything, one of the group, Roger Brenthurst, pointed towards me and remarked:

'But surely he's rather too short to be a Sherlock.'

A few of them laughed, not particularly unkindly, and that, as far as I recall, was all there was to it. I never heard any further talk concerning my aspirations to be a 'Sherlock', but for some time afterwards I had a niggling concern that my secret had got out and become a topic for discussion behind my back.

Incidentally, the need to exercise caution around this whole topic of my ambitions had been impressed upon me before I ever arrived at St Dunstan's. For I had spent much of my first few weeks in England wandering about the common near my aunt's cottage in Shropshire, performing amidst the damp ferns the various detective scenarios Akira and I had evolved together in Shanghai. Of course, now that I was alone, I was obliged to take on all his roles as well; moreover, aware as I was that I could be seen from the cottage, I had had the sense to enact these dramas with restrained movements, muttering our lines under my breath – in marked contrast to the uninhibited manner in which Akira and I had been accustomed to carry on.

Such precautions, however, had proved inadequate. For one morning I had overheard from the little attic room I had been given, my aunt talking with some friends down in the drawing room. It was the sudden lowering of their voices that had first aroused my curiosity, and I soon found myself creeping out on to the landing and leaning over the rail.

'He's gone for hours,' I could hear her saying. 'It's hardly healthy, a boy his age, sunk in his own world like that. He has to start looking ahead.'

'But it's only to be expected, surely,' someone said. 'After everything that's happened to him.'

'He has nothing at all to gain by brooding,' my aunt said. 'He's been well provided for, and in that sense he's been lucky. It's time he looked forward. I mean to put a stop to all this introspection.'

From that day on I ceased to go to the common, and in general, took steps to avoid any further displays of 'introspection'. But I was then still very young, and at nights, lying in that attic room, listening to the creak of the boards as my aunt moved about the cottage winding her clocks and seeing to her cats, I would often enact again, in my imagination, all our old detective dramas in just the way Akira and I had always done.

But let me return to that summer's day Osbourne called at my Kensington flat. I do not wish to imply that this remark of his, about my being 'an odd bird', preoccupied me for more than a few moments. In fact, I went out myself, not long after Osbourne, in rather good spirits, and was soon to be found in St James's Park, strolling about the flower beds, growing ever more eager for the evening ahead.

Thinking again of that afternoon, it strikes me I had every right to feel a little nervous, and it is entirely typical of the foolish arrogance that carried me through those early London days that I did not. I was aware, of course, that this particular evening would be on a different level from anything I had ever attended at university; that I might well, moreover, encounter points of custom as yet unfamiliar to me. But I felt sure I would, with my usual vigilance, negotiate any such difficulties, and in general acquit myself well. My concerns as I drifted around the park were of a quite different order. When Osbourne had talked of 'well-connected' guests, I had immediately assumed these to include at least a few of the leading detectives of the day. I fancy, then, that I spent a lot of my time that afternoon working out just what I would say should I be introduced to Matlock Stevenson, or perhaps even to Professor Charleville. I rehearsed over and over how I would – modestly, but with a certain dignity – outline my ambitions; and I pictured to myself one or the other of them taking a fatherly interest in me, offering all kinds of advice and insisting I come to him for guidance in the future.

Of course, the evening turned out to be a major disappointment – even if, as you will presently see, it was to prove particularly significant for quite other reasons. What I did not know at this point was that in this country, detectives tend not to participate in society gatherings. This is not through any lack of invitations; my own recent experience will testify to the fact that fashionable circles are forever trying to recruit the celebrated detectives of the day. It is just that these same persons tend to be earnest, often reclusive individuals who are dedicated to their work and have little inclination to mingle with one another, let alone with 'society' at large.

As I say, this was not something I appreciated as I arrived at the Charingworth Club that evening and followed Osbourne's example of cheerily greeting the grandly uniformed doorman. But I was quickly disabused within minutes of our entering the crowded room on the first floor. I do not know how exactly this occurred – for I had not had the time to ascertain the identities of anyone present – but a kind of intuitive revelation swept over me which made me feel utterly foolish about my earlier excitement. Suddenly it seemed unbelievable that I had ever expected to find Matlock Stevenson or Professor Charleville hob-nobbing with the financiers and government ministers I knew were around me. Indeed, I was so thrown by this discrepancy between the event I had arrived at and the one I had been thinking about throughout the afternoon, that all my poise, at least temporarily, deserted me, and for half an hour or so, much to my annoyance, I could not bring myself to leave Osbourne's side.

I am sure this same agitated frame of mind accounts for the fact that when I now think back to that evening, so many aspects seem somewhat exaggerated or unnatural. For instance, when I now try to picture the room, it is uncommonly dark; this despite the wall lamps, the candles on the tables, the chandeliers above us – none of which seem to make any impression on the pervading darkness. The carpet is very thick, so that to move about the room, one is obliged to drag one's feet, and all around, greying men in black jackets are doing just this, some even pressing forward their shoulders as if walking into a gale. The waiters, too, with their silver trays, lean into conversations at peculiar angles. There are hardly any ladies present, and those one can see seem oddly self-effacing, almost immediately melting from one's view behind the forest of black evening suits.

As I say, I am sure these impressions are not accurate, but that is how the evening remains in my mind. I remember standing about frozen with awkwardness, repeatedly sipping from my glass, as Osbourne chatted amiably with one guest after another, most of them a good thirty years older than us. I did once or twice try to join in, but my voice sounded conspicuously child-like, and in any case, most conversations centred on people or issues about which I knew nothing.

After a while, I grew angry – at myself, at Osbourne, at the whole proceedings. I felt I had every right to despise the people around me; that they were for the most part greedy and self-seeking, lacking any idealism or sense of public duty. Fuelled by this anger, I was at last able to tear myself away from Osbourne and move off through the darkness into another part of the room.

I came to an area illuminated by a dull pool of light cast by a small wall lantern. The crowd was thinner here, and I noticed a silver-haired man of perhaps seventy smoking with his back to the room. It took a moment for me to realise he was gazing into a mirror, and by then he had noticed me looking at him. I was about to hurry on, when he said without turning:

'Enjoying yourself?'

'Oh yes,' I said with a light laugh. 'Thank you. Yes, a splendid occasion.'

'But a little lost, eh?'

I hesitated, then gave another laugh. 'Perhaps a little. Yes, sir.'

The silver-haired man turned and studied me carefully. He then said: 'If you wish, I'll tell you who some of these people are. Then if there's anyone you want especially to talk to, I'll take you over and introduce you. What do you say to that?'

'That would be most kind. Most kind indeed.'

'Good.'

He came a step closer and surveyed what was visible to us of the room. Then leaning towards me, he proceeded to point out this personage and that. Even when the name was an illustrious one, he would remember to add for my benefit 'the financier', 'the composer', or whatever. With the less well known, he would summarise in some detail the person's career and the reason for his importance. I believe he was in the midst of telling me about a clergyman standing quite near us, when he broke off suddenly and said:

'Ah. I see the attention has drifted.'

'I'm terribly sorry . . .'

'Quite all right. Perfectly natural, after all. Young fellow like you.'

'I assure you, sir . . .'

'No apology required.' He gave a laugh and nudged my arm. 'Find her pretty, eh?'

I did not know quite how to respond. I could hardly deny I had been diverted by the young woman several yards to our left, at that moment in conversation with two middle-aged men. But as it happened, that first time I saw her, I did not think her at all pretty. It is even possible I somehow sensed, there and then, at my first sight of her, those qualities which I have since discovered to be so significantly a part of her. What I saw was a small, rather elf-like young woman with dark, shoulder-length hair. Even though at that moment she was clearly wishing to charm the men she was talking to, I could see something about her smile that might in an instant turn it into a sneer. A slight crouch around her shoulders, like that of a bird of prey, gave her posture a suggestion of scheming. Above all, I noticed a certain quality around her eyes – a kind of severity, something ungenerously exacting – which I see now, in retrospect, was what more than anything else caused me to stare at her with such fascination that evening.

Then, as we were both still gazing at her, she looked our way, and recognising my companion, sent him a quick, cold smile. The silver-haired man gave a salute and a respectful bow of the head.

'A charming young lady,' he murmured, as he began leading me away. 'But no sense in a chap like you wasting time pursuing her. I don't mean to be offensive, you look a jolly decent type. But you see, that's Miss Hemmings. Miss *Sarah* Hemmings.'

The name meant nothing to me. But whereas my guide had earlier been so conscientious in supplying me with the backgrounds of those he had pointed out, he uttered the name of this woman clearly expecting me to be familiar with it. So it was that I nodded and said:

'Oh yes. So that's Miss Hemmings.'

The gentleman paused again and surveyed the room from our new vantage point.

'Now let me see. I take it you're looking for someone to give you a leg up in life. Correct? Don't worry. Played much the same game myself when I was young. Now let me see. Who do we have here?' Then he turned back to me suddenly to ask: 'Now what was it again you said you wanted to do with your life?'

Of course, I had not at that point told him anything. But now, after a slight hesitation, I answered simply:

'Detective, sir.'

'Detective? Hmm.' He continued to gaze around the room. 'You mean . . . a policeman?'

'More a private consultant.'

He nodded. 'Naturally, naturally.' He continued to draw on his cigar, deep in thought. Then he said: 'Not interested in museums, by any chance? Chap over there, known him for years. Museums. Skulls, relics, that kind of thing. Not interested? Didn't think so.' He went on gazing around the room, sometimes craning his neck to see someone. 'Of course,' he said eventually, 'a lot of young men dream of becoming detectives. I dare say I did once, in my more fanciful moments. One feels so idealistic at your age. Longs to be the great detective of the day. To root out single-handedly all the evil in the world. Commendable. But really, my boy, it's just as well to have, let us say, a few other strings to your bow. Because a year or two from now – I don't mean to be offensive – but pretty soon you'll feel quite differently about things. Are you interested in furniture? I ask because over there stands none other than Hamish Robertson himself.'

'With all respect, sir. The ambition which I just confided to you is hardly the whim of a moment. It's a calling I've felt my whole life.'

'Your whole life? But what are you? Twenty-one? Twenty-two? Well, I suppose I shouldn't discourage you. After all, if our young men won't entertain idealistic notions of this sort, who is there to do so? And no doubt, my boy, you believe today's world to be a far more evil place than the one of thirty years ago, is that it? That civilisation's on the brink and all that?'

'As a matter of fact, sir,' I said curtly, 'I do believe that to be the case.'

'I remember when I thought so too.' Suddenly his sarcasm had been replaced by a more kindly tone, and I even thought I saw tears fill his eyes. 'Why is it, do you suppose, my boy? Is the world really getting more evil? Is *Homo sapiens* degenerating as a species?'

'I don't know about that, sir,' I replied, this time more gently. 'All I can say is that to the objective observer, the modern criminal is growing increasingly clever. He has grown more ambitious, more daring, and science has placed a whole new array of sophisticated tools at his disposal.'

'I see. And without gifted chaps like you on our side, the future's bleak, is that it?' He shook his head sadly. 'You might have something there. Too easy for an old chap to scoff. Perhaps you're right, my boy. Perhaps we've allowed things to slide for too long. Ah.'

The silver-haired man bowed his head again as Sarah Hemmings came drifting past us. She was moving through the crowd with a haughty grace, her gaze moving from left to right in search – so it seemed to me – of someone she deemed worthy of her presence. Noting my companion, she gave him the same quick smile as before, but did not break her stride. For just a second, her gaze fell on me, but almost instantly – before I could so much as smile – she had dismissed me from her mind and was making her way towards someone she had spotted on the other side of the room.

Later that night, as Osbourne and I sat together in a taxicab speeding us back towards Kensington, I tried to find out something more concerning Sarah Hemmings. Osbourne, for all his pretending that he had found the evening a bore, was well pleased with himself, and eager to recount to me in detail the many conversations he had had with influential persons. It was not easy then to get him on to the subject of Miss Hemmings without my appearing unduly curious. Eventually, however, I did get him to say:

'Miss Hemmings? Oh yes, her. Used to be engaged to Herriot-Lewis. You know, the conductor fellow. Then he went and gave that Schubert concert at the Albert Hall last autumn. Remember that debacle?'

When I confessed my ignorance of it, Osbourne went on:

'They didn't quite throw chairs about, but I dare say they would have done if the things hadn't been fixed to the floor. The fellow from *The Times* described the performance as a "complete travesty". Or did he say, "a violation"? Anyway, he didn't much care for it.'

'And Miss Hemmings . . .'

'Dropped him like a hot potato. Threw the engagement ring back at him, apparently. And she's kept a huge distance from the chap ever since.'

'All because of this concert?'

'Well, it *was* pretty ghastly, by all accounts. Caused quite a stir. Her breaking off the engagement, I mean. But what a lot of bores they were tonight, Banks. Do you suppose when we're that age, we'll be carrying on like that?'

*

During that first year after Cambridge, largely through my friendship with Osbourne, I found myself attending other smart social events on a fairly regular basis. Thinking back to that period of my life, it now strikes me as a singularly frivolous one. There were supper parties, luncheons, cocktail parties held usually in apartments around Bloomsbury and Holborn. I was determined to put behind me the awkwardness I had displayed that evening at the Charingworth, and my manner at these events grew steadily more assured. Indeed, for a time, it is reasonable to say I came to occupy a place within one of the fashionable London 'sets'.

Miss Hemmings was not part of my particular set, but I found that whenever I mentioned her to friends, they would know of her. Moreover, I would glimpse her from time to time at functions, or else, often, in the tea-rooms of the grander hotels. In any case, in one way or another, I ended up accumulating a fair amount of information concerning her career in London society.

How curious to recall a time when such vague second-hand impressions were all I knew of her! It did not take long to establish that there were many who did not regard her with approval. Even before the business of the broken engagement to Anthony Herriot-Lewis, it seemed she had made enemies on account of what many referred to as her 'forthrightness'. Friends of Herriot-Lewis – whose objectivity, to be fair, could hardly be counted on by this point – described how ruthlessly she had pursued the conductor. Others accused her of manipulating Herriot-Lewis's friends in order to get close to him. Her subsequent dropping of the conductor, after all her determined efforts, was viewed by some as puzzling, by others simply as conclusive evidence of her cynical motives. On the other hand, I came across plenty who spoke rather well of Miss Hemmings. She was frequently described as 'clever', 'fascinating', 'complicated'. Women in particular defended her right to break off an engagement, whatever her reasons. Even her defenders, however, agreed that she was a 'terrible snob of a new sort'; that she did not consider a person worthy of respect unless he or she possessed a celebrated name. And I must say, observing her from afar as I did that year, I came across little to counter such claims. Indeed, I sometimes got the impression she was unable properly to breathe anything other than the air surrounding the most distinguished persons. For a time she became linked with Henry Quinn, the barrister, only to distance herself again after his failure in the Charles Browning case. Then there came rumours of her growing friendship with James Beacon, who at that time was a rising young government minister. In any case, by this point, it had become abundantly clear to me what the silver-haired man had meant when he had declared there was little point in a 'chap like me' pursuing Miss Hemmings. Of course, I had not really understood his words at the time. Now that I did so, I found myself following Miss Hemmings's activities with a peculiar interest that year. For all that, I did not actually speak to her until one afternoon almost two years after I first saw her at the Charingworth Club.

I had been taking tea at the Waldorf Hotel with an acquaintance when some business had suddenly called him away. I was thus sitting there by myself on the floor of the Palm Court, indulging in the scones and jam, when I noticed Miss Hemmings, also sitting alone, up at one of the balcony tables. As I have said, this was by no means the first time I had glimpsed her at such places, but that afternoon things were different. For this was barely a month after the conclusion of the Mannering case, and I was still on something of a cloud. Certainly, that period after my first public triumph was a heady one: many new doors suddenly opened to me; invitations poured in from entirely new sources; those who previously had been no more than pleasant to me exclaimed with great enthusiasm when I entered a room. It is no wonder I lost my bearings a little.

In any case, on that afternoon at the Waldorf, I found myself rising and making my way up to the balcony. I am not sure what

I expected. It is again typical of my smugness of those days that I did not stop to consider if Miss Hemmings would really be so delighted to make my acquaintance. Perhaps a flicker of doubt did cross my mind as I strolled past the pianist and approached the table where she sat reading her book. But I remember feeling rather pleased with the way my voice came out, urbane and jocular, as I said:

'Excuse me, but I thought it time I introduced myself to you. We have so many mutual friends. I'm Christopher Banks.'

I managed to pronounce my name with a flourish, but already by this point, my assurance had started to fade. For Miss Hemmings was looking up at me with a cold, searching gaze. And in the silence that followed, she gave a quick glance back to her book, as though it had let out a groan of complaint. Finally she said, in a voice filled with bafflement:

'Oh yes? How do you do?'

'The Mannering case,' I said, foolishly. 'You might have read about it.'

'Yes. You investigated it.'

It was this utterance, made so matter-of-factly, which quite threw me off my balance. For she had spoken with no note whatsoever of realisation; it was simply a flat statement implying that she had been quite aware of my identity all along, and that she was still far from being enlightened as to why I was standing beside her table. Suddenly I felt the giddy elation of the past weeks evaporating. And I believe it was then, as I let out a nervous laugh, it occurred to me that the Mannering case, for all the self-evident brilliance of my investigation, for all the praise of my friends, somehow did not carry as much importance in the wider world as I had assumed.

It is quite possible we had a perfectly civil exchange before I began my retreat back down to my own table. And it seems to me today that Miss Hemmings was more than entitled to respond as she did; how absurd to have imagined something like the Mannering case would be sufficient to impress her! But I remember, once I had sat down again, feeling both angry and dejected. The thought came to me that I had not only just made an ass of myself with Miss Hemmings, but that I had perhaps been doing so continuously throughout the previous month; that my friends, for all their congratulations, had been laughing at me.

By the following day, I had come to accept that I fully deserved the jolt I had received. But this episode at the Waldorf probably did arouse in me feelings of resentment towards Miss Hemmings which I never fully shook off – and which undoubtedly contributed to yesterday evening's unfortunate events. At the time though, I tried to see the whole incident as providential. It had, after all, brought home to me how easy it was to become distracted from one's most cherished goals. My intention was to combat evil – in particular, evil of the insidious, furtive kind – and as such had little to do with courting popularity within society circles.

I began thereafter to socialise far less and became more deeply immersed in my work. I studied notable cases from the past, and absorbed new areas of knowledge that might one day prove useful. Around this time, too, I began scrutinising the careers of various detectives who had established their names, and found I could discern a line between those reputations that rested on solid achievement, and those that derived essentially from a position within some influential set; there was, I came to see, a true and a false way for a detective to gain renown. In short, much as I had been excited by the offers of friendship extended to me following the Mannering affair, I did, after that encounter at the Waldorf, remember again the example set by my parents, and I resolved not to allow frivolous preoccupations to deflect me.

Chapter Two

Since I am now recalling that period in my life following the Mannering case, it is perhaps worth mentioning here my unexpected reunion with Colonel Chamberlain after all those years. It is perhaps surprising, given the role he played at such a pivotal juncture in my childhood, that we had not kept in closer contact. But for whatever reason, we had failed to do so, and when I did meet him again – a month or two after that encounter with Miss Hemmings at the Waldorf – it was quite by chance.

I was standing in a bookshop on the Charing Cross Road one rainy afternoon, examining an illustrated edition of *Ivanhoe*. I had been aware for some time of someone hovering close behind me, and assuming he was wishing access to that part of the shelf, had moved aside. But then when the person continued to loiter around me, I finally turned.

I recognised the colonel immediately, for his physical features had hardly changed. However, through adult eyes, he appeared to me meeker and shabbier than the figure from my boyhood. He was standing there in a mackintosh, regarding me shyly, and only when I exclaimed: 'Ah, Colonel!' did he smile and hold out his hand.

'How are you, my boy? I was sure it was you. My goodness! How are you, my boy?'

Although tears had appeared in his eyes, his manner remained awkward, as though he were afraid I might be annoyed at this reminder of the past. I did my best to convey delight at seeing him again, and as a downpour commenced outside, we stood there exchanging conversation in the cramped bookshop. I discovered that he was still living in Worcestershire, that he had come to London to attend a funeral and had decided 'to make a few days of it'. When I asked where he was staying, he answered vaguely, leading me to suspect he had taken modest lodgings. Before parting, I invited him to dine with me the following evening, a suggestion he took up with enthusiasm, though he seemed taken aback when I mentioned the Dorchester. But I continued to insist – 'It's the least I can do after all your past kindness,' I had pleaded – until finally he gave in.

Looking back now, my choice of the Dorchester strikes me as the height of inconsideration. I had, after all, already surmised that the colonel was short of funds; I should have seen too how wounding it would be for him not to pay at least his half of the bill. But in those days such things never occurred to me; I was much too concerned, I suspect, about impressing the old man with the full extent of my transformation since he had last seen me.

In this latter aim, I was probably rather successful. For as it happened, I had just around that point been taken to the Dorchester on two occasions, so that on the evening I met Colonel Chamberlain there, the *sommelier* greeted me with a 'nice to see you again, sir'. Then, after he had witnessed me exchanging witticisms with the *maître d'* as we started on our soup, the colonel broke into sudden laughter.

'And to think,' he said, 'this is the same little squirt I had snivelling at my side on that boat!'

He gave a few more laughs, then broke off abruptly, perhaps fearing he should never have alluded to the subject. But I smiled calmly and said:

'I must have been a trial to you on that trip, Colonel.'

The old man's face clouded for a moment. Then he said solemnly: 'Considering the circumstances, I thought you were extremely brave, my boy. Extremely brave.'

At this stage, I recall, there was a slightly awkward silence, which was broken when we both commented on the fine flavour of our soup. At the next table, a large lady with much jewellery was laughing gaily, and the colonel glanced rather indiscreetly towards her. Then he appeared to come to a decision.

'You know, it's funny,' he said. 'I was thinking about it, before I came out tonight. That time you and I first met. I wonder if you remember, my boy. I don't suppose you do. After all, you had so much else on your mind then.'

'On the contrary,' I said, 'I have the most vivid memory of the occasion.'

This was no lie. Even now, if I were for a moment to close my eyes, I could with ease transport myself back to that bright morning in Shanghai and the office of Mr Harold Anderson, my father's superior in the great trading company of Morganbrook and Byatt. I was sitting in a chair that smelt of polished leather and oak, the sort of chair normally found behind some impressive desk, but which, on this occasion, had been pulled out into the centre of the room. I could sense it was a chair reserved for only the most important of personages, but on this occasion, owing to the gravity of the circumstances, or perhaps as a sort of consolation, it had been given to me. I can remember that, no matter how I tried, I could not find a dignified way to sit in it; in particular, I could discover no posture which would enable me to keep both elbows at once upon its finely carved arms. Moreover, I had on that morning a brand new jacket made from some coarse grey material – where it had come from, I do not know – and I was most self-conscious about the ugly way I had been made to button it almost to my chin.

The room itself had tall grand ceilings, a large map on one wall, and behind Mr Anderson's desk, great windows through which the sun was beating and a breeze blowing. I should think there were ceiling fans moving above me, though I do not actually remember this. What I do remember is that I was sitting in that chair in the middle of the room, the centre of solemn concern and discussion. All around me, adults were conferring, most of them on their feet; sometimes a few would drift over to the windows, their voices lowering as they argued a point. I remember too being surprised by the way Mr Anderson himself, a tall greying man with a large moustache, behaved towards me as though we were old friends – so much so that for a while I assumed we had known each other when I was younger and that I had forgotten him. Only much later did I ascertain that we could not possibly have met until that morning. In any case, he had assumed for himself the role of uncle, continually smiling at me, patting my shoulder, nudging me and winking. Once he offered me a cup of tea, saying: 'Now, Christopher, this will cheer you up,' and had bent right down to peer at me as I had taken it. After that came more murmuring and conferring around the room. Then Mr Anderson appeared in front of me again and said:

'So then, Christopher. It's all decided. This is Colonel Chamberlain. He's most kindly agreed to see you safe to England.'

I remember at this point a hush descending over the room. In fact, my impression was that all the adults shrank back until they were lining the walls like spectators. Mr Anderson too withdrew with a final encouraging smile. It was then that I first laid eyes on Colonel Chamberlain. He came up to me slowly, bent down to look into my face, then held out his hand. I had a feeling I should stand up to shake it, but he had thrust it out so quickly, and I had felt so fixed to that chair, that I had grasped his hand still sitting. Then I remember him saying:

'My poor lad. First your father. Now your mother. Must feel like the whole world's collapsed around your ears. But we'll go to England tomorrow, the two of us. Your aunt's waiting for you there. So be brave. You'll soon pick up the pieces again.'

For a moment I was quite unable to find my voice. When I finally did so, I said: 'It's awfully kind of you, sir. I'm very grateful for your offer, and I hope you don't think me very rude. But if you don't mind, sir, I think I oughtn't to go to England just now.' Then, when the colonel did not respond immediately, I went on:

'Because you see, sir, the detectives are working extremely hard to find my mother and father. And they're the very best detectives in Shanghai. I think they're bound to find them very soon.'

The colonel was nodding. 'I'm sure the authorities are doing everything possible.'

'So you see, sir, though I very much appreciate your kindness, I think my going to England, it won't be necessary after all.'

I remember a murmur passing around the room at this point. The colonel went on nodding, as though weighing things up carefully.

'You may well be right, my boy,' he said eventually. 'I sincerely hope you are. But just in case, why don't you come with me anyway? Then once your parents are found, they can send for you. Or who knows? Perhaps they'll decide to come to England too. So what do you say? Let's you and me go to England tomorrow. Then we can wait and see what happens.'

'But you see, sir, excuse me. But you see, the detectives looking for my parents. They're the *very best* detectives.'

I am not sure what exactly the colonel said to this. Perhaps he just went on nodding. In any case, the next moment, he leaned in even closer to me and placed a hand on my shoulder.

'Look here. I realise how it must feel. Entire world's collapsed about your ears. But you've got to be brave. Besides, your aunt in England. She's expecting you, don't you see? Can't very well let the lady down at this stage, can we?'

When, sitting over our soup that evening, I related to him my memory of these last words of his, I rather expected him to laugh. Instead, he said solemnly:

'I felt so sorry for you, my boy. So terribly sorry.' Then perhaps sensing he had misjudged my mood, he gave a short laugh and said more lightly: 'I remember waiting at the harbour with you. I kept saying: "Look here, we're going to have a lot of fun on that ship, aren't we? We're going to have a jolly good time." And you just kept saying: "Yes, sir. Yes, sir. Yes, sir."'

I allowed him, for the next several minutes, to drift through reminiscences concerning various of his old acquaintances who had been present in Mr Anderson's office that morning. Without exception, their names meant nothing to me. Then the colonel paused and a frown crossed his face.

'As for that Anderson himself,' he said eventually, 'that chap always gave me an uneasy feeling. Something fishy about him. There was something fishy about the whole damn business, if you ask me.'

No sooner had he said this than he looked up at me with a start. Then before I could respond, he began to talk again rapidly, moving us on to what he no doubt considered the safer territory of our voyage to England. Before long, he was chuckling to himself as he recounted memories of our fellow passengers, the ship's officers, amusing little incidents I had long forgotten or had not registered in the first place. He was enjoying himself and I encouraged him to do so, often pretending to remember something just to please him. However, as he continued with these reminiscences, I found myself becoming somewhat irritated. For gradually, from behind his cheerful anecdotes, there was emerging a picture of myself on that voyage to which I took exception. His repeated insinuation was that I had gone about the ship withdrawn and moody, liable to burst into tears at the slightest thing. No doubt the colonel had an investment in giving himself the role of an heroic guardian, and after all this time, I saw it was as pointless as it was unkind to contradict him. But as I say, I began to grow steadily more irritated. For according to my own, quite clear memory, I adapted very ably to the changed realities of my circumstances. I remember very well that, far from being miserable on that voyage, I was positively excited about life aboard the ship, as well as by the prospect of the future that lay before me. Of course, I did miss my parents at times, but I can remember telling myself there would always be other adults I would come to love and trust. In fact, there were a number of ladies on the voyage who had heard what had happened to me and who, for a time, came fussing around me with pitying expressions, and I can recall feeling much the same irritation with them as I did towards the colonel that evening at the Dorchester. The fact was, I was not nearly as distressed as the adults around me seemed to suppose. As far as I can recall, there was only a single instance during the whole of that long voyage when I might conceivably have merited that title of 'snivelling little squirt', and even that occurred on the very first day of our journey.

The sky that morning was overcast, the waters around us very muddy. I was standing on the deck of the steamer gazing back towards the harbour, towards the messy shoreline of boats, gangplanks, mud huts, dark wood jetties, behind them the large buildings of the Shanghai Bund, all now fading together into a single blur.

'Well, lad?' the colonel's voice had said near me. 'Think you'll be back again one day?'

'Yes, sir. I expect I'll come back.'

'We'll see. Once you're settled in England, I dare say you'll forget all this quickly enough. Shanghai's not a bad place. But eight years is about as much as I can take of it, and I expect *you*'ve had about as much as you need. Much more, you'll be turning into a Chinaman.'

'Yes, sir.'

'Look here, old fellow. You really ought to cheer up. After all, you're going to England. You're going home.'

It was this last remark, this notion that I was 'going home', which caused my emotions to get the better of me for – I am certain of this – the first and last time on that voyage. Even then, my tears were more of anger than sorrow. For I had deeply resented the colonel's words. As I saw it, I was bound for a strange land where I did not know a soul, while the city steadily receding before me contained all I knew. Above all, my parents were still there, somewhere beyond that harbour, beyond that imposing skyline of the Bund, and wiping my eyes, I had cast my gaze towards the shore one last time, wondering if even now I might catch sight of my mother – or even my father – running on to the quay, waving and shouting for me to return. But I was conscious even then that such a hope was no more than a childish indulgence. And as I watched the city that had been my home grow less and less distinct, I remember turning to the colonel with a cheerful look and saying: 'We should be reaching the sea fairly soon, don't you think so, sir?'

But I believe I managed to betray none of my irritation with the colonel that evening. Certainly, by the time he boarded a taxi-cab in South Audley Street, and we said our farewells, he was in a splendid mood. It was only when I heard of his death just over a year later that I felt somewhat guilty I had not been warmer towards him that evening at the Dorchester. He had, after all, once done me a good turn, and from all I had observed, had been a very decent man. But I suppose the role he had played in my life – the fact of his being so overwhelmingly associated with what happened at that point – will ensure he remains for ever an ambivalent figure in my memory.

For at least three or four years after that Waldorf episode, Sarah Hemmings and I had little to do with one another. I remember seeing her once during this period at a cocktail party in a flat in Mayfair. The event was very crowded, but I did not know many of those there and had decided to leave early. I was making my way towards the door, when I spotted Sarah Hemmings talking with someone, standing directly in my path. My first instinct was to turn and go another way. But this was around the time of my success with the Roger Parker case, and it did occur to me to wonder if Miss Hemmings would still dare to be quite so high-handed as she had been at the Waldorf a few years earlier. I thus continued to squeeze my way past the guests and made sure to pass right in front of her. As I did so, I saw her gaze move to check over my features. A look of bemusement crossed her face as she struggled to remember who I was. Then I saw recognition dawn, and without a smile, without a nod, she turned her gaze back to the person to whom she was talking.

But I hardly gave such an incident any thought. For it came during a period when I was deeply engrossed in many challenging cases. And although this was still a good year before my name acquired anything of the standing it has today, I was already beginning to appreciate for the first time the scale of responsibility that befalls a detective with any sort of renown. I had always understood, of course, that the task of rooting out evil in its most devious forms, often just when it is about to go unchecked, is a crucial and solemn undertaking. But it was not until my experience of such cases as the Roger Parker murder that it came home to me just how much it means to people – and not only those directly concerned, but the public at large – to be cleansed of such encroaching wickedness. As a result, I became more determined than ever not to be diverted by the more superficial priorities of London life. And I began to understand, perhaps, something of what had made it possible for my parents to take the stand they had. In any case, the likes of Sarah Hemmings did not much impinge on my thoughts during that time, and it is even possible I would have forgotten of her existence altogether had I not run into Joseph Turner that day in Kensington Gardens.

I was at that time investigating a case in Norfolk and had returned to London for a few days with the intention of studying the extensive notes I had made. It was while I was strolling around Kensington Gardens one grey morning, pondering the many curious details surrounding the victim's disappearance, that I was hailed from afar by a figure I quickly recognised to be Turner, a man I had come to know vaguely from my social rounds. He came hurrying up to me, and after asking why I was so rarely 'seen about the place these days', invited me to a dinner he and a friend were giving in a restaurant that evening. When I politely declined on the grounds that my present case was demanding all my time and attention, he said:

'Shame. Sarah Hemmings is coming along, and she's so wanting to have a good chat with you.'

'Miss Hemmings?'

'Remember her, don't you? She certainly remembers you. Said you got to know each other a bit a few years ago. She's always complaining how you're no longer to be found.'

Resisting the urge to make some comment, I said simply: 'Well, please do give her my good wishes.'

I left Turner fairly promptly after that, but on returning to my desk I confess I found myself somewhat distracted by this report of Miss Hemmings's wishing to see me. In the end, I told myself that in all likelihood Turner had made some mistake; or at the least, was exaggerating his point in an effort to entice me to his dinner. But then over the following months a number of similar reports reached my ears. Sarah Hemmings had been heard expressing annoyance at how, despite our once having been friends, I had now become impossible for her to find. I heard from several sources, moreover, how she was threatening to 'ferret me out'. Then finally, last week, while I was staying in the village of Shackton, in Oxfordshire, to investigate the Studley Grange business, Miss Hemmings turned up in person, presumably with the intention of doing just that.

I had found the walled garden – containing the pond where Charles Emery's body had been discovered – in the lower grounds of the house. Four stone steps had brought me down into a rectangular space so perversely sheltered from the sun that even on that bright morning everything around me was in shadow. The walls themselves were covered with ivy, but somehow one could not avoid the impression of having stepped into a roofless prison cell.

The pond dominated this enclosure. Though several people had told me it contained goldfish, I could see no sign of life; in fact, it was hard to imagine how anything could thrive in such dank water – a fitting place indeed to discover a corpse. Surrounding the pond was a circle of square mossy slabs embedded into the mud. I would suppose I had been examining this area for about twenty minutes – I was on my front, scrutinising with my magnifying glass one of the slabs that projected over the water – when I became conscious of someone observing me. At first I assumed this to be some family member wishing yet again to pester me with questions. Since earlier I had insisted on uninterrupted time, I decided, at the cost of appearing rude, to pretend not to have noticed anything.

Then eventually I heard the sound of a shoe scraping on stone somewhere near the entrance to the garden. By then it was starting to seem unnatural that I should remain on my belly for such a long time, and in any case, I had exhausted the investigations I could usefully carry out in such a posture. Moreover, I had not entirely forgotten I was lying at almost the exact spot where a murder had been committed, and that the murderer was still at large. A chilly sensation passed through me as I clambered to my feet, and dusting my clothes, turned to face the intruder.

The sight of Sarah Hemmings did of course rather surprise me, but I am sure nothing unusual showed on my face. I had set my features to convey annoyance, and I would suppose that is what she saw, for her opening words to me were:

'Oh! Didn't mean to spy on you. But it seemed too good an opportunity. To watch the great man at his work, I mean.'

I searched her face carefully, but could detect no sarcasm. Nevertheless, I kept my voice cold as I said: 'Miss Hemmings. This is most unexpected.'

'I heard you were here. I'm spending a few days with my friend in Pemleigh. It's only just up the road.'

She paused, no doubt expecting me to respond. When I remained silent, she showed no sign of being perturbed, but instead came walking towards me.

'I'm quite a good friend of the Emerys, did you know?' she continued. 'Awful business, this murder.'

'Yes, awful.'

'Ah. So you too believe it to be murder. Well, I suppose that sort of clinches it. Do you have a theory, Mr Banks?'

I gave a shrug. 'I've formed a few ideas, yes.'

'It's too bad for the Emerys they didn't think to ask you for help when it all first happened last April. I mean to say, bringing Celwyn Henderson on to a case like this! What did they expect? That man should have been put out to pasture long ago. Just shows you how out of touch people get living out here. Anyone in London could have told them all about you, of course.'

This last remark did, I have to confess, intrigue me somewhat, so that after a moment's hesitation, I found myself asking her: 'Excuse me, but told them what, exactly?'

'Why, that you're the most brilliant investigative mind in England, of course. We could all have told them that last spring, but the Emerys – it's taken them this long to cotton on. Better late than never, perhaps, but I suppose the trail's gone rather cold for you by now.'

'As it happens, there are some advantages in coming to a case after some time has elapsed.'

'Really? How fascinating. I always thought it was essential to get there quick, to pick up the scent, you know.'

'On the contrary, it's never too late to, as you put it, pick up the scent.'

'But isn't it so depressing, how this crime's eaten away at people's spirits here? And not just the household. It's the whole of Shackton that's started to rot. This used to be a happy and thriving market town. Now look at them, they barely meet each other's eyes. This whole business has dragged them down into a mire of suspicion. I tell you, Mr Banks, if you can solve this thing, they'll remember you here for ever.'

'Do you really think so? That would be curious.'

'No doubt about it. They'd be so grateful. Yes, they'll be talking about you here for *generations*.'

I let out a short laugh. 'You seem to know the village well, Miss Hemmings. And I thought you spent all your time in London.'

'Oh, I can only take so much of London, then I've just got to come away. I'm not a city girl at heart, you know.'

'You surprise me. I always thought you were much drawn to city life.'

'You're quite right, Mr Banks.' A note of resentment had come into her voice, as though I had tricked her into a corner.

'Something does draw me to the city. It does have its . . . its attractions for me.' For the first time, she turned away from me and glanced around the walled garden. 'Which reminds me,' she said. 'Well, to be honest, it doesn't remind me at all. Why should I pretend? I've been thinking of it all the time we've been talking. I wanted to ask a favour of you.'

'And what's that, Miss Hemmings?'

'Reliable sources tell me you've been invited to this year's Meredith Foundation dinner. Is that right?'

I paused slightly before replying: 'Yes. That's correct.'

'Quite a thing, to be invited at your age. I've heard this year it's in honour of Sir Cecil Medhurst.'

'Yes, I believe so.'

'I've heard too that Charles Wolfe is expected to attend.'

'The violinist?'

She laughed brightly. 'Does he do something else? And Thomas Byron too, apparently.'

She had become visibly excited, but now she once again turned away and gazed at our surroundings with a slight shudder.

'Did you say,' I asked eventually, 'you wished me to grant you a favour?'

'Oh yes, yes. I wanted you to . . . I wished you to ask me to accompany you. To the Meredith Foundation dinner.'

She was now holding me with an intense look. It took me a moment to find a response, but when I did so, I spoke quite calmly.

'I'd like to oblige you, Miss Hemmings. But unfortunately I've already replied to the organisers some days ago. I fear it'll be rather late to inform them of my wish to bring a guest . . .'

'Nonsense!' she broke in angrily. 'Yours is the name on everyone's lips just now. If you wish to bring a companion, they'd be only too pleased. Mr Banks, you aren't about to let me down, are you? That would be quite unworthy of you. After all, we've been good friends for some time now.'

It was this last remark – reminding me as it did of the actual history of our 'friendship' – that brought me back to myself.

'Miss Hemmings,' I said with finality, 'this is hardly a favour within my power to grant.'

But there was now a determined look in Sarah Hemmings's eyes.

'I know all the details, Mr Banks. At Claridge's Hotel. Next Wednesday evening. I mean to be there. I shall look forward to the evening, and I shall be waiting for you in the lobby.'

'The lobby of Claridge's is, as far as I'm aware, open to respectable members of the public. If you choose to stand there next Wednesday evening, there is nothing I can do to prevent you, Miss Hemmings.'

She looked at me very carefully, now uncertain about my intentions. Finally she said: 'Then you shall most certainly see me there next Wednesday, Mr Banks.'

'As I've said, that is your affair, Miss Hemmings. Now, if you'll excuse me.'

Chapter Three

It took no more than a few days to unravel the mystery of Charles Emery's death. The matter did not attract publicity on the scale of some of my other investigations, but the deep gratitude of the Emery family – indeed, of the whole community of Shackton – made the case as satisfying as any thus far in my career. I returned to London in a glow of well-being and consequently failed to give much thought to my encounter with Sarah Hemmings in the walled garden on that first day of the investigation. I would not say I forgot entirely her declared intentions regarding the Meredith Foundation dinner, but as I say, I was in a triumphant frame of mind and I suppose I chose not to dwell on such things. Perhaps deep down I believed her 'threat' to have been no more than a ploy of the moment.

In any case, when I stepped out of my taxicab outside Claridge's yesterday evening, my thoughts were elsewhere. I was, for one thing, reminding myself that my recent triumphs had more than entitled me to my invitation; that far from questioning my presence at such a gathering, other guests were likely to press me eagerly for inside information regarding my cases. I was reminding myself too of my resolution not to leave the proceedings prematurely, even if it meant putting up with the odd period of standing about alone. As I entered that grand lobby, then, I was quite unprepared for the sight of Sarah Hemmings waiting there with a smile.

She was dressed rather impressively in a dark silk dress and discreet but elegant jewellery. Her manner as she came towards me was utterly assured, so much so that she even found time to smile a greeting to a couple walking past us.

'Ah, Miss Hemmings,' I said, while in my mind I tried hurriedly to retrieve all that had passed between us that day at Studley Grange. At that moment, I must confess, it seemed to me perfectly possible she had every right to expect me to offer my arm and lead her inside. No doubt, she sensed my uncertainty and appeared to grow even more confident.

'Dear Christopher,' she said, 'you're looking quite dashing. I'm overcome! Oh, and I haven't had a chance to congratulate you. That was so marvellous, what you did for the Emerys. It was ever so clever of you.'

'Thank you. It was hardly such a complicated matter.'

She had now taken my arm and had she at that instant moved towards the footman directing dinner guests towards the staircase, I am sure I would have been powerless to do anything other than her bidding. But here, I see now, she made an error. Perhaps she wished to savour the moment; perhaps her audacity had for a second given out. In any case, she made no move to proceed upstairs, but instead, gazing at the other guests filing into the lobby, said to me:

'Sir Cecil hasn't arrived yet. I do hope I shall get a chance to speak to him. So fitting he's the one being honoured this year, don't you think?'

'Indeed.'

'You know, Christopher, I don't suppose it will be so many years until we'll all be here to honour *you*.'

I laughed. 'I hardly think . . .'

'No, no. I feel sure of it. All right, we might have to give it a few more years. But the day will come, you'll see.'

'It's kind of you to say so, Miss Hemmings.'

She continued to hold my arm as we stood there talking. Not infrequently, someone passing would smile or utter a greeting to one or the other of us. And I have to say, I found I was rather enjoying the notion of all these people – many of them very distinguished – seeing me arm in arm with Sarah Hemmings. I fancied I saw in their eyes, even as they greeted us, the idea: 'Oh, she's caught *him* now, has she? Well, that's natural enough.' Far from making me feel foolish or in any way humiliated, this notion rather filled me with pride. But then suddenly – and I am not sure what caused this – quite without warning I began to feel a great fury towards her. I am sure there was no detectable change in my manner at that moment and for a few minutes more we went on chatting amiably, nodding the occasional greeting to a passing guest. But when I unlinked her arm from mine and turned to her, I did so with a steely resolve.

'Well, Miss Hemmings, it was very good to see you again. But now I must leave you and go up to this function.'

I gave a slight bow and began to move away. This clearly took her by surprise, and if she had ready some strategy for my failing to co-operate, she was for the moment unable to act on it. Only when I had gone several paces from her, and had in fact fallen in step with an elderly couple who had greeted me, did she suddenly come rushing up.

'Christopher!' she said in a frantic whisper. 'You wouldn't dare! You promised me!'

'You know I did nothing of the sort.'

'You wouldn't dare! Christopher, you wouldn't!'

'I wish you a pleasant evening, Miss Hemmings.'

Turning away from her – and also, incidentally, from my elderly companions, who were doing their best to hear nothing – I began to make my way rapidly up the great staircase.

On reaching the upper level, I was ushered into a brightly lit anteroom. There I duly joined a line of guests filing past a desk, behind which sat a uniformed man with a frosty face, checking people's names against a register. When it came to my turn, I was gratified to see a flicker of excitement cross the frosty man's face as he ticked off my name. I signed the guest book, then moved on towards a doorway leading into a large room, within which, I could see, there was already a sizeable crowd of guests. As I crossed the threshold and the hubbub engulfed me, a tall man with a thick dark beard greeted me and shook my hand. I supposed he was one of the evening's hosts, but I failed to register much of what he said to me because, to be frank, I was at that moment finding it hard to think about anything other than what had just occurred downstairs. I was experiencing a curiously hollow sensation, and I had to remind myself that I had not in any way ensnared Miss Hemmings; that any humiliation that had befallen her was entirely of her own making.

But as I parted from the bearded man and drifted further into the room, Sarah Hemmings continued to dominate my thoughts. I was vaguely aware of a waiter approaching me with a tray of aperitifs; of various people turning to greet me. At some point I fell into conversation with a group of three or four men – all of whom turned out to be scientists, and who seemed to know who I was. Then, when I had been in the room for perhaps fifteen minutes, I sensed a slight change in the atmosphere, and looking about me, perceived from the glances and murmurs all around that some sort of commotion was occurring near the doorway through which we had entered.

No sooner had I noted this than a sense of grave foreboding came over me and my first impulse was to escape deeper into the room. But it was as though some mysterious force were pulling me back to the doorway, and I soon found myself once more beside the bearded man – who at that moment was standing with his back to the reception, watching with a pained expression the drama unfolding in the anteroom.

Peering past him, I ascertained that Miss Hemmings was indeed at the heart of the disturbance. She had brought to a halt the procession of guests signing in their names at the desk. She was not shouting exactly, but seemed quite beyond caring who heard her. I watched her shake off an elderly hotel employee trying to restrain her; then, leaning right over the desk so as to glare all the more intently at the frosty-faced man still sitting there as before, she said in a voice close to a sob:

'But you simply have no idea! I simply *must* go in, don't you see? I have so many friends in there, I *belong* in there, I really do! Oh, do be reasonable!'

'I really am sorry, Miss . . .' the frosty-faced man began. But

Sarah Hemmings, whose hair had tumbled over one side of her face, did not let him finish.

'It's all the most silly mix-up anyway, don't you see? That's all it is, the most silly old mix-up! And just because of that, you're being beastly, I can't believe it! I just can't believe it . . .'

All of us witnessing this scene seemed for a moment united in frozen embarrassment. Then the bearded man regained his wits and strode into the anteroom with authority.

'What has occurred?' he said soothingly. 'My dear young lady, has there been some error? There, there, we'll sort it out, I'm sure. I'm at your disposal.' Then he gave a start and exclaimed: 'Why, it's Miss Hemmings, isn't it?'

'Of course it is! It's me! Don't you see? This man's being so beastly to me . . .'

'But Miss Hemmings, my dear young lady, there's no need to upset yourself like this. Come, let's go over here a moment . . .'

'No! No! You won't turn me away! I won't have it! I tell you I must, I absolutely *must* go in! I've dreamt of it for so long . . .'

'Surely, something can be done for the young lady,' a man's voice said from among the bystanders. 'Why be so petty? If she's taken the trouble to come here, why can't she be allowed in?'

This produced a general murmur of assent, though I noticed too some faces set in disapproval. The bearded man hesitated, then appeared to decide that his priority was to bring the scene to an end.

'Well perhaps, in this particular case . . .' Then turning to the frosty-faced man behind the desk, he went on: 'I'm sure we can find a way to accommodate Miss Hemmings, don't you think, Mr Edwards?'

I would have lingered further, but throughout this exchange I had been seized by the fear that, at any stage, Miss Hemmings might notice me and draw me into this unseemly spectacle with an accusation. In fact, just as I began to retreat, she did for one second gaze straight at me. But she did nothing, and the next moment her anguished eyes were back on the bearded man. I took the opportunity to hurry away.

For the next twenty minutes or so, I confined myself to those areas of the ballroom furthest from the doorway. A surprising number of those present appeared needlessly overawed by the occasion, so much so that most of the conversations – those I could hear around me as well as those I took part in – consisted almost entirely of mutual compliments. Once the compliments had been exhausted, people would resort to eulogising the guest of honour. At one stage, after one such speech listing exhaustively Sir Cecil Medhurst's achievements, I said to the elderly man who had just made it:

'I wonder if Sir Cecil has arrived yet?' [redacted]

My companion indicated with his [redacted] way across the room the tall figure [redacted] stooped in conversation with two [redacted] just as I was looking over at him, I [redacted] emerge through the crowd, making straight for him.

There was now no trace left of the pitiful creature from the anteroom. She looked positively radiant. As I watched, she strode up to Sir Cecil with not a hint of hesitation and laid a hand on his arm.

The elderly man began to introduce me to someone, so that I was obliged for the moment to turn away. When I next looked towards Sir Cecil, I saw that the two middle-aged ladies were standing to one side, looking on with awkward smiles, and that Miss Hemmings had succeeded in engaging his complete attention. Even as I watched, Sir Cecil leant back his head to laugh loudly at something she was saying.

In time we were ushered into the banqueting hall and seated around a vast, long table under bright chandeliers. I was relieved to find that Miss Hemmings had been seated some way away from me, and for a while, I did rather enjoy the occasion. I chatted in turn to the ladies sitting on either side of me – both of whom, in their different ways, were quite charming – and the food was pleasantly sumptuous. But as the meal went on, I found myself leaning forward time and again to catch sight of Miss Hemmings further down the table, and I began yet again to rehearse in my head all the reasons why I had been entitled to behave as I had.

It is perhaps owing to such preoccupations that I cannot now remember much more concerning the dinner itself. Somewhere towards the end there were speeches; various personages stood up to heap praise on Sir Cecil for his contribution to world affairs, and in particular, for his role in building the League of Nations. Then finally, Sir Cecil himself rose to his feet.

His speech, as I recall it, was self-deprecating and optimistic. In hi [redacted] lass, and I saw a little f the great statesman dle-aged ladies. Then, Sarah Hemmings

struc- again r. The ward nical progress had run ahead of our organisational capacities. We had all surprised ourselves with the rapid development of our engineering might, and the consequent ability to wage war with modern weaponry, but now we had made good the gap. Having been reminded of the horrors that could be let loose among us, the forces of civilisation had prevailed and legislated. His speech was along some such lines, and we all applauded it heartily.

After dinner, the ladies did not leave us, but instead we were all asked to proceed through into the ballroom. There we found a string quartet playing, and waiters moving about with trays of liqueurs, cigars and coffee. The guests began immediately to circulate, and the atmosphere was far more relaxed than before dinner. At one point, I happened to catch Miss Hemmings's eye across the room, and was surprised to see her smile at me. My initial thought was that this was the smile of an enemy plotting some awful revenge; but then I continued to observe her as the evening went on, and decided I was wrong about this. I realised that Sarah Hemmings was utterly happy. After months, perhaps years of planning, she had succeeded in being at this place at this time, and having achieved her goal, she had

– much like, so we are told, a woman who has just given birth – consigned to oblivion all memories of the pain she had endured along the way. I watched her drifting from group to group, chatting amiably. It occurred to me I should go over and make my peace with her while her mood lasted, but then the possibility of her suddenly turning and creating another scene kept me a good distance from her.

It was perhaps half an hour into this portion of the evening when I was finally introduced to Sir Cecil Medhurst. I had been making no special efforts to meet him, but I suppose I might have been a little disappointed had I left the occasion without having exchanged any words at all with the illustrious statesman. As it was, it was he who was led up to me – by Lady Adams, whom I had met several months ago during an investigation. Sir Cecil grasped my hand warmly, saying: 'Ah, my young friend! So here you are!'

For a few minutes, we were left alone together in the middle of the room. All around us, by this time, there was a very lively hubbub, and when we exchanged the usual pleasantries, we were obliged to lean towards one another and raise our voices. At one point, he nudged me and said:

'All of that I was saying earlier at dinner. About this world being made a safer, more civilised place. I do believe it, you know. At least' – here he grasped my hand and gave me a droll look – 'at least, I'd *like* to believe it. Oh yes, I'd dearly love to believe it. But I don't know, my young friend. I don't know if in the end we'll be able to hold the line. We'll do what we can. Organise, confer. Get the greatest men from the greatest nations to put their heads together and talk. But there'll always be evil lurking around the corner for us. Oh yes! They're busy, even now, even as we speak, busy conspiring to put civilisation to the torch. And they're clever, oh, devilishly clever. Good men and women can do what they can, devote their lives to keeping them at bay, but I fear it won't be enough, my friend. I fear it won't be enough. The evil ones are much too cunning for your ordinary decent citizen. They'll run rings around him, corrupt him, turn him against his fellows. I see it, I see it all the time now and it will grow worse. That's why we'll need to rely more than ever on the likes of you, my young friend. The few on our side every bit as clever as they are. Who'll spot their game quickly, destroy the fungus before it takes hold and spreads.'

Possibly he was more than a little drunk; possibly the occasion had overwhelmed him. In any case, he went on in this vein for some time, clasping my arm emotionally as he spoke. And perhaps simply because this distinguished man was being so effusive – or perhaps it was that I had had it in my mind all evening to ask him some such thing – when at last he came to a halt, I said to him:

'Sir Cecil, I believe you've spent time recently in Shanghai.'

'Shanghai? Certainly, my friend. Been back and forth. What happens in China is crucial. We can no longer look just at Europe, you see. If we wish to contain chaos in Europe, we now have to look further afield.'

'I ask, sir, because I was born in Shanghai.'

'Is that so? Well, well.'

'I did just wonder, sir, if you came across an old friend of mine there. Of course, there's no real reason why you would have done. But his name is Yamashita. Akira Yamashita.'

'Yamashita? Hmm. Japanese, I take it. A lot of Japanese in Shanghai, of course. They have more influence there by the day. Yamashita, you say.'

'Akira Yamashita.'

'Can't say I came across him. Diplomatist or something?'

'Actually, sir, I wouldn't know. He was a childhood friend.'

'Oh, I see. In that case, do you know for sure he's still in Shanghai? Perhaps your man's left and gone back to Japan.'

'Oh no, I'm sure he's still there. Akira was very fond of Shanghai. Besides, he was determined never to return to Japan. No, I'm sure he'll still be there.'

'Well, I didn't come across him. Saw quite a lot of that chap Saito. And a few of the military fellows. But no one by that name.'

'Well . . .' I gave a laugh to cover my disappointment. 'It was always unlikely. But I did just wonder.'

Just at this moment, somewhat to my alarm, I realised that Sarah Hemmings was standing beside me.

'So you've finally cornered the great detective, Sir Cecil,' she said cheerily.

'Indeed, my dear,' the old gentleman replied, beaming at her. 'I was just telling him how we'll all have to depend on him in the years to come.'

Sarah Hemmings smiled at me. 'I have to say, Sir Cecil, I haven't always found Mr Banks to be *utterly* dependable. But perhaps he's the best we can do.'

I decided at this juncture that I should leave as quickly as possible, and pretending to notice someone across the room, I made my apologies and moved away.

I did not set eyes on Miss Hemmings again until some time later. By then, many of the guests had started to leave and the ballroom was less stuffy. Moreover, the waiters had opened a number of doors on to the balconies, so that a refreshing night breeze was blowing across the room. For all that, the evening had remained warm, and wishing for a little air, I drifted over to one of the balconies. I had all but stepped out on to it before I realised that Sarah Hemmings was already standing there, her back to the room, a cigarette in her holder, gazing out at the night sky. I started back, but then something told me, despite her not having stirred, that she had become aware of my presence. I thus made my way on to the balcony and said:

'So, Miss Hemmings. You've had your evening after all.'

'It's been the most marvellous evening,' she said without turning. She gave a contented sigh, drew on her cigarette, then gave me one quick smile over her shoulder before turning her gaze back to the night sky. 'It's exactly as I imagined it would be. All these marvellous people. Everywhere you care to glance. Marvellous people. And Sir Cecil, he's such a darling, don't you think? I had the most wonderful talk with Eric Mitchell about his exhibition. He's going to invite me to the private view next month.'

I said nothing to this, and for a few moments we continued simply to stand there side by side against the balcony rail. Curiously – perhaps it was to do with the string quartet, whose gentle waltz was drifting out to us – the silence was not as uncomfortable as one might have expected. Eventually she said:

'I suppose you're surprised at me.'

'Surprised?'

'At how determined I was. To get in here tonight.'

'I was surprised, yes.' Then I said: 'Why do you suppose it is, Miss Hemmings? That you should find it so imperative to seek out company such as this, tonight.'

'Imperative? You believe I find it imperative?'

'I would say so. And what I witnessed at the door earlier on might tend to support that view.'

Rather to my surprise, she responded with a light laugh, then gave me a smile. 'But why shouldn't I, Christopher? Why shouldn't I wish to be in company like this. Isn't it simply . . . heaven?'

When I remained silent, her smile faded.

'I suppose you rather disapprove of me,' she said, in a quite different voice.

'I merely remarked . . .'

'It's all right. You've every right. You find all of that, earlier on, you find it embarrassing, and you disapprove. But what else am I to do? I don't wish to look back at my life when I'm old and see something empty. I want to see something I can be proud of. You see, Christopher, I'm *ambitious*.'

'I'm not sure I quite understand you. You're under the impression you'll lead a more worthwhile life if you consort with famous people?'

'Is that really how you see me?'

She turned away, perhaps genuinely hurt, and drew again on her cigarette. I watched her staring down at the deserted street below, and at the white stucco-fronted buildings opposite. Then she said quietly:

'I can see it might look that way. At least to someone observing me with a cynical eye.'

'I hope I don't observe you in that way. It would upset me to think I did so.'

'Then you should try to be more understanding.' She turned to me with an intent expression, before looking away again. 'If my parents were alive today,' she said, 'they'd be telling me it's high time I was married. And perhaps it is. But I won't do what I've seen so many girls do. I won't waste all my love, all my energy, all my intellect – modest as that is – on some useless man who devotes himself to golf or to selling bonds in the City. When I marry, it will be to someone who'll really *contribute*. I mean to humanity, to a better world. Is that such an awful ambition? I don't come to places like this in search of famous men, Christopher. I come in search of distinguished ones. What do I care about a little embarrassment here and there?' – she waved towards the room – 'But I won't accept it's my fate to waste my life on some pleasant, polite, morally worthless man.'

'When you put it like that,' I said, 'I can see how you might see yourself as, well, almost a zealot.'

'In a way, Christopher, I do. Oh, what's that piece they're playing now? It's something I know. Is it Mozart?'

'I believe it's Haydn.'

'Oh yes, you're right. Yes, Haydn.' For several seconds, she looked at the sky and appeared to be listening.

'Miss Hemmings,' I said, eventually, 'I'm not proud of the way I behaved towards you earlier. In fact, I now very much regret it. I'm sorry. I hope you'll forgive me.'

She went on looking out into the night, stroking her cheek lightly with her cigarette holder. 'That's very decent of you, Christopher,' she said quietly. 'But I should be the one to apologise. I was just trying to use you, after all. Of course I was. I'm sure I made myself look dreadful earlier on, but I don't care about that. I do care, though, I treated you badly. You perhaps won't believe me, but it's true.'

I laughed. 'Well, then, let's both try and forgive each other.'

'Yes, let's.' She turned to me and her face suddenly broke into a smile that was almost childlike in its glee. Then a weariness fell over it once more and she turned back to the night. 'I often treat people badly,' she said. 'I suppose that comes with being ambitious. And not having so much time left.'

'Did you lose your parents long ago?' I asked.

'It seems like for ever. But in another way, they're always with me.'

'Well, I'm glad you enjoyed the evening, after all. I can only say again I'm sorry for my own part in it.'

'Oh look, everyone's leaving. What a pity! And I wanted to talk to you about all kinds of things. About your friend, for instance.'

'My friend?'

'The one you were asking Sir Cecil about. The one in Shanghai.'

'Akira? He was just a childhood friend.'

'But I could tell he was someone very important to you.'

I straightened and looked behind us. 'You're right. Everyone *is* leaving.'

'Then I suppose I should leave too,' she said. 'Otherwise my departure will be as much noticed as my entrance.'

But she made no move to go and in the end it was I who excused myself and went back into the room. At one point, when I glanced back, I thought she cut a lonely figure there on the balcony, smoking her cigarette into the night air, the room behind her fast emptying. It even ran through my mind I should go back and offer to escort her out of the proceedings. But then her mentioning Akira had slightly alarmed me, and I decided I had done sufficient for one evening towards improving relations between myself and Sarah Hemmings.

PART TWO

London, 15th May 1931

Chapter Four

At the rear of our garden in Shanghai, there was a grass mound with a single maple tree rising out of its summit. From the time Akira and I were around six years old, we enjoyed playing on and around that mound, and whenever I now think of my boyhood companion, I tend to remember the two of us running up and down its slopes, sometimes jumping right off where the sides were at their steepest.

From time to time, when we had worn ourselves out, we would sit panting at the top of the mound with our backs against the trunk of the maple tree. From this vantage point, we had a clear view over my garden and of the big white house standing at the end of it. If I close my eyes a moment, I am able to bring back that picture very vividly: the carefully tended 'English' lawn, the afternoon shadows cast by the row of elms separating my garden and Akira's; and the house itself, a huge white edifice with numerous wings and trellised balconies. I suspect this memory of the house is very much a child's vision, and that in reality, it was nothing so grand. Certainly, even at the time, I was conscious that it hardly matched the splendour of the residences round the corner in Bubbling Well Road. But the house was certainly more than adequate for a household comprising simply my parents, myself, Mei Li and our servants.

It was the property of Morganbrook and Byatt, which meant there were many ornaments and pictures around the place I was forbidden to touch. It meant also that from time to time, we would have boarding with us a 'house guest' – some employee newly arrived in Shanghai who had yet to 'find his feet'. I do not know if my parents objected to this arrangement. I did not mind at all, since usually a house guest would be some young man who brought with him the air of the English lanes and meadows I knew from *The Wind in the Willows,* or else the foggy streets of the Conan Doyle mysteries. These young Englishmen, no doubt eager to create a good impression, were inclined to indulge my lengthy questions and sometimes unreasonable requests. Most of them, it occurs to me, were probably younger then than I am today, and were probably all at sea so far from their home. But to me at the time, they were all of them figures to study closely and emulate.

But to return to Akira: there is a particular instance that now comes to mind from one such afternoon, after the two of us had been running frantically up and down that mound to enact one of our extended dramas. We were for a moment sitting down against the maple tree to recover our breath, and I was gazing across the lawn towards the house, waiting for my chest to stop heaving, when Akira said behind me:

'Be careful, old chip. Centipede. By your foot.'

I had clearly heard him say 'old chip', but did not at this point think anything of it. But having once used the phrase, Akira seemed rather pleased with it, and over the following several minutes, once we resumed our game, proceeded to address me so over and over: 'This way, old chip!' 'More fast, old chip!'

'Anyway, it's not old chip,' I told him in the end, during one of our disputes over how our game should proceed. 'It's old *chap.*'

Akira, as I knew he would, protested vigorously. 'Not at all. Not at all. Mrs Brown. She make me say again and again. Old chip. Old chip. Correct pronunciation, everything. She say old chip. She *teacher!*'

It was pointless to try to convince him; since starting his English lessons, he was immensely proud of his position within his family as the expert English speaker. All the same, I was unwilling to concede the point, and in the end the quarrel grew to such proportions, Akira simply stalked off in a fury, our game abandoned, through our 'secret door' – a gap in the hedge separating the two gardens.

On the next few occasions we played together, he did not call me 'old chip', or make any reference to this altercation on the mound. I had all but forgotten the matter when one morning a few weeks later, it came up again suddenly as we were walking back together along Bubbling Well Road past the grand houses and beautiful lawns. I cannot remember quite what I had just said to him. In any case, he responded by saying:

'Very kind of you, old chap.'

I remember resisting the temptation to point out that he had come round to my view. For by then I knew Akira well enough to realise he was not saying 'old chap' by way of a subtle admission that he had previously been wrong; rather, in some odd way we both understood, he was implying that *he* had always been the one to claim it was 'old chap'; that he was now merely reasserting his argument, and my lack of protest simply confirmed his conclusive victory. Indeed, for the rest of the afternoon, he continued to 'old chap' me with an ever more smug expression, as though to say: 'So you're no longer determined to be ridiculous. I'm glad you're seeing more sense.'

This kind of behaviour was not at all untypical of Akira, and though I always found it infuriating, for some reason I rarely made the effort to protest. In fact – and today I find this hard to explain – I felt a certain need to preserve such fantasies on Akira's behalf, and had, say, an adult tried to arbitrate in the 'old chip' dispute, I would just as likely have taken Akira's side.

I do not wish to imply by this that Akira dominated me, or that ours was in any sense an unbalanced friendship. I took as much initiative in our games, and if anything, made more of the crucial decisions. The fact was, I believed myself his intellectual superior, and at some level, Akira probably accepted this. On the other hand, there were various things that gave my Japanese friend great authority in my eyes. There were, for instance, his arm-locks – which he would often administer if I made statements that displeased him, or if during one of our dramas, I became resistant to adopting a particular plot-turn he was keen on. More generally, even though he was actually only a month my senior, I did have a sense that he was the more worldly. He did seem to know about many things I did not. There was, above all, his claim to having ventured on several occasions beyond the boundaries of the Settlement.

It is slightly surprising to me, looking back today, to think how as young boys we were allowed to come and go unsupervised to the extent that we were. But this was, of course, all within the relative safety of the International Settlement. I for one was absolutely forbidden to enter the Chinese areas of the city, and as far as I know, Akira's parents were no less strict on the matter. Out there, we were told, lay all manner of ghastly diseases, filth and evil men. The closest I had ever come to going out of the Settlement was once when a carriage carrying my mother and me took an unexpected route along that part of the Soochow creek bordering the Chapei district; I could see the huddled low rooftops across the canal, and had held my breath for as long as I could for fear the pestilence would come airborne across the narrow strip of water. No wonder then that my friend's claim to have undertaken a number of secret forays into such areas made an impression on me.

I remember quizzing Akira repeatedly about these exploits. The truth concerning the Chinese districts, he told me, was far worse even than the rumours. There were no proper buildings, just shack upon shack built in great proximity to one another. It all looked, he claimed, much like the marketplace in Boone Road, except that whole families were to be found living in each 'stall'. There were, moreover, dead bodies piled up everywhere, flies buzzing all over them, and no one there thought anything of it. On one occasion, Akira had been strolling down a crowded alley and had seen a man – some powerful warlord, he supposed – being transported on a sedan chair, accompanied by a giant carrying a sword. The warlord was pointing to whomever he pleased and the giant would then proceed to lop his or her head off. Naturally, people were trying to hide themselves the best they could. Akira, though, had simply stood there, staring defiantly back at the warlord. The latter had spent a moment considering whether to have Akira beheaded, but then obviously struck by my friend's courage, had finally laughed and, reaching down, patted him on the head. Then the warlord's party had continued on its way, leaving many more severed heads in its wake.

I cannot remember ever attempting to challenge Akira on any of these claims. Once I mentioned casually to my mother something about my friend's adventures beyond the Settlement, and I remember her smiling and saying something to cast doubt on the matter. I was furious at her, and thereafter I believe I carefully avoided revealing to her anything at all intimate concerning Akira.

My mother, incidentally, was one person Akira regarded with a peculiar awe. If, say, despite his having got me in an arm-lock, I was still loath to concede a point to him, I could always resort to declaring that he would have my mother to answer to. Of course, this was not something I liked to do readily; it rather hurt my pride to have to invoke my mother's authority at such an age. But on those occasions I was obliged to do so, I was always amazed by the transformation brought about – how the merciless fiend with the vice-like grip could turn in a second into a panic-stricken child. I was never sure why my mother should have such an effect on Akira; for although he was always exceedingly polite, he was on the whole unintimidated by adults. I could not, moreover, recall my mother ever having spoken to him in anything but a gentle and friendly way. I can remember pondering this question at the time, and various possibilities occurring to me.

I did, for a while, consider the notion that Akira regarded my mother as he did because she was 'beautiful'. That my mother was 'beautiful' was something I accepted, quite dispassionately, as fact throughout my growing up. It was always being said of her, and I believe I regarded this 'beautiful' as simply a label that attached itself to my mother, no more significant than 'tall' or 'small' or 'young'. At the same time, I was not unaware of the effect her 'beauty' had on others. Of course, at that age, I had no real sense of the deeper implications of feminine allure. But accompanying her from place to place as I did, I came to take for granted, for instance, the admiring glances of strangers as we strolled through the Public Gardens, or the preferential treatment from the waiters at the Italian Café in Nanking Road where we would go for cakes on Saturday mornings. Whenever I look now at my photographs of her – I have seven in all, in the album that accompanied me here from Shanghai – she strikes me as a beauty in an older, Victorian tradition. Today, she might perhaps be regarded as 'handsome'; certainly, she is not 'pretty'. I cannot imagine her, for instance, ever having had the repertoire of coquettish little shrugs and tosses of the head that we expect of our young women today. In the photographs – all of them taken before my birth, four in Shanghai, two in Hong Kong, one in Switzerland – she is certainly elegant, stiff-backed, perhaps even haughty, but not without the gentleness around her eyes I remember well. In any case, the point I am making is that it was quite natural for me to suspect, initially at least, that Akira's odd attitude towards my mother derived, like so many other things, from her beauty. But when I thought the thing over more carefully, I recall settling on a more likely explanation: namely, that Akira had been unusually impressed by what he had witnessed the morning the company's health inspector visited our house.

It was an accepted feature of our lives to be visited from time to time by an official from Morganbrook and Byatt, some man who would spend an hour or so wandering about the house, noting things in his notebook, mumbling the occasional question. I remember my mother once telling me that when I was very young, I liked to play at 'being' a Byatt's health inspector, and that she often had to dissuade me from spending prolonged periods studying our lavatory arrangements with a pencil in my hand. This may well have been so, but as far as I can recall, these visits were mostly entirely eventless, and for years I did not think anything of them. I can see now, though, that these inspections, checking as they did not only on hygiene matters, but also for signs of disease or parasites among household members, were potentially very embarrassing, and no doubt the individuals selected by the company to conduct them tended to be those with a gift for tact and delicacy. Certainly, I remember a series of meek, shuffling men – usually English, though occasionally French – who were always carefully deferential not just to my mother, but also to Mei Li – a point which always went down well with me. But the inspector who turned up on that morning – I must then have been eight – was not at all typical.

Today, I can remember in particular two things about him: that he had a drooping moustache, and that there was a brown mark – perhaps a tea stain – at the back of his hat disappearing into its band. I was playing alone at the front of the house, on the round island of lawn encircled by our carriage track. I remember it being overcast that day. I had been absorbed in my game when the man appeared at the gate and came walking towards the house. As he passed me, he muttered: 'Hello, young man. Mother in?' then carried on without waiting for my reply. It was as I was staring at his back view that I noticed the stain on his hat.

What I remember next must have occurred around an hour later. By that time Akira had arrived and we were busy up in my playroom. It was the sound of their voices – not raised exactly, but filled with a growing tension – that caused us both to look up from our game, then eventually, to move stealthily out on to the landing and crouch beside the heavy oak cabinet outside the playroom door.

Our house had a rather grand staircase, and from our vantage point beside the oak cabinet, we could see the gleaming banister rail following the curve of the stairs down to the spacious entrance hall. There, my mother and the inspector were standing facing each other, both very stiff and straight, near the centre of the floor, so that they looked rather like two opposing chess pieces left on the board. The inspector, I noticed, was clutching to his chest his hat with the stain. For her part, my mother had her hands clasped just below her bosom, the way she did before she burst into song on those evenings Mrs Lewis, the American curate's wife, came to play the piano.

The altercation that followed, though of no apparent significance in itself, I believe came to mean something special to my mother, representing perhaps a key moment of moral triumph. I remember she would refer to it regularly as I grew older, as though it were something she wished me to take to my heart; and I remember often listening to her recount the whole story to visitors, usually concluding with a little laugh and the observation that the inspector had been removed from his post shortly after the encounter. Consequently, I cannot be sure today how much of my memory of that morning derives from what I actually witnessed from the landing, and to what extent it has merged over time with my mother's accounts of the episode. In any case, my impression is that as Akira and I peered round the edge of the oak cabinet, the inspector was saying something like:

'I have every respect for your sentiments, Mrs Banks. Nevertheless, out here, one can't be too careful. And the company does have a responsibility for all employees' welfare, even the more seasoned, such as yourself and Mr Banks.'

'I am sorry, Mr Wright,' my mother responded, 'but your objections have yet to make themselves clear to me. These servants you talk of have given excellent service over the years. I can vouch utterly for their standards of hygiene. And you have yourself admitted they show no signs of any contagious illness.'

'Nevertheless, madam, they are from Shantung. And the company is obliged to counsel all our employees against taking natives of that province into their houses. A stricture, may I say, derived from bitter experience.'

'Can you be serious? You wish me to drive out these friends of ours – yes, we've long considered them *friends!* – for no other reason than that they hail from Shantung?'

At this, the inspector's manner grew rather pompous. He proceeded to explain to my mother that the company's objections to servants from Shantung were based on doubts about not just their hygiene and health, but also their honesty. And with so many items of value in the house belonging to the company – the inspector gestured around him – he was obliged to reiterate most strongly his recommendation. When my mother broke in again to ask on what basis such astonishing generalisations had been made, the inspector gave a weary sigh, then said:

'In a word, madam, opium. Opium addiction in Shantung has now advanced to such deplorable levels that entire villages are to be found enslaved to the pipe. Hence, Mrs Banks, the low standards of hygiene, the high incidence of contagion. And inevitably, those who come from Shantung to work in Shanghai, even if essentially of an honest disposition, tend sooner or later to resort to thieving, for the sake of their parents, brothers, cousins, uncles, what have you, all of whose cravings must somehow be pacified . . . Good gracious, madam! I'm simply trying to make my point . . .'

Not only was it the inspector who recoiled at this point; beside me, Akira gave a sharp intake of breath, and when I glanced at him he was staring down at my mother open-mouthed. It is this picture of him at that moment which led me later to believe his subsequent awestruck view of my mother originated from that morning.

But if the inspector and Akira both started at something my mother did at that point, I did not myself see anything out of the ordinary. To me, she appeared to do no more than brace herself a little in preparation for what she was about to assert. But then, I suppose I was well used to her ways; possibly to those less familiar with them, certain of my mother's customary looks and postures in such situations might indeed have come over as somewhat alarming.

This is not to say that I was not fully alert to the explosion that was to follow. In fact, from the instant the inspector had uttered the word 'opium', I had known that the unfortunate man was done for.

He had come to an abrupt halt, no doubt expecting to be cut off. But I recall my mother letting hang a trembling silence – throughout which her glare never moved off the inspector – before finally asking in a quiet voice that nevertheless threatened to brim over with fury:

'You presume, sir, to talk to *me*, on behalf of *this* of all firms, about *opium*?'

There followed a tirade of controlled ferocity in which she put to the inspector the case with which I was by then already familiar and which I was to hear outlined again many more times: that the British in general, and the company of Morganbrook and Byatt especially, by importing Indian opium into China in such massive quantities had brought untold misery and degradation to a whole nation. As she spoke, my mother's voice often grew taut, but never quite lost its measured quality. Finally, still fixing her foe with her glare, she asked him:

'Are you not ashamed, sir? As a Christian, as an Englishman, as a man with scruples? Are you not ashamed to be in the service of such a company? Tell me, how is your conscience able to rest while you owe your existence to such ungodly wealth?'

Had he had the temerity to do so, the inspector might have pointed out the inappropriateness of my mother's admonishing him in such terms, of such words issuing from the wife of a fellow company employee, residing in a company house. But by this point he had realised he was out beyond his depth, and muttering a few stock phrases to preserve his dignity, retreated from the house.

In those days, it was still a surprise to me when any adult displayed – as had the inspector – ignorance of my mother's campaigns against opium. Throughout much of my growing up, I held the belief that my mother was known and admired far and wide as the principal enemy of the Great Opium Dragon of China. The opium phenomenon, I should say, was not something adults in Shanghai made much effort to hide from children, but of course, when I was very young, I understood little concerning the matter. I was accustomed to seeing each day, from the carriage that took me to school, the Chinese men in doorways along Nanking Road, sprawled in the morning sun, and for some time, whenever I heard of my mother's campaigns, I imagined her to be assisting this specific group of men. Later though, as I grew older, I had more opportunities to glimpse something of the complexity surrounding the issue. I was, for instance, required to present myself at my mother's luncheons.

These would take place at our house, usually during the week when my father was at the office. Typically, four or five ladies would arrive and be led into the conservatory, where a table would have been laid amidst the creepers and palms. I would assist by passing around cups, saucers and plates, and wait for the moment I knew would come: that is, when my mother asked her guests how, when they 'searched their hearts and consciences', they viewed their companies' policies. At this point the pleasant chatter would cease and the ladies would listen silently as my mother went on to express her own deep unhappiness with 'our company's actions', which she regarded as 'un-Christian and un-British'. As I remember it, these luncheons always became quiet and awkward from this stage on, until the moment, not so long afterwards, when the ladies would utter their frosty farewells and drift out to the waiting carriages and motor cars. But I knew from what my mother told me that she did 'win through' to a number of these company wives, and the converts were then invited to her meetings.

These latter were much more serious affairs and I was not permitted to attend them. They would take place in the dining room behind closed doors, and if by chance I was still in the house while a meeting was in progress, I would be required to tip-toe around silently. Occasionally I would be introduced to a personage my mother held in special esteem – a clergyman, say, or a diplomatist – but by and large Mei Li was instructed to have me well out of the way before the first guests arrived. Of course, Uncle Philip was one of those always present, and I often endeavoured to be visible as the participants departed so as to catch his eye. If he spotted me, then invariably he would come over with a smile and we would have a little talk. Sometimes, if he had no pressing engagement, I would take him aside to show him the drawings I had done that week, or else we might go and sit together for a while out on the back terrace.

Once everyone had left, the atmosphere in the house would undergo a complete change. My mother's mood would invariably lighten, as though the meeting had swept away every one of her cares. I would hear her singing to herself as she went around the house putting things back in order, and as soon as I did so, I would hurry out into the garden to wait. For I knew that once she had finished tidying, she would come out to find me, and whatever time was left before lunch she would devote entirely to me.

Once I was older, it was during these periods, just after a meeting, that my mother and I went for our walks in Jessfield Park. But when I was six or seven, we tended to stay at home and play a board game, or sometimes even with my toy soldiers. I can still remember a certain routine we developed around this time. In those days, there had been a swing on our lawn not far from the terrace. My mother would emerge from the house, still singing, step on to the grass and sit on the swing. I would be waiting up on my mound at the back of the garden, and come running up to her, pretending to be furious.

'Get off, Mother! You'll break it!' I would jump up and down before the swing, waving my arms about. 'You're much too big! You'll break it!'

And my mother, pretending she could neither see nor hear me, would swing herself higher and higher, all the time continuing to sing at the top of her voice some song like: 'Daisy, Daisy, Give Me Your Answer Do.' When all my pleading had failed, I would – the logic of this now eludes me – attempt a succession of headstands on the grass in front of her. Her singing would then become punctuated by gales of laughter, until eventually she would come down from the swing, and we would go off to play with whatever I had prepared for us. Even today, I cannot think about my mother's meetings without remembering those eagerly anticipated moments that would always follow.

A few years ago, I did spend some days in the Reading Room of the British Museum researching into the arguments that raged over the opium trade in China during those times. As I sifted through many newspaper articles, letters and documents of the day, a number of issues that had mystified me as a child became much clearer. However – and I might as well admit this – my main motive in undertaking such research was the hope that I would come across reports of my mother. After all, as I have said, I had been given to believe as a child that she was a key figure in the anti-opium campaigns. It was something of a disappointment then that I did not once find her name. There were others repeatedly quoted, praised, denigrated, but in all that material I collated, I did not once find my mother. I did though stumble upon several mentions of Uncle Philip. Once, in a letter to the *North China Daily News*, a Swedish missionary, in the process of condemning a number of European companies, referred to Uncle Philip as 'that admirable beacon of rectitude'. The absence of my mother's name was disappointment enough, but this was a cruel twist indeed, and I abandoned my researches thereafter.

But I have no wish to recall Uncle Philip here just now. There was a time, earlier this evening, when I was convinced I had mentioned his name to Sarah Hemmings during our bus ride this afternoon – even told her one or two basic things about him. But going over yet again all that took place, I am now reasonably sure Uncle Philip did not come up at all – and I must say I am relieved. It may be a foolish way to think, but it has always been my feeling that Uncle Philip will remain a less tangible entity while he exists only in my memory.

I did though tell her a little about Akira this afternoon, and now that I have had a chance to think it over, I do not really regret having done so. I did not, in any case, tell her very much, and she did appear genuinely interested. I have no idea what it was that caused me suddenly to start talking to her of such matters; I certainly had no such intention when I first boarded that bus with her in the Haymarket.

I had been invited by David Corbett, a man I have come vaguely to know, to lunch with him and 'a few friends' at a restaurant in Lower Regent Street. It is a fashionable lunch spot, and Corbett had booked a long table at the rear of the room for a dozen of us. I was pleased to see Sarah among the party – and a little surprised, since I had not been aware she was a friend of Corbett's – but arriving rather late, I was not able to sit within speaking range of her.

It had clouded over by that time, and the waiter had lit for us a brace of candles on our table. One of our party, a fellow called Hegley, thought it a good joke to blow the candles out, and then to summon the waiter back to relight them. He did this at least three times in the space of twenty minutes – whenever he judged the boisterous atmosphere to be sagging – and the others did seem to find this very amusing. From what I could see, Sarah was at this stage enjoying herself, laughing with the rest of them. We had been there for perhaps an hour – a couple of the men had excused themselves to return to their offices – when attention turned to Emma Cameron, a rather intense girl, sitting at Sarah's end of the table. For all I knew, she had already been talking for some time to those nearest her about her problems; but it was at this stage that a lull falling over the rest of the table suddenly made her the focus of the whole party. There followed a half-serious, half-ironic discussion of Emma Cameron's troubled relationship with her mother – which was evidently reaching a new crisis on account of Emma's recent engagement to a Frenchman. All kinds of advice were offered to her. The man called Hegley, for instance, proposed that all mothers – 'and aunts too, naturally' – be kept in a large zoo-like institution to be constructed beside the Serpentine. Others made more helpful comments based on their own experiences, and Emma Cameron, relishing all the attention, kept the topic well stoked with ever more theatrical anecdotes to illustrate the thoroughly exasperating nature of this particular parent. The discussion had been going on for perhaps fifteen minutes when I saw Sarah rise and, mumbling a word into the host's ear, leave the room. The ladies' powder room was located in the lobby area of the restaurant, and the others – those who noticed her exit at all – no doubt assumed that was where she was bound. But I had caught something in her face as she had left, and after a few minutes, I too rose and went out after her.

I found her standing at the entrance of the restaurant, looking out of the windows into Lower Regent Street. She did not notice me come up to her until I touched her arm and asked:

'Is everything all right?'

She gave a start, and I noticed little traces of tears in her eyes, which she quickly tried to mask with a smile.

'Oh yes, I'm fine. I felt a little stuffy, that's all. I'm fine now.' She gave a little laugh and gazed out searchingly into the street. 'I'm sorry, it must have looked awfully rude. I really should go back in.'

'I see no reason why you should if you don't want to.'

She studied me carefully, then asked: 'Are they still talking about what they were talking about?'

'They were when I left.' Then I added: 'I suppose neither of us is able to contribute much to a symposium on troublesome mothers.'

She suddenly laughed and wiped away the tears, now no longer trying to hide them from me. 'No,' she said, 'I suppose we're disqualified.' Then she smiled again and said: 'It's so silly of me. After all, they're just having a nice lunch.'

'Are you expecting a car?' I asked, for she was still looking out earnestly at the traffic.

'What? Oh no, no. I was just looking.' Then she said: 'I was wondering if a bus would come. You see, look, over the street. There's a stop. My mother and I, we used to spend a lot of time on buses. Just for the pleasure of it. I'm talking about when I was small. If we couldn't get the front seat on the top deck, then we'd just come straight down and wait for another one. And we'd spend hours sometimes, going around London, looking at everything, and talking, and pointing things out to each other. I so used to enjoy it. Don't you ever go on buses, Christopher? You should. You can see so much from the top.'

'I must confess I tend to walk or get a cab. I'm rather afraid of London buses. I'm convinced if I get on one, it'll take me somewhere I don't want to go, and I'll spend the rest of the day trying to find my way back.'

'Shall I tell you something, Christopher?' Her voice had become very quiet. 'It's very silly, but I only realised it recently. It had never occurred to me before. But Mother must already have been in a lot of pain. She wasn't strong enough to do other things with me. That's why we spent so much time on buses. It was something we could still do together.'

'Would you care to ride on a bus now?' I asked.

She looked out again into the street. 'But aren't you very busy?'

'It would be a pleasure. As I say, I'm rather frightened to go on buses alone. Since you're something of a veteran, then this is my opportunity.'

'Very well.' She suddenly beamed. 'I'll show you how you ride on a London bus.'

We eventually boarded not in Lower Regent Street – we did not wish the lunch party to emerge and see us waiting – but in nearby Haymarket. When we climbed to the upper deck, she showed a childish delight in finding her front seat vacant, and we sat there swaying together as the vehicle lumbered its way towards Trafalgar Square.

London looked very grey today, and down on the pavements, the crowds were well prepared with their mackintoshes and umbrellas. I would suppose we spent a half-hour on that bus, perhaps longer. We took in the Strand, Chancery Lane, Clerkenwell. Sometimes we sat looking at the view below us in silence; at other times, we talked, usually of innocuous things. Her mood had lightened considerably since the lunch, and she did not mention her mother again. I am not sure how we got on to the subject, but it was just after a lot of passengers had got off at High Holborn, and we were moving down Gray's Inn Road, that I found myself talking about Akira. I believe at first I did no more than mention him in passing, describing him as a 'childhood friend'. But she must have probed me, for I remember not long afterwards saying to her with a laugh:

'I always think about the time we stole something together.'

'Oh!' she exclaimed. 'So that's it! The great detective has a secret criminal past! I knew this Japanese boy was significant. Do tell me about your robbery.'

'Hardly a robbery. We were ten years old.'

'But it torments your conscience, even still?'

'Not at all. It was just a small thing. We stole something from a servant's room.'

'But how fascinating. And this was in Shanghai?'

I suppose I must then have told her a few further things from the past. I did not reveal anything of any real significance, but after parting with her this afternoon – we eventually got off in New Oxford Street – I was surprised and slightly alarmed that I had told her anything at all. After all, I have not spoken to anyone about the past in all the time I have been in this country, and as I say, I had certainly never intended to start doing so today.

But perhaps something of this sort has been on the cards for some time. For the truth is, over this past year, I have become increasingly preoccupied with my memories, a preoccupation encouraged by the discovery that these memories – of my childhood, of my parents – have lately begun to blur. A number of times recently I have found myself struggling to recall something that only two or three years ago I believed was ingrained in my mind for ever. I have been obliged to accept, in other words, that with each passing year, my life in Shanghai will grow less distinct, until one day all that will remain will be a few muddled images. Even tonight, when I sat down here and tried to gather in some sort of order these things I still remember, I have been struck anew by how hazy so much has grown. To take, for instance, this episode I have just recounted concerning my mother and the health inspector: while I am fairly sure I have remembered its essence accurately enough, turning it over in my mind again, I find myself less certain about some of the details. For one thing, I am no longer sure she actually put to the inspector the actual words: 'How is your conscience able to rest while you owe your existence to such ungodly wealth?' It now seems to me that even in her impassioned state, she would have been aware of the awkwardness of these words, of the fact that they left her quite open to ridicule. I do not believe my mother would ever have lost control of the situation to such a degree. On the other hand, it is possible I attributed these words to her precisely because such a question was one she must have put to herself constantly during our life in Shanghai. The fact that we 'owed our existence' to a company whose activities she had identified as an evil to be scourged must have been a source of true torment for her.

In fact, it is even possible I have remembered incorrectly the context in which she uttered those words; that it was not to the health inspector she put this question, but to my father, on another morning altogether, during that argument in the dining room.

Chapter Five

I do not remember now if the dining-room episode occurred before or after the health inspector's visit. What I recall is that it was raining hard that afternoon, making it gloomy throughout the house, and that I had been sitting in the library, watched over by Mei Li as I went through my arithmetic books.

We called it the 'library', but I suppose it was really just an anteroom whose walls happened to be lined with books. There was just enough space in the middle of the floor for a mahogany table, and it was there I always did my schoolwork, my back to the double doors leading into the dining room. Mei Li, my *amah*, saw my education as a matter of solemn importance, and even when I had been working for an hour, it never occurred to her, as she stood sternly over me, to lean her weight on the shelf behind her, or else to sit down in the upright chair opposite mine. The servants had long since learnt not to blunder in during these moments of study, and even my parents had accepted they should not disturb us unless absolutely necessary.

It was, then, something of a surprise when my father came striding through the library that afternoon, oblivious of our presence, and went into the dining room, closing the doors firmly behind him. This intrusion was followed within minutes by another from my mother, who also strode past briskly and disappeared into the dining room. During the minutes that followed I could catch, even through the heavy doors, the occasional word or phrase that told me my parents were locked in argument. But frustratingly, whenever I tried to hear a little more, whenever my pencil hovered too long over my sums, there would come Mei Li's inevitable reprimand.

But then – I do not remember quite how this came about – Mei Li was called away, and I was suddenly left alone at the library table. At first I just continued to work, too fearful of what would happen if Mei Li returned and found me out of my chair. But the longer she was gone, the greater grew my urge to hear more clearly the muffled exchanges in the next room. I did finally rise and go to the doors, but even then, I would hurry back to the table every few seconds, convinced I could hear my *amah*'s footsteps. In the end, I managed to remain at the door only by keeping a ruler in my hand, so that if surprised by Mei Li, I could claim to be in the process of measuring the dimensions of the room.

Even so, I managed to hear whole phrases only when my parents forgot themselves and raised their voices. I could make out in my mother's angry voice the same righteous tone she had used that morning to the health inspector. I heard her repeat: 'A disgrace!' a number of times, and she referred often to what she called 'the sinful trade'. At one point she said: 'You're making us all party to it! All of us! It's a disgrace!' My father too sounded angry, though in a defensive, despairing sort of way. He kept saying things like: 'It's not so simple. It's not nearly so simple.' And at one point he shouted:

'It's too bad! I'm *not* Philip. I'm not made that way. It's too bad, it's just too bad!'

There was something in his voice as he shouted this, a kind of terrible resignation, and I suddenly became furious at Mei Li for having abandoned me in such a situation. And it was perhaps then, as I was standing by those doors, my ruler in my hand, caught between the urge to continue listening and the desire to flee to the sanctuary of my playroom and my toy soldiers, that I heard my mother utter those words:

'Are you not ashamed to be in the service of such a company? How can your conscience rest while you owe your existence to such ungodly wealth?'

I do not remember what occurred after that: whether Mei Li

came back; if I was still there in the library when my parents emerged. I do recall, though, that the episode heralded one of the longer periods of silence between my parents – that is to say, one that was maintained for weeks, rather than days. I do not mean, of course, that my parents did not communicate at all during this time, just that all exchanges were kept to the strictly functional.

I was well used to such periods and never concerned myself unduly with them. In any case, it was only in the smallest ways that they ever impinged upon my life. For instance, my father might appear at breakfast with a cheerful: 'Good morning, everyone!' and slap his hands together, only to be met by my mother's frosty glare. On such occasions, my father might try to cover his embarrassment by turning to me and, still in the same cheery tone, asking:

'And what about you, Puffin? Any interesting dreams last night?'

To which I knew from experience I should respond by giving a vague sound and continuing to eat. Otherwise, as I say, I was able to go about my business more or less as usual. But I suppose I must, at least sometimes, have given thought to these matters, for I do have a memory of a particular conversation I had with Akira once when we were playing in his house.

My memory of Akira's house is that, from an architectural standpoint, it was very similar to ours; in fact, I remember my father telling me both houses had been built by the same British firm some twenty years earlier. But the inside of my friend's house was a quite different affair, and the source of some fascination for me. It was not so much the preponderance of Oriental pictures and ornaments – in Shanghai, at that stage in my life, I would have seen nothing unusual in this – but rather his family's eccentric notions regarding the usage of many items of Western furniture. Rugs I would have expected to see on floors were hung on walls; chairs would be at odd heights to tables; lamps would totter under overly large shades. Most remarkable were the pair of 'replica' Japanese rooms Akira's parents had created at the top of the house. These were small but uncluttered rooms with Japanese tatami mats fitted over the floors, and paper panels fixed to the walls, so that once inside – at least according to Akira – one could not tell one was not in an authentic Japanese house made of wood and paper. I can remember the doors to these rooms being especially curious; on the outer, 'Western' side, they were oak-panelled with shining brass knobs; on the inner, 'Japanese' side, delicate paper with lacquer inlays.

In any case, one sweltering day, Akira and I had been playing in one of these Japanese rooms. He had been trying to teach me a game involving piles of cards with Japanese characters on them. I had managed to pick up the rudiments and we had been playing for several minutes when I suddenly asked him:

'Does your mother sometimes stop talking to your father?'

He looked at me blankly, probably because he had failed to understand me; his English often let him down if I spoke out of context like this. Then, when I repeated my question, he shrugged and said:

'Mother not talk to Father when he at office. Mother not talk to Father when he in toilet!'

With that, he roared with theatrical laughter, rolled on to his back and began kicking his feet in the air. I was thus obliged for the moment to drop the matter. But having raised it, I was determined to get his view, and a few minutes later, brought it up again.

This time he seemed to sense my earnestness, and leaving aside the card game, asked me a number of questions until I had more or less told him the nature of my worries. He then rolled on to his back again, but this time gazed thoughtfully up at the ceiling fan rotating above us. After a few moments he said:

'I know why they stop. I know why.' Then turning to me, he said: 'Christopher. You not enough Englishman.'

When I asked him to explain this, he once more looked at the ceiling and went quiet. I too rolled on to my back and followed his example of staring at the fan. He was lying a little way across the room from me, and when he spoke again, I remember his voice sounded oddly disembodied.

'It same for me,' he said. 'Mother and Father, they stop talk. Because I not enough Japanese.'

As I may have said already, I tended to regard Akira as a worldly authority on many aspects of life, and so I listened to him that day with great care. My parents stopped talking to one another, he told me, whenever they became deeply unhappy with my behaviour – and in my case, this was on account of my not behaving sufficiently like an Englishman. If I thought about it, he said, I would be able to link each of my parents' silences to some instance of my failing in this way. For his part, he always knew when he had let down his Japanese blood, and it never came as a surprise to him to discover that his parents had ceased talking to one another. When I asked him why they did not scold us in the usual manner when we misbehaved in this way, Akira explained to me that it was not like that; he was talking of offences quite different from the usual misdemeanours for which we might be punished. He was referring to moments that disappointed our parents so deeply they were unable even to scold us.

'Mother and Father so very very disappoint,' he said quietly. 'So they stop talk.'

Then he sat up and pointed to one of the slatted sun-blinds at that moment hanging partially down over a window. We children, he said, were like the twine that kept the slats held together. A Japanese monk had once told him this. We often failed to realise it, but it was we children who bound not only a family, but the whole world together. If we did not do our part, the slats would fall and scatter over the floor.

I do not remember anything more of our conversation that day, and besides, as I say, I did not spend much time dwelling on such matters. All the same, I remember more than once being tempted to ask my mother about what my friend had said. In the end, I never did so, though I did broach the subject once with Uncle Philip.

Uncle Philip was not a real uncle. He had stayed with my parents as a 'house guest' upon his arrival in Shanghai sometime before my birth, in the days when he was still in the employ of Morganbrook and Byatt. Then, while I was still very young, he had resigned from the company owing to what my mother always described as 'a profound disagreement with his employers over how China should mature'. By the time I was old enough to be aware of him, he was running a philanthropic organisation called The Sacred Tree dedicated to improving conditions in the Chinese areas of the city. He had always been a family friend, but as I have said, became a particularly frequent visitor during the years of my mother's anti-opium campaigns.

I can remember often going with my mother to Philip's office. This was located within the grounds of one of the churches in the city centre – my guess now is that it was the Union Church in Soochow Road. Our carriage would drive right into the grounds and stop beside a large lawn shaded by fruit trees. Here, despite the noises from the city around us, the atmosphere was tranquil, and my mother, stepping out of the carriage, would pause, raise her head and remark: 'The air. It's so much purer here.' Her mood would lighten visibly, and sometimes – if we were a little early – my mother and I would while away some minutes playing games on the grass. If we played tag, chasing one another all around the fruit trees, my mother would often laugh and squeal as excitedly as I did. I remember once, in the middle of one such game, she stopped suddenly on seeing a clergyman emerge from the church. We had then stood quietly on the edge of the lawn and exchanged greetings with him as he had passed. But no sooner had he gone out of our sight than my mother had turned, and stooping right down to me, given a conspiratorial giggle. It is even possible this kind of thing occurred more than once. In any case, I remember being fascinated by the notion of my mother participating in something for which, just like me, she could be 'told off'. And it was perhaps this dimension to these moments of careless play around the churchyard that made them seem always a little special for me.

My memory of Uncle Philip's office is that it was very ramshackle. There were everywhere boxes of all sizes, heaps of papers, even loose drawers, still with their contents, stacked precariously one on another. I would have expected my mother to disapprove of such untidiness, but she only ever talked of Uncle Philip's office being 'cosy' or 'busy'.

He never failed to make a fuss of me on these visits, shaking my hand heartily, sitting me down then engaging me in conversation for several minutes while my mother looked on smiling. Often he would give me a gift, something he would pretend he had had ready and waiting – though I soon came to realise he was presenting me with whatever caught his eye at the time. 'Guess what I've got for you, Puffin!' he would declare, while his gaze travelled the room in search of something suitable. In this way I acquired an extensive collection of office items, which I kept in an old chest in my playroom: an ashtray, an ivory pen stand, a lead weight. There was one occasion when, after announcing he had a present for me, his eye failed to alight on anything at all. There followed an awkward pause, before he sprang up and began wandering about his office, muttering: 'And where did I put it? What on earth have I done with it?' – until finally, perhaps in desperation, he went over to the wall, pulled down a map of the Yangtze region, tearing a corner as he did so, rolled it up and presented it to me.

That time I confided in him, Uncle Philip and I were sitting together in his office, waiting for my mother to come back from somewhere. He had persuaded me to take his own chair behind his desk, while he himself roamed aimlessly around the place. He was making his usual amusing small-talk, and normally he would have had me laughing in no time, but on that occasion – only days after my discussion with Akira – I was not in that sort of mood. Uncle Philip soon saw this and said:

'So, Puffin. We're rather glum today.'

I saw my chance and said: 'Uncle Philip, I was just wondering. How do you suppose one might become more English?'

'More English?' He stopped whatever it was he was doing and looked at me. Then, with a thoughtful expression, he came nearer, pulled a chair up to the desk and sat down.

'Now why would you want to be more English than you are, Puffin?'

'I just thought . . . well, I just thought I might.'

'Who says you're not sufficiently English already?'

'No one really.' Then after a second I added: 'But I think perhaps my parents think so.'

'And what do *you* think, Puffin? Do you think you ought to be more English?'

'I can't tell really, sir.'

'No, I suppose you can't. Well, it's true, out here, you're growing up with a lot of different sorts around you. Chinese, French, Germans, Americans, what have you. It'd be no wonder if you grew up a bit of a mongrel.' He gave a short laugh. Then he went on: 'But that's no bad thing. You know what I think, Puffin? I think it would be no bad thing if boys like you *all* grew up with a bit of everything. We might all treat each other a good deal better then. Be less of these wars for one thing. Oh yes. Perhaps one day, all these conflicts will end, and it won't be because of great statesmen or churches or organisations like this one. It'll be because people have changed. They'll be like you, Puffin. More a mixture. So why not become a mongrel? It's healthy.'

'But if I did, everything might . . .' I stopped.

'Everything might what, Puffin?'

'Like that blind there' – I pointed – 'if the twine broke. Everything might scatter.'

Uncle Philip stared at the blind I had indicated. Then he rose, went to the window and touched it gently.

'Everything might scatter. You might be right. I suppose it's something we can't easily get away from. People need to feel they belong. To a nation, to a race. Otherwise, who knows what might happen? This civilisation of ours, perhaps it'll just collapse. And everything scatter, as you put it.' He sighed, as though I had just defeated him in an argument. 'So you want to be more English. Well, well, Puffin. So what are we to do about it?'

'I wondered, if it's all right, sir, if you didn't awfully mind. I wondered if I might copy you sometimes.'

'Copy me?'

'Yes, sir. Just sometimes. Just so that I learn to do things the English way.'

'That's very flattering, old fellow. But don't you think your father's the one to have this great privilege? About as English as they come, I'd say.'

I looked away, and Uncle Philip must immediately have sensed he had said the wrong thing. He came back to his chair and sat down again in front of me.

'Look,' he said quietly. 'I'll tell you what we'll do. If you're ever worried how you should go about things, anything, if you're worried about the proper way to go about it, then just you come to me and we'll have a good talk about it. We'll talk it all through until you know exactly what's what. Now. Feel better?'

'Yes, sir. I think I do.' I managed a smile. 'Thank you, sir.'

'Look here, Puffin. You're a right little horror. You know that, of course. But as little horrors go, you're a pretty decent specimen. I'm sure your mother and father are very, very proud of you.'

'Do you really think so, sir?'

'I do. I really do. So, you feel better?'

With that, he sprang to his feet to resume his wanderings around his office. Reverting to his light-hearted tone, he began some nonsensical story about the lady in the office next door, which soon had me in stitches.

How fond I was of Uncle Philip! And is there any real reason to suppose he was not genuinely fond of me? It is perfectly possible that at that stage, he wished nothing but good for me, that he had no more inkling than I did of the course things would take.

Chapter Six

It was around that same time – that same summer – when certain aspects of Akira's behaviour began seriously to irk me. In particular, there was his endless harping on the achievements of the Japanese. He had always tended to do this, but that summer things seemed to reach obsessive levels. Time and again my friend would bring to a stop some game we were playing just to lecture me on the latest Japanese building being erected in the business district, or the imminent arrival of another Japanese gunboat in the harbour. He would then oblige me to listen to the most minute details and, every few minutes, his claim that Japan had become a 'great, great country just like England'. Most irritating of all were those occasions on which he would try to start arguments about who cried the easiest, the Japanese or the English. If I spoke up at all on behalf of the English, my friend would immediately demand we put things to the test, which meant in practice his putting me in one of his dreadful arm-locks until I either capitulated or gave in to tears.

At the time, I put Akira's obsession with the prowess of his race down to the fact that he was due to start school in Japan that coming autumn. His parents had arranged for him to stay with relatives in Nagasaki, and although he would return to Shanghai during school holidays, we realised we would see a lot less of each other and initially the news had made us both despondent. But as the summer drew on, Akira appeared to convince himself about the superiority of every aspect of life in Japan and became increasingly excited about the prospect of his new school. I in turn grew so weary of his persistent boasting about all things Japanese that by the late summer I was actually looking forward to being rid of him. Indeed, when the day eventually came, and I stood outside his house waving off the motor car taking him to the harbour, I believe I was not at all sorrowful.

Very soon, however, I began to miss him. It was not that I did not have other friends. There were for instance the two English brothers living nearby with whom I played regularly, and of whom I saw much more after Akira's departure. I got on well with them, especially when it was just the three of us. But sometimes we would be joined by their schoolfriends – other boys from Shanghai Public School – and then their behaviour towards me would change, and I would sometimes become the target of certain pranks. I did not mind this at all, of course, since I could see they were all essentially decent sorts intending no real malice. Even at the time, I could see that if within a group of five or six boys, all but one attended the same school, the outsider was bound now and then to become the butt of some harmless banter. What I mean is that I did not think badly of my English friends; but then, all the same, such things did prevent me developing with them the same level of intimacy I had had with Akira, and as the months went on, I suppose I began to miss his company more and more.

But that autumn of Akira's absence was not a particularly unhappy one by any means. I remember it rather as a period when I was often at a loose end, of empty afternoons following one another, much of which has now faded from my mind. Nevertheless, a few small events did occur during that period which I have subsequently come to regard as being of particular significance.

There was, for example, the incident surrounding our trip to the racecourse with Uncle Philip, which I am reasonably sure occurred after one of my mother's Saturday morning meetings. As I may have said already, for all my mother's encouraging me to mingle with her fellow campaigners in the drawing room where they first gathered, I was not permitted into the dining room for the meetings themselves. I remember once asking her if I could attend a meeting, and to my surprise she had given it long consideration. Finally she had said:

'I'm sorry, Puffin. Neither Lady Andrews nor Mrs Callow appreciates the company of children. It's a pity. You might well have learnt some important things.'

My father, of course, was not barred from the meetings, but there seemed to exist an understanding that he too should refrain from attending them. It is hard for me now to say which, if either of them, was responsible for this state of affairs; but certainly, there was always an odd atmosphere at breakfast on those Saturdays a meeting was to take place. My mother would not actually mention the meeting itself to my father, but would regard him throughout the meal with an air almost of disgust. For his part, my father would become infected by a forced joviality which would grow throughout the morning right up until when my mother's guests began to arrive. Uncle Philip was always among the first, and he and my father would chat for a few minutes in the drawing room, laughing a lot. Then as more guests arrived, my mother would come and take Uncle Philip away into a corner, where they would confer solemnly about the coming meeting. It was always at around this point that my father would absent himself, usually by going up to his study.

On that day I am recalling, I remember I heard the visitors starting to leave at the end of the meeting, and went out into the garden to await my mother – who I assumed would, as usual, emerge before long to commandeer my swing, singing all the while in her wonderfully carrying tones. When after a time there was no sign of her, I went into the house to investigate, and coming into the library saw that the doors of the dining room were now ajar; that the meeting had indeed broken up, but that Uncle Philip and my mother were still there, deep in discussion at the table, papers strewn before them. And then my father appeared behind me, no doubt also believing the morning's business to be over. On hearing the voices from the dining room, he stopped and said to me:

'Oh, they're still here.'

'Just Uncle Philip.'

My father smiled, then drifted past me into the dining room. Through the doors I could see Uncle Philip rising to his feet, and then I could hear the two men laughing loudly together. A moment later my mother emerged looking somewhat annoyed, her documents gathered in her arms.

By then it was past noon. Uncle Philip stayed for lunch and there was more good-humoured laughter. Then, as we were finishing our meal, Uncle Philip made his suggestion: why did we not all go down to the racecourse for the afternoon? My mother thought about this and declared it an excellent idea. My father too said he thought it a fine idea, but he would have to be excused on account of the work awaiting him in his study.

'But by all means, darling,' he said, turning to my mother, 'why don't you go along with Philip? It's turning into the most splendid afternoon.'

'Well, you know, I rather think I might,' my mother said. 'A little excitement might do us all some good. Christopher too.'

And at that moment they all looked at me. Although I was then only nine years old, I believe I read the situation with some accuracy. I knew of course that I was being offered a choice: to go out to the racecourse or to stay at home with my father. But I believe I grasped also the deeper implications: if I chose to stay in, then my mother would decline to go to the racecourse solely in Uncle Philip's company. In other words, the outing depended on my going with them. Moreover I knew – and I did so with a calm certainty – that at that moment my father was desperately wishing us not to go, that for us to do so would cause him huge pain. It was not anything in his manner that suggested this to me, but rather what I had – perhaps unwillingly – absorbed over the preceding weeks and months. Of course, there were many things I did not understand at all in those days, but this much I saw with great clarity: at that instant, my father was entirely depending on me to save the situation.

But perhaps I did not understand enough. For when my

mother said: 'Come on, Puffin. Hurry and get your shoes on,' I did so with conspicuous enthusiasm, an enthusiasm I manufactured for show. And I can remember to this day my father seeing us to the front door, shaking hands with Philip, laughing and waving us off as the carriage took my mother, Uncle Philip and me away on our afternoon's outing.

The only other memories to have remained distinct from that autumn also concern my father: namely, those curious instances of his 'boasting'. My father was always modest in his manners and found boastfulness in others embarrassing. This is why it struck me at the time as so odd to hear him talk in the way he did on a number of separate occasions around that time. These were all small instances which caused me only mild surprise, but they have none the less remained in my memory over the years.

There was the moment, for example, when at the dinner table he said quite suddenly to my mother:

'Did I tell you, darling? That fellow came back to see me, that representative from the dock workers. Wanted to thank me for all I'd done for them. Spoke jolly good English too. Of course these Chinese always speak very effusively, these speeches of theirs have all to be taken with a pinch of salt. But you know, dear, I had the distinct impression he meant it. Said I was their "honoured hero". How do you like that? Honoured hero!'

My father laughed, then watched my mother carefully. She went on eating for a moment, then said:

'Yes, darling. You've told me already.'

My father looked a little deflated, but then the next second he smiled cheerfully again and said with another laugh: 'So I have!' Then turning to me, he said: 'But Puffin here hasn't heard it yet. Have you, Puffin? Honoured hero. That's what they're calling your father.'

I cannot remember what any of this was about, and I probably did not much care even at the time. I have remembered the episode only because, as I have said, it was so uncharacteristic of my father to talk of himself in this way.

Another incident of this sort occurred one afternoon my parents and I were going to the Public Gardens to listen to the brass band. We had just stepped out of our carriage at the upper end of the Bund, and my mother and I were gazing across the wide boulevard towards the gateway into the gardens. It was a Sunday afternoon and I remember the pavements on both sides being filled with finely dressed promenaders enjoying the breeze from the harbour. The Bund itself was busy with carriages, motor cars and rickshaws, and my mother and I were preparing to cross it, when my father, having paid our driver, came up behind us and said suddenly and quite loudly:

'You see, darling, they know now at the firm. They know now I'm not one to back down. Bentley knows it, for one. Oh yes, he jolly well knows it now!'

As on that occasion at the dinner table, my mother initially gave no sign of having heard. She took my hand and we made our way across the traffic towards the gardens. 'Does he really?' was all she murmured under her breath as we reached the other side.

But that was not quite the end of the matter. We went into the Public Gardens and for a while, like every other family who went to the gardens on a Sunday afternoon, we strolled around the lawns and flower beds greeting friends and acquaintances, stopping occasionally for a short chat. I would sometimes see boys I knew – from school or from my piano lessons at Mrs Lewis's – but they were, like me, walking beside their parents on their best behaviour, and we would acknowledge one another only shyly, if at all. The brass band would start to play at half past five on the dot, and although everyone knew this, most people would wait until the horns came drifting across the grounds before making a move towards the bandstand.

We were always late to set off, so that the seats would all be taken by the time we arrived. I did not mind this so much, since it was around the bandstand that we children were allowed a looser leash, and I too would sometimes mingle and play there with the other boys. On that particular afternoon – it must have been well into the autumn for I remember the sun already low over the water behind the bandstand – my mother had moved a few paces away to talk with some friends standing nearby, and after several minutes of attending to the music, I asked my father's permission to go over to some American boys I knew playing on the outer fringe of the crowd. He went on gazing at the band and did not answer, so I was about to ask him again, when he said quietly:

'All these people here, Puffin. All these people. Ask them and they'll all profess to have standards. But you'll see as you get older, very few of them really do. Your mother, though, she's different. She never lets herself down. And you know, Puffin, that's why she's finally succeeded. She's made your father a better man. A much better man. Very well, she may be strict, I don't need to tell *you* that, ha ha! Well, she's been every bit as strict with me as she has with you. And the result is, by golly, I'm a better human being for it. Took a long time, but she managed it. I want you to know this, Puffin, your father is no longer today the same person you saw that time, you know, that time you and Mother burst in on me. You remember that, of course you do. That time I was in my study. I'm sorry you ever had to see your own father like that. Well anyway, that was then. Today, thanks to your mother, I'm someone much much stronger. Someone, I dare say, Puffin, you'll one day be proud of.'

I understood little of what he was saying, and besides, I had the feeling that if my mother – who was only a little way away – caught any of these words, she would be angry. So I did not really respond to my father. I have a feeling I simply asked him again, after a few moments, if I could go over to join my American friends, and that was the end of the matter.

But over the days that followed, I did find myself thinking about this curious speech from my father, and in particular his reference to some occasion when my mother and I had 'burst in' upon him in his study. For a long time, I had no clear idea what he might have been referring to, and I tried in vain to match one recollection or another to his words. Eventually I did settle on one memory from very early in my life, from when I could have been no older than four or five – a memory which even then, when I was nine years old, had already grown hazy in my mind.

My father's study was on the uppermost floor of the house with a commanding view over the rear grounds. I was not usually permitted to enter it, and in general was discouraged from playing anywhere near it. There was, however, a narrow corridor leading from the landing to the study door, along which a row of pictures hung in heavy gilt frames. These were each precise, draughtsman-like paintings of Shanghai harbour seen from the viewpoint of someone standing on the shore at Pootung; that is to say, all the numerous vessels in the harbour were shown with the great buildings of the Bund in the background. The pictures probably dated back at least to the 1880s and my guess is that like many of the ornaments and pictures in the house, they belonged to the company. Now I do not actually remember this myself, but my mother often told me how, when I was very young, she and I would stand in front of these pictures and entertain ourselves giving amusing names to the various vessels in the water. According to my mother, I would quickly be in fits of laughter and would sometimes refuse to abandon the game until we had named every visible vessel. If this were so – if we were really in the habit of laughing boisterously throughout this game of ours – then almost certainly we would not have come up to amuse ourselves in this way while my father was working in his study. But when I thought further about my father's words at the bandstand that day, I began to remember an occasion my mother and I had indeed been standing together up on that attic floor, for all I know playing this game of ours, when she suddenly stopped and became very still.

My first thought was that I was about to be scolded, perhaps for something I had just said which had displeased her. It was not even unheard of for my mother to switch moods abruptly in the midst of a harmonious exchange and scold me for some suddenly remembered misdemeanour committed earlier in the day. But as I fell silent in readiness for just such an explosion, I realised she was listening. Then the next instant she had turned and pushed open with great suddenness the door to my father's study.

I caught a glimpse past my mother's frame of the inside of the room. My abiding image is of my father slumped forward over his bureau, his face covered in perspiration and contorted with frustration. It is possible he was sobbing and it was this sound that had caught my mother's attention. In front of him, all over his desk, there were papers, ledgers, notebooks. I noticed – I believe I followed my mother's gaze – more papers and notebooks on the floor, as though he had hurled them there in a temper fit. He was looking up at us, startled, and then the next moment he said in a voice that rather shocked me:

'We can't do it! We'll never get back! We can't do it! You're asking too much, Diana. It's too much!'

My mother said something to him under her breath, no doubt some reprimand to make him pull himself together. My father did collect himself a little at this point and, glancing past my mother, looked at me for the first time. But almost instantly his face creased again with despair and, turning to my mother, he said again, shaking his head helplessly:

'We can't do it, Diana. It'll be the ruin of us. I've looked at everything. We'll never get back to England. We can't raise enough. Without the firm, we're simply stranded.'

Then he seemed to lose control again, and as my mother began to say something else – something in her quiet, angry voice – my father began to shout, not so much at her as at the walls of his study:

'I won't do it, Diana! My God, who do you take me for? It's beyond me, you hear? Beyond me! I can't do it!'

Possibly at this point my mother closed the door on him and led me away. I have no further memory of the episode. And of course, I cannot be sure of the exact sentiments, let alone the exact words, my father was uttering that day. But this is how, admittedly with some hindsight, I have come to shape that memory.

At the time, it was simply a bewildering experience for me, and although I probably found it interesting that my father should, like me, have moments of crying and shouting, I did not much ask myself what it had all been about. Besides, when I next saw my father he was his normal self again, and for her part my mother never alluded to the incident. If my father had not, years later, made that curious speech beside the band-stand, I would probably never have dredged up this memory at all.

But as I say, apart from these curious little episodes, there is little that seems worth remembering from that autumn and the dull winter that followed it. I was listless for much of that period and was delighted when one afternoon Mei Li quite casually gave me the news that Akira had returned from Japan, that at that very moment, in the drive next door, his luggage was being unloaded off the motor car.

Chapter Seven

Akira, I was delighted to learn, had returned to Shanghai not just for a visit, but for the foreseeable future, with plans to resume at his old school in the North Szechwan Road at the start of the summer term. I cannot remember if the two of us celebrated his return in any special way. I have the impression we simply picked up our friendship where we had left off the previous autumn with minimum fuss. I was quite curious to hear about Akira's experiences in Japan, but he persuaded me it would be childish – somehow beneath us – to discuss such matters, and so we made a show of continuing with our old routines as if nothing had ever interrupted them. I guessed of course that all had not gone well for him in Japan, but did not begin to suspect the half of it until that warm spring day he tore the sleeve of his kimono.

When we played outside, Akira usually dressed much as I did – in shirt, shorts and, on the hotter days, sun hat. But on that particular morning we were playing on the mound at the back of our garden, he was wearing a kimono – not anything special, just one of the garments he often wore around his house. We had been running up and down the mound enacting some drama when he suddenly stopped near the summit and sat down with a frown. I thought he had injured himself but, when I came up to him, saw he was examining a tear on the sleeve of the kimono. He was doing so with the utmost concern, and I believe I said to him something like:

'What's wrong? Your maid or someone will sew that in no time.'

He did not respond – he seemed for the moment to have forgotten my presence entirely – and I realised he was sinking into a deep gloom before my eyes. He went on examining the tear for a few more seconds, then letting down his arm, stared blankly at the earth in front of him as though a great tragedy had just occurred.

'This is third time,' he muttered quietly. 'Third time same week I do bad thing.'

Then as I continued to gaze at him somewhat baffled, he said: 'Third bad thing. Now mother and father, they make me go back Japan.'

I could not, of course, see how a small tear in an old kimono could bring such consequences, but I was for the moment sufficiently alarmed by this prospect to crouch down beside him and urgently demand an explanation for his words. But I could get little more out of my friend that morning – he grew increasingly sulky and closed – and I seem to remember our parting not on the best of terms. Over the following weeks, however, I gradually discovered what had lain behind his odd behaviour.

From his very first day in Japan, Akira had been thoroughly miserable. Although he never admitted this explicitly, I surmised that he had been mercilessly ostracised for his 'foreignness'; his manners, his attitudes, his speech, a hundred other things had marked him out as different, and he had been taunted not just by his fellow pupils, but by his teachers and even – he hinted at this more than once – by the relatives in whose house he was staying. In the end, so profound was his unhappiness, his parents had been obliged to bring him home in the middle of a school term.

The thought that he might have to return again to Japan was one that haunted my friend. The fact was his parents missed Japan badly and often talked of the family returning there. With his older sister, Etsuko, not at all averse to living in Japan, Akira realised he was alone in wishing the family to remain in Shanghai; that it was only his strong opposition to the idea that prevented his parents packing their things and sailing for Nagasaki, and he was not at all sure how much longer his preferences could expect to take precedence over those of his sister and parents. Things were very much in the balance, and any displeasure he incurred – any misdemeanour, any falling off of his schoolwork – could tip the scales against him. Hence his supposition that a small tear in a kimono sleeve might easily produce the gravest of consequences.

As it turned out, the torn kimono did not incur his parents' wrath nearly to the extent feared, and certainly nothing momentous came of the matter. But throughout those months following his return, there would come along one little mishap after another to plunge my friend back into his pit of worry and despondency. The most significant of these, I suppose, was the affair concerning Ling Tien and our 'robbery' – the 'crime from my past' which so aroused Sarah's curiosity during our bus ride this afternoon.

Ling Tien had been with Akira's family for as long as they had been in Shanghai. Among my earliest memories of going next door to play are those of the old servant shuffling about the place with his broom. He looked very old, always wore a heavy dark gown even in the summer, a cap and a pigtail. Unlike the other Chinese servants in the neighbourhood, he rarely smiled at children, but then nor did he scowl or shout at us, and had it not been for Akira's attitude to him, it is unlikely I would ever have regarded him as an object of fear. Indeed, I remember I was initially more puzzled than anything by the alarm that would seize Akira whenever the servant came within our vicinity. If for instance Ling Tien was passing in the corridor, my friend would break off whatever we were doing to stand rigidly in a part of the room not visible to the old man and not move again until the danger had passed. In those early days of our friendship, I had yet to become infected by Akira's sense of dread, assuming that it derived from something specific that had occurred between him and Ling Tien. As I say, I was more puzzled than anything, but whenever I asked Akira to explain his behaviour, he simply ignored me. In time I came to appreciate how deeply embarrassed he was by his inability to control his dread of Ling Tien and learnt to say nothing whenever our games were disrupted in this manner.

But then as we grew older, I imagine Akira began to feel the need to justify his fear. By the time we were seven or eight, the sight of Ling Tien would no longer cause my friend to freeze; instead, he would break off whatever he was doing and look at me with a strange grin. Then putting his mouth close to my ear, he would recite in a curious monotone – not unlike that of the monks we sometimes heard chanting at the Boone Road market – the most terrifying revelations concerning the old servant.

I thus learnt of Ling Tien's fearful passion for hands. Akira had once happened to glance down the servants' corridor towards Ling Tien's room on a rare occasion when the old man had left his door ajar, and had seen heaped upon the floor the severed hands of men, women, children, apes. Another time, late at night, Akira had spotted the servant carrying a basket into the house piled with the dismembered little arms of monkeys. We had always to be on our guard, Akira warned me. If we gave him the slightest opportunity, Ling Tien would not hesitate to cut off our hands.

When after a number of such briefings, I enquired as to why Ling Tien was so keen on hands, Akira looked at me carefully, then asked if I could be entrusted with his family's darkest secret. When I assured him I could, he thought a little longer before saying finally:

'Then I tell you, old chap! Terrible reason! Why Ling cut off hands. I tell you!'

Ling Tien, evidently, had discovered a method by which he could turn severed hands into spiders. In his room were many bowls filled with various fluids in which he soaked for several months at a time the many hands he had collected. Slowly the fingers would start to move by themselves – just little twitches at first, then coiling motions; finally dark hairs would grow and Ling Tien would then take them out of the fluids and set them loose, as spiders, all around the neighbourhood. Akira had often heard the old servant creeping out in the dead of night to do just this. My friend had once even seen in the garden, moving through the undergrowth, a mutant Ling had taken prematurely from its solution which did not yet fully resemble a spider and could easily be identified as a severed hand.

Although even at that age I did not entirely believe these stories, they certainly upset me and for some time the mere sight of Ling Tien was enough to set off terrors within me. Indeed, as we grew older, we neither of us quite shook off our horror of Ling Tien. This was something that always nagged at Akira's pride, and around the time we were eight, he seemed to develop a need constantly to challenge these old fears. I often remember him dragging me off to some point in his house where we could spy on Ling Tien sweeping the path or whatever. I did not mind these spying sessions so much, but what I came to dread were those occasions Akira would persistently dare me to go near Ling Tien's room.

Until this point we had kept well clear of that room, especially since Akira had always maintained the fumes from Ling Tien's fluids were liable to hypnotise us and draw us in through the door. But now the notion of going near the room became for my friend something of an obsession. We might be having a conversation about something quite different, and then suddenly that strange grin would appear on his face and he would start to whisper: 'Are you frighten? Christopher, are you frighten?'

He would then oblige me to follow him through his house, through those oddly furnished rooms, to the heavy-beamed arch that marked the start of the servants' quarters. Going under the arch, we would find ourselves standing in a gloomy corridor of bare polished boards, at the far end of which, facing us, was the door of Ling Tien's room.

First, I would only be required to stand at the arch and watch as Akira pushed himself step by step along the corridor until he had covered perhaps half the distance to that awful room. I can still see my friend, his tubby figure stiff with tension, his face, whenever he glanced back at me, shining with perspiration, willing himself a few steps further before turning and running back with his triumphant grin. Then would come all his goading and bullying until I eventually found the nerve to match his feat. For quite a time, as I say, these tests of courage concerning Ling Tien's room came rather to obsess Akira, and took much out of the pleasure of going to play at his house.

For some time yet, though, it was to remain beyond either of us to walk right up to the door, let alone to go through it. By the time we finally entered Ling Tien's room, we were both ten, and it was – although of course I did not know it then – my last year in Shanghai. That was when Akira and I committed our little theft – an impulsive act whose wider repercussions, in our excitement, we failed entirely to anticipate.

We had always known Ling Tien would be going away for six days in early August to visit his home village near Hangchow, and we had talked often about how we would then take the opportunity finally to enter that room. And sure enough, on the first afternoon after Ling Tien's departure, I turned up at Akira's house to find my friend entirely preoccupied with the matter. By this time, I should say, I was in general a much more confident person than even a year earlier, and if I still felt a little of that old dread of Ling Tien, I would certainly not have shown it. In fact, I believe I was much the calmer about the prospect of entering the room – something I am sure my friend noticed and saw as an extra dimension to the challenge.

But as it turned out, throughout that afternoon, Akira's mother was making a dress, which for some reason required her constantly to move from room to room, and Akira declared it too risky even to contemplate our venture. I was certainly not displeased, but I am sure Akira was the one more grateful for the excuse.

The following day, however, was a Saturday and when I arrived at Akira's house towards mid-morning, both his parents had gone out. Akira did not have an *amah*, as I did, and when we were younger we had often argued over which of us was the more fortunate. He had always taken the position that

Japanese children did not need an *amah* because they were 'braver' than Western children. I had once asked him during one such argument who would see to his needs if his mother was out and he wanted, say, some iced water, or if he cut himself. I remember his telling me Japanese mothers *never* went out unless the child specifically permitted them to do so – a claim I found hard to believe, since I knew for a fact Japanese ladies met in their circles, much as the European ladies did, at Astor House or Marcell's Tea Room in Szechwan Road. But when he pointed out that in his mother's absence there was the maid to see to his every need, while at the same time he was free to do whatever he pleased with no restrictions at all, I did begin to believe I was the one hard done by. Oddly, I continued to hold this view even though in practice, on those occasions we played at his house when his mother was out, one or another servant was always delegated to watch over our every move. Indeed, especially when we were younger, this would mean some unsmiling figure, no doubt fearing dire consequences should any misfortune befall us, standing within inhibiting proximity while we did our best to play.

Naturally, though, by that summer, we were allowed to move much more freely without supervision. On that morning we entered Ling Tien's room, we had been playing in one of Akira's sparse tatami-floored rooms up on the third floor while an elderly maid – the only other person in the house – occupied herself with some sewing in the room directly below. I remember at one point Akira breaking off from what we were doing, tip-toeing to the balcony and leaning right over the rail, so far I feared he might topple over. Then when he came hurrying back, I noticed the strange grin had appeared on his face. The maid, he reported in a whisper, had as expected fallen asleep.

'Now we must go in! Are you frighten, Christopher? Are you frighten?'

Akira had suddenly become so tense that for a moment all my old fears concerning Ling Tien came flooding back. But by this point a retreat for either of us was out of the question, and we made our way as quietly as possible down to the servants' quarters until we were once more standing together in that gloomy corridor with its bare polished boards.

What I recall is that we strode down the corridor with little hesitation until we were all but four or five yards from Ling Tien's door. Then something made us pause, and for a second neither of us appeared capable of continuing; if at that moment Akira had turned and run, I am sure I would have done the same. But then my friend seemed to find some extra resolve, and holding out his arm to me, said: 'Come on, old chap! We go together!'

We linked arms and took the final few steps like that. Then Akira pulled back the door and we both peered in.

We saw a small, sparse, tidy room with a well-swept boarded floor. The window was covered by a sun-blind, but the light was leaking in brightly at the edges. There was a faint smell of incense in the air, a shrine in the far corner, a low narrow bed, and a surprisingly grand chest of drawers, beautifully lacquered, with ornate handles hanging on each little drawer.

We stepped inside, and for a few seconds remained still, barely breathing. Then Akira let out a sigh and turned to me with a huge smile, clearly delighted finally to have conquered his old fear. But the next moment his sense of triumph seemed quickly to be replaced by a concern that the room's lack of any obviously sinister features would make him look ridiculous. Before I could say anything, he pointed quickly to the chest of drawers and whispered urgently:

'There! In there! Careful, careful, old chap! The spiders, they inside there!'

He was hardly convincing and he must have realised it. Nevertheless, for a second or two, an image went through my head of those small drawers opening before our eyes as creatures – at various stages between hand and spider – put out tentative limbs. But now Akira was indicating excitedly a small bottle standing on a low table beside Ling Tien's bed.

'Lotion!' he whispered. 'The magic lotion he uses! There it is!'

I was tempted to pour ridicule over this desperate attempt to preserve a fantasy we had in truth long outgrown, but at that moment I had another sudden vision of the drawers opening, and a residue of my old fear kept me from saying anything. Moreover, I was beginning to grow anxious about a much more likely eventuality: namely, that we would be discovered in that room by the maid or some other unexpected adult. I could not begin to imagine the disgrace that would then follow, the punishments, the long discussions between my parents and Akira's. I could not even think how we might start to explain our behaviour.

Just then Akira quickly stepped forward, grabbed the bottle and clasped it to his chest.

'Go! Go!' he hissed, and suddenly we were both gripped by panic. Giggling under our breaths, we rushed out of the room and down the corridor.

Back in the safety of the upstairs room – the maid had remained asleep below – Akira reasserted his claim that the drawers had been filled with severed hands. I could see now he was seriously worried about my ridiculing our long-standing fantasy and somehow I too felt the need to preserve it. I thus said nothing to undermine his claim, nor gave any suggestion that Ling Tien's room had been a let-down or that our courage had been summoned on false pretences. We placed the bottle on a plate in the middle of the floor, then sat down to examine it.

Akira carefully removed the stopper. There was inside a pale liquid with a vague smell of aniseed. To this day I have no idea for what the old servant used this lotion; my guess is that it was some patent medicine he had purchased to combat some chronic condition. In any case, its nondescript appearance served our purpose well. Very carefully we dipped twigs into the bottle and let them drip on to some paper. Akira warned that we should not let even a drop touch our hands lest we wake up the next day with spiders at the end of our arms. Neither of us really believed this, but again, it seemed important for Akira's feelings that we pretend to do so, and thus we went about our task with exaggerated caution.

Finally, Akira replaced the stopper and put away the bottle in the box he kept for his special things, saying that he wished to conduct a few more experiments with the lotion before returning it. All in all, when we parted that morning, we were both well pleased with ourselves.

But when Akira came to my house the following afternoon, I saw immediately some difficulty had arisen; he was very preoccupied and unable to concentrate on anything. Dreading to hear that his parents had somehow found out about our previous day's deeds, I for some time avoided asking what was troubling him. In the end, though, I could bear it no longer and demanded he tell me the worst. Akira, however, denied that his parents suspected anything, then sank once more into his gloom. Only after much more pressure did he finally give in and tell me what had happened.

Finding it impossible to contain his sense of triumph, Akira had revealed to his sister Etsuko what we had done. To his surprise, Etsuko had reacted with horror. I say surprise because Etsuko – who was four years older than us – had never gone along with our view of Ling Tien's sinister nature. But now, on hearing Akira's story, she had glared at him as though she expected him to curl over and die before her eyes. Then she had told Akira we had had the luckiest of escapes; that she personally had known of servants previously employed in the house who had dared do what we had done, and who as a consequence had vanished – their remains discovered weeks later in some alley beyond the Settlement boundaries. Akira had told his sister she was simply trying to frighten him, that he did not for a moment believe her. But clearly he had been shaken, and I too felt a chill pass through me on hearing this 'confirmation' – and from no less an authority than Etsuko – of all our old fears concerning Ling Tien.

It was then I appreciated what was so troubling Akira: someone had to put back the bottle in Ling Tien's room before the old servant's return in three days' time. Yet it was plain to see our bravado of the previous day had all but evaporated, and the prospect of going into that room again now seemed beyond us.

Unable to settle to any of our usual games, we decided to walk to our special spot beside the canal. All the way there, we talked over our problem from every angle. What would happen if we did not return the bottle? Perhaps the lotion was very precious and the police would be called in to investigate. Or perhaps Ling Tien would tell no one of its disappearance, but decide personally to wreak some terrible vengeance on us. I remember we became quite confused about how much we wished to maintain our fantasy about Ling Tien, and to what extent we wanted to consider logically how best to avoid getting into serious trouble. I remember, for instance, our considering at one point the possibility the lotion was a medicine Ling Tien had bought after months of saving his money, and that without it he would become horribly ill; but then in the next breath, without abandoning this last notion, we considered other hypotheses which assumed the lotion to be what we had always said it was.

Our spot by the canal, some fifteen minutes' walk from our homes, was behind some storehouses belonging to the Jardine Matheson Company. We were never sure if we were actually trespassing; to reach it we would go through a gate that was always left open, and cross a concrete yard past some Chinese workers, who would watch us suspiciously, but never impede us. We would then go round the side of a rickety boathouse and along a length of jetty, before stepping down on to our patch of dark hard earth right on the bank of the canal. It was a space only large enough for the two of us to sit side by side facing the water, but even on the hottest days the storehouses behind us ensured we were in the shade, and each time a boat or junk went past, the waters would lap soothingly at our feet. On the opposite bank were more storehouses, but there was, I remember, almost directly across from us, a gap between two buildings through which we could see a road lined with trees. Akira and I often came to the spot, though we were careful never to tell our parents of it for fear they would not trust us to play so near the water's edge.

On that afternoon, once we had sat down, we tried for a while to forget our worries. I remember Akira starting to ask me, as he often did when we came to our spot, if in an emergency I would manage to swim to this or that vessel visible further up the water. But he could not keep it up, and suddenly, to my astonishment, he began to cry.

I had hardly ever seen my friend cry. In fact, today, this is the only recollection I have of him crying. Even when a large piece of mortar fell on to his leg when we were playing behind the American Mission, for all his turning a ghastly white, he did not cry. But that afternoon by the canal, Akira had clearly reached his wits' end.

I remember he had in his hands some piece of damp flaking wood from which, as he sobbed, he broke off bits to hurl into the water. I wanted very much to comfort him, but being at a loss for anything to say, I recall getting up to find more such pieces of wood to break off into pieces and hand to him, as though this were some urgent remedy. Then there was no more wood left for him to throw, and Akira brought his tears under control.

'When parents find out,' he said eventually, 'they be so angry. Then they not let me stay here. Then we all go to Japan.'

I still did not know what to say. Then, staring at a boat going by, he murmured: 'I don't ever want to live in Japan.'

And because this was what I always said when he made this statement, I echoed: 'And I don't ever want to go to England.'

With that, we both fell silent for a few more moments. But as we continued to stare at the water, the one obvious course of action to prevent all these awful repercussions loomed ever larger in my mind, and in the end I simply put it to him that all we had to do was to replace the bottle in time, then all would be well.

Akira did not appear to hear me, so I repeated the point. He continued to ignore me, and it was then I realised how very real his fear of Ling Tien had grown since our adventure the previous day; indeed, I could see it was as great now as it had ever been in our younger days, except of course that Akira was now unable to admit to it. I could see his difficulty and tried hard to think of a way out. In the end, I said quietly:

'Akira-chan. We'll do it again together. Just like last time. We'll join arms again, go in, put the bottle where we found it. If we do it together like that, then we'll be safe, nothing bad can happen to us. Nothing at all. Then no one will ever find out anything about what we did.'

Akira thought about this. Then he turned and looked at me and I could see deep and solemn gratitude in his face.

'Tomorrow, in afternoon, three o'clock,' he said. 'Mother will go out to park. If maid fall asleep again, then we have chance.'

I assured him the maid was bound to fall asleep again, and repeated that if we went into the room together, there was nothing at all to fear.

'We do together, old chap!' he said with a sudden smile and got to his feet.

On the walk back, we finalised our plans. I promised to come to Akira's house the next day well before his mother's departure, and as soon as she left, we would go upstairs and wait together, Ling Tien's bottle ready, for the maid to fall asleep. Akira's mood lightened considerably, but I remember, as we parted that afternoon, my friend turning to me with an unconvincing nonchalance and warning me not to be late the next day.

The following day was again hot and humid. I have down the years gone over many times everything I can remember of that day, trying to put the various details in some coherent order. I cannot remember a great deal about the first part of the morning. I have a picture of how I said goodbye to my father as he went off to work. I was already outside, loitering around the carriage track waiting for him to emerge. He eventually did so, in a white suit and hat, holding a briefcase and a stick. He squinted and glanced out towards our gateway. Then, as I waited for him to come further towards me, my mother appeared on the doorstep behind him and said something. My father walked back a few steps, exchanged some words with her, smiled, kissed her lightly on the cheek, then came striding out to where I was waiting. That is all I remember of how he left that day. I do not remember now if we shook hands, if he patted my shoulder, if he turned back at the gate for a last wave. My overall recollection is that there was nothing in the manner of his parting that morning to set it apart from the way he had left for work on every other day.

All I remember of the rest of the morning is that I played with my toy soldiers on the rug in my bedroom, my mind forever drifting to the daunting task awaiting us later in the day. I remember my mother going out at some point and that I ate lunch with Mei Li in the kitchen. After lunch, needing to kill time until three o'clock, I walked the short distance along our road to the spot where two large oak trees stood, set back from the road, yet well in front of the nearest garden wall.

Perhaps it was because I was already stoking up my courage, but I succeeded that day in climbing one of the oaks to a new height. Perched triumphantly in its branches, I found I had a view across the hedges and grounds of all the neighbouring houses. I remember I sat up there for some time, the wind on my face, growing ever more anxious about the task ahead. It occurred to me that, apprehensive as I was, Akira's fear of Ling Tien's room was now much the greater, and I would this time have to be the 'leader'. I saw the responsibility this entailed, and resolved to appear as confident as possible when I presented myself at his house. But as I continued to sit there in the tree, there kept occurring to me any number of eventualities that could thwart us: the maid would fail to fall asleep; she might even choose this of all days to clean the corridor outside Ling Tien's room; or else Akira's mother would change her mind and not go out as expected. And then of course, there were the older, less rational fears which, try as I might, I could not quite dispel from my mind.

Eventually I climbed down the oak, wishing to go home for a glass of water and to check the time. As I came in through our gate, I saw two motor cars in the drive. I was mildly curious about these, but by this stage was far too preoccupied to give them much attention. Then as I was crossing the hallway I glanced through the open doors of the drawing room and saw the three men, standing with their hats in their hands, talking with my mother. There was nothing so untoward about this – it was perfectly possible they had come to discuss my mother's campaign – but something in the atmosphere made me pause a moment there in the hall. As I did so, the voices broke off and I saw their faces turn to me. I recognised one of the men to be Mr Simpson, my father's colleague at Byatt's; the other two were strangers. Then my mother came into view as she too leant forward and looked at me. I suppose I might have sensed then that something out of the ordinary was unfolding. In any case, the next moment, I was hurrying off in the direction of the kitchen.

No sooner had I reached the kitchen than I heard footsteps, and my mother came in. I have often tried to recall her face – the exact expression she was wearing – at that moment, but with no success. Perhaps some instinct told me not to look at it. What I do remember is her presence, which seemed looming and large, as though suddenly I were very young again, and the texture of the pale summer frock she was wearing. She said to me in a lowered, but perfectly composed voice:

'Christopher, the gentlemen with Mr Simpson are from the police. I must finish talking with them. Then I want to talk to you straight afterwards. Will you wait for me in the library?'

I was about to protest, but my mother fixed me with a stare that silenced me.

'In the library then,' she said, turning away. 'I'll come as soon as I've finished with the gentlemen.'

'Has something happened to Father?' I asked.

My mother turned back to me. 'Your father never arrived at the office this morning. But I'm sure there's a perfectly simple explanation. Wait for me in the library. I won't be long.'

I followed her out of the kitchen and made my way to the library. There I sat down at my homework table and waited, thinking not about my father, but of Akira and how I was already going to be late for him. I wondered if he would have the courage to return the bottle on his own; even if he did, he would still be very angry with me. I felt at that moment such an urgency about Akira's situation, I actually contemplated disobeying my mother and simply going off. Meanwhile the discussion in the drawing room seemed to go on interminably. There was a clock on the library wall and I stared at its hands. At one point, I went out into the hall, hoping to catch my mother's attention and ask her permission to leave, but I found the doors to the drawing room had now been closed. Then, as I was hovering there in the hall, once more thinking about sneaking off, Mei Li appeared and pointed sternly towards the library. Once I had gone back in, she closed the door on me and I could hear her pacing about outside. I seated myself again and went on watching the clock. As the hands passed half past three, I fell into a gloom, full of anger at both my mother and Mei Li.

Then at last I heard the men being shown out. I heard one of them say:

'We'll do everything we can, Mrs Banks. We must hope for the best and trust in God.'

I could not hear my mother's reply.

As soon as the men had gone, I rushed out and asked for permission to go to Akira's. But my mother, to my fury, completely ignored my request, saying: 'Let's go back into the library.'

Frustrated though I was, I did as bidden, and it was there in the library that she sat me down, crouched before me and told me, very calmly, that my father had been missing since the morning. The police, alerted by his office, were carrying out a search, so far to no avail.

'But he may well turn up by supper time,' she said with a smile.

'Of course he will,' I said in a voice I hoped would convey my annoyance at this great fuss. Then I got off the chair and asked again for permission to leave. But this time I did so with less fervour, for I could see from the clock there was no longer any point in going to Akira's. His mother would have returned; his evening meal would be served before long. I felt a huge resentment that my mother should have kept me in simply to tell me something I had more or less gleaned in the kitchen an hour and a half earlier. When at last she told me I could go, I simply went up to my room, laid my soldiers out on my rug and did my best not to think about Akira or his feelings towards me at that moment. But I kept remembering all that had been said beside the canal, and the look of gratitude he had given me. Moreover, I did not wish Akira to return to Japan any more than he did.

My sullenness stayed with me well into the night, but of course this was interpreted as my reaction to the situation regarding my father. Throughout the evening my mother would say to me things like: 'Let's not get gloomy. There's sure to be a very simple explanation.' And Mei Li was uncharacteristically gentle with me when helping with my bath. But I remember too, as the evening went on, my mother having a number of those 'distant' moments I was to come to know well over the weeks that followed. In fact I believe it was that same night, as I lay in my bed still preoccupied about what to say to Akira when I next saw him, that my mother murmured, looking blankly across the room:

'Whatever happens, you can be proud of him, Puffin. You can always be proud of what he's done.'

Chapter Eight

I do not remember much about the days immediately following my father's disappearance, other than that I was often so concerned about Akira – in particular, what I would say when I next saw him – that I could not settle to anything. Nevertheless I found myself continually putting off a visit next door, even contemplating for a while the notion that I might never need face him at all – that his parents, so angered by our misdemeanour, were even at that moment packing their bags for Japan. During these days any sort of loud noise outside would send me rushing upstairs to the front windows, from where I could scrutinise the next-door courtyard for signs of piling luggage.

Then after three or four days had passed, on an overcast morning, I was playing by myself out on the circle of lawn in front of our house when I became conscious of the sounds coming from Akira's side of the fence. I quickly realised that Akira was moving about on his sister's bicycle around his carriage track; I had often enough watched him trying to ride this bicycle, which was far too large for him, and recognised the scraping noises the wheels made as he struggled for balance. At one stage I heard a crash and a yell as he fell off altogether. The possibility occurred to me that Akira had spotted me out playing from his upstairs window and had come out with the bicycle expressly to attract my attention. After several further moments of hesitation – during which Akira continued to crash about on his side – I finally strode out of our gateway, turned and stared into his front garden.

Akira was indeed astride Etsuko's bicycle, absorbed in attempts to execute some circus-like manoeuvre that required taking his hands from the handlebar just as he turned a tight circle. He appeared too absorbed to notice me, and even when I walked up to him, gave no sign of having seen me. Finally I said simply:

'I'm sorry I couldn't come the other day.'

Akira gave me a sulky glance, then went back to his manoeuvres. I was about to give him my explanation for having let him down, but for some reason, found I could say nothing more. I stood there watching him for a little longer. Then taking a further step towards him, I said, lowering my voice to a whisper:

'What happened? Did you put it back?'

My friend gave me a glare that rejected the intimacy implied by my tone, then spun his bicycle round. I felt tears coming, but remembering in time our long-standing feud about whether the English or Japanese cried easiest, I managed to stifle them. I thought again of telling him about my father's disappearance, and suddenly it seemed a hugely substantial reason not only for my having let him down, but for great self-pity on my part. I pictured the shock and shame that would transform Akira's face once I uttered the words: 'I couldn't come the other day because . . . because my father's been *kidnapped!'* – but somehow I could not say it. Instead, I believe I simply turned and ran back to my house.

I did not see Akira for the next few days. Then one afternoon he came to our back door, asking Mei Li for me as usual. I was in the middle of something, but dropped it all and went out to my friend. He greeted me smilingly, and as he led me away to his garden, patted me affectionately on the back. I was of course anxious to discover just what had transpired over the Ling Tien matter, but being even more keen not to re-open wounds, resisted the urge to ask anything about it.

We went to the back of his garden – to the thick shrubs we called our 'jungle' – and soon became immersed in one of our dramatic narratives. I have a feeling we acted out scenes from *Ivanhoe,* which I was reading at that time – or perhaps it was one of Akira's Japanese samurai adventures. In any case, after an hour or so, my friend suddenly stopped and looked oddly at me. Then he said:

'If you like, we play new game.'

'A new game?'

'New game. About Christopher father. If you like.'

I was taken aback and I do not recall what I said next. He came a few steps closer in the long grass and I saw he was looking at me almost tenderly.

'Yes,' he said. 'If you like, we play detective. We search for father. We rescue father.'

I then realised that it was hearing the news about my father – which no doubt had started to do the rounds of the neighbourhood – that had brought Akira back to my door. I understood too that this present proposal was his way of showing his concern and wish to help, and I felt my affection for him welling up. But in the end, I said quite nonchalantly:

'All right. If you want to play that, we can.'

And that was how it began, what today in my memory feels like an entire era – though in truth it could only have been a period of two months or less – when day after day we invented and played out endless variations on the theme of my father's rescue.

Meanwhile the real investigations into my father's disappearance were continuing. I knew this from the visits we received from the men who held their hats in their hands and talked solemnly to my mother; from the hushed exchanges between my mother and Mei Li when my mother came in, tight-lipped, at the end of an afternoon; and in particular, there was that conversation I had with her at the foot of the staircase.

I have no real memory of what either of us had been doing prior to that moment. I had started to run up the stairs, eager to fetch something from the playroom, when I realised my mother had appeared at the top and was making her way down. She must have been about to go out, for she had on her special beige dress, the one that gave off a peculiar smell like mouldering leaves. I suppose I must have sensed something in her manner, for I stopped where I was on the third or fourth step and waited for her. As she came towards me, she smiled and reached out a hand. She did this while still a number of steps above me, so that I thought for a moment she was wishing me to assist her down the rest of the stairs, the way my father sometimes did when he waited for her at the foot of the staircase. But as it turned out, she simply put her arm around my shoulder and we descended the last steps together. Then she let go of me and walked over towards the hat-stand on the other side of the hall. It was as she did so that she said:

'Puffin, I know how difficult these last few days have been for you. It must seem as though the whole world's caving in. Well, it's been difficult for me too. But you must do as I have. You must keep praying to God and remain hopeful. I hope you are remembering your prayers, aren't you, Puffin?'

'Yes, I am,' I replied, rather off-handedly.

'It's a sad fact,' she went on, 'that in a city like this, from time to time, people do get kidnapped. In fact it happens rather often, and a lot of the time, I'd go so far as to say *most* of the time, the people come back perfectly safely. So we have to be patient. Puffin, are you listening to me?'

'Of course I'm listening.' I had by this time turned my back to her and was dangling by my arms from the banister post.

'What we have to appreciate,' my mother said after a pause, 'is that the city's very best detectives have been assigned to the case. I've spoken with them, and they're very optimistic a solution will be found soon.'

'But how long will that be?' I asked sullenly.

'We have to be hopeful. We have to trust the detectives. And it may take a little time, but we must be patient. Then in the end things may well come right, and everything will be just as it was before. We must continue to pray to God and always keep hopeful. Puffin, what are you doing? Did you hear me?'

I did not respond immediately, because I was trying to see how many steps my feet could climb while I continued to cling to the banister post. Then I asked:

'But what if the detectives are too busy? With all the other things they have to solve? Murders and robberies. They can't do everything.'

I could hear my mother coming back a few steps towards me, and when she next spoke, a careful, deliberate tone had entered her voice.

'Puffin, there is no question whatsoever of the detectives being "too busy". *Everyone* in Shanghai, the most important people in this community are extremely anxious about Father, and very concerned to have the matter cleared up. I mean gentlemen like Mr Forester. And Mr Carmichael. Even the consul-general himself. I know they've made it their personal concern to see Father return safely as soon as possible. So you see, Puffin, there is no chance at all of the detectives giving anything but their utmost. And that's what they're doing, now, at this very moment. Do you realise, Puffin, Inspector Kung himself has been put in charge of this investigation? Yes, that's right: Inspector Kung. So you see, we've every reason to be hopeful.'

This exchange undoubtedly made some impact, for I remember I did not worry nearly so much during the following several days. Even at nights, when my anxieties tended to return, I would often go to sleep thinking of Shanghai's detectives moving all around the city, closing in ever more tightly on the kidnappers. Sometimes, lying in the dark, I found myself weaving quite elaborate dramas before dropping off to sleep, many of which would then serve as material for Akira and me the next day.

I do not mean to imply, incidentally, that during this period Akira and I did not play games quite unconnected with my father; sometimes we could lose ourselves for hours in one of our more traditional fantasies. But whenever my friend sensed I was preoccupied, or that my heart was not in what we were doing, he would say: 'Old chap. We play father rescue game.'

Our narratives concerning my father had, as I say, endless variations, but fairly quickly we established a basic recurring story-line. My father was held captive in a house somewhere beyond the Settlement boundaries. His captors were a gang intent on extorting a huge ransom. Many smaller details evolved quite rapidly until they too became fixtures. It was always the case, for instance, that despite being surrounded by the horrors of the Chinese district, the house in which my father was held was comfortable and clean. In fact, I can still remember how this particular convention came to be established. It was perhaps our second or third time of trying the game, and Akira and I had been taking it in turns to play the role of the legendary Inspector Kung – whose handsome features and dandily worn hat we both knew well from newspaper photographs. We had been quite absorbed in the excitements of our fantasy, when suddenly, at the point when my father first appeared in our story, Akira gestured to me – indicating that I should play him – and said: 'You tied up in chair.'

We had been in full flow but now I stopped.

'No,' I said. 'My father isn't tied up. How can he be tied up all the time?'

Akira, who never liked to be contradicted when unfolding a narrative, repeated impatiently that my father was tied up in a chair and that I should mimic this at the foot of a tree without further delay. I shouted back: 'No!' and stalked off. I did not, however, leave Akira's garden. I remember standing at the spot where his lawn started – where our 'jungle' ended – and staring blankly at a lizard climbing the trunk of an elm. After a moment I heard Akira's footsteps behind me and braced myself for a full-blown argument. But to my surprise, when I turned to him, I saw my friend gazing at me with a conciliatory look. He came closer and said gently:

'You right. Father not tied up. He very comfortable. Kidnappers' house comfortable. Very comfortable.'

After this it was always Akira who took great care to ensure my father's comfort and dignity in all our dramas. The kidnappers always addressed him as though they were his servants, bringing him food, drink and newspapers as soon as he requested them. Accordingly the characters of the kidnappers softened; it turned out they were not evil after all, simply men with starving families. They truly regretted having to take such drastic action, they would explain to my father, but they could not bear to see their children starve to death. What they were doing was wrong, they knew it, but what else were they to do? They had chosen Mr Banks precisely because his kind views towards the plight of the poorer Chinese were well known, and he was likely to understand the inconvenience to which they were putting him. To this, my father – whom I always represented – would sigh sympathetically, but then go on to say that whatever the hardships of life, crime could not be condoned. Besides, inevitably, Inspector Kung would sooner or later come with his men to arrest them, then they would be thrown into prison, perhaps executed. Where would that leave their families? The kidnappers – represented by Akira – would respond by saying that once the police discovered their hideout, they would give themselves up quietly, and wish Mr Banks well as he rejoined his family. But until then, they were obliged to do their utmost to make their scheme work. They would then ask my father what he required for his dinner, and I would order on his behalf a vast meal of his favourite dishes – roast sirloin, buttered parsnips and poached haddock always among them. As I say, it was Akira rather than myself who tended to be the more insistent on these luxurious aspects, and it was he who added many of the other small but important details: my father's room would have a fine view over the rooftops to the river; the bed would be one his captors had stolen for him from the Palace Hotel, and thus the ultimate in comfort. In time, Akira and I would become the detectives – though sometimes we played ourselves – until in the end, after the chases, fistfights and gun-battles around the warren-like alleys of the Chinese districts, whatever our variations and elaborations, our narratives would always conclude with a magnificent ceremony held in Jessfield Park, a ceremony that would see us, one after the other, step out on to a specially erected stage – my mother, my father, Akira, Inspector Kung and I – to greet the vast cheering crowds. This was, as I say, our basic story-line, and I suppose, incidentally, it was more or less the one I enacted over and over during those first drizzly days in England, when I filled my empty hours wandering about the ferns near my aunt's cottage, muttering Akira's lines for him under my breath.

It was not until perhaps a month after my father's disappearance that I finally found the nerve to ask Akira what had happened about Ling Tien's bottle. We had been taking a moment's break from our playing, sitting together in the shade of the maple at the top of our mound, drinking the iced water Mei Li had brought out to us in two tea-bowls. To my relief Akira no longer showed any sign of bitterness.

'Etsuko take back bottle,' he said.

His sister had initially been most obliging. But now, whenever she wanted to force Akira to do something, she would threaten to reveal his secret to their parents. Akira though was not unduly troubled by this ploy.

'She go to room too. So she just as bad as me. She not tell.'

'So there wasn't any trouble,' I said.

'No trouble, old chap.'

'So you won't have to go and live in Japan.'

'No Japan.' He turned to me and smiled. 'I stay Shanghai for ever.' Then he looked at me solemnly and asked: 'If father not found. You must go England?'

This startling notion for some reason had never before occurred to me. I thought it over, then said:

'No. Even if Father isn't found, we'll live here for ever. Mother will never want to go back to England. Besides, Mei Li wouldn't want to go. She's a Chinese.'

For a moment, Akira went on thinking, staring at the ice-cubes floating in his bowl. Then he looked up at me and beamed broadly.

'Old chap!' he said. 'We live here together, always!'

'That's right,' I said. 'We'll live in Shanghai for ever.'
'Old chap! Always!'

There was one other small incident from those weeks following my father's disappearance which I have now come to believe highly significant. I did not always regard it so; in fact, I had more or less forgotten it altogether when a few years ago, quite by chance, something happened which caused me not only to recall it again, but to appreciate for the first time the deeper implications of what I had witnessed that day.

It was during the period shortly after the Mannering case, when I was undertaking some research into the background of those years I spent in Shanghai. I believe I have mentioned this research before, much of which I conducted in the British Museum. I suppose it was, at least in part, my attempt as an adult to grasp the nature of those forces which as a child I could not have had the chance of comprehending. It was also my intention to prepare my ground for the day I began in earnest my investigations into the whole affair concerning my parents – which despite the continuing efforts of the Shanghai police has remained unresolved to this day. It remains, incidentally, my intention to embark on such an investigation in the not-too-distant future. In fact, I am sure I would have done so already had the demands on my time not been so relentless.

In any case, as I say, I spent a good many hours in the British Museum a few years ago gathering material on the history of the opium trade in China, on the affairs of Morganbrook and Byatt, on the complex political situation in Shanghai at that time. I did also, at various points, write off letters to China seeking information unavailable to me in London. So it was that I received one day a yellowed cutting taken from the *North China Daily News* dated some three years after my departure from Shanghai. My correspondent had sent me an article about changes to trading regulations in the concession ports – which no doubt I had requested – but it was the photograph which happened to be on the reverse side that immediately captured my attention.

I have kept that old newspaper photograph in the drawer of my desk, inside a tin cigar box, and from time to time I take it out and stare at it. It shows three men in a leafy avenue, standing in front of a grand motor car. All three are Chinese. The two on the outside are wearing Western suits with stiff collars, and hold bowler hats and canes. The plump man in the centre is in traditional Chinese dress: a dark gown, cap and pigtail. As with most newspaper photographs of the time, there is a stagy, posed feeling to it, and my correspondent's scissors have cut off perhaps an entire quarter of it to the left. Nevertheless, from the moment my glance first fell on it, the picture – more precisely, the central figure in the dark gown – has been a source of exceptional interest to me.

Alongside this photograph, in my tin cigar box in the drawer, I keep the letter I received from the same correspondent a month or so afterwards in reply to further enquiries. In it, he informs me that the plump man in the gown and cap is Wang Ku, a warlord who at the time of the photograph wielded much power in the Hunan province, employing a motley army of almost three hundred men. Like most of his sort, he lost much of his power after the ascendancy of Chiang Kai-shek, but was rumoured to be still alive and well, languishing in reasonable comfort somewhere in Nanking. Regarding my specific query, my correspondent states that he has been unable to ascertain whether or not Wang Ku ever had any known connections with Morganbrook and Byatt. In his own opinion, however, there is 'no reason to suppose he would not at some point have had dealings with the aforesaid company'. In those days, my correspondent points out, any shipments of opium – or of any other desirable goods – travelling along the Yangtze through Hunan would have been vulnerable to raids from the bandits and pirates who terrorised the region. Only the warlords through whose territories the shipments travelled could offer any sort of effective protection, and a company like Byatt's almost certainly would have gone some way to securing the friendship of such men. At the time of my childhood in

Shanghai, Wang Ku, with the power he then commanded, would have been regarded as a particularly desirable ally. My correspondent's letter closes with his apologies for being unable to provide more concrete details.

As I have said, I did not solicit this information from my correspondent until some five or six weeks after discovering the newspaper picture. The reason for my delay was that annoyingly, though I was certain I had seen the plump man somewhere in my past, I could not for a long time remember anything about the context in which I had done so. The man was associated for me with some scene of embarrassment or unpleasantness, but beyond that my memory would yield nothing. Then one morning, quite unexpectedly, as I was strolling along Kensington High Street in search of a taxicab, it all suddenly came back to me.

I had not paid much attention to the plump man when he had first arrived at our house. It was after all only two or three weeks after my father's disappearance and any number of strangers had been coming and going: policemen, men from the British consulate, men from Byatt's, ladies who on entering the house and catching sight of my mother would hold out their arms with a cry of anguish. To these latter, I recall, my mother always responded with a self-possessed smile, and walking up to the lady, would pointedly avoid the embrace, saying instead in her most assured tones something like: 'Agnes, how delightful.' She would then take her guest's hands – perhaps still proffered awkwardly in the air – and lead the way into the drawing room.

In any case, as I say, the arrival of the plump Chinese man that day did not much excite my interest. I remember glancing down from my playroom window and seeing him getting out of his motor car. His appearance on that occasion was, I believe, much as it is in my newspaper picture: dark gown, cap, pigtail. I noticed the car was a vast gleaming affair, and that he had two men to assist him as well as his chauffeur, but even this was not so remarkable; in those days following my father's disappearance, a number of very grand visitors had already turned up at the house. I was, though, vaguely struck by the way Uncle Philip, who had been in the house for the past hour or so, marched out to greet the plump man. They exchanged the most effusive greetings – as though they were the dearest friends – then Uncle Philip led the visitor into our house.

I do not remember what I got up to for the next little while. I did remain in the house – though not on account of the plump man, who, as I say, had not much interested me. In fact when I first heard the commotion downstairs, I remember being surprised the visitor was still with us. Rushing back to my playroom window I saw the motor car still on the carriage track, and the three servants who had stayed in the car – who too had heard the disturbance – hastening out of the vehicle with looks of alarm. Then I saw below me the plump man walking quite calmly towards the car, signalling to his men not to worry. The chauffeur held open the door for the plump man and as he was climbing in, my mother came into view. In fact, it had been her voice that had first sent me rushing to the window. I had been trying to convince myself it was just the same voice she used when angry with me or our servants, but by the time my mother's figure appeared below me, her every word now clearly audible, the effort became pointless. There was something about her that had lost control, something I had never seen before, and yet which I at once registered as something I would have to accept in the wake of my father's disappearance.

She was yelling at the plump man, having actually to be restrained by Uncle Philip. My mother was telling the plump man he was a traitor to his own race, that he was an agent of the devil, that she did not want help of his sort, that if he ever returned to our house, she would 'spit on him like the dirty animal he was'.

The plump man took all this very calmly. He signalled to his men to get in the car, and then, as his chauffeur wound the crank, he smiled from his window almost approvingly towards my mother, as though she were uttering the most gracious of farewells. Then the car was gone and Uncle Philip was persuading my mother to come inside.

By the time they came into the hall, my mother had gone silent. I could hear Uncle Philip saying: 'But we have to pursue every possible avenue, don't you see?' His footsteps followed my mother's into the drawing room, the door closed and I heard no more.

Of course, to see my mother behaving in such a way was most disturbing to me. But if she had found shouting at her visitor a liberation after weeks of keeping her feelings on a tight rein, then I too experienced something similar. It was witnessing her outburst that allowed me, after at least two or three weeks, finally to acknowledge the momentous nature of what had happened to us, and this brought with it a tremendous sense of relief.

I will have to admit, incidentally, that I cannot say with complete certainty that the plump Chinese man I saw that day was one and the same as the man in the newspaper photograph – the man now identified as the warlord Wang Ku. All I can say is that from the moment I first set eyes on the photograph, that face – and it was the face, not the gown, cap and pigtail, which of course could have been those of any Chinese gentleman – struck me unmistakably as one I had seen during the days immediately after my father's disappearance. And the more I have turned that particular incident over in my mind, the more convinced I have become that the man in the photograph was the one who visited our house that day. This discovery I believe to be most significant – one that may well help shed light on my parents' present whereabouts, and prove central to those investigations upon which, as I have said, I intend before long to embark.

Chapter Nine

There is a further aspect to this incident I have just described which I hesitate to mention here, uncertain as I am that there is any substance to it. It has to do with Uncle Philip's manner that day as he tried to restrain my mother in front of our house; and again, something in his voice when he said as they came in: 'But we have to pursue every possible avenue, don't you see?' There was nothing at all concrete I could put my finger on, but then a child is sometimes very receptive to these less tangible things. Anyway, my feeling was that there was something definitely odd about Uncle Philip that day. I do not know why, but I got the distinct impression that on this occasion, Uncle Philip was not on 'our side'; that the intimacy he shared with the plump Chinese man was greater than the one he shared with us; even – and quite possibly this *was* merely my fancy – that he and the plump man exchanged looks as the car drove off. As I say, I cannot point to anything solid to support these impressions, and it is more than possible I am projecting back certain perceptions in the light of what ultimately occurred with Uncle Philip.

Even today, I find it brings me some pain to remember the way my relationship with Uncle Philip concluded. As I have probably made clear, he had become over the years a figure to idolise, so much so that in the first days after my father's disappearance, I remember contemplating the notion that I need not mind so much since Uncle Philip could always take my father's place. Admittedly, this was an idea I found in the end curiously unconvincing, but my point is that Uncle Philip was a special person for me, and it is no wonder at all I should have lowered my guard that day and followed him.

I say 'lowered my guard' because for some time before that final day, I had been keeping watch over my mother with increasing anxiety. Even when she demanded to be left alone, I continued to keep a careful eye over the room she had gone into, and over the doors and windows through which kidnappers might enter. At nights I lay awake listening to her movements around the house, and always kept close to hand my weapon – a stick with a sharpened end Akira had given me.

However, when I think further about this, I have a feeling that deep down, I still did not at that stage truly believe my fears could be realised. Even the fact that I considered a pointed stick an adequate deterrent to kidnappers – that I often fell asleep fantasising I was locked in combat with dozens of intruders coming up our staircase, whom I would fell one by one with my stick – testifies perhaps to the oddly unreal level at which my fears still operated at that time.

For all that, there is no doubting the anxiety I felt for my mother's safety, and my bewilderment that the other adults had taken no steps at all to protect her. I did not like to let my mother out of my sight during this period, and as I say, I would never have lowered my guard on that day had it been anyone other than Uncle Philip.

It was a sunny, windy morning. I remember watching from the playroom windows the leaves blowing in the front yard over the carriage track. Uncle Philip had been downstairs with my mother since shortly after breakfast, and I had been able to relax for a while, believing as I did that nothing could happen to her while he was with her.

Then midway through the morning I heard Uncle Philip calling me. I went out on to the landing and, looking down over the balcony rail, saw my mother and Philip standing in the hall, gazing up at me. For the first time in weeks I sensed something cheerful about them, as though they had just been enjoying a joke. The front door was ajar and a long streak of sunlight was falling across the hall. Uncle Philip said:

'Look here, Puffin. You're always saying you want a piano accordion. Well, I intend to buy you one. I spotted an excellent French model in a window in Hankow Road yesterday. Shopkeeper obviously has no idea what it's worth. I propose the two of us go and look it over. If it takes your fancy, then it's yours. Good plan?'

This brought me down the staircase at great speed. I jumped the last four steps and circled round the adults, flapping my arms in impersonation of a bird of prey. As I did so, to my delight, I heard my mother laughing – laughing in a way I had not heard her laugh for a while. In fact it is possible it was this very atmosphere – this feeling that things were perhaps starting to return to what they had been – which played a significant part in causing me to 'lower my guard'. I asked Uncle Philip when we could go, to which he shrugged and said:

'Why not now? If we leave it, someone else might spot it. Perhaps someone's buying it at this moment, even as we speak!'

I rushed to the doorway and again my mother laughed. Then she told me I would have to put on proper shoes and a jacket. I remember thinking of protesting about the jacket, but then deciding not to in case the adults changed their minds, not only about the accordion, but also about this whole light-hearted mood we were enjoying.

I waved casually to my mother as Uncle Philip and I set off across the front courtyard. Then several steps on, as I was hurrying towards the waiting carriage, Uncle Philip grasped me by the shoulder, saying: 'Look! Wave to your mother!' despite my already having done so. But I thought nothing of it at the time, and turning as bidden, waved once more to my mother's figure, elegantly upright in the doorway.

For much of the way, the carriage followed the route my mother and I usually took to the city centre. Uncle Philip was quiet on the journey, which surprised me a little, but I had never before been alone with him in a carriage and assumed this was perhaps his normal custom. Whenever I pointed out to him anything we were passing, he would reply cheerfully enough; but the next moment he would be staring silently once more out at the view. The leafy boulevards gave way to the narrow crowded streets, and our driver began to shout at the rickshaws and pedestrians in our path. We passed the little curio shops in Nanking Road, and I remember craning to see the window of the toy shop on the corner of Kwangse Road. I had just begun to anticipate the smell of rotting produce as we approached the vegetable market, when Uncle Philip suddenly rapped his cane to make the carriage stop.

'From here, we'll go on foot,' he said to me. 'I know a good short cut. It'll be much quicker.'

This made perfectly good sense. I knew from experience how the little streets off Nanking Road could become so clogged with people that a carriage or motor car would often not move for five, even ten minutes at a time. I thus allowed him to help me down from the carriage with no argument. But it was then, I recall, that I had my first presentiment that something was wrong. Perhaps it was something in Uncle Philip's touch as he handed me down; perhaps there was something else in his manner. But then he smiled and made some remark I did not catch in the noise around us. He pointed towards a nearby alley and I stayed close behind him as we pushed our way through the good-humoured throng. We moved from bright sun to shade, and then he stopped and turned to me, right there in the midst of the jostling crowd. Placing a hand on my shoulder, he asked:

'Christopher, do you know where we are now? Can you guess?'

I looked around me. Then pointing towards a stone arch under which crowds were pressing around the vegetable stalls, I replied: 'Yes. That's Kiukiang Road through there.'

'Ah. So you know exactly where we are.' He gave an odd laugh. 'You know your way around here very well.'

I nodded and waited, the feeling rising from the pit of my stomach that something of great horror was about to unfold. Perhaps Uncle Philip was about to say something else – perhaps he had planned the whole thing quite differently – but at that moment, as we stood there jostled on all sides, I believe he saw in my face that the game was up. A terrible confusion passed across his features, then he said, barely audibly in the din:

'Good boy.'

He grasped my shoulder again and let his gaze wander about him. Then he appeared to come to a decision I had already anticipated.

'Good boy!' he said, this time more loudly, his voice trembling with emotion. Then he added: 'I didn't want you hurt. You understand that? I didn't want you hurt.'

With that he spun round and vanished into the crowd. I made a half-hearted effort to follow, and after a moment caught sight of his white jacket hurrying through the people. Then he had passed under the arch and out of my view.

For the next few moments I remained standing there in the crowd, trying not to pursue the logic of what had just occurred. Then suddenly I began to move, back in the direction we had just come, to the street in which we had left the carriage. Abandoning all sense of decorum, I forced my way through the crowds, sometimes pushing violently, sometimes squeezing myself through gaps, so that people laughed or called angrily after me. I reached the street to discover of course that the carriage had long since gone on its way. For a few confused seconds I stood in the middle of the street, trying to form in my head a map of my route back home. I then began to run as fast as I could.

I ran down Kiukiang Road, across the hard uneven stones of Yunnan Road, pushed through more crowds along Nanking Road. When at last I reached Bubbling Well Road, my breath was already coming in gasps, but I was encouraged that I now had left only this one long straight road, relatively free of people.

Perhaps it was because I was conscious of the highly private nature of my fears – or perhaps some profound shift in attitude was already taking place within me – but it did not once occur to me to solicit help from any of the adults I passed, or to try and hail a passing carriage or motor car. I set off at a run down that long road, and even though I soon began to pant pathetically, even though I knew my gait must look appalling to an onlooker, even though the heat and exhaustion reduced me at times to little more than walking pace, I believe I did not stop at all. Then at last I was going past the American consul's residence, and then the Robertsons' house. I turned off Bubbling Well Road into our road and a second wind took me the remaining distance to our gate.

I knew as soon as I turned through our gateway – though there was nothing obvious to tell me so – that I was too late, that the thing had finished long ago. I found the front door bolted. I ran to the back door, which opened for me, and ran through the house shouting for some reason not for my mother, but for Mei Li – perhaps even at that stage, I did not wish to acknowledge the implications of shouting for my mother.

The house appeared to be empty. Then as I was standing bewildered in the entrance hall, I heard a giggling sound. It had come from the library, and as I turned and went towards it, I saw through the half-open door Mei Li sitting at my work table. She was sitting very upright and as I appeared in the doorway, she looked at me and made another giggling sound, as if she were enjoying a private joke and trying to suppress her laughter. It dawned on me then that Mei Li was weeping, and I knew, as I had known throughout that punishing run home, that my mother was gone. And a cold fury rose within me towards Mei Li, who for all the fear and respect she had commanded from me over the years, I now realised was an impostor: someone not in the least capable of controlling this bewildering world that was unfolding all around me; a pathetic little woman who had built herself up in my eyes entirely on false pretences, who counted for nothing when the great forces clashed and battled. I stood in the doorway and stared at her with the utmost contempt.

It is now late – a good hour has passed since I set down that last sentence – and yet here I am, still at my desk. I suppose I have been turning over these recollections, some of which I had not brought to the fore of my mind for many years. But I have also been looking ahead, to the day when I eventually return to Shanghai; to all the things Akira and I will do there together. Of course, the city will have undergone many changes. But then I know Akira would like nothing more than to take me around, showing off all his great knowledge of the city's more intimate reaches. He will know just the right places to eat, to drink, to take a walk; the best establishments where we might go after a hard day, to sit and talk late into the night, swapping stories about all that has happened to us since our last meeting.

But I must now get some sleep. There is much work to be done in the morning, and I must catch up on the time lost this afternoon going about London with Sarah on the upper deck of that bus.

PART THREE

London, 12th April 1937

Chapter Ten

Yesterday, by the time young Jennifer returned from her shopping trip with Miss Givens, the light in my study was already murky. This tall narrow house, bought with my inheritance following my aunt's death, overlooks a square which, while moderately prestigious, catches less sun than any of its neighbours. I watched her from the study window, down in the square, going back and forth from the taxicab, lining up shopping bags against the railings, while Miss Givens searched in her purse for the fare. When eventually they came in, I could hear them quarrelling, and though I shouted a greeting from the landing, decided not to go down. Their quarrel seemed trivial – something about what they had and had not bought – but at that moment I was still excited by the morning's letter – and the conclusions to which it had led me – and I did not want my triumphant mood broken.

By the time I came downstairs, they had long ceased their argument, and I found Jennifer roaming around the drawing room with a blindfold over her eyes, hands outstretched before her.

'Hello, Jenny,' I said, as though spotting nothing unusual about her. 'Did you get all you needed for the new term?'

She was drifting dangerously towards the display cabinet, but I resisted the temptation to call out. She stopped just in time, felt with her hands and giggled.

'Oh, Uncle Christopher! Why didn't you warn me?'

'Warn you? About what?'

'I've gone blind! Can't you tell? I'm blind! Look!'

'Ah yes. So you are.'

I left her groping around the furniture and went through to

the kitchen, where Miss Givens was unpacking a bag on to the table. She greeted me politely, but made sure I noticed her glance towards the remains of my lunch abandoned at the far end of the table. Since the departure last week of Polly, our maid, Miss Givens has despised any implication that she should even temporarily undertake such duties.

'Miss Givens,' I said to her, 'there's something I must discuss with you.' Then looking over my shoulder, I lowered my voice: 'It's something that has an important bearing on Jennifer.'

'Of course, Mr Banks.'

'In fact, Miss Givens, I wonder if we might step into the conservatory. As I say, it's a matter of some significance.'

But just at this moment a crashing noise came from the drawing room. Miss Givens, brushing past me, shouted from the doorway:

'Jennifer, stop that! I told you this would happen!'

'But I'm blind,' came the reply. 'I can't help it.'

Miss Givens, remembering I had been addressing her, seemed caught in two minds. In the end, she came back and said quietly: 'Excuse me, Mr Banks. You were saying?'

'Actually, Miss Givens, I think we'll be able to speak more freely this evening after Jennifer has gone to bed.'

'Very well. I shall come and see you then.'

If Miss Givens had any forebodings about what I wished to discuss, she did not at that stage show it. She gave me one of her unrevealing smiles, before going through to her charge in the drawing room.

It is now almost three years ago that I first heard of Jennifer. I had been invited to a supper party by my old schoolfriend, Osbourne, whom I had not seen for a little while. He was still living in those days on the Gloucester Road, and I met for the first time that night the young woman who has since become his wife. Among his other guests that evening was Lady Beaton, the widow of the well-known philanthropist. Perhaps because the guests were all strangers to me – they spent much of the evening telling jokes about people I knew nothing about – I found myself talking rather a lot to Lady Beaton, so much so that I feared at times I was becoming a burden to her. In any case, it was just after the soup had been served that she began to tell me about a sad case she had recently come across in her capacity as treasurer of a charity concerned with the welfare of orphans. A couple had been drowned in a boating accident in Cornwall two years earlier, and their only child, a girl now of ten, was at present living out in Canada with her grandmother. This old lady was evidently in poor health, rarely went out or received callers.

'When I was over in Toronto last month,' Lady Beaton told me, 'I decided to call on them myself. The poor little thing was miserable, she so misses England. And as for the old lady, she can barely look after herself, never mind a young girl.'

'Will your organisation be able to help her?'

'I'll do my best for her. But we have so many cases, you see. And strictly speaking, she isn't a priority. After all, she does have a roof over her head and her parents have left her reasonably well provided for. The big thing about this sort of work is not to get too personal about it. But having met the poor girl, one can't help but get involved. She has such a spirit about her, quite unusual, even though she was clearly so unhappy.'

It is possible she told me a few further things about Jennifer as we continued with the meal. I remember listening politely, but saying little. It was only much later, out in the hall, as the guests were leaving, and Osbourne was appealing to us all to stay a little longer, that I took Lady Beaton to one side.

'I hope you don't think this inappropriate,' I said. 'But this girl you were telling me of earlier. This Jennifer. I'd like to do something to help. In fact, Lady Beaton, I'd be quite prepared to take her in.'

Perhaps I should not hold it against her that her first reaction was to recoil with a look of suspicion. At least, that is how it appeared to me. Eventually she said:

'That's very good of you, Mr Banks. I will, if I may, get in touch with you about the matter.'

'I'm quite serious, Lady Beaton. I recently came into an inheritance, so I'll be quite able to provide for her.'

'I'm sure that's so, Mr Banks. Well, let us speak further about it.' With that, she turned to some other guests to exchange boisterous farewells.

But Lady Beaton did indeed get in touch with me less than a week later. Possibly she had been making enquiries about my character; perhaps it was simply that she had had time to think things over; in any case, her attitude had quite changed. Over lunch at the Café Royal, and during our subsequent meetings, she could not have been warmer towards me, and Jennifer duly arrived at my new house just four months after the dinner at Osbourne's apartment.

She was accompanied by a Canadian nurse named Miss Hunter, who departed again a week later, cheerfully kissing the girl on the cheek and reminding her to write to her grandmother. Jennifer considered carefully the choice of three bedrooms I offered her, and decided on the smallest, because, she said, the little wooden ledge running along one wall would be perfect for her 'collection'. This, I soon discovered, comprised some carefully selected sea-shells, nuts, dried leaves, pebbles and a few other such items she had gathered over the years. She positioned the objects carefully along the ledge and called me in one day to inspect.

'I've given each a name,' she explained. 'I realise that's a silly sort of thing to do, but I do so love them. One day, Uncle Christopher, when I'm not so busy, I'll tell you all about each of them. Please will you tell Polly to be extra careful when she cleans along here.'

Lady Beaton came to assist me in conducting the interviews for a nanny, but it was Jennifer herself, eavesdropping on proceedings from the next room, who proved the most decisive influence. She would emerge after each candidate had left to deliver a damning verdict. 'A complete horror,' she pronounced of one woman. 'That's obvious nonsense about her last charge dying of pneumonia. She poisoned her.' Of another, she said: 'We can't possibly have her. Far too nervous.'

Miss Givens struck me during her interview as dull and rather cold, but for some reason it was she who immediately won Jennifer's approval, and it must be said, in the two and a half years since then she has amply justified Jennifer's belief in her.

Almost everyone to whom I introduced Jennifer remarked on how self-possessed she appeared for one who had experienced such tragedy. Indeed, she did have a remarkably assured manner, and in particular a capacity to make light of setbacks which might have brought other girls her age to tears. A good example of this was her reaction concerning her trunk.

She had for some weeks after her arrival made repeated references to her trunk that would arrive by sea from Canada. I remember, for instance, her describing to me once in some detail a wooden merry-go-round someone had made for her that was coming in the trunk. On another occasion, when I had complimented her on a particular costume she and Miss Givens had brought back from Selfridge's, she had looked at me solemnly and said: 'And I have a hair-band to match it *perfectly*. It's coming in my trunk.'

However, I received one day a letter from the shipping company apologising for the loss of the trunk at sea and offering compensation. When I told Jennifer of this, she first simply stared. Then she gave a light laugh and said:

'Well in that case, Miss Givens and I will just have to go on an *enormous* spending spree.'

When after two or three days she had still shown no sign of distress over her loss, I felt inclined to have a talk with her, and one morning after breakfast, spotting her wandering about in the garden, went out to join her.

It was a crisp, sunny morning. My garden is not large, even by city standards – a green rectangle overlooked by any number of our neighbours – but it is well laid out and has, despite everything, a pleasing sense of sanctuary. When I stepped down on to the lawn, Jennifer was drifting about the garden with a toy horse in her hand, dreamily walking it along the tops of the hedges and bushes. I remember being rather concerned the toy might be harmed by the dew and was on the verge of pointing this out to her. But in the end, as I came up, I said simply:

'That was rotten luck about your things. You've taken it awfully well, but it must have been a terrible shock.'

'Oh . . .' She went on moving her horse carelessly. 'It *was* a bit of a bore. But I can always get more things with the compensation money. Miss Givens said we could go shopping on Tuesday.'

'All the same. Look, I think you're awfully brave. But there's no need, you know, to put up a show, if you see what I mean. If you want to let your guard down a bit, you should do so. I'm not going to let on to anyone, and neither, I'm sure, is Miss Givens.'

'It's all right. I'm not upset. After all, they were just *things.* When you've lost your mother and your father, you can't care so much about *things*, can you?' With that, she gave her little laugh.

This is one of the few instances I can now recall of her mentioning her parents. I laughed too, and saying: 'I suppose not,' started to walk back to the house. But then I turned to her again and said:

'You know, Jenny, I'm not sure that's true. You might say a thing like that to a lot of people and they'd believe you. But you see, I know it's not true. When I came from Shanghai, the things that came in *my* trunk, those things, they were important to me. They remain so.'

'Will you show them to me?'

'Show them to you? Well, most of it wouldn't mean anything to you.'

'But I love Chinese things. I'd like to see them.'

'Most of it isn't Chinese as such,' I said. 'Well, what I'm trying to say is that for me, my trunk was special. If it had got lost, I'd have been upset.'

She shrugged and put her horse up to her cheek. 'I was upset.

But I'm not any more. You have to look forward in life.'

'Yes. Whoever told you that is quite right in a way. All right, as you will. Forget your trunk for now. But remember . . .' I trailed off, not knowing what I had intended to say.

'What?'

'Oh nothing. Just remember, if there's anything you want to tell me, or anything that's troubling you, I'm always here.'

'All right,' she said brightly.

As I stepped back up to the house, I glanced behind me and saw she was roaming about the garden once more, moving her horse in dreamy arcs through the air.

I did not make such promises to Jennifer lightly. At that time, it was my intention entirely to fulfil them, and my fondness for Jennifer only grew in the days that followed. And yet here I am today, planning to desert her; for how long, I do not even know. It is, of course, possible I am exaggerating her dependence on me. If all goes well, moreover, I may well be back in London before the next school holidays and she will hardly notice my absence. And yet, I am obliged to admit, as I was to Miss Givens when she asked me flatly last night, that I may be gone a lot longer. It is this very indefiniteness that betrays my priorities, and I have no doubt Jennifer will not be slow to draw her own conclusions. Whatever brave face she puts on it, I know she will see my decision as a betrayal.

It is not easy to explain how things have come to this. What I can say is that it began some years ago – from well before Jennifer's arrival – as a vague feeling I would get from time to time; a feeling that someone or other disapproved of me, and was only just managing to conceal it. Curiously, these moments tended to occur in the company of the very people whom I might have expected to be most appreciative of my achievements. When talking to some statesman at a dinner, say, or to a police officer, or even a client, I would be suddenly surprised by the coldness of a handshake, a curt remark inserted amidst pleasantries, a polite aloofness just where I might have expected gushing gratitude. Initially, whenever such incidents occurred, I would search my memory for some offence I might inadvertently have caused the particular individual; but eventually I was obliged to conclude that such reactions had to do with something more general in people's perceptions of me.

Because what I am talking of here is so nebulous, it is not easy to recall instances to serve as clear illustrations. But I suppose one example is the odd exchange I had last autumn with the police inspector from Exeter in that gloomy lane outside the village of Coring, in Somerset.

It was one of the most dispiriting crimes I have ever investigated. I did not arrive in the village until four days after the bodies of the children had been discovered in the lane, and the constant rainfall had turned the ditch where they had been found into a muddy stream – making the gathering of relevant evidence no simple affair. None the less, by the time I heard the inspector's footsteps approaching, I had formed a fairly clear view of what had occurred.

'A most disturbing business,' I said to him as he came up to me.

'It's sickened me, Mr Banks,' the inspector said. 'Truly sickened me.'

I had been crouching down examining the hedge, but now rose to my feet, and we stood facing one another in the steady drizzle. Then he said:

'You know, sir, just at this moment, I dearly wish I'd become a carpenter. That's what my father wished of me. I really do, sir. Today, after this, I really do.'

'It's awful, I agree. But one mustn't turn away. We have to see to it justice prevails.'

He shook his head forlornly. Then he said: 'I came out here to ask you, sir, if you'd formed a view of this case. Because you see . . .' He looked up at the dripping trees above him, then went on with an effort: 'You see, my own investigations do lead me towards a certain conclusion. A conclusion I'm somewhat loath to reach.'

I looked at him gravely and nodded. 'I fear your conclusion is correct,' I said solemnly. 'Four days ago, this looked to be as horrific a crime as one could imagine. But now, it seems the truth is even more ghastly.'

'How can it be, sir?' The inspector had gone very pale. 'How can such a thing be possible? Even after all these years I can't comprehend such . . .' He fell silent and turned away from me.

'Unfortunately, I see no other possibility,' I said quietly. 'It is indeed shocking. It's as if we're looking right into the depths of the darkness.'

'Some madman who was passing, something of that order I could have accepted. But this . . . I am still loath to believe it.'

'I fear you must,' I said. 'We must accept it. Because it's what happened.'

'You're sure of it, sir?'

'I'm sure of it.'

He was gazing across the neighbouring fields to the row of cottages in the distance.

'At times like these,' I said, 'I can well understand, one gets very discouraged. But if I may say so, it's well you didn't follow your father's advice. Because men of your calibre, inspector, are rare. And those of us whose duty it is to combat evil, we are . . . how might I put it? We're like the twine that holds together the slats of a wooden blind. Should we fail to hold strong, then everything will scatter. It's very important, Inspector, that you carry on.'

He remained silent for another moment. Then when he spoke again, I was rather taken aback by the hardness in his voice.

'I'm just a small person, sir. So I'll stay here and do what I can. I'll stay here and do my best to fight the serpent. But it's a beast with many heads. You cut one head off, three more will grow in its place. That's how it seems to me, sir. It's getting worse. It's getting worse every day. What's happened here, these poor little children . . .' He turned around and I could now see fury in his face. 'I'm just a small man. If I was a greater man'

– and here, without a doubt, he looked accusingly straight into my eyes – 'if I was a greater man, then I tell you, sir, I'd hesitate no longer. I'd go to its heart.'

'Its heart?'

'The heart of the serpent. I'd go to it. Why waste precious time wrestling with its many heads? I'd go this day to where the heart of the serpent lies and slay the thing once and for all before . . . before . . .'

He appeared to run out of words and simply stood there glaring at me. I do not remember quite what I said in response. Possibly I muttered something like:

'Well, that would be most commendable of you,' and turned away.

Then there was also that incident from last summer, on the occasion I visited the Royal Geographical Society to hear H. L. Mortimer deliver his lecture. It was a very warm evening. The audience of around a hundred was made up of specially invited figures from all walks of life; I recognised, among others, a Liberal peer and a famous Oxford historian. Professor Mortimer spoke for just over an hour, while the lecture hall grew steadily more stuffy. His paper, entitled: 'Does Nazism pose a threat to Christianity?', was in fact a polemic to argue that universal suffrage had severely weakened Britain's hand in international affairs. When questions were invited at the end, a fairly vigorous argument started up around the room, not about Professor Mortimer's ideas, but concerning the German army's move into the Rhineland. There were passionate voices both condoning and condemning the German action, but I was exhausted that night after weeks of intense work, and made no real effort to follow.

Eventually we were ushered out of the hall into a neighbouring room, where refreshments were being served. The room was not nearly large enough, so that by the time I entered – and I was by no means among the last – people were already squeezed uncomfortably up against one another. A picture I have of that evening is of large, aproned women elbowing their way ferociously through the crowd with their trays of sherry, and of greying, bird-like professors talking in pairs, their heads tilted right back to maintain a civilised speaking distance. I felt it was impossible to remain in such an environment, and was pushing my way towards the exit when I felt a touch on my shoulder. I turned to find smiling at me Canon Moorly, a cleric who had been of invaluable service to me on a recent case, and saw nothing for it but to stop and greet him.

'What a most fascinating evening it's been,' he said. 'It's given me so much to think about.'

'Yes, most interesting.'

'But I must say, Mr Banks, when I saw you there across the room, I did rather hope you'd say something.'

'I'm afraid I was feeling rather tired this evening. Besides, virtually everyone else in the room seemed to know so much more about the topic.'

'Oh, nonsense, nonsense.' He laughed and tapped me on the chest. Then he leant in closer – perhaps someone behind him had pushed him – so that his face was only inches from mine, and said: 'To be quite truthful, I was a little surprised you didn't feel compelled to make an intervention. All this talk of a crisis in Europe. You say you were tired; perhaps you were being polite. All the same, I'm surprised you let it go.'

'Let it go?'

'What I mean to say, forgive me, is that it's quite natural for some of these gentlemen here tonight to regard Europe as the centre of the present maelstrom. But you, Mr Banks. Of course, *you* know the truth. You know that the real heart of our present crisis lies further afield.'

I looked at him carefully, then said: 'I'm sorry, sir. But I'm not quite sure what you're getting at.'

'Oh come, come.' He was smiling knowingly. 'You of all people.'

'Really, sir, I've no idea why you think I should have any special knowledge concerning such things. It's true, I've investigated many crimes over the years, and perhaps I've built up a general picture of how certain forms of evil manifest themselves. But on the question of how the balance of power might be maintained, how we can contain the violent conflict of aspirations in Europe, on such things I'm afraid I have no large theory as such.'

'No theory? Perhaps not.' Canon Moorly went on smiling at me. 'But you do have, shall we say, a special relationship to what is, in truth, the source of all our current anxieties. Oh come, my dear fellow! You know perfectly well to what I'm referring! You know better than anyone the eye of the storm is to be found not in Europe at all, but in the Far East. In Shanghai, to be exact.'

'Shanghai,' I said lamely. 'Yes, I suppose . . . I suppose there are some problems in that city.'

'Problems indeed. And what was once just a local problem has been allowed to fester and grow. To spread its poison over the years ever further across the world, right through our civilisation. But I hardly need remind *you* of this.'

'I think you'll find, sir,' I said, no longer trying to hide my irritation, 'that I've worked hard over the years to check the spread of crime and evil wherever it has manifested itself. But of course I've been able to do so only within my own limited sphere. As for what occurs in faraway places, surely, sir, you can hardly expect me to . . .'

'Oh come! Really!'

I might well have lost my patience, but just at this point another clergyman came squeezing through the crowd to greet him. Canon Moorly introduced us, but I quickly took the opportunity to slip away.

There were a number of other such incidents which, if they were not quite so overt, nevertheless built up over a period of time to push me steadily in a certain direction. And then of course, there was the encounter with Sarah Hemmings at the Draycoats' wedding.

Chapter Eleven

It is now already over a year ago. I had been sitting near the back of the church – the bride was not expected for several more minutes – when I saw Sarah come in with Sir Cecil Medhurst on the other side of the nave. Certainly, Sir Cecil did not look appreciably older than when I had last seen him on the evening of the Meredith Foundation banquet in his honour; but the many reports that he had been hugely rejuvenated by his marriage to Sarah appeared to be something of an exaggeration. He looked happy enough, none the less, as he gave jovial waves to people he recognised.

I did not speak to Sarah until after the service. I was strolling around the churchyard amidst the chattering guests, and had paused to admire a flower bed, when suddenly she appeared at my side.

'Now, Christopher,' she said. 'You're virtually the only one here not to have congratulated me on my hat. Celia Matheson made it for me.'

'It's splendid. Really very impressive. And how are you?'

It was the first time we had spoken for some time and I believe we chatted politely for a while as we moved slowly around the fringes of the crowd. Then when we paused again, I asked:

'And Sir Cecil is well? He's certainly looking very fit.'

'Oh, he's on splendid form. Christopher, you can tell me. Were people utterly horrified I married him?'

'Horrified? Oh no, no. Why should they be?'

'I mean, about his being so much older. Of course, no one will say so to *us*. But you tell me. People were horrified, weren't they?'

'As far as I was aware, everyone was delighted. Of course, people were surprised. It was all so sudden. But no, I believe everyone was delighted.'

'Well then, that only proves what I feared. They must have seen me as an old maid. That's why they weren't horrified. A few years ago, I'm sure they would have been.'

'Really . . .'

Sarah laughed at my discomfort and touched my arm. 'Christopher, you're so sweet. Don't worry. Don't worry about it at all.' Then she added: 'You know, you must come and visit. Cecil remembers meeting you, at that banquet. He'd love to see you again.'

'I'd be delighted.'

'Oh, but it's probably too late now. We're going away, you see. Sailing for the Far East in eight days' time.'

'Really. Will you be gone for long?'

'Might be months. Perhaps even years. Still, you must come and see us when we get back.'

I suspect I was a little lost for words at this news. But just at that moment, the bride and groom came into view across the grass, and Sarah said:

'Don't they look so handsome together? And they're so suited.' For a moment she gazed at them dreamily. Then she said: 'I was asking them just now what they wished of the future. And Alison said they just want a little cottage in Dorset, from which neither of them need emerge for years and years. Not until there are children, and they're getting grey hairs and wrinkles. Don't you think that's so wonderful? I do so wish it for them. And it's so wonderful, the way they happened to meet just by chance like that.'

She went on gazing at them as though hypnotised. Eventually she came out of her trance, and I believe we spent a few minutes exchanging news of mutual friends. Then others came to join us, and after a while I drifted away.

I was to encounter Sarah once more, later in the day, at the country house hotel overlooking the South Downs where the reception was held. It was towards the end of that afternoon, and the sun was low in the sky. An unusual amount of drink had been consumed by then, and I remember walking through the hotel past groups of dishevelled guests, scattered across sofas and propped uncertainly in alcoves, until coming out on to the windy terrace I spotted Sarah, leaning against the balustrade, looking out over the grounds. I was walking towards her, when I heard a voice behind me, and saw a stout, red-faced man hurrying across the terrace after me. He grasped my arm, then stood there recovering his breath, looking into my face with a serious expression. Then he said:

'Look, I've been watching. I saw what happened, and I saw them earlier too. It's a disgrace, and as the brother of the groom, I want to extend my apologies to you. Those drunken oafs, I don't know who they are. I'm sorry, old chap, it must have been awfully upsetting.'

'Oh, please don't worry,' I said with a laugh. 'I'm not in the least offended. They've had a little to drink and they were just amusing themselves.'

'It's barbaric behaviour. You're a guest, just as they are, and if they can't be civil, they'll have to go.'

'Well really, I think you've got the wrong end of the stick. They didn't mean anything. In any case, I certainly took no offence. A fellow's got to be able to take a little joke sometimes.'

'But they've been at it all afternoon. I saw them earlier, even at the church. This is my brother's wedding. I won't have behaviour of this sort. In fact, I'm going to sort the whole thing out here and now. Come with me, old fellow. We'll see if they still find you so amusing.'

'No, look, you don't understand. If anything, I was enjoying the joke just as much as they were.'

'But I won't have it! Far too much of this kind of thing goes on these days. They get away with it more and more, but not today. Not at my brother's wedding. Come on, you come with me.'

He was tugging at my arm and I saw beads of sweat all over his face. I am not sure what I would have done next, but just then, Sarah came strolling up to us, a cocktail in one hand, and said to the red-faced man:

'Oh, Roderick, you *have* got the wrong end of the stick. Those are *friends* of Christopher's. Besides, Christopher's the last person you need to protect.'

The red-faced man looked from one to the other of us. Finally he asked Sarah: 'Are you sure? Because I've seen it go on the whole day. Every time this chap goes anywhere near them . . .'

'You worry too much, Roderick. Those are friends of Christopher's. If he were in the least bit cross with them, you'd soon know all about it. Christopher's *quite* capable of dressing them down himself. In fact, Christopher here could have them cowering, or else eating out of his hand, whatever he pleases, in the wink of an eye. So off you go, Roderick. Go off and enjoy yourself.'

The red-faced man regarded me with a new respect, then in his confusion held out his hand. 'I'm Jamie's brother,' he said, as I took it. 'Pleased to meet you. If I can do anything, well, you come and find me. I'm sorry if there was some misunderstanding. Well, enjoy yourself.'

We watched him lurch back towards the house. Then Sarah said:

'Come on, Christopher. Why don't you come and talk to me for a while.'

She took a sip from her glass and strolled off. I followed her across the terrace until we were at the balustrade, looking out over the grounds.

'Thank you for that,' I said eventually.

'Oh, it's all part of the service. Christopher, what have you been up to all afternoon?'

'Oh, nothing much. In fact, I was just thinking. About that night a few years ago, that banquet for Sir Cecil. I was wondering if when you met him that night you had any idea you'd one day . . .'

'Oh, Christopher' – she cut across my words and I realised she was fairly drunk – 'I'll tell you, I can tell you. When I met

Cecil that night, I found him very charming. But really, I thought nothing more of him. It was only much later, oh, a year later, even more. Oh yes, I'll tell you, you're such a dear friend. I was at this supper and people were talking about Mussolini, and some of the men were saying it wasn't a joke any more, there could well be another war, even worse than the last one. That's when someone brought up Cecil's name. Said we needed people like him more than ever at a time like this, and he really shouldn't have retired, surely he had plenty of steam left yet. Then someone said, he's the man to undertake the great mission, and someone else said, no, it's not fair on him, he's too old, he's got no close colleagues left, he doesn't even have a wife now. And that's when it came to me. I thought, well, even a great man like that, with all his achievements, he needs someone, someone who'll make the difference. Someone to help him, at the end of his career, to summon up what's needed for one last great push.'

She fell quiet for a moment, so I said: 'And it would appear Sir Cecil came to see it that way too.'

'I can be persuasive when I wish to be, Christopher. Besides, he says he fell in love with me right from that time he first saw me, at that banquet.'

'How splendid.'

Below us, down on the grass, some way in the distance, several guests were larking about by the pond. I could see one man, his collar sticking out behind his neck, charging at some ducks. Eventually, I said:

'This business of Sir Cecil making a final push. His crowning achievement. What exactly was it you had in mind for him? Is this why you're going away for months?'

Sarah took a deep breath and her gaze became serious and steady. 'Christopher. You must know the answer.'

'If I knew the answer . . .'

'Oh, for goodness' sake. We're going to Shanghai, of course.'

It is hard to describe just what I felt when I heard her say this. Perhaps there was still some element of surprise. But more than anything else, I recall a kind of relief; an odd feeling that from the time I had first laid eyes on her all those years ago at the Charingworth Club, a part of me had been waiting for this moment; that in some sense, my whole friendship with Sarah had always been moving towards this one point, and now at last it had arrived. The few words we then went on to exchange had about them a strangely familiar ring, as though we had rehearsed them somewhere many times already.

'Cecil knows the place well,' she was saying. 'He feels he might be able to help sort things out over there and he felt he should go. So go we shall. Next week. Our bags are virtually packed.'

'Well, then, I wish Sir Cecil, I wish you *both*, the very best in accomplishing your mission in Shanghai. Are you looking forward to it? I get the impression you are.'

'Of course I am. Of course I'm looking forward to it. I've waited a long time for something like this. I'm so tired of London and . . . and all of this' – she waved back towards the hotel. 'I wasn't getting any younger, and sometimes I thought my chance would never come. But here we are, we're going to Shanghai. Now, Christopher, what's the matter?'

'I suppose this might sound rather feeble to you,' I said. 'But I'll say it anyway. You see, it's always been my intention to return to Shanghai myself. I mean, to . . . to solve the problems there. That's always been my intention.'

For a moment, she went on gazing out at the sunset. Then she turned and smiled at me, and I thought her smile was full of sadness, and tinged with rebuke. She reached out a hand and touched me gently on the cheek, then turned back to the view again.

'Perhaps Cecil will solve things quickly in Shanghai,' she said. 'Perhaps he won't. In any case, we might be there a long time. So if what you just said is true, Christopher, then it's quite possible we shall see you out there. Isn't it?'

'Yes,' I said. 'Indeed.'

*

I was not to see Sarah Hemmings again before she set sail. If she had every right to rebuke me for my procrastination over the years, then how much more deserving of her disappointment would I be should I now fail to act? For it is self-evident, whatever progress Sir Cecil has made out in Shanghai during the intervening months, a solution is still nowhere in sight. Tensions continue to mount the world over; knowledgeable people liken our civilisation to a haystack at which lighted matches are being hurled. Meanwhile, here I am, still languishing in London. But with the advent of yesterday's letter, it might be said that the last pieces of the jigsaw have come together. Surely the time has finally arrived for me to go out there myself, to Shanghai, to go there and – after all these years – 'slay the serpent', as that decent West Country inspector put it.

But it will be at some cost. Earlier this morning, as yesterday, Jennifer went out shopping – for a few last items she claims are imperative for the new school term. When she left, she appeared excited and happy; she knows nothing yet of my plans, or of the things Miss Givens and I discussed last night.

I asked Miss Givens into the drawing room and had to invite her to sit down three times before she did so. Perhaps she had an inkling of what I wished to say, and felt that to sit with me would amount to some form of collusion. I laid the situation out to her as best I could; tried to make her understand the vast importance of the case; that it was, moreover, one I had been involved with for many, many years. She listened impassively, and then when I paused, asked her simple question: how long would I be gone? I believe then I talked for some time, trying to explain to her why it was impossible to place a clear time frame on a case of this sort. I have a feeling it was she who interrupted me eventually to raise some query, and after that we spent several minutes on the various practical implications of my going away. It was only after we had discussed these matters fairly exhaustively, and she had risen to leave, that I said to her:

'Miss Givens, I'm fully aware that in the short term, even with your best efforts, my absence will bring difficulties for Jennifer.

But I wonder if you've considered that in the longer term, it's almost certainly in our best interests, Jenny's and mine, that I pursue the course I've just outlined to you. After all, how will Jennifer ever be able to love and respect a guardian who she knew had turned away from his most solemn duty when the call finally came? Whatever she may wish for now, she'll come to have only contempt for me when she's older. And what good would that do either of us?'

Miss Givens gazed at me steadily, then said: 'You have a point, Mr Banks.' Then she added: 'But she will miss you, Mr Banks, none the less.'

'Yes. Yes, I dare say so. But Miss Givens, don't you see?' I might have raised my voice at this point. 'Don't you see how very urgent things have got? The growing turmoil all over the world? I have to go!'

'Of course, Mr Banks.'

'I'm sorry. I do apologise. I'm somewhat overwrought tonight. All in all, it's been quite a day.'

'Would you like me to tell her?' Miss Givens asked.

I thought about this, then shook my head. 'No, I'll speak to her. I'll speak to her in good time. I'd appreciate it if you said nothing to her until I've seen her.'

I had intended last night to talk to Jennifer some time today. But on further thought, I feel to do so might be premature; it might, moreover, quite unnecessarily sully her current very positive mood concerning her forthcoming school term. It will be better, all in all, to leave the matter for now, and I will be able to go and see her at her school once I have finalised my arrangements. Jennifer is a child of remarkable spirit, and there is no reason to suppose she would be so devastated just on account of my departure.

I cannot help, though, recalling now that winter's day two years ago when I first visited her at St Margaret's. I had been conducting an investigation not far away, and this still being early in her career at the school, I had decided to call to check that all was well.

The school comprises a large manor house surrounded by several acres of grounds. Behind the house, the lawn slopes down to a lake. Perhaps on account of this latter, on each of the four occasions I have visited the school, I have found mist enveloping the place. Geese wander freely, while sullen gardeners tend to the marshy grounds. It is, by and large, a rather austere atmosphere, though the mistresses, in so far as I have seen them, present a warmer face. On that particular day, I remember a certain Miss Nutting, a kindly woman in her fifties, leading me through the chilly corridors. At one point, she paused by an alcove and, lowering her voice, said to me:

'All things considered, Mr Banks, she's settling in as well as can be expected. After all, there are bound to be a few difficulties for her at the start, while the other girls still see her as a newcomer. And one or two of them *can* be a little cruel sometimes. But by next term, that will all be behind her, I'm sure.'

Jennifer was waiting for me in a large, oak-panelled room where a log was smouldering in the fireplace. The mistress left us, and Jennifer smiled rather shyly from where she was standing in front of the mantelpiece.

'They don't keep things very warm here,' I said, rubbing my hands and moving towards the fire.

'Oh, you should feel how cold it is in our dorm. Icicles on your sheets!' She giggled.

I sat down in a chair close to the fire, but she remained standing. I had feared she might feel awkward seeing me in this different context, but she soon began to chat quite freely, about her badminton, the girls she liked, the food, which she said was 'stew, stew, stew'.

'It's sometimes difficult,' I put in at one point, 'when you're new. They're not . . . ganging up on you or anything?'

'Oh no,' she said. 'Well, there's a bit of teasing sometimes, but they mean nothing by it. They're all nice girls here.'

We had been talking for twenty minutes or so when I rose to my feet and handed her the cardboard box I had brought in my briefcase.

'Oh, what's this?' she exclaimed excitedly.

'Jenny, it's not . . . it's not a present as such.'

She caught the warning in my voice, and looked at the box in her hands with a sudden wariness. 'Then what is it?' she asked.

'Open it. See for yourself.'

I watched her remove the lid of the box – roughly the size of a shoe box – and stare inside. Her expression, already cautious, did not change at all. Then she reached in a hand and touched something.

'I'm afraid,' I said gently, 'that's all I could recover. Your trunk, I discovered, wasn't lost at sea at all, but stolen along with four others from a London depot. I did what I could, but I fear the thieves simply destroyed what they couldn't sell easily. I could find no trace of the clothes and such. Just these little things.'

She had brought out a bracelet, and was examining it carefully as though checking for blemishes. She put it back, then took out a pair of tiny silver bells and examined them in the same way. Then she put the lid back on the box and looked at me.

'It was very kind of you, Uncle Christopher,' she said quietly. 'And you must be so busy.'

'It wasn't any trouble. I'm just sorry I couldn't recover any more.'

'It was very kind of you.'

'Well, I'd better let you get back to your geography lesson. I didn't come at a very convenient time.'

She did not move, but continued to stand there quietly, gazing at the box in her hands. Then she said:

'When you're at school, sometimes, you forget. Just sometimes. You count the days until the holidays like the other girls do, and then you think you'll see Mother and Papa again.'

Even in these circumstances, it still came as a surprise to hear her mention her parents. I waited for her to say more but she did not; she simply gazed up at me as though she had just put to me a question. In the end, I said:

'It's very difficult sometimes, I know. It's as though your whole world's collapsed around you. But I'll say this for you, Jenny. You're making a marvellous job of putting the pieces together again. You really are. I know it can never be quite the same, but I know you have it in you to go on now and build a happy future for yourself. And I'll always be here to help you, I want you to know that.'

'Thank you,' she said. 'And thank you for these.'

As far as I recall, that is how our meeting ended that day. We moved beyond the relative warmth of the fire, across the draughty room and out into the corridor, where I watched her walk away back to her class.

That winter's afternoon two years ago, I had no idea that my words to her were anything other than well founded. When I next visit St Margaret's, to say goodbye, we may well meet again in that same draughty room, by that same fire. If so, things will be all the harder for me, for there is little chance Jennifer will fail to remember very clearly our last encounter there. But she is an intelligent girl, and whatever her immediate emotions, she may well understand all that I will say to her. She may even grasp, more quickly than did her nanny last night, that when she is older – when this case has become a triumphant memory – she will be truly glad I rose to the challenge of my responsibilities.

PART FOUR

Cathay Hotel, Shanghai, 20th September 1937

Chapter Twelve

Travellers in the Arab countries have often remarked on the way a native will position his face disconcertingly close during conversation. This, of course, is simply a local custom that happens to differ from our own, and any open-minded visitor will before long come to think nothing of it. It has occurred to me that I should try and view in a similar spirit something which, over these three weeks I have been here in Shanghai, has come to be a perennial source of irritation: namely, the way people here seem determined at every opportunity to block one's view. No sooner has one entered a room or stepped out from a car than someone or other will have smilingly placed himself right within one's line of vision, preventing the most basic perusal of one's surroundings. Often as not, the offending person is one's very host or guide of that moment; but should there be any lapse in this quarter, there is never a shortage of bystanders eager to make good the shortcoming. As far as I can ascertian, all the national groups that make up the community here – English, Chinese, French, American, Japanese, Russian – subscribe to this practice with equal zeal, and the inescapable conclusion is that this custom is one that has grown up uniquely here within Shanghai's International Settlement, cutting across all barriers of race and class.

It took me a good few days to put my finger on this local eccentricity, and to appreciate that it was what lay at the root of the disorientation which threatened to overwhelm me for a time upon first arriving here. Now, although I still find myself occasionally annoyed by it, it is not a thing of undue concern. Besides, I have discovered a second, complementary Shanghai practice to make life a little easier: it appears to be quite permissible here to employ surprisingly rough shoves to get people out of one's way. Though I have not yet found the nerve to take advantage of this licence myself, I have already witnessed on a number of occasions refined ladies at society gatherings giving the most peremptory pushes without provoking as much as a murmur.

When on my second night here I entered the ballroom on the penthouse floor of the Palace Hotel, I had yet to identify either of these curious practices, and consequently found much of that evening undermined by my frustration with what I then took to be the inordinately crowded nature of the International Settlement. Stepping out of the lift, I had barely glimpsed the plush carpet leading into the ballroom – a row of Chinese doormen lined all along it – when one of my hosts for the evening, Mr MacDonald from the British consulate, put his broad frame before me. As we strode on towards the doorway, I noticed the rather charming way each doorman, as we passed, would bow and bring his white-gloved hands up together. But we were hardly past the third man – there were probably six or seven in all – when even this view was obstructed by my other host, a certain Mr Grayson, representing the Shanghai Municipal Council, who stepped up beside me to continue whatever he had been saying during our ascent in the lift. And I had no sooner entered the room in which, according to my two hosts, we were to witness 'the city's smartest cabaret and a gathering of Shanghai's elite' than I found myself in the midst of a drifting crowd. The tall ceilings above me, with their elaborate chandeliers, led me to suppose the dimensions of the room were pretty vast, though for some time I had no way to corroborate this. As I followed my hosts through the throng, I saw large windows all along one side of the room through which, at that moment, the sunset was streaming in. I glimpsed too a stage at the far end, upon which several musicians in white tuxedos were wandering about talking. They, like everyone else, appeared to be waiting for something – perhaps simply for night to fall. In general there was a restlessness, with people pushing and circling one another to no clear purpose.

I almost lost sight of my hosts, but then saw MacDonald beckoning to me, and I eventually found myself sitting down at a small table with a starchy white cover to which my companions had pushed their way. From this lower vantage point I could see that in fact a large expanse of floor had been left vacant – presumably for the cabaret – and that almost all present had squeezed themselves into a relatively narrow strip along the glazed side of the room. The table we were sitting at was part of a long row, though when I tried to see how far the row extended, I was once again thwarted. No one was sitting at the tables immediately neighbouring ours, probably because the jostling crowd made it impractical to do so. Indeed, before long, our table came to feel like a tiny boat assailed on all sides by the tides of Shanghai high society. My arrival, moreover, had not gone unnoticed; I could hear murmurs spreading around me conveying the news, and more and more gazes turned our way.

In spite of all this, until things grew quite impossible, I recall trying to continue the conversation I had started with my hosts in the car bringing us to the Palace Hotel. At one point I remember I was saying to MacDonald:

'I very much appreciate your suggestion, sir. But in truth, I'm happy to pursue my lines of enquiry alone. It's how I'm accustomed to working.'

'As you will, old fellow,' MacDonald said. 'Just thought I'd mention it. Some of these fellows I'm talking of, they certainly know their way about this city. And the best of them are as good as anything you'll find at Scotland Yard. Just thought they might save you, all of us, some valuable time.'

'But you'll recall my telling you, Mr MacDonald. I left England only once I'd formed a clear view of this case. In other words, my arrival here isn't a starting point, but the culmination of many years' work.'

'In other words,' Grayson suddenly put in, 'you've come here to us in order to tie up the case once and for all. How marvellous! It's wonderful news!'

MacDonald gave the Municipal Council man a disdainful glance, then continued as though the latter had not spoken.

'I don't mean to cast any doubt upon your abilities, old fellow. Your record speaks for itself, after all. I was only suggesting a little back-up in the way of personnel. Strictly under your command, naturally. Just, you know, to quicken things up. Having only just got here, it mightn't be so clear how urgent our situation's become now. It all looks pretty relaxed here, I know. But I rather fear we don't have a great deal of time left.'

'I fully appreciate the urgency, Mr MacDonald. But I can only say again, I've every reason to believe things will be brought to a satisfactory conclusion in a relatively short time. Provided, that is, I'm allowed to go about my enquiries unhindered.'

'That's splendid news!' Grayson exclaimed, earning another cold look from MacDonald.

For much of the time I had been in his company that day, I had been growing increasingly impatient with MacDonald's pretence at being nothing more than a consulate official charged with protocol matters. It was not just his inordinate curiosity concerning my plans – or his eagerness to foist 'assistants' on me – that gave him away; it was the air of refined duplicity he carried along with his languid, well-bred manners that marked him out so readily as a senior intelligence man. By that point in the evening, I must have grown weary of humouring him in his charade, for I put my request to him as though the truth had been acknowledged between us long before.

'Since we're on the question of assistance, Mr MacDonald,' I said to him, 'there is in fact something you might be able to do for me that would be of immense help.'

'Try me, old fellow.'

'As I mentioned before, I have a particular interest in what I believe the police forces here are calling the Yellow Snake killings.'

'Oh yes?' I could see a guardedness falling over MacDonald's face. Grayson, on the other hand, seemed not to know to what I was referring, and looked from one to the other of us.

'In fact' – I went on, looking carefully at MacDonald – 'it was when I'd gathered sufficient evidence on these so-called Yellow Snake killings that I made the decision finally to come here.'

'I see. So you're interested in the Yellow Snake business.' MacDonald glanced about the room nonchalantly. 'Nasty affair. But not all that significant, I wouldn't have thought, in terms of the larger picture.'

'On the contrary. I believe it to be highly relevant.'

'I'm so sorry,' Grayson managed finally to put in. 'But just what are these Yellow Snake killings? I've never heard of them.'

'It's what people are calling these communist reprisals,' MacDonald told him. 'Reds murdering relatives of one of their number who's turned informer on them.' Then he said to me: 'We get this happening from time to time. The Reds are savages in such matters. But it's a matter between the Chinese. Chiang Kai-shek's well on top of the Reds and plans to stay that way, Japanese or no Japanese. We try to keep above it, you know. Surprised you're so interested in all that, old fellow.'

'But this particular set of reprisals,' I said, 'these Yellow Snake killings. They've been continuing for a long time. Off and on for the last four years. During which time thirteen people have to date been murdered.'

'You'll know the details better than me, old fellow. But from what I've heard, the reason the reprisals are protracted is that the Reds don't know who their traitor is. They began by slaughtering the wrong people. A little approximate, you see, this Bolshevik vision of justice. Every time they change their ideas about who this Yellow Snake chap might be, they go out and slaughter another family.'

'It would help things greatly, Mr MacDonald, if I were able to speak to this informer. The man referred to as the Yellow Snake.'

MacDonald shrugged. 'That's all between the Chinese, old fellow. None of us even know who this Yellow Snake is. In my view, the Chinese government would do well to announce his identity before more innocent people get mistaken for his relatives. But honestly, old fellow. It's all between the Chinese. Best leave it that way.'

'It's important I get to speak to the informer.'

'Well, since you feel so strongly about it, I'll have a word with a few people. But I can't promise much. This chap seems pretty useful to the government. Chiang's men keep him pretty well under wraps, I'd imagine.'

I had become aware by this point of ever more people pressing in on all sides, eager not just to glimpse me in the flesh, but to overhear something of our conversation. In such circumstances, I could hardly expect MacDonald to talk frankly, and I decided I should abandon the matter for the time being. In fact, I was overcome at that moment by a strong urge to rise and get a little air, but before I could move, Grayson had leant forward with a cheerful smile, saying:

'Mr Banks, I appreciate this might not be the best time. But I wanted just to have a quick word. You see, sir, I've been charged with the happy task of organising the ceremony. That's to say, the welcoming ceremony.'

'Mr Grayson, I don't wish to seem ungrateful, but as Mr MacDonald here just put it, time is rather pressing. And I feel I've been welcomed already with so much lavish hospitality . . .'

'No, no, sir' – Grayson laughed nervously – 'I was referring to *the* welcoming ceremony. I mean, the one welcoming back your parents after their years of captivity.'

This, I admit, rather took me by surprise and perhaps for a second I just stared at him. He let out another nervous laugh and said:

'Of course, it's somewhat jumping ahead, I realise. You've first to do your work. And of course, I don't wish to tempt fate. All the same, you see, we *are* obliged to prepare. As soon as you announce the solving of the case, everyone will look to us, the Municipal Council, to provide an occasion worthy of such a moment. They'll want a pretty special event, and they'll want it promptly. But you see, sir, to organise something on the scale we're talking of, it's no simple matter. So you see, I wondered if I could put a few very basic options before you. My first question, sir, before anything else, is if you're happy with the choice of Jessfield Park for the ceremony? We will, you see, require substantial space . . .'

While Grayson had been speaking, I had become steadily aware of the sound – from somewhere behind the hubbub of the crowd – of distant gunfire. But now Grayson's words were suddenly cut off by a loud boom which shook the room. I looked up in alarm, only to see all around me people smiling, even laughing, their cocktail glasses still in their hands. After a moment, I could discern a movement in the crowd towards the windows, rather as though a cricket match had resumed outside. I decided to seize the opportunity to leave the table, and rising, joined the drift. There were too many people in front of me to see anything, and I was trying to edge my way forward when I became aware that a grey-haired lady by my shoulder was talking to me.

'Mr Banks,' she was saying, 'do you have any idea at all how relieved we all feel now that you're finally with us? Of course, we didn't like to show it, but we were getting extremely concerned about, well' – she gestured towards the sound of gunfire – 'my husband, he insists the Japanese will never dare attack the International Settlement. But then you know, he says it at least twenty times a day, and that's hardly reassuring. I tell you, Mr Banks, when news of your impending arrival reached us, that was the first good news we'd had here in months. My husband even stopped repeating that little mantra of his about the Japanese, stopped for at least a few days. Good heavens!'

Another thunderous explosion had rocked the room, provoking a few ironic cheers. I then noticed that a little way in front of me, some French windows had been opened, and people had pushed out on to a balcony.

'Don't worry, Mr Banks,' a young man said, grasping my elbow. 'There's no chance of any of that coming over here. Both sides are *extremely* careful now after Bloody Monday.'

'But where's it coming from?' I asked him.

'Oh, it's the Jap warship in the harbour. The shells actually arc over us and land over there across the creek. After dark, it's quite a sight. Rather like watching shooting stars.'

'And what if a shell falls short?'

Not only the young man I was talking to, but several others around me laughed at this idea – I thought rather too loudly. Then another voice said:

'We'll have to trust the Japs to get it right. After all, if they get sloppy, they're just as likely to drop one behind their own lines.'

'Mr Banks, would you care for these?'

Someone was holding out a pair of opera glasses. When I took hold of them, it was as if I had given a signal. The crowd parted before me, and I found myself virtually conveyed towards the open French windows.

I stepped out on to a small balcony. I could feel a warm breeze and the sky was a deep pink. I was looking down from a considerable height, and the canal was visible past the next row of buildings. Beyond the water was a mass of shacks and rubble out of which a column of grey smoke was rising into the evening sky.

I put the glasses to my eyes, but the focus was entirely wrong for me and I could see nothing. When I fiddled with the wheel, I found myself gazing on to the canal, where I was faintly surprised to see various boats still going about their normal business right next to the fighting. I picked out one particular boat – a barge-like vessel with a lone oarsman – that was so piled up with crates and bundles it seemed impossible for it to pass under the low canal bridge just beneath me. As I watched, the vessel approached the bridge rapidly, and I was sure I would see at least a crate or two fall from the top of the pile into the water. For the next few seconds, I went on staring through the glasses at the boat, having quite forgotten the fighting. I noted with interest the boatman, who like me was utterly absorbed by the fate of his cargo and oblivious of the war not sixty yards to his right. Then the boat had vanished under the bridge, and when I saw it glide gracefully out the other side, the precarious bundles still intact, I lowered the glasses with a sigh.

I realised a large crowd had been gathering at my back while I had been looking on to the canal. I handed the glasses to someone nearby and said to no one in particular: 'So that's the war. Most interesting. Are there many casualties, do you suppose?'

This set off a lot of talking. A voice said: 'Plenty of death over there in Chapei. But the Japs will have it in a few more days and it'll go quiet again.'

'Wouldn't be so sure,' someone else said. 'The Kuomintang's surprised everyone so far, and my bet is they'll keep doing so. I'd bet on them holding out a good while yet.'

Then everyone around me seemed to start arguing at once. A few days, a few weeks, what difference did it make? The Chinese would have to surrender sooner or later, so why did they not do so now? To which several voices objected that the conclusion was not nearly so cut and dried. Things were changing by the day, and there were many factors each impinging on the others.

'And besides,' someone asked loudly, 'hasn't Mr Banks turned up?'

This question, obviously intended to be rhetorical, nevertheless hung oddly in the air, causing a hush to fall and all eyes to turn to me once more. In fact, I got the idea that it was not only the immediate group around the balcony, but the entire ballroom that had fallen into silence and was awaiting my response. It struck me that this was as good a time as any to make an announcement – one that perhaps had been called for from the moment I had entered the room – and clearing my throat, I declared loudly:

'Ladies and gentlemen. I can well see the situation here has grown rather trying. And I have no wish to raise false expectations at such a time. But let me say that I would not be here now if I were not optimistic about my chances of bringing this case, in the very near future, to a happy conclusion. In fact, ladies and gentlemen, I would say I am *more* than optimistic. I beg then for your patience over this coming week or so. After that, well, let us see what we have achieved.'

As I uttered these last words, the jazz orchestra suddenly started up within the ballroom. I have no idea if this was simply a coincidence, but in any case the effect was to round off my statement rather nicely. I felt the focus of the room shifting away from me, and saw people starting to return inside. I too made my way back into the room, and as I tried to find our table again – I had for a moment lost my bearings somewhat – I noticed that a troupe of dancing girls had taken the floor.

There were perhaps as many as twenty dancers, many of them 'Eurasians', dressed skimpily in matching outfits with a bird motif. As the dancers proceeded with their floor show, the room seemed to lose all interest in the battle across the water, though the noises were still clearly audible behind the cheery music. It was as though for these people, one entertainment had finished and another had begun. I felt, not for the first time since arriving in Shanghai, a wave of revulsion towards them. It was not simply the fact of their having failed so dismally over the years to rise to the challenge of the case, of their having allowed matters to slip to the present appalling level with all its huge ramifications. What has quietly shocked me, from the moment of my arrival, is the refusal of everyone here to acknowledge their drastic culpability. During this fortnight I have been here, throughout all my dealings with these citizens, high or low, I have not witnessed – not once – anything that could pass for honest shame. Here, in other words, at the heart of the maelstrom threatening to suck in the whole of the civilised world, is a pathetic conspiracy of denial; a denial of responsibility which has turned in on itself and gone sour, manifesting itself in the sort of pompous defensiveness I have encountered so often. And here they now were, the so-called elite of Shanghai, treating with such contempt the suffering of their Chinese neighbours across the canal.

I was moving along the line of backs that had formed to

watch the cabaret, trying to contain my sense of disgust, when I realised someone was tugging on my arm and turned to find Sarah.

'Christopher,' she said, 'I've been trying to get over to you all evening. Have you no time to say hello to your old friends from home? Look, Cecil's over there, he's waving to you.'

It took me a little while to get a view of Sir Cecil through the crowd; he was seated alone at a table in a far corner of the room, and indeed was waving to me. I waved back, then looked at Sarah.

It was our first encounter since my arrival. The impression I received of her that evening was that she seemed very well; the Shanghai sun had removed her customary pallor to some advantage. Moreover, as we exchanged a few friendly words, her manner remained light-hearted and assured. It is only now, after the events of last night, that I find myself thinking over again that first encounter, in an attempt to discover how I could have been so deceived. Perhaps it is only hindsight that makes me recall something overly deliberate in her smile, particularly whenever she mentioned Sir Cecil. And although we exchanged little more than pleasantries, after last night, one phrase she uttered that evening – which even at the time rather puzzled me – has continued to return to me all day.

I had been enquiring how she and Sir Cecil had enjoyed the year they had spent here. She had been assuring me that although Sir Cecil had not achieved the breakthrough he had hoped for, he had none the less done much to earn the gratitude of the community. It was then that I had asked, with nothing much in mind:

'So then you've no immediate plans to leave Shanghai?'

At which Sarah had laughed, cast another gaze towards Sir Cecil's corner, and said: 'No, we're quite settled for now. The Metropole's very comfortable. I don't expect we'll be going anywhere in a hurry. Not unless someone comes to the rescue, that is.'

She had said all this – including this last remark about being rescued – as though telling a joke, and although I did not know exactly what she meant, I had responded with a small laugh to go with hers. We had then, as far as I recall, talked about mutual friends in England until Grayson's arrival effectively put an end to a seemingly uncomplicated conversation.

It is only now, as I say, after last night, that I find myself searching back through my various encounters with Sarah over these three weeks, and it is this one phrase, added as a kind of afterthought to her breezy reply, to which I continue to return.

Chapter Thirteen

I spent most of the afternoon yesterday inside the dark, creaking boathouse where the three bodies had been discovered. The police respected my wish to carry out my investigations undisturbed to the extent that I lost all track of time and hardly noticed the sun setting outside. By the time I crossed the Bund and strolled down Nanking Road, the bright lights had come on and the pavements were filled with the evening crowds. After the long, dispiriting day, I felt the need to unwind a little and made my way to the corner of Nanking and Kiangse Road, to a small club I had been taken to in the days soon after my arrival. There is nothing so special about the place; it is just a quiet basement where most nights a lone French pianist will give melancholy renditions of Bizet or Gershwin. But it meets my needs well enough and I have returned there several times over these weeks. Last night, I spent perhaps an hour at a corner table, eating a little French food and making notes on what I had discovered in the boathouse, while the taxi-dancers swayed with their clients to the music.

I had climbed the staircase back up to the street intending to return to the hotel, when I happened to fall into conversation with the Russian doorman. He is some sort of count, and speaks excellent English learnt, he tells me, from his governess before the Revolution. I have got into the habit of passing a few words with him whenever I visit the club, and was doing so again last night when – I no longer remember what we were discussing – he happened to mention that Sir Cecil and Lady Medhurst had passed by earlier in the evening.

'I suppose,' I remarked, 'they were off home for the night.'

At this, the count thought for a moment, then said: 'Lucky

Chance House. Yes, I believe Sir Cecil mentioned they were on their way there.'

It was not an establishment I knew, but the count proceeded without prompting to give me directions, and since it was not far, I set off towards it.

His instructions were clear enough, but I am still uncertain of my way around the side-streets off Nanking Road, and managed to get a little lost. This was not something I minded so much. The atmosphere in that part of the city is not intimidating, even after dark, and although I was accosted by the odd beggar, and at one point a drunken sailor collided with me, I found myself drifting with the night-time crowd in a mood not far from tranquillity. After the depressing work in the boathouse, it was a relief to be amidst these pleasure-seekers of every race and class; to have the smells of food and incense come wafting towards me as I passed each brightly lit doorway.

Last night, too, as I have come increasingly to do of late, I believe I looked about me, scanning the faces in the passing crowd, hoping to spot Akira. For the fact is, I had almost certainly seen my old friend shortly after my arrival in Shanghai – on my second or third night here. It was the night Mr Keswick of Jardine Matheson and some other prominent citizens had decided I should 'taste the night-life'. I was still at that stage in something of a disorientated condition, and was finding the tour of dance-bars and clubs tiresome. We were in the entertainment area of the French Concession – I can see now my hosts were rather enjoying shocking me with some of the more lurid establishments – and we were just emerging from a club when I had seen his face go by in the crowd.

He was one of a group of Japanese men dressed in sharp suits, evidently out on the town. Of course, glimpsed so fleetingly – the figures had been virtually silhouettes against a row of lanterns hanging in a doorway – I could not be completely sure it was Akira. Perhaps for this reason, perhaps for some other, I did nothing to attract the attention of my old friend.

This might be hard to understand, but I can only say it was so. I suppose I was assuming then there would be many more such opportunities; perhaps I felt that to meet in such a way, by chance, when we each had other companions, was inappropriate – unworthy, even, of the reunion I had anticipated for so long. In any case, I had let the moment pass, and had simply followed Mr Keswick and the others to the awaiting limousine.

Over these past weeks, however, I have had much cause to regret my inaction that evening. For although, even at the busiest times, I have persisted in searching the crowd, in streets or in hotel lobbies, as I have gone about my business, I have yet to spot him again. I am aware I could take active steps to try and locate him; but really, the case must for now take priority. And Shanghai is not such a vast place; we are sure to happen upon one another sooner or later.

But to return to the events of last night. The doorman's directions eventually brought me to a kind of square where a number of little streets intersected and the crowd was thicker than ever. There were people trying to sell things, others trying to beg, while yet others were just standing about talking and watching. A lone rickshaw that had ventured into the throng had become stuck in its midst, and as I passed, the rickshawman was arguing furiously with a bystander. I could see Lucky Chance House on the far corner, and before long was being conducted up a narrow stairway covered in scarlet plush.

I first entered a room the size of an average hotel room, where a dozen Chinese were crowded around a gaming table. When I enquired if Sir Cecil was in the building, two of the staff conferred quickly, then one of them signalled for me to follow.

I was led up another flight of stairs, along a dim corridor, then into a room filled with smoke in which a group of Frenchmen were playing cards. When I shook my head, the man shrugged and beckoned me again. In this way I soon established that the building was a gambling emporium of some size, comprising many smallish rooms, each with some game or other in progress. But I grew exasperated at the way my guide would nod knowingly each time I repeated Sarah or Sir Cecil's name, just to lead me into yet another smoky room where only the wary eyes of strangers would look up at me. In any case, the more I saw of the establishment, the more unlikely it seemed Sir Cecil would bring Sarah into such a place, and I was on the point of giving up when I stepped through a door to find Sir Cecil sitting at a table, staring at a roulette wheel.

There were as many as twenty people present, mostly men. The room was not so smoky as some others, but felt hotter. Sir Cecil was utterly absorbed and gave me only the most cursory of waves before fixing his eyes back on the wheel.

Placed around the periphery of the room were some worn armchairs covered in a reddish material. In one of these, an old Chinese man – in a Western suit and drenched in sweat – was snoring away. The only other chair occupied was in the shadowy corner furthest from the gaming table, where Sarah was resting her head on the heel of a hand, her eyes half-closed.

She gave a start when I sat down beside her. 'Oh, Christopher. What are you doing here?'

'I was just passing by. I'm sorry. I didn't mean to startle you.'

'Just passing by? This place? I don't believe it. You've been pursuing us.'

We were speaking in lowered tones so as not to distract the players at the table. From somewhere in the building, I could hear faintly someone practising a trumpet.

'I have to confess,' I said, 'I did happen to hear you'd come here. And since I was walking past . . .'

'Oh, Christopher, you were lonely.'

'Hardly. But I've had rather a gloomy day, and I felt like unwinding a little, that's all. Though I must admit, I'd have hesitated if I'd known you were in a place like this.'

'Don't be cruel. Cecil and I, we enjoy being low-life. It's fun. It's all part of what Shanghai's about. Now tell me about your gloomy day. You're looking despondent. No breakthrough yet on your case, I suppose.'

'No breakthrough, but I'm not despondent. Things are starting to take shape.'

When I then began to describe to her how I had spent over two hours on my hands and knees in a rotting boat in which three decaying corpses had been found, she pulled a face and stopped me.

'It's all so ghastly. Someone was saying at the tennis club today, the bodies all had their arms and legs cut off. Is that true?'

'I'm afraid so.'

She pulled another face. 'It's too ghastly for words. But these were Chinese factory workers, weren't they? Surely, they can't have much to do with . . . with your parents.'

'Actually, I believe this crime has a very significant bearing on my parents' case.'

'Really? They were saying at the tennis club these murders are all part of this Yellow Rat business. They're saying the victims were the Yellow Rat's nearest and dearest.'

'Yellow Snake.'

'Pardon?'

'The communist informer. Yellow *Snake*.'

'Oh yes. Well anyway, it's so ghastly. What are the Chinese doing, tearing at each other's throats at a time like this? You'd think the Reds and the government might put up a united front against the Japanese just for a little while at least.'

'I suppose hatred between communists and nationalists runs pretty deep.'

'That's what Cecil says. Oh, look at him, how can he play like that?'

I followed her gaze and saw that Sir Cecil – who had his back to us – had slumped over to one side, so that most of his weight was on the table. There seemed every possibility of his sliding off the chair altogether.

Sarah looked at me a little awkwardly. Then rising, she went over to him, placed a hand on each of his shoulders, and spoke gently into his ear. Sir Cecil came awake and glanced about him. It is possible that at this point I took my gaze off them for a second, for I am not at all certain about what exactly happened next. I saw Sarah reel back, as though she had been struck, and for a second she seemed about to lose her balance, but then recovered. Sir Cecil, when I scrutinised his back, was sitting upright again, concentrating on the game, and I could not say it was he who had caused Sarah to stumble.

She saw me staring at her, and smiling, came back and sat down beside me again.

'He's tired,' she said. 'He has so much energy. But at his age, he really needs to rest more.'

'Do the two of you often come to this place?'

She nodded. 'And a few others very similar. Cecil doesn't much like those big glittering places. He doesn't think it's possible to come out a winner in those places.'

'Do you always accompany him on these expeditions?'

'Someone has to look after him. He's not a young man, you see. Oh, I don't mind it. It's rather exciting. It's what this city's all about really.'

A collective sigh went around the gaming table and the players broke into conversation. I saw Sir Cecil attempt to rise, and only then did I realise how inebriated he was. He slumped back down in the chair, but on a second attempt, managed to rise and come unsteadily towards us. I stood up, expecting to shake hands, but he rested his hand on my shoulder, as much for balance as anything else, saying:

'My dear boy, my dear boy. Delighted to see you.'

'Did you have any luck just now, sir?'

'Luck? Oh no, no. Tonight's been a foul night. Whole wretched week, it's been bad, bad, bad. But you never know. I'll rise up again, ha ha! Rise from the ashes.'

Sarah too was on her feet and put out a hand to support him, but he brushed her off without looking at her. Then he said to me:

'I say. Care for a cocktail? There's a bar downstairs.'

'That's very kind, sir. But I really should be getting back to my hotel. Another hard day tomorrow.'

'Good to see you're working hard. Of course, I came out here to this city wanting to sort things a little myself. But you see' – he bent his face right down to me until it was only an inch or two away – 'too deep for me, my boy. Too deep by far.'

'Cecil, darling, let's go home now.'

'Home? You call that rat-hole of a hotel home? You have an advantage on me, my dear, being the vagabond that you are. That's why you don't mind it.'

'Let's go now, darling. I'm tired.'

'You're tired. My little vagabond's tired. Banks, do you have a car outside?'

'I'm afraid not. But if you like I'll try and find a taxi.'

'Taxi? Think you're in Piccadilly? Suppose you can hail a cab out there? Just as soon cut your throat, these Chinamen.'

'Cecil, darling, please sit down here while Christopher finds Boris.' Then she said to me: 'Our driver should be somewhere not far. Would you mind terribly? Poor Cecil's a little the worse for wear tonight.'

Doing my best to look good-humoured, I made my way out of the building, making a mental note of how to return to the room. The square outside was as dense as ever with people, but a little further on I could see a street in which rickshaws and motor cars were waiting in rows. I made my way over, and after a while of going from car to car uttering Sir Cecil's name at chauffeurs of varying nationalities, I eventually got a response.

When I returned to the gambling house, Sarah and Sir Cecil were already outside. She was supporting him with both her hands, but his tall, bent form looked likely to overwhelm her at any second. As I came hurrying up, I could hear him saying:

'It's you they don't like in there, my dear. When I used to frequent this place by myself, they always treated me like royalty. Oh yes, like royalty. Don't like women of your sort. They only want real ladies or else whores. And you're neither. So you see, they don't like you one bit. Never had any trouble here until you insisted on tagging along.'

'Come along, darling. Here's Christopher. Well done, Christopher. Look, darling, he's found Boris for us.'

It was not a great distance to the Metropole, but the car could often move at no more than a crawl through the pedestrians and rickshaws. Throughout the journey, Sarah continued to hold Sir Cecil by the arm and shoulder while he drifted in and out of sleep. Whenever he came round, he would try to shake Sarah off, but she would laugh and continue to hold him steady in the lurching vehicle.

It was my turn to assist him as we negotiated the revolving doors of the Metropole, and then the lift, while Sarah exchanged cheerful greetings with the lobby staff. Then we were finally up in the Medhursts' suite and I was able to lower Sir Cecil into an armchair.

I thought he would doze off, but instead he grew suddenly alert again and began asking me some meaningless questions of which I could make neither head nor tail. Then when Sarah emerged from the bathroom with a flannel and began to mop his forehead, he said to me:

'Banks, my boy, you can speak frankly. This wench here. As you see, she's a good few years younger than me. No spring chicken herself, mind you, ha ha! But still, a good few years my junior. Tell me frankly, my boy, do you suppose, in a place like tonight's, where you found us tonight, a place like that, do you suppose a stranger looking at the two of us together . . . Well, let's speak frankly! What I'm asking you is, do you suppose people take my wife for a harlot?'

Sarah's expression, as far as I could see it, did not change, though a slight urgency entered her ministrations, as though she hoped the treatment would bring a change of mood. Sir Cecil waved his head in irritation as though avoiding a fly, then said:

'Come on, my boy. Do speak frankly now.'

'Now, now, darling,' Sarah said quietly. 'You're being unpleasant.'

'I'll tell you a secret, my boy. I'll tell you a secret. I rather enjoy it. I like people to mistake my wife for a harlot. That's why I like to frequent places like that one tonight. Get off me! Leave me alone!' He pushed Sarah aside, then continued: 'Other reason I go, of course, no doubt you guessed it, I owe a little money. Run up bit of a debt, you know. Nothing I won't win back, of course.'

'Darling, Christopher's been very kind. You mustn't bore him.'

'What's the harlot saying? Hear what she said, my boy? Well, don't. Don't listen to her. Don't listen to trollops, that's what I say. They'll lead you astray. Particularly in times of war and conflict. Never listen to a trollop in times of war.'

He climbed to his feet unaided, and for a moment stood swaying before us in the middle of the room, his unfastened collar sticking out from his neck. Then he moved off into the bedroom, closing the door behind him.

Sarah gave me a smile, then went in after him. Had it not been for that smile – or rather, something like an appeal I detected behind it – I would certainly have withdrawn at that point. As it was, I remained in the room, examining absent-mindedly a Chinese bowl on a stand near the entrance. For a time, I could hear Sir Cecil shouting something; then there was silence.

Sarah emerged after perhaps five minutes and looked surprised to find me still there.

'Is he all right?' I asked.

'He's asleep now. He'll be fine. I'm sorry you were inconvenienced, Christopher. Hardly what you were seeking when you came looking for us this evening. We'll arrange something to make up. We'll take you out to dinner somewhere. Astor House has good food still.'

She was guiding me out of the room, but I turned at the door and said:

'This sort of thing. Does it happen a lot?'

She gave a sigh. 'Often enough. But you mustn't think I mind. It's just that I do worry sometimes. About his heart, you know. That's why I always go with him now.'

'You look after him well.'

'You mustn't get the wrong impression. Cecil's a dear man. We must take you out to dinner very soon. When you're not busy. But I suppose you're always busy.'

'Is this how Sir Cecil tends to pass all his evenings?'

'Most of them. Some of his days too.'

'Is there anything at all I can do?'

'Anything you can do?' She gave a light laugh. 'Look, Christopher, I'm fine. Really, you mustn't get the wrong impression about Cecil. He's a dear. I . . . I do love him so.'

'Well, then, I'll say goodnight.'

She took another step towards me and raised a hand vaguely. I found myself grasping it, but not quite knowing what to do next, kissed the back of it. Then, mumbling another goodnight, I stepped into the corridor.

'You're not to worry about me, Christopher,' she whispered from the door. 'I'm perfectly all right.'

Those were her words to me last night. But today, it is those earlier words of hers, uttered three weeks ago when I first saw her at the ballroom of the Palace Hotel, that return to me with particular pertinence. 'I don't expect we'll be going anywhere in a hurry,' she had said. 'Unless someone comes to the rescue.' What could she have intended by making such a remark to me that evening? As I say, even at the time it puzzled me, and I may well have quizzed her further about it had not Grayson, just at that moment, emerged out of the crowd, looking for me.

PART FIVE

Cathay Hotel, Shanghai, 29th September 1937

Chapter Fourteen

I mishandled my meeting this morning with MacDonald at the British consulate, and recalling it tonight only fills me with frustration. The fact is, he had prepared himself well and I had not. Time and again, I allowed him to lead me down false avenues, to waste my energy arguing over things he had decided to concede to me from the start. If anything, I was further forward with him four weeks ago, that evening at the ballroom of the Palace Hotel, when I first put to him this notion of an interview with the Yellow Snake. I had caught MacDonald unawares then, and had at least got him to admit, in so many words, his true role here in Shanghai. This morning, however, I had not obliged him even to relinquish his charade of being simply an official charged with protocol matters.

I suppose I underestimated him. I had thought it simply a matter of going in and reprimanding him for his slow progress in arranging what I had requested. Only now do I see how he laid his traps, realising that once I became annoyed, he would easily get the better of me. It was foolish to show my irritation in the way I did; but these continuous days of intense work have left me tired. And of course, there was the unexpected encounter with Grayson, the Municipal Council man, as I was going up to MacDonald's office. In fact, I would say it was this more than anything else which threw me off balance this morning, to the extent that for much of my subsequent discussion with MacDonald, my mind was actually elsewhere.

I had been kept waiting for several minutes in the little lounge on the second floor of the consulate building. The secretary finally came to inform me MacDonald was ready, and I had crossed the marbled landing and was standing before the lift doors when Grayson came hurrying down the staircase, calling to me.

'Good morning, Mr Banks! I'm so sorry, perhaps this isn't the best time.'

'Good morning, Mr Grayson. As a matter of fact, it isn't ideal. I was just on my way up to see our friend Mr MacDonald.'

'Oh well then, I won't keep you. It's just that here I was in the building and I heard you were here too.' His cheerful laugh echoed around the walls.

'It's splendid to see you again, Mr Grayson. But just now . . .'

'I won't keep you a second, sir. But if I may, you see, you've been a little difficult to track down recently.'

'Well, Mr Grayson, if it can be dealt with very briefly.'

'Oh very briefly. You see, sir, I realise this may seem like jumping ahead, but a certain amount of forward planning is required in these matters. If things aren't up to scratch at such an important event, if things look even a little shoddy or amateurish . . .'

'Mr Grayson . . .'

'I'm so sorry. I just wished to have your thoughts on a few details concerning the welcome reception. We've now settled on Jessfield Park as the venue. We shall erect a marquee with a stage and public address system . . . I'm so sorry, I'll come to the point. Mr Banks, I really wished to discuss with you your own role in the proceedings. Our feeling is that the ceremony should be kept simple. What I had in mind was that perhaps you would say a few words concerning how you went about solving the case. Which vital clues finally led you to your parents, that sort of thing. Just a few words, the crowd would be so delighted. And then at the end of your speech, I thought they might care to come out on to the stage.'

'They, Mr Grayson?'

'Your parents, sir. My idea was that they might come on to the platform, wave, acknowledge the cheers, then withdraw.

But of course, this is no more than an idea. I'm sure you'll have some other excellent suggestions . . .'

'No, no, Mr Grayson' – I suddenly felt a great weariness coming over me – 'it all sounds splendid, splendid. Now, if that's all. I really must . . .'

'Just one other thing, sir. A small matter, but one that might lend a most effective touch if pulled off just so. My idea was that at the moment your parents come out on to the platform, the brass band should strike up. Perhaps something like "Land of Hope and Glory". Some of my colleagues are less keen on this idea, but to my mind . . .'

'Mr Grayson, your idea sounds a marvellous one. What's more, I'm exceedingly flattered by your utter confidence in my ability to solve this case. But now, please, I'm keeping Mr MacDonald waiting.'

'Of course. Well, thank you so much for taking the time to talk to me.'

I pressed the button for the lift, and while I stood waiting, Grayson continued to hover. I had actually turned away from him to face the doors, when I heard him say:

'The only other thing I wondered about, Mr Banks. Have you any idea where your parents will be staying on the day of the ceremony? You see, we shall need to ensure they're conveyed to and from the park with minimum bother from the crowds.'

I cannot remember what I said to him in reply. Perhaps the lift doors opened at that moment, and I was able to take my leave of him with nothing more than a cursory response. But it was this last question which hung in my mind throughout my meeting with MacDonald, and which, as I say, probably did more than anything else to prevent me thinking clearly about the matter in hand. And tonight, again, now that the demands of the day are behind me, I find this same question returning to my mind.

It is not that I have given no thought at all to the matter of where my parents should eventually be accommodated. It is just that it has always seemed to me premature – perhaps even 'tempting fate' – to contemplate such questions while the great complexities of the case have still to be unravelled. I suppose the only occasion over these past weeks when I gave the matter any real thought was on that evening I met up with my old schoolfriend, Anthony Morgan.

It was not long after my arrival here – my third or fourth night. I had known for some time that Morgan was living in Shanghai, but since we had never been especially friendly at St Dunstan's – despite our being in the same class throughout – I had made no special arrangements to meet up with him. But then I received from him a telephone call on the morning of that third day. I could tell he was rather hurt at my failure to get in touch, and eventually found myself agreeing to a rendezvous that evening in a hotel in the French Concession.

It was well after dark when I found him waiting in the dimly lit hotel lounge. I had not laid eyes on him since school and was shocked by how worn and heavy-set he had become. But I tried to keep any such impression out of my voice as we exchanged warm greetings.

'Funny,' he said, patting me on the back. 'Doesn't seem so long ago. And yet in some ways, it feels like another age.'

'It certainly does.'

'Do you know,' he went on, 'I got a letter the other day from Emeric the Dane? Remember him? Emeric the Dane! Hadn't heard from him in years! Living in Vienna now, it seems. Old Emeric. You remember him?'

'Yes, of course,' I said, though I could summon only the vaguest memory of such a boy. 'Good old Emeric.'

For the next half-hour or so, Morgan chattered on with hardly a break. He had come out to Hong Kong straight after Oxford, then moved to Shanghai eleven years ago after securing a position at Jardine Matheson. Then at one point he broke off his story to say:

'You wouldn't believe the God-awful trouble I've been having with chauffeurs since all this trouble started. Regular one got killed the first day the Japs started shelling. Found another man, turned out to be a bandit of some sort. Kept having to rush off to perform his gang duties, could never be found when you wanted to go somewhere. Picked me up once at the American Club with blood all over his shirt. Not his own, I soon gathered. Didn't say a word in apology, typical Chinaman. That was the last straw for me. Then I had two others, couldn't drive at all. One actually hit a rickshawman, hurt the poor fellow quite badly. Driver I've got now's not much better, so let's keep fingers crossed he gets us there all right.'

I had no idea what he meant by this last statement, since as far as I could recall we had not agreed to go anywhere else that night. But I did not feel like picking him up on it, and then he had quickly moved on to telling me about the shortages afflicting the hotel. The lounge we were sitting in, he confided, was not always so dimly lit: the war had stopped the supply of light bulbs from the Chapei factories; in some other parts of the hotel, guests were having to wander about through darkness. He pointed out also that at least three members of the dance-band at the far end of the room were not playing their instruments.

'That's because they're really porters. The real musicians have either fled Shanghai or been killed in the fighting. Still, they do a fair impersonation, don't you think?'

Now that he had pointed it out, I saw that their impersonations were, in fact, poor in the extreme. One man looked utterly bored and was hardly bothering to hold his violin bow near his instrument; another was standing with a clarinet virtually forgotten in his hands, staring in open-mouthed wonder at the real musicians playing around him. It was only when I congratulated Morgan on his intimate knowledge of the hotel that he told me he had in fact been living there for over a month, having judged his apartment in Hongkew 'too close for comfort' to the fighting. When I muttered some words of sympathy that he had had to abandon his home, his mood suddenly changed, and for the first time I saw about him a melancholy that brought to mind the unhappy and lonely boy I had known at school.

'Wasn't much of a home anyway,' he said, looking into his cocktail. 'Just me, a few servants that came and went. Miserable little place really. In some ways, it was just an excuse, the fighting. Gave me a good reason to walk out. It was a miserable little place. All my furniture was Chinese. Couldn't sit comfortably anywhere. Had a songbird once, but it died. It's better for me here. Much quicker to my watering holes.' Then he looked at his watch, drained his glass and said: 'Well, better not keep them waiting. Car's outside.'

There was something about Morgan's manner – a kind of nonchalant urgency – that made it hard to raise any objections. Besides, these were still my early days in the city, when I was in the habit of being taken from function to function by various hosts. I thus followed Morgan out of the building and before long was sitting with him in the back of his car, moving through the lively night-time streets of the French Concession.

Almost immediately, the driver only just avoided an oncoming tram, and I thought this would start Morgan off again on his chauffeur problems. But now he had fallen into an introspective mood, staring silently out of his window at the passing neon and Chinese banners. At one point, when I remarked to him, in an attempt to glean something about the event to which we were going: 'Do you suppose we'll be late?' he glanced at his watch again and replied distractedly: 'They've been waiting for you this long, they won't mind a few more minutes.' Then he added: 'This must feel so odd for you.'

For a while after that we travelled on, speaking little. Once we went down a side-street on both sides of which the pavements were filled with huddled figures. I could see them in the lamplight, sitting, squatting, some curled up asleep on the ground, squeezed one upon the other, so that there was only just enough space down the middle of the street for traffic to pass. They were of every age – I could see babies asleep in mothers' arms – and their belongings were all around them; ragged bundles, bird-cages, the occasional wheelbarrow piled high with possessions. I have now grown used to such sights, but on that evening I stared out of the car in dismay. The faces were mostly Chinese, but as we came towards the end of the street, I saw clusters of European children – Russians, I supposed.

'Refugees from north of the canal,' Morgan said blandly, and turned away. For all his being a refugee himself, he appeared to feel no special empathy with his poorer counterparts. Even when once I thought we had run over a sleeping form, and glanced back in alarm, my companion merely murmured: 'Don't worry. Probably just some old bundle.'

Then after several minutes of silence, he startled me with a laugh. 'Schooldays,' he said. 'All comes back to you. They weren't so bad, I suppose.'

I glanced at him and noticed tears welling in his eyes. Then he said:

'You know, we should have teamed up. The two miserable loners. That was the thing to do. You and me, we should have teamed up together. Don't know why we didn't. We wouldn't have felt so left out of things if we'd done that.'

I turned to him in astonishment. But his face, caught in the changing light, told me he was somewhere far away.

As I have said, I could remember well enough Anthony Morgan's being something of a 'miserable loner' at school. It was not that he was particularly bullied or teased by the rest of us; rather, as I recall it, it was Morgan himself who from an early stage cast himself in that role. He it was who always chose to walk by himself, lagging several yards behind the main group; who on bright summer days refused to join in the fun, and was to be found instead alone in a room, filling a notebook with doodles. All this I can remember clearly enough. In fact, as soon as I had spotted him that night in the gloomy hotel lounge, what had come instantly to mind was an image of his sulky, solitary walk behind the rest of us as we crossed the quadrangle between the art room and the cloisters. But his assertion that I had likewise been a 'miserable loner', one with whom he might have made a matching pair, was such an astounding one, it took me a little while to realise it was simply a piece of self-delusion on Morgan's part – in all likelihood something he had invented years ago to make more palatable memories of an unhappy period. As I say, this did not occur to me instantly, and thinking about it now I see I may have been a little insensitive in my response. For I remember saying something like:

'You must have me mixed up with someone else, old fellow. I was always one for mucking in. I dare say you're thinking of that fellow Biggleswortth. Adrian Biggleswortth. He was certainly a bit of a loner.'

'Biggleswortth?' Morgan thought about this, then shook his head. 'I remember the chap. Rather heavy-set, jug ears? Old Biggleswortth. My, my. But no, I wasn't thinking of him.'

'Well, it wasn't me, old man.'

'Extraordinary.' He shook his head again, then turned back to his window.

I too turned away, and for the next little while gazed out at the night-time streets. We were once again moving through a busy entertainment area, and I glanced through the faces in the crowds, hoping to glimpse Akira's. Then we were in a residential district full of hedges and trees, and before long the driver brought the car to a halt inside the grounds of a large house.

Morgan left the vehicle hurriedly. I too got out – the chauffeur made no effort to assist – and followed him along a gravelled path leading around the side of the house. I suppose I had been expecting a big reception of some sort, but I could now see this was not what awaited us; the house was for the most part dark, and aside from our own car, there was only one other in the courtyard.

Morgan, who was clearly familiar with the house, brought us to a side door flanked by tall shrubs. He opened it without ringing and ushered me inside.

We found ourselves in a spacious hallway lit by candles. Peering before me, I could make out musty-looking scrolls, huge porcelain vases, a lacquered chest of drawers. The smell in the air – of incense mingled with that of excrement – was oddly comforting.

No servant or host appeared. My companion continued to stand beside me, not saying a word. After a time, it occurred to me he was waiting for me to make some comment on our surroundings. So I said:

'I know little about Chinese artwork. But even to my eye, it's clear we're surrounded by some rather fine things.'

Morgan stared at me in astonishment. Then he shrugged and said: 'I suppose you're right. Well, let's go in.'

He led the way further into the house. We were in darkness for several steps, and then I heard voices talking in Mandarin, and saw light coming from a doorway hung with beaded threads. We passed through the beads, then a further set of drapes, into a large warm room lit with candles and lanterns.

What do I remember now of the rest of that evening? It has already grown a little hazy in my mind, but let me try and piece it together as clearly as I can. My first thought on entering that room was that we had disturbed some family celebration. I glimpsed a big table laden with food, and seated around it, eight or nine people. All were Chinese; the youngest – two men in their twenties – were dressed in Western suits, but the rest were in traditional dress. An old lady, seated at one end of the table, was being assisted in her eating by a servant. An elderly gentleman – surprisingly tall and broad for an Oriental – whom I took to be the head of the household, had immediately risen upon our arrival, and now the other males in the company followed his example. But at this stage, my impression of these people remained vague, for very rapidly it was the room itself that had begun to command all my attention.

The ceiling was high and beamed. Beyond the diners, right at the back, was a kind of minstrels' gallery, from the rail of which hung a brace of paper lanterns. It was this section of the room that had drawn my gaze, and I now continued to stare past the table towards it, hardly hearing my host's words of welcome. For what was dawning upon me was that the entire rear half of the room in which I was now standing was in fact what used to be the entrance hall of our old Shanghai house.

Obviously some vast restructuring had taken place over the years. I could not, for instance, work out at all how the areas through which Morgan and I had just entered related to our old hall. But the minstrels' gallery at the back clearly corresponded to the balcony at the top of our grand curving staircase.

I drifted forward, and probably remained standing there for some time, gazing up at the gallery, tracing with my eye the route our stairs had once taken. And as I did so, I found an old memory coming back to me, of a period in my childhood when I had made a habit of coming down the long curve of the stairs at huge speed and taking off two or three steps from the bottom – usually while flapping my arms – to land in the depths of a couch positioned just a little way away. My father, whenever he witnessed this, would laugh; but both my mother and Mei Li disapproved. Indeed, my mother, who could never quite explain why this particular practice was wrong, would always threaten to have the couch removed if I persisted with the habit. Then once, when I was around eight, I attempted this feat for the first time in months to discover the couch could no longer take the impact of my increased weight. One end of the frame completely collapsed, and I tumbled on to the floor, utterly shocked. The next instant, though, I had remembered my mother was coming down the stairs behind me, and had braced myself for the most terrible dressing down. But my mother, looming over me, had burst out laughing. 'Look at your face, Puffin!' she had exclaimed. 'If you could only see your face!'

I had not been hurt at all, but when my mother had continued to laugh – and perhaps because I was still afraid of a scolding – I had begun to make the most of a pain I could feel in my ankle. My mother had then stopped her laughing and had helped me up gently. I remember her then walking me slowly round and round the hall, an arm around my shoulder, saying: 'There now, that's better, isn't it? We'll just walk it off. There now, it's nothing.'

I never was scolded over the incident and a few days later I came in to find the couch had been mended; but although I continued often to jump from the second or third step, I never again attempted a dive into the couch.

I took a few paces around the room, trying to work out the exact spot where the couch would have been. As I did so, I found I could conjure up only the haziest picture of what it had actually looked like – though I could recall quite vividly the feel of its silky fabric.

Then eventually I became conscious of the others in the room, and the fact that they were all watching me with gentle smiles. Morgan and the elderly Chinese man had been conferring quietly. Seeing me turn, Morgan took a step forward, cleared his throat and began the introductions.

He was obviously friendly with the family and reeled off the names without hesitation. As he did so, each of them gave a little bow and smile, touching hands together. Only the old lady at the end of the table, whom Morgan introduced with extra deference, went on gazing at me impassively. The family was called Lin – beyond this, I do not now remember any names – and it was Mr Lin himself, the elderly, bulky gentleman, who from this point took charge.

'I trust, my good sir,' he said in an English only slightly accented, 'that it gives a warm feeling to return here again.'

'Yes, it does.' I gave a little laugh. 'Yes. And it's a little strange also.'

'But that is natural,' Mr Lin said. 'Now please make yourself comfortable. Mr Morgan tells me you have already dined. But as you see, we have prepared food for you. We did not know if you cared for Chinese cuisine. So we borrowed the cook of our English neighbour.'

'But perhaps Mr Banks isn't hungry.'

This was said by one of the young men in suits. Then turning to me the latter continued: 'My grandfather is rather the old-fashioned type. He gets very offended if a guest doesn't accept every piece of hospitality.' The young man smiled broadly at the old man. 'Please don't let him bully you, Mr Banks.'

'My grandson believes me to be an old-fashioned Chinese,' Mr Lin said, coming closer to me, the smile never leaving his face. 'But the truth is, I am born and bred in Shanghai, here in the International Settlement. My parents were obliged to flee the Empress Dowager's forces, and take sanctuary here, in the foreigner's city, and I have grown up a Shanghailander through and through. My grandson here has no idea what life is like in the real China. He considers *me* old-fashioned! Ignore him, my dear sir. There is no need to worry about protocol in this house. If you do not wish to eat, then never mind. I will certainly not bully you.'

'But you're all so kind,' I said, perhaps a little distractedly, for in truth I was still trying to work out how the building had been altered.

Then suddenly the old lady said something in Mandarin. The young man who had addressed me before, then said:

'My grandmother says she thought you would never come. It was such a long wait. But now she's seen you, she's very happy you are here.'

Even before he had finished translating, the old lady was talking again. This time, when she finished, the young man remained silent for a moment. He looked at his grandfather as though for guidance, then appeared to come to a decision.

'You must excuse Grandmother,' he said. 'She is sometimes a little eccentric.'

The old lady, perhaps understanding the English, gestured impatiently for a translation. Finally the young man sighed and said:

'Grandmother says that until you came in this evening, she resented you. That is to say, she was angry that you are to take our home from us.'

I looked at the young man, quite baffled, but now the old lady was talking again.

'She says that for a long time,' her grandson translated, 'she hoped you would stay away. She believed this home belonged to our family now. But tonight, seeing you in person, seeing the emotion in your eyes, she is able to understand. She now feels in her heart that the agreement is correct.'

'The agreement? But surely . . .'

I allowed the words to fade in my mouth. For puzzled as I was, while the young man had been translating his grandmother's words, I had started to locate some vague recollection concerning some such arrangement regarding the old house and my eventual return to it. But as I say, my memory of it was only a very hazy one, and I sensed that by opening a discussion on the matter I would only embarrass myself. In any case, just at that moment Mr Lin said:

'I fear we are all being most inconsiderate to Mr Banks. Here we are, making him chatter to us, when in fact he must be longing to look about this house once more.' Then turning to me with a kindly smile, he said: 'Come with me, good sir. There will be time enough to talk to everyone later. Come this way and I will show you the house.'

Chapter Fifteen

For the next several minutes, I followed Mr Lin all around the building. Despite his age, my host showed little sign of infirmity; he carried his bulk steadily, if slowly, hardly ever pausing for breath. I pursued his dark gown and whispering slippers up and down narrow stairs, and along back corridors lit often only by a single lantern. He led me through areas that were bare and cobwebbed, past numerous neatly stacked wooden crates of rice wine. Elsewhere the house became sumptuous; there were beautiful screens and wall hangings, clusters of porcelain displayed within alcoves. Every so often, he would open a door, then stand back to let me pass. I entered various kinds of room, but – for some time at least – saw nothing at all familiar to me.

Then finally I stepped through a door and felt something tugging at my memory. It took a few seconds more, but I then recognised with a wave of emotion our old 'library'. It had been greatly altered: the ceiling was much higher, a wall had been knocked through to make the space L-shaped; and where there had once been double doors through into our dining room, there was now a partition against which were stacked more crates of rice wine. But it was unmistakably the same room where as a child I had done much of my homework.

I drifted further into the room, looking all around me. After a while I became aware of Mr Lin regarding me and gave him a self-conscious smile. At which point, he said:

'No doubt much has been changed. Please accept my apologies. But you must understand, over eighteen years, which is how long we have lived here, a few alterations have been inevitable to meet the needs of my household and of my business. And I understand the occupants before us, and those before them, carried out extensive alterations. Most unfortunate, my good sir, but I suppose few could have foreseen that one day you and your parents . . .'

He trailed off, perhaps because he thought I was not listening, perhaps because like most Chinese, he was uncomfortable with apologies. I went on gazing about me for a while longer, then asked him:

'So this house, it's no longer owned by Morganbrook and Byatt?'

He looked astonished, then laughed. 'Sir, I am the owner of this house.'

I saw I had insulted him, and said hurriedly: 'Yes, of course. I do beg your pardon.'

'Don't worry, my good sir' – his genial smile had quickly returned – 'it was not an unreasonable question. After all, when you and your dear parents lived here, that was no doubt the situation. But I believe that has long ceased to be. My good sir, if you will only consider how much Shanghai has changed over the years. Everything, everything has changed and changed again. All this' – he sighed and gestured about us – 'by comparison these are small changes. There are parts of this city I once knew so well, places I would walk every day, I now go there and I know not which way to turn. Change, change all the time. And now the Japanese, they wish to make *their* changes here. The most terrible changes may yet overtake us. But one must not be pessimistic.'

For a moment, we both stood there in silence, continuing to look about us. Then he said quietly:

'My family, of course, will be saddened to leave this house. My father died here. Two grandchildren were born here. But when my wife spoke earlier – and you must forgive her frankness, Mr Banks – she did speak for us all. We will consider it a great honour and privilege to return this house to you and your parents. Now, my good sir, let us continue if we may.'

I believe it was not long after that we climbed a carpeted

staircase – one which certainly did not exist in my time – and stepped into a luxuriously furbished bedroom. There were rich fabrics, and lanterns casting a reddish glow.

'My wife's room,' Mr Lin said.

I could see it was a sanctuary, a cosy boudoir where the old lady probably whiled away most of her day. In the warm lantern light, I could make out a card table upon which a number of different sorts of game appeared to be in progress; a writing desk with a column of tiny gold-tasselled drawers running down one side; a large four-poster bed with layers of veil-like drapes. Elsewhere my gaze caught various fine ornaments, and items of amusement whose exact natures I could not guess.

'Madame must like this room,' I said eventually. 'I can see her world here.'

'It suits her. But you mustn't concern yourself on her behalf, my good sir. We will find her another room she will come to love equally.'

He had spoken to reassure me, but something fragile had entered his voice. He now drifted further into the room, over to a dressing table, and became absorbed by some small object there – perhaps a brooch. After several moments, he said quietly:

'She was very beautiful when she was younger. The most beautiful flower, my good sir. You cannot imagine. In this respect, I am like a Westerner in my heart. I have never wanted any wife but her. One wife, quite enough. Of course, I took others. I am Chinese, after all, even if I have lived all my life here in the foreigners' city. I felt obliged to take other wives. But she is the one I truly cared for. The others have all gone now, and she is left. I miss the others, but I'm glad, in my heart I'm glad that in our old age, it is just the two of us again.' For a few seconds, he seemed to forget my presence. Then he turned to me and said: 'This room. I wonder how you will come to use it. Pardon me, this is very impertinent. But do you think this room will be for your own good wife? Of course, I am aware that for many foreigners, however wealthy, husband and wife will share the same room. I wonder then if this room will go to yourself and your good wife. My curiosity, I realise, is most impertinent. But this room is very special for me. It is my hope that you will put it to special use.'

'Yes . . .' I looked around it again carefully. Then I said: 'Perhaps not my wife. My wife, you see, to speak frankly . . .' I realised that in this talk of a wife, I had had a picture of Sarah in my mind. Covering my embarrassment, I went on quickly: 'What I mean, sir, is I'm not yet married. I have no wife. But I think this room will suit my mother.'

'Ah yes. After all the inconveniences she has had to suffer, this room will be ideal for her. And your father? I wonder, will he share it with her in the Western manner? Please forgive my great intrusion.'

'It's no intrusion, Mr Lin. After all, by letting me in here, it is you who have allowed me great intimacy. You have every right to ask these questions. It's just that this is all rather sudden, and I've not yet had time fully to make my plans . . .'

I drifted into silence and went on gazing at the room. Then after a moment, I said to him: 'Mr Lin, I'm afraid this may upset you. But you've been more open and generous than I could ever have expected, and I feel you deserve my honesty. You said yourself just now, how inevitable it is that a house undergoes alteration whenever its occupants change. Well, sir, dear as these rooms are to you, I'm afraid that once my family are again living here, we will carry out our own alterations. This room too, I fear, will change beyond recognition.'

Mr Lin closed his eyes, and there was a heavy silence. I wondered if he would become angry, and for a second regretted being so honest with him. But then when he opened his eyes again, he was regarding me gently.

'Of course,' he said, 'it is quite natural. You will wish to restore this house to just the way it was when you were a boy. That is quite natural. My good sir, I understand it perfectly.'

I thought about this for a moment, then said: 'Well, actually, Mr Lin, we would probably not turn it back exactly to what it was then. For one thing, as I remember it, there were many things we were unhappy about. My mother, for instance, never had her own study. With all her campaign work, a little bureau in the bedroom was never adequate. My father too wanted a little workshop for his woodwork. What I'm saying is that there's no need to turn back the clock just for the sake of it.'

'That is most wise, Mr Banks. And although you have not yet taken a wife, perhaps soon there will come the day when you have the needs of a wife and children to consider.'

'That's certainly possible. Unfortunately, just at present, this question of a wife, in my case, Western customs notwithstanding . . .' I became very confused and stopped. But the old man nodded sagely, saying:

'Of course, in matters of the heart, things are never simple.' Then he asked: 'You wish for children, good sir? I wonder how many you will have.'

'As a matter of fact, I already have a child. A young girl. Though she isn't really my daughter as such. She was an orphan and now she's in my care. I do look on her as a daughter.'

I had not thought about Jennifer for some time, and mentioning her like this so unexpectedly caused a powerful feeling to well up within me. Images of her ran through my mind; I thought of her at her school, and wondered how she was, and what she had been doing that day.

I perhaps turned away to hide my emotions. In any case, when I next looked at him, Mr Lin was nodding again.

'We Chinese are well used to such arrangements,' he said. 'Blood is important. But so is household. My father took in an orphan girl and she grew up with us as though she were my sister. I regarded her as such, though I knew always of her origins. When she died, in the cholera epidemic when I was still a young man, I felt as much grief as when my blood sisters passed away.'

'If I may say so, Mr Lin, it's a great pleasure to talk to you. It's rare to find someone so immediately understanding.'

He gave a small bow, bringing his fingertips together before him. 'When one has lived as long as I have, and through the turmoil of these years, one knows many joys and sadnesses. I hope your adopted daughter will be happy here. I wonder which room you will give her. But of course, forgive me! As you say, you will alter.'

'In fact, one of the rooms we saw earlier would be ideal for Jennifer. It had a little wooden ledge running along the wall.'

'She likes such a ledge?'

'Yes. For her things. And in fact there's one further person I shall be accommodating here in this house. I suppose she was officially a sort of servant, but in our household she was always much more. Her name is Mei Li.'

'She was your *amah*, good sir?'

I nodded. 'She would be older now and I'm sure she'd appreciate a rest from her work. Children can be very taxing. It was always my intention that when she was old, she'd go on living with us here.'

'That is most kind-hearted of you. One so often hears of foreign families who throw out the *amah* once her charges are grown. Such women are often to be seen ending their days as street beggars.'

I gave a laugh. 'I hardly think that could ever happen to Mei Li. In fact, the very thought is quite absurd. In any case, as I say, she'll be living here with us. As soon as my task is accomplished, I'll turn my mind to locating her. I don't imagine it will be so difficult.'

'And tell me, good sir, will you give her a room in the servants' quarters or with the family?'

'With the family, certainly. My parents might take a dim view of that. But then really, I'm the head of the household now.'

Mr Lin smiled. 'According to your custom, that will certainly be so. For us Chinese, fortunately for me, the old are permitted to go on ruling the house well into their foolish years.'

The old man laughed to himself and turned towards the door. I was about to follow, but just at that moment – quite suddenly and very vividly – I found another memory returning to me. I have thought about it since, and I have no idea why it was that particular recollection rather than any other. It was of an occasion when I was six or seven, when my mother and I had raced each other along a stretch of lawn. I do not know where exactly this was; I would suppose now we were in one of the parks – perhaps Jessfield Park – for I can remember a trellised fence beside where we ran, covered in climbing flowers and creepers. It was a warm day, but not especially sunny. I had impulsively challenged my mother to the race, to some marker a short distance before us, as a way of showing off to her my improved running ability. I had assumed completely that I would outpace her, and that she would then express, in her usual way, her delighted surprise at this latest manifestation of my maturing prowess. But to my annoyance she had kept up with me all the way, laughing as she went, although I was running with all my strength. I do not remember which of us actually 'won', but I still recall my fury at her, and my sense that I had suffered a grave injustice. It was this incident that came back to me that night as I stood in the snugly sheltered atmosphere of Madam Lin's bedroom. Or rather, a fragment of it: a memory of me pushing into the wind with all my might; my mother's laughing presence beside me; the rustling of her skirt, and my rising frustration.

'Sir,' I said to my host, 'I wonder if I may ask you. You say you've lived all your life here in the Settlement. I wonder then if during that time you ever met my mother.'

'I never had the good fortune to meet her in person,' Mr Lin said. 'But of course, I knew of her, and of her great campaign. I admired her, like all decent-minded people. I am sure she is a fine lady. And I've heard it said she is very beautiful.'

'I suppose she might be. One never thinks about whether one's mother is beautiful.'

'Oh, I've heard it said she is the most beautiful Englishwoman in Shanghai.'

'I suppose she might be. But of course, she'll be older now.'

'Certain kinds of beauty never fade. My wife' – he gestured at the room – 'she is as beautiful to me now as the day I married her.'

When he said this, I suddenly felt as though I were intruding, and this time it was I who made the first move to leave.

I do not remember a great deal more about my visit to the house that evening. Perhaps we stayed another hour, talking and eating with the family around the table. In any case, I know I parted from the Lin family on the best of terms. It was during the journey back, however, that Morgan and I rather fell out.

It was probably my fault. I was by that stage tired and somewhat overwrought. We had been travelling through the night for a while in silence, and my mind had perhaps begun to drift back to the immense task before me. For I remember I said to Morgan, quite out of the blue:

'Look, you've been here a few years now. Tell me, have you come across a certain Inspector Kung?'

'Inspector Kung? Policeman or something?'

'When I was a child here, Inspector Kung was something of a legend. As a matter of fact, he was the officer originally in charge of my parents' case.'

To my surprise, I heard Morgan beside me give a guffaw. Then he said:

'Kung? *Old Man* Kung? Yes, of course, he used to be a police inspector. Well then, it's no wonder nothing got sorted out at the time.'

His tone took me aback, and I said rather coldly: 'In those days, Inspector Kung was the most revered detective in Shanghai, if not the whole of China.'

'Well, he still has something of a name for himself, I can tell you. Old Man Kung. Well I never.'

'I'm glad at least to hear he's still in the city. Do you have any idea where I'd find him?'

'Simplest way's just to wander around Frenchtown any night after dark. Bound to come across him sooner or later. You usually see him in a heap on the pavement. Or if he's been let into some hole of a bar, he'll be snoring away in a dark corner.'

'Are you implying Inspector Kung's become a drunk?'

'Drink. Opium. Usual Chinaman stuff. But he's a character. Tells stories about his glory days and people give him coins.'

'I think you're thinking of the wrong man, old fellow.'

'Don't think so, old chap. Old Man Kung. So he really was a policeman. I always fancied he was making all that up. Most of his stories *are* preposterous. What's the matter, old fellow?'

'The trouble with you, Morgan, is you keep muddling things. First you muddle up me and Bigglesworth. Now you get Inspector Kung muddled with some worthless ragamuffin. Being out here's got your head all soft, old man.'

'Now look here, pipe down a bit. What I'm telling you, you'll hear from anyone else you care to ask. And I rather take exception to your comments. Nothing soft about my head.'

We may have returned to slightly more civil terms by the time he dropped me off at the Cathay, but our parting was distinctly cold and I have not seen Morgan again since. As for Inspector Kung, it had been my intention after that evening to seek him out without delay, but for whatever reason – perhaps I feared Morgan might have been telling the truth – I have never made it a priority – at least, not until yesterday, when my search through the police archives threw up the inspector's name again in the most dramatic fashion.

This morning, incidentally, when I mentioned Inspector Kung in passing to MacDonald, his reaction was not dissimilar to Morgan's that night, and I suspect here was yet another reason for my impatience with MacDonald as we faced each other in his airless little office overlooking the consulate grounds. All the same, with a little more effort, I know I could have made a much better job of it. My central error this morning was to allow him to goad me into losing my temper. At one point, I fear, I was practically shouting at him.

'Mr MacDonald, it simply isn't enough to leave things to what you insist on calling my "powers"! I have no such "powers"! I am a mere mortal, and I can only achieve my goals if I am given the sort of basic assistance that allows me to go about my work. I've not asked much of you, sir. Hardly anything at all! And what I've asked, I've put to you very clearly. I wish to speak to this communist informer. Just speak with him, a short interview will suffice. I made this request to you in the clearest terms. I fail to understand why arrangements still have not been made. Why is that, sir? Why is that? What can possibly be impeding you?'

'But look here, old fellow, this is hardly a matter for my office. If you wish, I'll get the police commissioner over to see you. Mind you, even then, you see, I'm not at all sure you'll get anywhere useful. It's not they who have the Yellow Snake . . .'

'I fully appreciate it's the Chinese government who are keeping the Yellow Snake under their protection. That is why I have come to you and not to the police. I'm aware that in a matter of this magnitude, the police are an irrelevance.'

'I'll see what I can do, old chap. But you must understand, this isn't a British colony. We can't go ordering the Chinese about. But I'll talk to someone in the appropriate office. Don't bet on anything happening too quickly though. Chiang Kai-shek's had informers before, but never one with quite such extensive knowledge of the Reds' network. Chiang would lose a good few battles with the Japs before allowing anything to happen to this Yellow Snake chap. As far as Chiang is concerned, you see, the real enemy's not the Japs but the Reds.'

I gave a loud sigh. 'Mr MacDonald, I do not care about Chiang Kai-shek or his priorities. Just now, I have a case to solve, and I would like you to do whatever you can to secure an interview for me with this informer. I am putting it to you personally, and if all my efforts come to nothing because this simple request is not granted, I shan't hesitate to let it be known that it was you I came to . . .'

'Now really, old fellow, please! There's no need to take this sort of line! No need at all! We're all friends here. We all wish you to succeed. Take my word for it, we really do. Look here, I've said I'll do all I can. I'll talk to a few people, you know, people in that line of work. I'll talk to them, tell them how strongly you feel. But you have to understand, there's only so much we can do with the Chinese.' Then he leant forward and said confidingly: 'You know, you might try the French. They have a lot of little understandings with Chiang. You know, of the off-the-record sort. The kind of thing we wouldn't touch. That's the French for you.'

Perhaps there is something in MacDonald's suggestion. Perhaps I might indeed get some useful help from the French authorities. But frankly, since this morning, I have not given this option much thought. It is clear to me that MacDonald, for reasons which as yet remain unclear, is prevaricating, and that once he has recognised the overwhelming importance of granting my request, he will do whatever is necessary. Unfortunately, it is probable I handled this morning's meeting so incompetently I will have to tackle him one further time. It is not a prospect to which I particularly look forward, but at least the next time my approach will be different, and he will not find it so easy to send me away empty-handed.

PART SIX

Cathay Hotel, Shanghai, 20th October 1937

Chapter Sixteen

I knew we were somewhere in the French Concession, not far from the harbour, but otherwise I had lost my bearings. The chauffeur had for some time been steering us through tiny alleys quite unsuitable for a car, sounding his horn repeatedly to get pedestrians out of our way, and I had begun to feel ridiculous, like a man who has brought a horse into a house. But eventually the car stopped, and the driver, opening my door, pointed out the entrance to the Inn of Morning Happiness.

I was led inside by a thin Chinese man with one eye. What comes back to me today is an overall impression of low ceilings, dark damp wood and the usual smell of sewage. But the establishment seemed clean enough; at one point we stepped around three old women on their knees, diligently scrubbing the floorboards. Somewhere near the rear of the building, we came to a corridor with a long row of doors. I was reminded of stables, or even a prison, but these cubicles, it turned out, contained the inn's guests. The one-eyed man knocked on one of the doors, then opened it before any reply had been given.

I stepped into a small narrow space. There was no window, but the partitions did not go right up to the ceiling – the last foot or so being wire mesh – thus allowing light and air to circulate. For all that, the cubicle was stuffy and dark, and even when the afternoon sun broke brightly outside, it resulted only in the mesh throwing odd patterns over the floor. The figure lying on the bed appeared to be asleep, but then moved his legs when I took up a position in the gap between the bed and the wall. The one-eyed man mumbled something and vanished, the door closing behind him.

Former Inspector Kung looked to be little more than bones.

The skin on his face and neck was shrivelled and spotted; his mouth hung open slackly; a bare, stick-like leg was protruding from the coarse blanket, though on his top half I saw he had on a surprisingly white undershirt. He did not at first make any attempt to sit up, and appeared only vaguely to register my presence. And yet he did not seem directly under the sway of opium or alcohol, and eventually, as I continued to state who I was and my purpose in coming to see him, he became more coherent, and began to show signs of courtesy.

'I'm sorry, sir' – his English, when it came, was fluent enough – 'I have no tea.' He began to mumble something in Mandarin, shuffling his legs about beneath his blanket. Then he appeared to remember himself again and said: 'Please forgive me. I'm not well. But soon, I will recover my good health.'

'I sincerely hope so,' I said. 'After all, you were one of the finest detectives ever to serve in the SMP.'

'Really? How kind of you to say so, sir. Yes, perhaps I was a good officer once.' With a sudden effort, he raised himself, and placed his bare feet gingerly down on to the floor. Perhaps out of modesty, perhaps because he was cold, he kept his blanket gathered around his middle. 'But in the end,' he went on, 'this city defeats you. Every man betrays his friend. You trust someone, and he turns out to be in the pay of a gangster. The government are gangsters too. How is a detective to do his duty in a place like this? I might have a cigarette for you. Would you care for a cigarette?'

'No, thank you. Sir, let me just say this. When I was a boy, I followed your exploits with great admiration.'

'When you were a boy?'

'Yes, sir. The boy next door and I' – I gave a little laugh – 'we used to play at being you. You were . . . you were our hero.'

'Is that so?' The old man shook his head and smiled. 'Is that so indeed. Well then, I am all the more sorry I cannot offer you anything. No tea. No cigarette.'

'Actually, sir, you may be able to offer me something much more important. I came to you today because I believe you may be able to provide a vital clue. In the spring of 1915, there was a case you investigated, a shooting incident in a restaurant called Wu Cheng Lou in Foochow Road. Three people died and several more were injured. You arrested the two men responsible. In the police records, the matter is referred to as the Wu Cheng Lou Shooting Incident. It's many years ago now, I realise, but Inspector Kung, I wonder if you remember this case?'

Behind me, from perhaps two or three rooms away, there came the sound of frantic coughing. Inspector Kung remained deep in thought, then said: 'I remember the Wu Cheng Lou case very well. It was one of my more satisfying moments. I sometimes think about that case, even these days, lying here in this bed.'

'Then perhaps you'll remember that you interrogated a suspect whom you subsequently established was unconnected with the shooting. According to the records, the man's name was Chiang Wei. You interrogated him concerning the Wu Cheng Lou, but he instead made some other quite unrelated confessions.'

Though his body remained a sagging sack of bones, the old detective's eyes were now full of life. 'That's correct,' he said. 'He had nothing to do with the shooting. But he was afraid and he began to talk. He confessed everything. He confessed, I remember, to having been a member of a kidnapping gang some years earlier.'

'Excellent, sir! That's just as it's recorded in the files. Now, Inspector Kung, this is very important. This man gave you some addresses. Addresses of houses the gang had used to hold their captives.'

Inspector Kung had been gazing at the flies buzzing around the wire mesh near the ceiling, but now his eyes turned slowly to where I was standing. 'That is so,' he said quietly. 'But Mr Banks, we had all those houses checked thoroughly. The kidnappings he talked of were years in the past. We found nothing suspicious in those houses.'

'I know, Inspector Kung, you would have done everything duty required of you most thoroughly. But of course, you were investigating the shooting. It would be perfectly natural if you didn't expend your energy on such a side issue. What I'm suggesting is that if powerful people had gone to some lengths to prevent you searching one of those houses, you would perhaps not have persisted.'

The old detective was deep in thought again. He said finally: 'There was one house. I remember now. My men brought me reports. All the other houses, seven of them, I received reports. I remember it troubled me at the time. One last house, no report. My men were being prevented in some way. Yes, I remember wondering about it. A detective's nose. You will know what I mean, sir.'

'And that remaining house. You never did see a report on it.'

'Correct, sir. But as you say, it was not a great priority. You understand, the Wu Cheng Lou was a large matter. It had caused much outrage. The hunt for the killers had gone on for weeks.'

'And I believe it had defeated two of your more senior colleagues.'

Inspector Kung smiled. 'As I have said, it was a most satisfying moment in my career. I came on to the case when others had failed. The city was talking of nothing else. I was able after a few days to apprehend the killers.'

'I read the records. I was filled with admiration.'

But now the old man was staring at me intently. Eventually he said slowly: 'That house. The house my men failed to go to. That house. You are saying . . .?'

'Yes. It's my belief that is where my parents are being held.'

'I see.' He fell silent for a time, digesting this colossal idea.

'There's no question of negligence on your part,' I said. 'Let me say again, I read the reports with great admiration. Your men didn't get to the house because they were obstructed by persons in the higher echelons of the police force. People we now know were in the pay of criminal organisations.'

The coughing had started up again. Inspector Kung remained silent for a moment longer, then looked up at me again and said slowly: 'You've come to ask me. You've come to ask if I can help you find this house.'

'Unfortunately, the archives are in chaos. It's a disgrace how things have been run in this city. Papers have been misfiled, others lost altogether. In the end, I decided I'd do better if I came here to you. To ask you, unlikely though it is, if you remember. Something, anything about that house.'

'That house. Let me try to remember.' The old man closed his eyes in concentration, but then after a time, he shook his head. 'The Wu Cheng Lou shooting. It is over twenty years ago. I am sorry. I can remember nothing about this house.'

'Please try and remember something, sir. Do you recall even which district it was in? Whether for instance it was in the International Settlement?'

He thought for another moment, then shook his head again. 'It is a long time ago. And my head, it doesn't work in a normal way. Sometimes I remember nothing, not even of the day before. But I shall try and remember. Perhaps tomorrow, perhaps the next day, I shall wake up and remember something. Mr Banks, I am so sorry. But just now, no, I remember nothing.'

It was evening by the time I returned to the International Settlement. I believe I spent an hour or so in my room, going through my notes once again, trying to put behind me the disappointment of my meeting with the old inspector. I did not go down to supper until after eight, when I took my usual corner table in that splendid dining room. I remember I did not have much of an appetite that evening, and was about to abandon my main course and return to my work when the waiter brought in Sarah's note.

I have it here now. It is no more than a scribble on unlined paper, the upper edge torn off. It is doubtful whether she gave the words much thought; it simply asks me to meet her at once on the half-landing between the third and fourth floors of the hotel. Looking at it again now, its connection with that small incident at Mr Tony Keswick's house a week previously seems all too obvious; that is to say, Sarah probably would not have written the note at all had it not been for what took place between us then. Oddly enough, though, when the waiter first presented it to me, I failed to make any such association, and I sat there for some moments, quite mystified as to why she should summon me in such a way.

I should say here that by this point I had run into her a further three times since the night at Lucky Chance House. On two of these occasions, we had seen each other only fleetingly in the presence of others, and little had passed between us. On the third occasion too – the night of the dinner at the home of Mr Keswick, the chairman of Jardine Matheson – I suppose we were again in a public place, and exchanged barely a word; yet, with hindsight, our encounter there could well be viewed as some sort of important turning point.

I had turned up a little late that evening, and by the time I was shown into Mr Keswick's vast conservatory, upwards of sixty guests were already taking their places at the several tables situated among the foliage and trailing vines. I spotted Sarah on the far side of the room – Sir Cecil was not present – but I could see she too was searching for her seat, and so made no attempt to approach her.

It appears to be a Shanghai custom at such events for guests, as soon as dessert has been served – even before they have had time properly to eat it – to abandon the original seating plan and mingle freely. No doubt then, it was in my mind that once this point came along, I might go over and exchange a few words with Sarah. However, when dessert finally appeared, I was unable to get away from the woman seated beside me, who wished to explain in some detail the political position in Indo-China. Then no sooner had I extricated myself from her than our host stood up to announce that the time had come for 'the turns'. He proceeded to introduce the first performer – a willowy lady who, emerging from a table behind me, went to the front and began to recite an amusing poem, evidently composed by herself.

She was followed by a man who sang unaccompanied a few verses of Gilbert and Sullivan, and I surmised that the majority of those around me had come ready to perform. Guests went up one after another, sometimes in twos and threes; there were madrigals, comic routines. The tone was invariably frivolous, sometimes even bawdy.

Then a large red-faced man – a director of the Hong Kong and Shanghai Bank, I learnt later – made his way to the front wearing a kind of tunic over his dinner jacket, and began to read from a scroll a monologue satirising various aspects of Shanghai life. Almost all the references – to individuals, to the bathroom arrangements at particular clubs, to incidents that had occurred on recent paper chases – were entirely lost on me, but very quickly every section of the room became filled with laughter. At this point I looked around for Sarah, and saw her sitting over in a corner amidst a group of ladies, laughing as heartily as any of them. The woman beside her, who clearly had had a fair amount to drink, was roaring with almost indecent abandon.

The red-faced man's performance had been going for perhaps five minutes – during which time the level of hilarity seemed only to rise – when he delivered a particularly effective volley of three or four lines which set the room virtually howling. It was at this point that I happened to glance over once more to Sarah. At first the scene appeared much as it had before: there was Sarah, laughing helplessly amidst her companions. If I went on watching her for several more seconds, it was simply because I was rather surprised that after barely a year, she was already so intimate with Shanghai society to the extent that these obscure jokes could reduce her to such a state. And it was then, as I was gazing at her, pondering this point, that I suddenly realised she was not laughing at all; that she was not, as I had supposed, wiping away tears of laughter, but was in fact weeping. For a moment I went on staring at her, unable quite to credit my eyes. Then, as the uproar continued, I rose quietly and moved through the crowd. After a little manoeuvring, I found myself standing behind her, and now there was no further doubt. Amidst all the gaiety, Sarah was crying uncontrollably.

I had approached from behind, so that when I offered her my

handkerchief, she gave a start. Then looking up at me, she fixed me – for perhaps as long as four or five seconds – with a searching gaze in which gratitude was mixed with something like a question. I inclined my head to read better her look, but then she had taken my handkerchief and turned back towards the red-faced man. And when the next burst of laughter seized the room, Sarah, too, with an impressive show of will, let out a laugh, even as she pressed the handkerchief to her eyes.

Conscious that I might draw unwanted attention to her, I then made my way back to my seat, and indeed, did not go near her again that evening other than to exchange rather formal goodnights with her in the entrance hall alongside the many other guests taking their leave of one another.

But I suppose, for a few days afterwards, I entertained a vague expectation of hearing something from her concerning what had occurred. It is, then, a measure of how much I had become engrossed in my investigations that by the time that note was brought to me in the dining room of the Cathay Hotel, I failed to make any connection with the earlier incident, and made my way up the grand staircase, wondering why it was she wished to see me.

What Sarah described as the 'half-landing' is in fact a substantial area strewn with armchairs, occasional tables and potted palms. In the morning particularly, with the great windows open and the ceiling fans whirring, I imagine it is a pleasant enough place for a guest to read a newspaper and take some coffee. At night, though, it has a rather abandoned atmosphere; perhaps owing to the shortages, there is no lighting other than that coming from the staircase, and whatever leaks in through the windows from the Bund down below. On that particular evening, the area was deserted aside from Sarah, whose figure I could see silhouetted against the huge panes, gazing out at the night sky. As I made my way towards her, I knocked into a chair, and the sound made her turn.

'I thought there'd be a moon,' she said. 'But there isn't. There aren't even any shells being fired tonight.'

'Yes. It's been quiet the last few nights.'

'Cecil says the soldiers on both sides are exhausted for now.'

'I dare say.'

'Christopher, come over here. It's all right, I'm not going to do anything to you. But we have to talk more quietly.'

I moved closer till I was beside her. I could now see the Bund below, and the line of lights marking the waterfront promenade.

'I've arranged everything,' she said quietly. 'It wasn't easy, but it's all done now.'

'You've done what exactly?'

'Everything. Papers, boats, everything. I can't stay here any more. I tried my best, and I'm so tired now. I'm going away.'

'I see. And Cecil. Does he know of your intentions?'

'It won't come entirely as a surprise to him. But I suppose it'll be a shock, all the same. Are *you* shocked, Christopher?'

'No, not really. From what I'd observed, I could see something like this might be on the cards. But before you take such a drastic step, are you sure there aren't . . .?'

'Oh, I've thought of everything there is to think about it. It's no good. Even if Cecil were willing to go back to England tomorrow. Besides, he's lost so much money here. He's determined not to leave until he's won it all back.'

'I can see this trip out here's rather fallen short of your hopes. I'm sorry.'

'It's hardly just the trip out here.' She gave a laugh, then went quiet. After a moment she said: 'I tried to love Cecil. I tried very hard. He's not a bad man. You probably think he is, the way you've seen him here. But that's not how he always was. And I realise a lot of it's to do with me. What he needed at this stage of his life was a good rest. But then I came along and he felt he had to do a little more. That was my fault. When we came out here, he did try at first, tried awfully hard. But it was beyond him, and I think that's what it was, that's what broke him. Perhaps once I've gone, he'll be able to pull himself together again.'

'But where will you go? Will you return to England?'

'Just now, there's not enough money to return. I'm going to Macao. Then after that, I shall have to see. Anything might happen then. In fact, that's why I wanted to talk with you. Christopher, I'll confess, I'm rather frightened. I don't want to go out there all by myself. I did wonder if you'd go with me.'

'Do you mean go with you to Macao? Go with you tomorrow?'

'Yes. Go with me to Macao tomorrow. We can decide after that where to go next. If you wanted to, we could just drift around the South China Sea for a while. Or we could go to South America, run away like thieves in the night. Wouldn't that be fun?'

I suppose I was surprised when I heard her utter these words; but what I remember now, overwhelming anything else, was an almost tangible sense of relief. Indeed, for a second or two I experienced the sort of giddiness one might when coming suddenly out into the light and fresh air after being trapped a long time in some dark chamber. It was as though this suggestion of hers – which for all I knew she had thrown out on an impulse – carried with it a huge authority, something that brought me a kind of dispensation I had never dared hope for.

Hardly had this feeling swept over me, however, than I suppose another part of me grew quickly alert to the possibility of this being some test she had set for me. For I remember that when I at last responded, it was to say:

'The difficulty is my work here. I'll have to finish here first. After all, the whole world's on the brink of catastrophe. What would people think of me if I abandoned them all at this stage? Come to that, what would *you* think of me?'

'Oh, Christopher, we're both as bad as each other. We've got to stop thinking like that. Otherwise there'll be nothing for either of us, just more of what we've had all these years. Just more loneliness, more days with nothing in our lives except some whatever-it-is telling us we haven't done enough yet. We have to put that all behind us now. Leave your work, Christopher. You've spent enough of your life already on all of that.

Let's go away tomorrow, let's not waste a single day more, let's go before it's too late for us.'

'Too late for what, exactly?'

'Too late for . . . oh, I don't know. All I know is that I've wasted all these years looking for something, a sort of trophy I'd get only if I really, really did enough to deserve it. But I don't want it any more, I want something else now, something warm and sheltering, something I can turn to, regardless of what I do, regardless of who I become. Something that will just be *there*, always, like tomorrow's sky. That's what I want now, and I think it's what you should want too. But it *will* be too late soon. We'll become too set to change. If we don't take our chance now, another may never come for either of us. Christopher, what are you doing to that poor plant?'

Indeed, I realised I had been absent-mindedly stripping leaves off a palm standing next to us and depositing them on to the carpet.

'I'm sorry' – I let out a laugh – 'rather destructive.' Then I said: 'Even if you're right, what you were saying just now, even then, it's not so easy for me. Because, you see, there's Jennifer.'

When I said this, a vivid image came back to me of the last time she and I had spoken, the time we had said our goodbyes in the pleasant little sitting room at the rear of her school, the sunshine of a gentle English spring afternoon falling across the oak-panelled walls. I suddenly remembered again her face as she first took in what I was saying, the thoughtful nod she gave as she thought it over, and then those quite unexpected words she came out with.

'You see, there's Jennifer,' I said again, aware that I was in danger of drifting off into a daydream. 'Even now, she'll be waiting for me.'

'But I've thought of that. I've thought about it all very carefully. I just know she and I can be friends. More than friends. The three of us, we could be, well, a little family, just like any other family. I've thought about it, Christopher, it could be wonderful for us all. We could send for her, as soon as we've settled on a plan. We might even go back to Europe, to Italy, say, and she could join us there. I know I could be a mother to her, Christopher, I'm sure I could.'

I went on thinking quietly for a moment, then said: 'Very well.'

'What do you mean, Christopher, "very well"? '

'I mean, yes, I'll go with you. I'll go with you, we'll do as you say. Yes, you might be right. Jennifer, us, everything, it might turn out well.'

As soon as I said this, I could feel a massive weight lifting off me, so much so that I may well have let out a loud sigh. Sarah, meanwhile, had come another step closer, and for a second gazed deep into my face. I even thought she would kiss me, but she seemed to check herself at the last moment, and said instead:

'Then listen. Listen carefully, we must do this correctly. Pack no more than one suitcase. And don't send on any trunks. There'll be some money waiting for us in Macao, so we can buy what we need there. I'll send someone to come and get you, a driver, tomorrow afternoon at half past three. I'll see to it he's someone to be trusted, but all the same, don't tell him anything you don't need to. He'll bring you to where I'll be waiting. Christopher, you look as if something heavy just hit you on the head. You're not going to let me down, are you?'

'No, no. I'll be ready. Half past three tomorrow. Don't worry, I'll . . . I'll follow you anywhere, wherever you want to go in the world.'

Perhaps it was simply an impulse; perhaps it was the memory of how we had parted that night we had brought Sir Cecil back from the gaming house; in any case, I suddenly reached forward, grasped one of her hands in both of mine, and kissed it. After that, I believe I looked up, still clutching her hand, uncertain what to do next; it is even possible I let out an awkward giggle. In the end, she freed the hand gently and touched my cheek.

'Thank you, Christopher,' she said quietly. 'Thank you for agreeing. Everything suddenly feels so different. But you'd better go now, before someone sees us here. Go on, off you go.'

Chapter Seventeen

I went to bed that night somewhat preoccupied, but awoke the next morning to find a kind of tranquillity had come over me. It was as though a heavy burden had been removed, and when, as I dressed, I thought again of my new situation, I realised I was rather excited.

Much of that morning has now become a haze to me. What I recall is that I became seized by the idea that I should complete, in the time remaining to me, as many as possible of the tasks I had planned for the next few days; that to do otherwise would be less than conscientious. The obvious illogic of this position somehow failed to trouble me, and after breakfast, I set about my work with much urgency, rushing up and down staircases, and urging my drivers on through the crowded city streets. And although today it makes little sense to me, I have to say I took considerable pride in being able to sit down to lunch a little after two o'clock having more or less fulfilled all I had set out to do.

And yet at the same time, when I look back on that day, I have the overwhelming impression I remained peculiarly detached from my activities. As I hurried around the International Settlement talking with many of the city's most prominent citizens, there was a part of me virtually laughing at the earnest way they tried to answer my questions, at the pathetic way they tried to be of help. For the truth is, the longer I had been in Shanghai, the more I had come to despise the so-called leaders of this community. Almost every day my investigations had revealed yet another piece of negligence, corruption or worse on their part down the years. And yet in all the days since my arrival, I had not come across one instance of honest shame, a single acknowledgement that were it not for the prevarications, the short-sightedness, often the downright dishonesty of those left in charge, the situation would never have reached its present level of crisis. At one point that morning, I found myself at the Shanghai Club, meeting with three eminent members of the 'elite'. And faced anew with their hollow pomposity, their continued denial of their own culpability in the whole sorry affair, I felt an exhilaration at the prospect of ridding my life of such people once and for all. Indeed, at such moments, I felt an utter certainty that I had come to the right decision; that the assumption shared by virtually everyone here – that it was somehow my sole responsibility to resolve the crisis – was not only unfounded, but worthy of the highest contempt. I pictured the astonishment that would soon appear on these same faces at the news of my departure – the outrage and panic that would rapidly follow – and I will admit such thoughts brought me much satisfaction.

Then, as I continued my lunch, I found myself thinking of my last meeting with Jennifer that sunny afternoon at her school: of the two of us, in the prefects' room, sitting awkwardly in our armchairs, the sun playing on the oak panelling, the grass leading down to the lake visible in the windows behind her. She had listened in silence as I had explained, to the best of my ability, the necessity of my going away, the overwhelming importance of the task awaiting me in Shanghai. I had paused at several points, expecting her to ask questions, or at least to make some comment. But each time, she had given a serious nod, and waited for me to continue. In the end, when I realised I had started to repeat myself, I had come to a halt and said to her:

'So, Jenny. What do you have to say?'

I do not know what I had expected. But after gazing at me for another moment with a look devoid of any anger, she had replied:

'Uncle Christopher, I realise I'm not very good at anything. But that's because I'm rather young still. Once I'm older, and it might not be so long now, I'll be able to help you. I'll be able to help you, I promise you I will. So while you're away, would you please remember? Remember that I'm here, in England, and that I'll help you when you come back?'

It was not quite what I had expected, and though often since arriving here I have thought over these words of hers, I am still not sure what she meant to convey to me that day. Was she implying that, for all I had just been saying to her, I was unlikely to succeed in my mission in Shanghai? That I would have to return to England and continue my work for yet many more years? Just as likely, these were simply the words of a confused child, trying hard not to display her upset, and it is pointless to subject them to any sort of scrutiny. For all that, I found myself yet again pondering our last meeting as I sat over my lunch that afternoon in the hotel conservatory.

It was while I was finishing my coffee that the concierge came to tell me I was wanted urgently on the telephone. I was directed to a booth on the landing just outside, and after a little confusion with the operator, heard a voice which was vaguely familiar to me.

'Mr Banks? Mr Banks? Mr Banks, at last I have remembered.'

I remained silent, fearing if I said anything at all I would jeopardise our plans. But then the voice said:

'Mr Banks? Can you hear me? I have remembered something important. About the house we could not search.'

I realised it was Inspector Kung; his voice, though croaky, sounded startlingly rejuvenated.

'Inspector, excuse me. You took me by surprise. Please, tell me what you've remembered.'

'Mr Banks. Sometimes, you know, when I indulge in a pipe, it helps me remember. Many things I have long forgotten drift before my eyes. So I thought very well, one last time, I shall go back to the pipe. And I remembered something the suspect told us. *The house we could not search. It is directly opposite the house of a man called Yeh Chen.*'

'Yeh Chen? Who is that?'

'I do not know. Many of the poorer people, they do not use street addresses. They talk of landmarks. The house we could not search. It is opposite Yeh Chen's house.'

'Yeh Chen. Are you sure that was the name?'

'Yes, I'm sure. It came back very clearly.'

'Is that a common name? How many people in Shanghai are likely to have that name?'

'Fortunately there is one further detail the suspect gave us. This Yeh Chen is a blind man. The house you seek is opposite that of Yeh Chen the blind man. Of course, he may have moved house, or passed away. But if you could discover where this man lived at the time of our investigation . . .'

'Of course, Inspector. Why, this is immensely useful.'

'I am glad. I thought you would find it so.'

'Inspector, I cannot thank you enough.'

I had become aware of the time, and when I put down the phone, I did not return to my lunch, but went straight upstairs to my room to pack.

I recall a strange sense of unreality coming over me as I contemplated which items to take away. At one stage, I sat down on the bed and stared out at the sky visible through my window. It struck me as most curious how, only a day earlier, the piece of information I had just received would have constituted something utterly central to my life. But here I was, turning it over casually in my head, and already it felt like something consigned to a past era, something I need not remember if I did not wish to.

I must have completed my packing with time to spare, for when the knock came on my door at half past three precisely, I had been sitting in my chair waiting for a good while. I opened the door to a young Chinese man, perhaps not even twenty, dressed in a gown, his hat in his hand.

'I am your driver, sir,' he announced softly. 'If you have suitcase, I will carry.'

As the young man steered the motor car away from the Cathay

Hotel, I stared out at the busy crowds of Nanking Road in the afternoon sunshine, and felt I was watching them from a vast distance. I then settled myself in my seat, content to leave everything in the hands of my driver, who despite his youth appeared assured and competent. I was tempted to ask what his connection was with Sarah, but then remembered her caution about speaking any more than necessary. I thus remained silent, and soon found my thoughts turning to Macao and some photographs I had seen of the place many years ago in the British Museum.

Then after we had been travelling for perhaps ten minutes, I suddenly leant forward to the young man and said: 'I say, excuse me. This is something of a long shot. But do you happen to know of anyone called Yeh Chen?'

The young man did not take his gaze from the traffic before him and I was about to repeat my question when he said:

'Yeh Chen. Blind actor?'

'Yes. Well, I know he's blind, though I didn't know he was an actor.'

'Not famous actor. Yeh Chen. He was actor once, many years ago, when I was boy.'

'Do you mean . . . you know him?'

'Not know him. But I know who he is. You interest in Yeh Chen, sir?'

'No, no. Not especially. Someone just happened to mention him to me. It really doesn't matter.'

I did not say anything else to the young man for the remainder of our journey. We travelled down a baffling series of little alleys and I had quite lost any sense of where we were by the time he pulled up in a quiet back street.

The young man opened my door and gave me my suitcase.

'That shop,' he said, pointing. 'With phonograph.'

Across the street was a small shop with a grimy window, within which indeed a phonograph was displayed. I could see too a sign in English reading: 'Gramophone Records. Piano Rolls. Manuscripts.' Glancing up and down the street, I saw that apart from two rickshawmen squatting beside their vehicles and exchanging banter, the young man and I were alone. I picked up the suitcase and was about to cross the street, when something made me say to him:

'I wonder, could you wait here a little?'

The young man looked puzzled. 'Lady Medhurst say only to bring you here.'

'Yes, yes. But *I'm* asking you now, you see. I'd like you to wait just a little longer, just in case I need your services further. Of course, I may not need you. But you know, just in case. Look here' – I reached into my jacket and took out some bills – 'look, I'll make it worth your while.'

The young man's face flushed with anger, and he spun away from the money as though I were proffering something quite repulsive. He sullenly got back into the car and slammed his door.

I saw I had made a miscalculation of some sort, but at that moment could not be bothered to worry about it. Besides, for all his anger, the young man had not started up the engine. I stuffed my money back into my jacket, picked up the suitcase again and crossed the street.

Inside, the shop was very cramped. The afternoon sun was streaming in, but somehow only a few dusty patches were lit by it. To one side was an upright piano with discoloured keys, and several gramophone records displayed without their sleeves along the music stand. I could see not only dust but cobwebs on the records. Elsewhere there were odd pieces of thick velvet – they appeared to be off-cuts from theatre curtains – nailed up on the walls, together with photographs of opera singers and dancers. I had perhaps expected Sarah to be standing there, but the only person present was a spindly European with a dark pointed beard sitting behind the counter.

'Good afternoon,' he said in a Germanic accent, glancing up from a ledgerbook spread before him. Then looking me up and down carefully, he asked: 'You are English?'

'Yes, I am. Good afternoon.'

'We have some records from England. For example, we have a recording of Mimi Johnson singing "I Only Have Eyes for You". Would you appreciate?'

Something in the cautious way he had spoken suggested this was the first part of an agreed code. But though I searched my memory for some password or phrase Sarah might have told me, I could remember nothing. In the end, I said:

'I have no phonograph with me here in Shanghai. But I'm very fond of Mimi Johnson. In fact, I attended a recital of hers in London a few years ago.'

'Really? Mimi Johnson, yes.'

I got the distinct impression I had puzzled him with the wrong response. So I said: 'Look here, my name is Banks. Christopher Banks.'

'Banks. Mr Banks.' The man said my name neutrally, then said: 'If you appreciate Mimi Johnson, "I Only Have Eyes for You", I shall play it for you. Please.'

He ducked under the counter, and I took the opportunity to look out of the shop window back into the street. The two rickshawmen were still laughing and talking, and I was reassured to see my young man still there in the car. Then just as I was wondering if there had not been some huge misunderstanding, the warm languid sound of a jazz orchestra filled the room. Mimi Johnson began to sing and I remembered how the song had been all the rage in London clubs a few years before.

After a while, I became aware of the spindly man indicating a spot on the rear wall hung with heavy dark drapes. I had not noticed before that there was a doorway there, but when I pushed, I indeed found myself stepping through into an inner room.

Sarah was sitting on a wooden trunk wearing a light coat and hat. A cigarette was burning in her holder and the cupboard-like room was already thick with her smoke. All around us were piles of gramophone records and sheet music stored in an assortment of cardboard boxes and tea-chests. There was no window, but I could see a back door, at that moment slightly ajar, which led outside.

'Well, here I am,' I said. 'I brought just the one suitcase as you insisted. But I see you've three yourself.'

'This bag here's just for Ethelbert. My teddy bear. He's been with me since, well, for ever really. Silly, isn't it?'

'Silly? No, not at all.'

'When Cecil and I first came here, I made the mistake of putting Ethelbert in with a whole lot of other things. Then when I opened the case, his arm had fallen off. I found it right in a corner, stuck inside a slipper. So this time, give or take a few shawls, he's got a whole bag all to himself. It *is* silly.'

'No, no. I understand perfectly. Ethelbert, yes.'

She carefully put down her cigarette holder and stood up. Then we were kissing – just like, I suppose, a couple on the cinema screen. It was almost exactly as I had always imagined it would be, except there was something oddly inelegant about our embrace, and I tried more than once to adjust my posture; but my right foot was hard against a heavy box and I could not quite negotiate the necessary turn without risking my balance. Then she had taken a step back, breathing deeply, all the time looking into my face.

'Is everything ready?' I asked her.

She did not at first reply, and I thought she was about to kiss me again. But in the end, she said simply:

'Everything's fine. We just have several more minutes to wait. Then we'll go out there' – she indicated the back door – 'walk down to the jetty and a sampan will take us out to our steamer two miles down the river. After that it's Macao.'

'And Cecil, does he have any idea at all?'

'I didn't see him all day. He set off for one of his little places straight after breakfast, and I expect he's still there.'

'It's a great shame. Really, someone should tell him to pull himself together.'

'Well, it's no longer up to us to do so.'

'No, I suppose not.' I let out a sudden laugh. 'I suppose it's not up to us to do anything other than what we choose.'

'That's right. Christopher, is something wrong?'

'No, no. I was just trying to . . . I just wished . . .'

I reached out to her, thinking to initiate another embrace, but she raised a hand, saying:

'Christopher, I think you should sit down. Don't worry, there'll be time to do everything, *everything*, later.'

'Yes, yes. I'm sorry.'

'Once we're in Macao, we can have a good think about our future. A good think about where would be good for us. And where would be good for Jennifer. We'll spread all our maps out over the bed, look out of our room on to the sea and argue about it all. Oh, I'm sure we *will* argue. I'm looking forward even to our arguments. Are you going to sit down? Look, sit here.'

'I say . . . Look, if we have to wait a few minutes, let me just go and do something.'

'Do something? What exactly?'

'Just . . . just something. Look really, I won't be gone long, just a few minutes. You see, I just have to ask someone something.'

'Who? Christopher, I don't think we should talk to anyone at this point.'

'That's not what I mean, exactly. I fully realise the need for caution and so on. No, no, don't worry. It's just that young man. The one who you sent, the one who drove me here. I just need to ask him something.'

'But surely he's gone.'

'No, he's not. He's still out there. Look, I'll be straight back.'

I hurried out through the curtain back into the shop, where the spindly man with the beard looked up at me in surprise.

'You appreciated Mimi Johnson?' he asked.

'Yes, yes. Wonderful. I just have to pop out for a second.'

'May I make it clear, sir, that I am Swiss. There is no impending hostility between your country and mine.'

'Ah yes. Splendid. I'll be back in a moment.'

I hurried across the road towards the car. The young man,

who had seen me, rolled down his window and smiled politely; there seemed no trace of his earlier temper. Stooping down to him, I said quietly:

'Look here. This Yeh Chen. Do you have any idea where I might find him?'

'Yeh Chen? He lives very near here.'

'Yeh Chen. I'm talking about the *blind* Yeh Chen.'

'Yes. Just over there.'

'His house is over there?'

'Yes, sir.'

'Look here, you don't seem to understand. Are you saying Yeh Chen, the *blind* Yeh Chen, that his house is *just over there*?'

'Yes, sir. You may walk there, but if you wish, I take in car.'

'Listen to me, this is very important. Do you know how long Yeh Chen has lived in his present house?'

The young man thought, then said: 'He always live there, sir. When I was boy, he live there.'

'Are you sure? Now look, this is most important. Are you sure this is the *blind* Yeh Chen, and that he's been living there for a long time?'

'I told you, sir. He there when I was small boy. My guess, he live there many, many years.'

I straightened, took a deep breath and thought about the full implications of what I had just heard. Then I leant down again and said: 'I think you should take me there. In the car, I mean. We have to approach this carefully. I'd like you to take me there, but to stop the car a little way away. Somewhere where we can see clearly *the house opposite* Yeh Chen's house. Do you understand?'

I got into the car and the young man started the engine. He turned the vehicle a full circle, then we took another narrow side-street. As we did so, many thoughts crowded into my mind at once. I wondered if I should tell the young man the significance of the journey we were making, and even considered asking if he was carrying a gun in the car – though in the end I decided such an enquiry might only panic him.

We turned a corner into an alley even narrower than the one before. Then we turned again and came to a halt. I thought for a second we had reached our destination, but then realised what had made us stop. In the alleyway before us was a crowd of young boys trying to control a bewildered water-buffalo. There was some sort of altercation going on between the boys, and as I watched, one of them gave the buffalo a clout on the nose with his stick. I felt a wave of alarm, remembering my mother's warnings throughout my childhood that these animals were as dangerous as any bull when riled. The creature did nothing, however, and the boys continued to argue. The young man sounded the horn several times to no avail, and finally, with a sigh, he began to reverse the vehicle back the way we had come.

We took another alley nearby, but this diversion appeared to confuse my driver, for after a few more turns, he stopped and reversed again, though this time there was no obstruction. At one point, we came out on to a broader rutted mud track with dilapidated wooden shacks all along one side.

'Please hurry,' I said. 'I have very little time.'

Just then a huge crashing sound shook the ground we were travelling along. The young man continued to drive steadily, but looked nervously into the distance.

'Fighting,' he said. 'Fighting started again.'

'It sounded awfully close,' I said.

For the next few minutes, we steered around more narrow corners and little wooden houses, blasting the horn to scatter children and dogs. Then the car came to another abrupt halt, and I heard the young man let out an exasperated sound. Looking past him, I saw the way ahead was blocked by a barricade of sandbags and barbed wire.

'We must go all the way round,' he said. 'No other way.'

'But look, we must be very close now.'

'Very close, yes. But road blocked, so we must go all the way round. Be patient, sir. We get there soon.'

But a distinct change had entered the young man's manner.

His earlier assurance had faded, and now he struck me as ridiculously young to be driving a car, perhaps no more than fifteen or sixteen. For some time, we travelled through muddy, stinking streets, down more alleys where I thought we would at any moment plunge into the open gutters – but somehow the young man always managed to keep our wheels just clear of the edges. All the while, we could hear the sound of gunfire in the distance, and see people hurrying back to the safety of their houses and shelters. But there were still the children and dogs, seemingly belonging to no one , running everywhere before us, oblivious to any sense of danger. At one point, as we bumped our way across the yard of some small factory, I said:

'Now look, why don't you just stop and ask the way?'

'Be patient, sir.'

'Be patient? But you've no more idea where we're going than I have.'

'We get there soon, sir.'

'What nonsense. Why do you persist in this charade? It's typical of you Chinese. You're lost, but you won't admit it. We've been driving now for . . . well, it seems like an eternity.'

He said nothing, and brought us out on to a mud road that climbed steeply between large heaps of factory refuse. Then came another thunderous crash somewhere alarmingly near, and the young man dropped his speed to a crawl.

'Sir. I think we go back now.'

'Go back? Go back where?'

'Fighting very near. Not safe here.'

'What do you mean, the fighting's near?' Then an idea dawned on me. 'Are we anywhere near Chapei?'

'Sir. We in Chapei. We in Chapei some time.'

'What? You mean we've left the Settlement?'

'We in Chapei now.'

'But . . . Good God! We're actually outside the Settlement? *In Chapei?* Look here, you're a fool, you know that? A fool! You told me the house was very near. Now we're lost. We're possibly dangerously close to the war zone. *And we've left the Settle-*

ment! You're what I call a proper fool. Do you know why? I'll tell you. You pretend to know far more than you do. You're too proud to admit to your shortcomings. That's my definition of a fool exactly. A right fool! Do you hear me? A right and proper fool!'

He stopped the car. Then he opened his door and without glancing back, walked off.

It took me a moment to calm myself and assess the situation. We were most of the way up a hill, and the car was now in an isolated spot on a mud track surrounded by mounds of broken masonry, twisted wire and what looked like the mangled remains of old bicycle wheels. I could see the young man's figure marching up a footpath over the rim of the hill.

I got out and ran after him. He must have heard me coming, but he neither quickened his pace nor looked back. I caught up and stopped him by grasping his shoulder.

'Look, I'm sorry,' I said, panting a little. 'I apologise. I shouldn't have lost my temper. I apologise, I really do. No excuse for it. But you see, you've no idea what all this means. Now please' – I indicated back to the car – 'let's continue.'

The young man would not look at me. 'No more driving,' he said.

'But look, I've said I'm sorry. Now please, be reasonable.'

'No more driving. Too dangerous here. Fighting very near.'

'But listen, it's very important I get to this house. Very important indeed. Now tell me truthfully, please. Are you lost or do you really know where the house is?'

'I know. I know house. But too dangerous now. Fighting very near.'

As though to support his point, machine-gun fire suddenly echoed around us. It felt reasonably distant, but it was impossible to tell from which direction it was coming, and we both looked about us, feeling suddenly exposed on the hill.

'I'll tell you what,' I said, and took from my pocket my notebook and pencil. 'I can see you want no further part in all this, and I can understand your viewpoint. And I'm sorry again I was rude to you earlier. But I'd like you to do two more things for me before you go home. First, I'd like you please to write down here the address of Yeh Chen's house.'

'No address, sir. There is no address.'

'Very well, then draw a map. Write down directions. Whatever. Please do it for me. Then after that, I'd like you to drive me to the nearest police station. Of course, that's what I should have done from the start. I'll need trained, armed men. Please.'

I gave him the notebook and pencil. Several pages were covered with notes from my enquiries earlier in the day. He turned the tiny pages until he came to a blank one. Then he said:

'No English. Cannot write English, sir.'

'Then write in whatever you can. Draw a map. Whatever. Please hurry.'

He appeared now to grasp the importance of what I was asking him to do. He thought carefully for a few seconds, then began to write rapidly. He filled one page, then another. After four or five pages he slotted the pencil back into the spine of the notebook and handed it to me. I glanced through what he had done, but could make no sense of the Chinese script. Nevertheless I said:

'Thank you. Thank you very much indeed. Now please. Take me to a police station. Then you can go home.'

'Police station this way, sir.' He took several further steps in the direction he had been walking. Then from the crest of the hill, he pointed down to the bottom of the slope where, perhaps two hundred yards away, a mass of grey buildings began.

'Police station there, sir.'

'There? Which building?'

'There. With flag.'

'I see, yes. You're sure that's a police station?'

'Sure, sir. Police station.'

From where we were standing, it certainly looked like a police station. I could see, moreover, that there was little point in trying to drive to it; the car had been left on the other side of the hill, and the track we had just come up was not wide enough for the vehicle; I could see we might easily get lost again trying to find a way around the hill. I put the notebook back into my pocket, and thought about presenting him with some banknotes, before remembering how offended he had been earlier. I therefore said simply:

'Thank you. You've been of great help. I'll manage by myself from here.'

The young man gave a quick nod of the head – he seemed still to be angry with me – then, turning, went off back down the slope in the direction of the car.

Chapter Eighteen

The police station looked to be abandoned. As I came down the slope, I could see broken windows and one of the entrance doors hanging off its hinges. But when I picked my way through the broken glass and went inside into the station's reception area, I was met by three Chinese men, two of whom pointed rifles at me, while the third brandished a garden spade. One of them – who was wearing a Chinese Army uniform – asked in halting English what I wanted. When I managed to convey who I was, and that I wished to speak with whomever was in charge, the men began to argue among themselves. Eventually the one holding the spade disappeared through into a back room, and the others kept their guns on me while we waited for his return. I took the opportunity to glance about me, and concluded it was unlikely there were any policemen left in the station. Although a few posters and notices remained up, the place looked to have been abandoned some time ago. Cables were dangling off one wall and the back section of the room had been gutted by fire.

After perhaps five minutes, the man with the spade came back. A few more exchanges followed in what I guessed was Shanghai dialect, before finally the soldier gestured that I should go with the man with the spade.

I followed the latter through into a back room, which turned out also to be guarded by armed men. But these stood aside for us, and soon I was going down some rickety stairs into the cellars of the police station.

My recollection is a little hazy now as to how we got down to the bunker. There were perhaps a few more rooms; I remember we walked along a kind of tunnel, stooping to avoid low beams; here too were sentries, and each time we encountered one of their looming black shapes, I was obliged to press myself right into the rough wall in order to squeeze past.

Eventually I was shown inside a windowless room that had been turned into some sort of makeshift military headquarters. It was lit by two bulbs dangling side by side from a central beam. The walls were of exposed brick, and in the wall to my right, there was gouged out a hole large enough for a man to climb through. There was a battered wireless set mounted in the opposite corner, while in the middle of the floor sat a big office desk – which I could see at a glance had been sawn in half, then crudely put back together again with rope and nails. Several upturned wooden boxes constituted the available seating, the only actual chair being occupied by an unconscious man who was tied up to it. He was in a Japanese marines' uniform, and one side of his face was a mass of bruising.

The only other people present were two Chinese Army officers, both on their feet, bent over some chart spread across the desk. They looked up as I entered, then one of them came forward and offered his hand.

'I am Lieutenant Chow. This is Captain Ma. We are both very honoured to have you visit us like this, Mr Banks. Have you come to lend us your moral support?'

'Well, in actual fact, Lieutenant, I came here with a specific request. However, I would hope that once my task is completed, morale will be boosted no end. Yours and everyone else's. But I'll need a little assistance, and this is why I've come to you.'

The lieutenant said something to the captain, who evidently did not understand English; then they both looked at me. Suddenly the unconscious Japanese in the chair vomited down the front of his uniform. We all turned to stare at him; then the lieutenant said:

'You say you need assistance, Mr Banks. In what form exactly?'

'I have here some directions, directions to a particular house. It's imperative I reach this house without any further delay.

The directions are written in Chinese, which I'm unable to read. But you see, even if I could read them, I'd need a guide, someone familiar with this locality.'

'So you wish for a guide.'

'Not only that, Lieutenant. I will need four or five good men, more if possible. They will need to be trained and experienced, since this will be a delicate task.'

The lieutenant gave a little laugh; then making his features solemn once more, said: 'Sir, we are at this moment very short of such men. This base is a crucial part of our defence force. And yet you saw for yourself how thinly it is guarded. In fact, the men you saw on the way in are either wounded, sick or inexperienced volunteers. Every man capable of sustained fighting we have pushed to the front.'

'I appreciate, Lieutenant, that you're in a demanding situation. But you have to understand, I'm not talking about just some casual enquiry I wish to make. When I say it's imperative I reach this house . . . Well, Lieutenant, I'll tell you, there's no need to keep it a secret. You and Captain Ma here can be the first to know. The house I wish to find, which I know is very near us now, is none other than the one in which my parents are being held. That's right, Lieutenant! I'm talking about nothing less than the solving of this case after all these years. You see now why I felt my request, even at this busy moment for you, quite warranted.'

The lieutenant's face remained fixed on mine. The captain asked him something in Mandarin, but the lieutenant did not reply. Then he said to me:

'We are waiting for some men to return from a mission. Seven went out. We do not know if they will all return. It was my intention that they be sent to another location immediately. But now . . . In this instance, I shall take personal responsibility. These men, however many of them may return, will accompany you on your mission.'

I sighed impatiently. 'I thank you, Lieutenant. But how long will we have to wait for these men? Isn't it possible for me to take a few of the men standing out there, just for several minutes? After all, the house is somewhere very near here. And you see, I have someone waiting . . .' I suddenly remembered Sarah, and a kind of panic seized me. I took another step forward and said: 'In fact, Lieutenant, I wonder if I may use your telephone. I really should speak to her.'

'I'm afraid there is no telephone here, Mr Banks. That is a radio, connected only with our headquarters and our other bases.'

'Well then, it's all the more imperative I clear this matter up without delay! You see, sir, there is a lady waiting, even as we speak! May I suggest I take three or four of the men out there guarding this base . . .'

'Mr Banks, please calm yourself. We will do all we can to assist you. But as I have said already, the men outside are not fit for such a mission. They will only jeopardise it. I understand you have waited many years to solve this case. I would counsel you not to act hastily at this juncture.'

There was good sense in the lieutenant's words. With a sigh, I sat down on one of the upturned tea-chests.

'The men should not be much longer now,' said the lieutenant. 'Mr Banks, may I see these directions you have?'

I was reluctant to let go of my notebook even for a few seconds. But in the end I handed it to the officer, opened at the appropriate pages. He studied the directions for a while, then returned the notebook to me.

'Mr Banks, I should tell you. This house. It will not be so easy to reach.'

'But I happen to know, sir, it's very near here.'

'It is near, that is true. Nevertheless, it will not be easy. Indeed, Mr Banks, it may even be behind Japanese lines by now.'

'Japanese lines? Well, I suppose I could always reason with the Japanese. I have no quarrel with them myself.'

'Sir, if you will come with me. I will show you, while we wait for the men, our exact position.'

For a moment, he spoke rapidly to the captain. He then

walked towards a broom cupboard in the corner, flung open its door and stepped inside. It took me a moment to realise I was expected to follow, but then when I tried also to enter the cupboard, I almost walked into the heels of the lieutenant's boots – which were now directly in front of my face. I heard his voice say from the darkness above:

'If you will please follow me, Mr Banks. There are forty-eight rungs. It is better you keep at least five rungs below me.'

His feet disappeared. Stepping further into the cupboard, I reached out my hands and found some metal rungs on the brick before me. Far above in the darkness, I could see a little pond of sky. I guessed that we were at the bottom of a chimney, or an observation tower used by the police.

For the first few rungs, I found the going awkward; not only was I nervous of missing my grip in the dark, there was also the worry of the lieutenant slipping and falling down on to me. But eventually the patch of sky grew larger, and then I saw the lieutenant's figure clambering out above me. In another minute or so, I had joined him.

We were standing up on a high flat roof surrounded on all sides by miles of densely packed rooftops. Away in the distance, perhaps a half-mile to the east, I could see a column of dark smoke rising into the late-afternoon sky.

'It's odd,' I said, looking around me. 'How do people get about down there? There appear to be no streets.'

'That is certainly how it looks from up here. But perhaps you will care to look through these.'

He was holding out a pair of binoculars. I raised them to my eyes and spent some time adjusting them until I could see clearly, only to find I was gazing at a chimney stack a few yards in front of me. Eventually, though, I managed to focus on the column of smoke in the distance. The lieutenant's voice said somewhere close beside me:

'You are now looking at the warren, Mr Banks. The factory workers live there. I am sure in all the time you were a child here, you never visited the warren.'

'The warren? No, I don't think so.'

'Almost certainly not. Foreigners rarely see such places unless they are missionaries. Or perhaps communists. I am Chinese, but I too, like many of my peers, was never permitted to go near such places. I knew almost nothing about the warren until '32, the last time we fought the Japanese. You would not believe human beings could live like that. It is like an ants' nest. Those houses, they were intended for the poorest people. Houses with tiny rooms, row after row, back to back. A warren. If you look carefully, you may see the lanes. Little alleys just wide enough to allow the people to get into their homes. At the back, the houses have no windows at all. The rear rooms are black holes, backing on to the houses behind. Forgive me, I am telling you this for a good reason, as you will see. The rooms were made small, because they were for the poor. There was a time when seven or eight people shared such a room. Then as the years went on, families were forced to make partitions, even within these small rooms, to share the rent with another family. And if they still couldn't pay the landlords, they would partition the room further. I remember seeing tiny black closets divided four times, each with a family in it. You do not believe this, Mr Banks, that human beings can live like this?'

'It does seem unbelievable, but if you've seen these conditions yourself, Lieutenant . . .'

'When the fight against the Japanese is over, Mr Banks, I will consider giving my services to the communists. You think that is a dangerous thing to say? There are many officers who would rather fight under the communists than under Chiang.'

I moved the binoculars over the dense mass of shabby roofs. I could see now that many of them were broken through. I could decipher, moreover, the lanes the lieutenant had mentioned, narrow passageways threading here and there into the tenements.

'But this is no shanty town,' the lieutenant's voice was continuing. 'Even if the partitions erected by the tenants are flimsy, the essential structure, the warren itself, is brick. This proved crucial in '32 when the Japanese attacked, and it is proving so to us now.'

'I can see that,' I said. 'A solid warren defended by soldiers. No easy prospect for the Japanese, even with their modern weapons.'

'You are right. The Japanese weaponry, even their training, counts for almost nothing down there. Fighting is reduced to rifles, bayonets, knives, pistols, spades, meat cleavers. The Japanese line, in the past week, has actually been pushed back. You see that smoke, Mr Banks? That point was held by the enemy only last week. But now we have pushed them back.'

'Are there civilians still living down there?'

'There are indeed. You may not believe it, but even close to the front, some of the houses in the warren are still occupied. This makes it even harder for the Japanese. They cannot shell indiscriminately. They know the Western powers are watching and they fear ruthlessness will have a cost.'

'How long can your troops hold out?'

'Who knows? Chiang Kai-shek may send us reinforcements. Or the Japanese might decide to give up and redeploy, concentrate instead on Nanking or Chunking. It is by no means certain we will not still be victorious. But the fighting recently has cost us dearly. If you will move your field glasses to the left, Mr Banks. Now, do you see that road? Yes? That road is known locally as Pigs' Alley. It doesn't look an impressive road, but now it is very important to the outcome. As you see, that is the one road that runs along the edge of the warren. At the moment, our troops have sealed it off, and have managed to keep the Japanese out. If they are able to come down that road, the warren can be penetrated all along the side. There will be no point in our attempting to hold out. We will have been flanked. You asked for men to accompany you to the house where your parents are. The men who will accompany you would otherwise have been deployed defending the barricade at the top of Pigs' Alley. The last few days, the fighting there has become desperate. Meanwhile, of course, we are having also to hold our line across the warren.'

'From up here, you wouldn't think there was so much going on down there.'

'Indeed. But I can assure you, inside the warren, things are now very bad. I tell you this, Mr Banks, since you are intending to go in there.'

For a moment or two, I went on gazing through the glasses in silence. Then I said: 'Lieutenant, that house, the house where my parents are being held. Will I be able to see it from up here?'

His hand touched my shoulder briefly, though I did not take my eyes from the binoculars.

'Do you see, Mr Banks, the remains of that tower standing to the left? It looks like one of those Easter Island figures. Yes, yes, that's it. If you draw a line from that over to the remains of that large black building to the right, the old textile warehouse, that was, this morning, the line to which our men had beaten back the Japanese. The house where your parents are being held is roughly level with that tall chimney on your left. If you draw a line, very level with it across the warren, until you come to just a little left of where we are now standing. Yes, yes . . .'

'You mean near that roof, the one with the eaves pointing up into a kind of arch . . .'

'Yes, that's it. Of course, I cannot say with certainty. But according to those directions you showed me, that is roughly where the house is.'

I stared through the field glasses at that particular roof. For some time I could not stop staring, even though I was conscious of keeping the lieutenant from his duties. After a while, it was the lieutenant who said:

'It must feel strange. To think you might be looking at the very house containing your parents.'

'Yes. Yes, it does feel a little strange.'

'Of course, it might not be that house. That was simply a guess on my part. But it will be somewhere very near it. That tall chimney I showed you, Mr Banks. The locals refer to it as the East Furnace. The chimney you can see much closer to us, almost directly in line with the other one, belongs to the West

Furnace. Before the fighting, the inhabitants used to burn their refuse at one or other of these places. I would advise you, sir, to use the furnaces as your landmarks once you are within the warren. Otherwise it is hard for a stranger to keep his bearings. Look again carefully at that far chimney, sir. Remember, the house you seek is only a little way away from it, in a direct line due south.'

I finally lowered the binoculars. 'Lieutenant, you've been most kind. I can't tell you how grateful I am to you. In fact, if it won't embarrass you, you will perhaps permit me to mention you by name during the ceremony that will take place at Jessfield Park to commemorate the freeing of my parents.'

'Really, my help has not been so significant. Besides, Mr Banks, you must not assume your task is accomplished. Standing up here, it does not look far away. But inside the warren there is a lot of fighting. Although you are not a combatant, it will still be difficult to move from house to house. And aside from the two furnaces, there are few clear landmarks surviving. Then you must bring your parents out safely. In other words, you still have a daunting task ahead of you. But now, Mr Banks, I suggest we go back down. The men may well have returned by now and be awaiting my orders. And as for you, Mr Banks, you must try and come back before nightfall. It is hellish enough moving about the warren in daylight. At night, it will be like drifting through one's worst nightmares. If you are overtaken by darkness, I would advise you to find some safe place and wait with the men until morning. Only yesterday, two of my men killed each other, they were so disorientated in the dark.'

'I've taken to heart everything you've said, Lieutenant. Well then, let's be going back down.'

Downstairs, Captain Ma was talking to a soldier in a badly torn uniform. The latter did not appear to be wounded, but seemed shocked and upset. The Japanese in the chair was now snoring, as though enjoying a peaceful nap, though I noticed he had vomited some more down the front of his clothes.

The lieutenant conferred quickly with the captain, then questioned the soldier in the torn uniform. Then he turned to me and said:

'It is bad news. The others have not returned. Two have certainly been killed. The remainder are trapped, although there is a good chance they will yet escape. The enemy has, if only temporarily, made an advance, and it may well be that the house your parents are in is now behind their lines.'

'Regardless of that, Lieutenant, I still need to proceed, and without any further delay. Look here, if the men you promised me haven't returned, then perhaps, though I realise it's a lot to ask, perhaps you'd be good enough to escort me yourself. Honestly, sir, I can't think of a more suitable person to assist me at this point.'

The lieutenant thought this over with a grave expression. 'Very well, Mr Banks,' he said finally. 'I shall do as you ask. But we must hurry. I should not really leave this post at all. To do so for any length of time could have the most awful consequences.'

He issued rapid instructions to the captain, then opening a drawer in the desk, began placing a number of items into his pockets and belt.

'It is better you do not carry a rifle, Mr Banks. But do you have a pistol? No? Then take this. It is German and very reliable. You should keep it concealed and if we encounter the enemy, you must not hesitate to declare your neutrality immediately and clearly. Now, if you will follow me.'

Taking a rifle that was leaning against the desk, he strode over to the hole gouged into the opposite wall and nimbly climbed through. I pushed the pistol into my belt, where it was more or less concealed by my jacket, then hurried after him.

Chapter Nineteen

It is only hindsight that makes the first part of that journey appear relatively easy. At the time, as I stumbled after the lieutenant's striding figure, it certainly did not feel that way. My feet quickly began to smart from the rubble-strewn ground, and I found terribly awkward the contortions required to negotiate the holes in each wall.

Of the latter, there seemed an unending number, all of them more or less similar to the one in the cellar command base. Some were smaller, some large enough for two men to squeeze through at the same time; but they had all been gouged out with rough edges, and required a little jump to climb through. Before long I found myself close to exhaustion; no sooner had I clambered through one such hole than I would spot the lieutenant ahead of me, smartly easing his way through the next wall.

Not all the walls were still standing; sometimes we would pick our way through the debris of what must have been three or four houses before encountering another wall. The roofs were almost all smashed, often absent altogether, so that we had plenty of daylight from the sky – though here and there, heavy shadows made it easy to lose one's step. More than once, until I grew more accustomed to the terrain, my foot slipped painfully between two jagged slabs or sank ankle-deep into fragmented rubble.

It was all too easy in such circumstances to forget we were passing through what only several weeks before had been the homes of hundreds of people. In fact, I often had the impression we were moving through not a slum district, but some vast, ruined mansion with endless rooms. Even so, every now and then it would occur to me that in among the wreckage beneath our feet lay cherished heirlooms, children's toys, simple but much-loved items of family life, and I would find myself suddenly overcome with renewed anger towards those who had allowed such a fate to befall so many innocent people. I thought again of those pompous men of the International Settlement, of all the prevarications they must have employed to evade their responsibilities down so many years, and at such moments I felt my fury mount with so much intensity I was on the verge of calling out to the lieutenant to halt, just so I could give vent to it.

The lieutenant did, though, pause at one point of his own accord, and as I caught up with him, said:

'Mr Banks, please take a good look at this.' He was indicating a little over to our left, towards a large boiler-like construction which, though covered in masonry dust, had remained more or less intact. 'This is the West Furnace. If you look up there, you will see the nearer of the two tall chimneys we saw earlier from the roof. The East Furnace is similar in appearance to this, and it will be our next clear landmark. When we reach it, we shall know we are very close to the house.'

I studied the furnace carefully. A chimney of some girth emerged from above its shoulders, and when I took a few steps closer and looked up, I could see the huge chimney going off way up into the sky. I was still staring up at it when I heard my companion say:

'Please, Mr Banks. We must continue. It is important we complete our task before the sun sets.'

It was several minutes after the West Furnace that the lieutenant's manner became noticeably more cautious. His tread became deliberate, and at each hole, he would first peer through, his rifle poised, listening intently, before climbing up. I also began to spot more and more stacks of sandbags, or coils of barbed wire, left within reach of the holes. When I first heard the machine-gun, I abruptly froze, believing we were under fire. But then I saw the lieutenant before me still walking, and with a deep breath, went on after him.

Eventually I came through a hole to find myself in a much larger space. In fact, in my exhausted condition, I thought I had entered the bombed remains of one of those grand ballrooms I had been taken to in the Settlement. I then realised we were standing in an area once occupied by several rooms; the partition walls had almost entirely vanished, so that the next good wall was all of twenty-five yards away. There I could see seven or eight soldiers lined up, their faces to the brick. I at first took them for prisoners, but then saw how each man was standing before a small hole through which he had inserted the barrel of his rifle. The lieutenant had already crossed the rubble and was talking to a man crouched behind a machine-gun mounted on a tripod. This machine-gun arrangement was positioned before the largest hole – the one through which we would have to climb to continue our journey. Coming closer, moreover, I saw the perimeters of the hole had been decked with barbed wire, allowing only enough space for the gun barrel to manoeuvre.

I supposed at first the lieutenant was asking the man to remove this obstacle out of our way, but then I saw how tense all those present had become. The man behind the machine-gun, all the time the lieutenant spoke to him, never took his gaze from the hole before him. The other soldiers too, all along the wall, remained still and poised, their attention utterly focused on whatever was on the other side.

Once the alarming implications of this scene had sunk in, I felt inclined to climb back through the previous hole. But then I saw the lieutenant returning towards me and remained where I was.

'We have some trouble,' he said. 'A few hours ago the Japanese managed to push forward a little way. We have now beaten them back again and the line has been re-established where it was this morning. However, it would seem several Japanese soldiers did not retreat with the others, and are now caught behind our line. They are completely cut off and thus very dangerous. My men believe they are at this moment on the other side of that wall.'

'Lieutenant, you're not suggesting, are you, that we delay while this matter sorts itself out?'

'I am afraid we will have to wait, certainly.'

'But for how long?'

'It is hard to predict. These soldiers are trapped, and they will be either captured or killed in the end. But meanwhile they have weapons and are very dangerous.'

'You mean we could wait for hours? Days even?'

'That is possible. It would be very dangerous at this point for the two of us to continue.'

'Lieutenant, I'm surprised at you. I was under the impression that you, an educated man, were fully aware of the urgency of our present undertaking. Surely there's some other route we could take to by-pass these soldiers.'

'There are other routes. But it remains the case that however we proceed, we will be in considerable danger. Unfortunately, sir, I see no alternative but to wait. It is possible the situation will be resolved before long. Excuse me.'

One of the soldiers by the wall had been signalling urgently, and now the lieutenant began to go across the rubble towards him. But just then the machine-gunner let loose a deafening burst of fire, and when he ceased there was an extended scream coming from beyond the wall. The scream began full-throated, then tapered off into a strange high-pitched whimper. It was an eerie sound and I became quite transfixed listening to it. It was only when the lieutenant came rushing back and pulled me down behind some fallen masonry that I realised there were bullets hitting the wall behind me. The men at the next wall were now firing too, and then the machine-gunner let off another burst. The authority of his weapon seemed to silence all the others, and thereafter, for what felt like an inordinate time, the only sound to be heard came from the wounded man beyond the wall. His high-pitched whimpers continued for several moments, then he began to shout something in Japanese over and over; every now and again the voice would rise to a frantic shriek, then die away again to a whimper. This disembodied voice echoed unnervingly around the ruins, but the Chinese soldiers in front of me remained utterly still, their concentration not wavering from what they could see through the wall. Suddenly the machine-gunner turned and vomited on the ground beside him, before immediately turning back to the wire-decked hole in front. From the way he did this, it was not easy to tell if his sickness had to do with nerves, the sounds of the dying man, or simply some stomach complaint.

Then eventually, though their postures hardly changed, the soldiers all perceptibly relaxed. I heard the lieutenant say beside me:

'So you see now, Mr Banks, that it is no easy matter to proceed from here.'

We had been crouching down on our knees, and I noticed my light flannel suit was now almost entirely covered in dust and grime. I took a few seconds to collect my thoughts before saying:

'I appreciate the risks. But we must nevertheless continue. Particularly with all this fighting going on, my parents shouldn't be left in that house a moment longer than necessary. May I suggest we take these men here with us? Then if these Japanese soldiers set upon us, we'd be much the stronger.'

'As the commanding officer here, I cannot possibly sanction such an idea, Mr Banks. If these men leave their position, the headquarters would become entirely vulnerable. Besides, I will be putting the men's lives at needless risk.'

I gave a sigh of exasperation. 'I must say, Lieutenant, it was pretty sloppy work on the part of your men to have allowed these Japanese in behind your line. If all your people had been doing their jobs properly, I'm sure such a thing would never have arisen.'

'My men have fought with commendable bravery, Mr Banks. It is hardly their fault that your mission is, for the time being, inconvenienced.'

'What do you mean by that, Lieutenant? What are you implying?'

'Please calm yourself, Mr Banks. I am merely pointing out it is not the fault of my men if . . .'

'Then whose fault is it, sir? I realise what you're implying! Oh yes! I know you've been thinking it for some time now. I was wondering when you'd finally come out with it.'

'Sir, I have no idea what . . .'

'I know full well what you've been thinking all this time, Lieutenant! I could see it in your eyes. You believe this is all my fault, all this, all of it, all this terrible suffering, this destruction here, I could see it in your face when we were walking through it all just now. But that's because you know nothing, practically nothing, sir, concerning this matter. You may well know a thing or two about fighting, but let me tell you it's quite another thing to solve a complicated case of this kind. You obviously haven't the slightest idea what's involved. Such things take time, sir! A case like this one, it requires great delicacy. I suppose you imagine you can just rush at it with bayonets and rifles, do you? It's taken time, I accept that, but that's in the very nature of a case like this. But I don't know why I bother to say all this. What would you understand about it, a simple soldier?'

'Mr Banks, there is no need for us to quarrel. I have only the most sincere good wishes for your success. I am simply telling you what is possible . . .'

'I'm getting less and less interested in your idea of what is and isn't possible, Lieutenant. If I may say so, you're hardly a good advertisement for the Chinese Army. Do I take it you're now going back on your word? That you're unwilling to accompany me beyond this point? I take it that's so. I'm to be left to carry out this difficult task by myself. Very well, I shall do so! I shall raid the house single-handed!'

'I think, sir, you should calm yourself before saying anything more . . .'

'And one other thing, sir! You can safely assume I will no longer be mentioning you by name at the Jessfield Park celebration. At least if I do, it will not be in a complimentary light . . .'

'Mr Banks, please, listen to me. If you are determined to continue, despite the danger, then I cannot stop you. But you will undoubtedly be safer alone. With me, you certainly run the risk of being fired upon. You, on the other hand, are a white man in civilian clothes. As long as you are very careful, and announce yourself clearly before any encounter, it is possible you will come to no harm. Of course, I repeat my recommendation that you wait until the situation here is resolved. But then again, as someone myself with ageing parents, I can well understand your feelings of urgency.'

I rose to my feet and brushed off as much dust as I could. 'Well then, I shall be on my way,' I said coldly.

'In that case, Mr Banks, please take this with you.' He was holding out a small torch. 'My advice, as before, is to stop and wait if you do not reach your destination by dark. But I can see from your present attitude you might well be inclined to push on. In which case, you will certainly need the torch. The batteries are not new, so do not use it any more than you need to.'

I dropped the torch into my jacket pocket, then thanked him somewhat grudgingly, already rather regretting my outburst. The dying man had now stopped trying to talk and was just screaming again. I had begun to walk towards the sound, when the lieutenant said:

'You can't go that way, Mr Banks. You will have to move north for a while, then try to navigate yourself back on course later. Come this way, sir.'

For a few minutes, he led me on a path perpendicular to the one we had been taking. In time we came to another wall with a hole gouged out of it.

'You should go this way for at least half a mile before turning east again. You may still meet soldiers, from either side. Remember what I told you. Keep your revolver hidden, and always announce your neutrality. If you encounter any of the inhabitants, ask them to direct you to the East Furnace. I wish you luck, sir, and I regret I cannot assist you further.'

*

After I had been moving north for several minutes, I noticed the houses becoming less damaged. This did not, however, make my journey any the easier; the roofs being more intact meant I had to make do with a much murkier light – I had decided to save the torch till nightfall – and I would often have to feel my way along a wall for some distance before coming across an opening. There was, for some reason, far more broken glass in this vicinity, and also large areas submerged in stagnant water. I frequently heard the scuttling of large groups of rats, and once trod on a dead dog, but could not hear any sounds of fighting.

It was at around this stage of the journey that I found myself thinking again and again of Jennifer, sitting in the prefects' room on that sunny afternoon we had parted – and in particular, of her face as she had made that curious vow, uttered so earnestly, to 'help me' when she was older. Once, as I groped my way forward, an absurd picture came into my head of the poor child struggling after me through this ghastly terrain, determined to make good her promise, and I suddenly felt a rush of emotion that all but brought tears to my eyes.

Then I came upon a hole in a wall through which I could see only pitch blackness, but from which came the most overwhelming stink of excrement. I knew that to keep on course I should climb through into that room, but I simply could not bear the idea and kept walking. This fastidiousness cost me dear, for I did not find another opening for some time, and thereafter, I had the impression of drifting further and further off my route.

By the time it grew completely dark and I began to use the torch, I was coming across many more signs of habitation. I would often stumble into a barely damaged chest of drawers or shrine, even whole rooms in which the furnishings were hardly disturbed, giving the impression the family had just gone out for the day. But then right next to such places I would discover more rooms utterly destroyed or flooded.

There were, too, more and more stray dogs – scrawny beasts

I feared might attack me, but which invariably shrank away growling when I shone my beam at them. Once I came upon three dogs savagely tearing something apart, and drew my pistol, so convinced was I they would come for me; but even these animals meekly watched me pass, as though they had come to respect the carnage a man was capable of wreaking.

I was not so surprised, then, when I came across the first family. I found them in my torch beam, cowering back into a dark corner: several children, three women, an elderly man. Around them were the bundles and utensils of their existence. They stared at me in fear, brandishing makeshift weapons, which they lowered only slightly at my words of reassurance. I tried to enquire if I was anywhere near the East Furnace, but they returned only uncomprehending stares. I came across three or four more such families in the nearby houses – increasingly, I was able to use actual doorways rather than openings in walls – but found them no more responsive.

Then I entered a larger space, the far side of which was bathed in the reddish glow of a lantern. There were a lot of people standing about in the shadows – again, predominantly women and children with a few elderly men among them. I had begun to utter my usual words of reassurance, when I sensed something odd in the atmosphere, and stopping, reached instead for my revolver.

Faces turned to me in the lantern glow. But then almost immediately the gazes returned to the far corner where a dozen or so children had crowded around something down on the ground. Some of the children were poking with sticks at whatever it was, and then I noticed that many of the adults were holding at the ready sharpened spades, choppers and other improvised weapons. It was as though I had disturbed some dark ritual, and my first inclination was to walk on past. Perhaps it was because I heard a noise, or perhaps it was some sixth sense; but I then found myself, revolver still drawn, moving towards the circle of children. The latter seemed reluctant to reveal what they had, but gradually their shadows parted. I then saw in the dim red glow the figure of a Japanese soldier lying quite still on his side. His hands were tied behind his back; his feet too had been bound. His eyes were closed, and I could see a dark patch soaking its way through his uniform under the armpit further from the ground. His face and hair were covered in dust and speckled with blood. For all that, I recognised Akira with no difficulty.

The children had started to gather round again, and one boy prodded Akira's body with a stick. I commanded them to get back, waving my revolver, and eventually the children retreated a little way, all watching carefully.

Akira's eyes remained closed while I looked him over. His uniform was torn away at the back, right down to his raw skin, suggesting he had been dragged along the ground. The wound near his armpit was probably caused by shrapnel. There was a swelling and cut on the back of his head. But he was so covered in grime, and the light was so poor, it was hard to ascertain how serious these injuries were. When I shone the torch on him, heavy shadows fell everywhere, making it even harder to see clearly.

Then, after I had been examining him for a few moments, he opened his eyes.

'Akira!' I said, bringing my face close. 'It's me. Christopher!'

It occurred to me that with the light behind my head, I would appear to him no more than an intimidating silhouette. I thus called his name again, this time turning the torch beam on to my face. It is possible this action only served to make me look like some hideous apparition, for Akira grimaced, then spat contemptuously at me. He could not summon much force and the saliva dribbled down his cheek.

'Akira! It's me! How fortunate to find you like this. Now I can help you.'

He looked at me, then said: 'Let me die.'

'You're not dying, old chap. You've lost some blood, and you've had something of a rough time of it lately. But we'll get you to some proper help and you'll be fine, you'll see.'

'Pig. Pig.'

'Pig?'

'You. Pig.' Again he spat at me, and again the spittle dribbled out of his mouth without force.

'Akira. Clearly you still don't realise who I am.'

'Let me die. Die like soldier.'

'Akira, it's me. Christopher.'

'I not know. You pig.'

'Listen, let me get these ropes off you. Then you'll feel much better. Then you'll soon come to your senses.'

I glanced over my shoulder, thinking to demand some tool with which to cut his bonds. I then saw that all the people in the room had gathered in a crowd just a little way behind me – many holding weapons of one sort or another – as though posing for a sinister group photograph. I was somewhat taken aback – I had for the moment forgotten about them – and felt for my revolver. But just at that moment, Akira said with a new energy:

'If you cut string, I kill you. You warn, okay, English?'

'What are you talking about? Look, you blockhead, it's me, your friend. I'm going to help you.'

'You pig. Cut string, I kill you.'

'Look, these people here will kill *you* just as quickly. In any case, your wounds will become infected soon. You have to let me help you.'

Suddenly two of the Chinese women began to shout. One appeared to be addressing me, while the other was shouting to the back of the crowd. For a moment confusion reigned, then a boy of around ten emerged holding a sickle. As he came into the light, I could see a piece of fur – perhaps the remains of a rodent – dangling from the point of the blade. It struck me the boy was holding the sickle with such care so as not to let this offering drop, but then the woman who had shouted at me grabbed the sickle and whatever it was fell to the ground.

'Now look,' I stood up and cried at the crowd. 'You've made a mistake. This is a good man. My friend. *Friend*.'

The woman shouted again, indicating I should step aside.

'But he's not your enemy,' I went on. 'He's a friend. He's going to help me. *Help me to solve the case.*'

I raised the revolver and the woman stepped back. Meanwhile, everyone else was talking at once and a child began to cry. Then an old man was pushed to the front, a young girl holding his hand.

'I speak English,' he said.

'Well, thank goodness for that,' I said. 'Kindly tell everyone present that this man here is my friend. That he's going to help me.'

'Him. Japanese soldier. He kill Aunt Yun.'

'I'm sure he didn't. Not him personally.'

'He kill and steal.'

'But not this man. This is Akira. Did anyone see him, this *particular* man, kill or steal? Go on, ask them.'

Rather reluctantly, the old man turned and muttered something. This provoked more arguing, and another weapon, a sharpened spade, was handed round and grasped by one of the other women at the front.

'Well?' I asked the old man. 'Aren't I right? No one saw Akira personally do any wrong.'

The old man shook his head, perhaps to disagree, perhaps to indicate he had not understood. Behind me, Akira made a noise and I turned to him.

'Look, you see? It's just as well I came by. They've got you mixed up with some other fellow, and they want to kill you. For God's sake, do you still not know who I am? Akira! It's me, Christopher!'

I took my eyes off the crowd, and turning fully to him, shone the torch into my face again. Then when I clicked it off, I saw for the first time the beginnings of recognition on his face.

'Christopher,' he said, almost experimentally. 'Christopher.'

'Yes, it's me. Really. It's been a long time. And not a moment too soon, it would seem.'

'Christopher. My friend.'

Rising, I looked through the crowd, then gestured to a young boy holding a kitchen knife to come closer. When I took the knife from him, the woman with the sickle moved threateningly towards me, but I raised the revolver and shouted to her to keep her distance. Then kneeling down again beside Akira, I went about cutting his bonds. I had imagined Akira had said 'string' because of his limited English, but I now saw he was indeed tied with old twine that yielded easily under the blade.

'Tell them,' I said to the old man, as Akira's hands came free, 'tell them he's my friend. And that we're going to solve the case together. Tell them they've made a big mistake. Go on, tell them!'

As I turned my attention to Akira's feet, I could hear the old man muttering something and arguments starting again in the crowd. Then Akira sat up cautiously and looked at me.

'My friend Christopher,' he said. 'Yes, we friends.'

I sensed the crowd moving in and sprang to my feet. Perhaps in my anxiety for my friend, I shouted in an unnecessarily strident tone: 'Don't any of you come any nearer! I'll shoot, I really will!' Then turning to the old man, I cried: 'Tell them to get back! Tell them to get back if they know what's good for them!'

I do not know what the old man translated. In any case, the effect on the crowd – whose belligerence, I now realised, I had much overestimated – was utter confusion. Half of them appeared to believe I wished them over by the wall to our left, while the remainder assumed I had commanded them to sit down on the ground. They were all of them clearly alarmed by my demeanour, and in their anxiety to comply, were stumbling over one another and shouting in panic.

Akira, realising he had to seize his chance, made an attempt to climb to his feet. I hoisted him up by his arm, and for a moment we stood swaying together unsteadily. I was obliged to tuck the revolver back in my belt to free my other hand, and we then tried a step or two together. A putrid smell was coming from his wound, but pushing this out of my mind, I shouted over my shoulder, no longer caring how many of them understood:

'You'll see soon enough! You'll see you made a mistake!'

'Christopher,' Akira murmured in my ear. 'My friend. Christopher.'

'Look here,' I said to him quietly. 'We have to get away from these people. That doorway in the corner over there. Do you think you can manage it?'

Akira, leaning heavily on my shoulder, looked into the dimness. 'Okay. We go.'

His legs appeared unhurt and he walked reasonably well. But then after six or seven steps together, he stumbled, and for a moment, in our efforts to keep from collapsing in a heap, we must have looked to the onlookers as though we were wrestling one another. But we managed to find a new arrangement, and recommenced our walk. Once, a small boy ran forward to hurl some mud at us, but was immediately hauled back. Then Akira and I were at the doorway – the door itself had disappeared – and staggered through into the next house.

Chapter Twenty

Once we had come through two further walls and there was still no sign of our being pursued, I felt for the first time a kind of exhilaration at being finally reunited with my old friend. I found myself laughing a few times as we staggered on together; then Akira too gave a laugh, and the years seemed to melt away between us.

'How long has it been, Akira? It's been such a long time.'

He was moving painfully by my side, but he managed to say: 'A long time, yes.'

'You know, I went back. To the old house. I suppose yours is still next door.'

'Yes. Next door.'

'Oh, have you been back too? But of course, you've been here all the time. You wouldn't see it as anything so special.'

'Yes,' he said again, with some effort. 'Long time. Next door.'

I brought us to a halt and sat him on the remnants of a wall. Then carefully removing the ragged jacket of his uniform, I examined his wounds again, using the torch and my magnifying glass. I was still unable to ascertain a great deal; I had been afraid that the wound under his arm was gangrenous, but it now struck me the foul smell might be coming from something smeared on his clothes, perhaps from where he had been lying on the ground. On the other hand, I noted that he was alarmingly hot and utterly drenched in sweat.

Removing my jacket, I tore several strips off the lining to use as dressings. Then I did my best to clean the wound with my handkerchief. Though I tried to wipe the pus off as gently as possible, his sharp intakes of breath told me I was causing him pain.

'I'm sorry, Akira. I'll try to be less clumsy.'

'Clumsy,' he said, as though turning the word over. Then he gave a sudden laugh and said: 'You help me. Thank you.'

'Of course I'm helping you. And very soon, we'll get you proper medical help. Then you'll be fine in no time. But before we do that, you'll have to help *me*. There's a very urgent task for us first, and you'll understand better than anyone why it's so urgent. You see, Akira, I've located it at last. The house where my parents are being held. We're very near it at this moment. You know, old chap, for a time, I was thinking I'd have to go into that house alone. I'd have done it, but really, it would have been an awful risk. Goodness knows how many kidnappers are in there. I'd originally reckoned on getting a few Chinese soldiers to help, but that's proved impossible. I was even thinking of asking the Japanese to help me. But now, the two of us together, we'll do it, we'll manage the thing for sure.'

I was all this time attempting to tie the improvised bandage around his torso and neck in such a way as to maintain some pressure on the wound. Akira watched me carefully, and when I stopped speaking, smiled and said :

'Yes. I help you. You help me. Good.'

'But Akira, I have to confess to you. I've got myself rather lost. I was doing quite well till shortly before I came across you. But now, I really don't know which way to go. We have to look out for something called the East Furnace. A large thing with a chimney. I wonder, old chap, do you have any idea where we might find this furnace?'

Akira was continuing to look at me, his chest heaving. When I caught sight of him like that, I was suddenly reminded of those times when we had so often sat together at the top of the mound in our garden, recovering our breath. I was about to mention this to him when he said:

'I know. I know this place.'

'You know how to get to the East Furnace? From here?'

He nodded. 'I fight here, many weeks. Here, I know just like' – he suddenly grinned – 'like my home village.'

I smiled too, but the remark had puzzled me. 'Which home village is this?' I asked.

'Home village. Where I born.'

'You mean the Settlement?'

Akira was quiet for a moment, then said: 'Okay. Yes. Settlement. International Settlement. My home village.'

'Yes,' I said. 'I suppose it's my home village too.'

We both began to laugh, and for a few moments we went on giggling and laughing together, perhaps a little uncontrollably. When we had calmed down somewhat, I said:

'I'll tell you an odd thing, Akira. I can say this to you. All these years I've lived in England, I've never really felt at home there. The International Settlement. That will always be my home.'

'But International Settlement . . .' Akira shook his head. 'Very fragile. Tomorrow, next day . . .' He waved a hand in the air.

'I know what you mean,' I said. 'And when we were children, it seemed so solid to us. But as you put it just now. It's our home village. The only one we have.'

I began to put his uniform back on him, taking every care not to hurt him unnecessarily.

'Is that any better, Akira? I'm sorry I can't do more for you just now. We'll get you properly seen to very soon. But now, we've important work to do. You tell me where we go.'

Our progress was slow. It was hard for me to keep the torch pointed before us, and we often stumbled in the dark, at great cost to Akira. Indeed, he more than once came close to losing consciousness on that lap of our journey, and his weight around my shoulders grew immense. Nor was I without my own injuries; most annoyingly, my right shoe had split apart, and my foot was badly gashed, causing a searing pain to rise with each step. Sometimes we were so exhausted we could go no more than a dozen steps without stopping again. But we resolved on these occasions not to sit down, and would stand swaying together, gasping for breath, re-adjusting our weights in an attempt to relieve one pain at the expense of another. The rancid smell from his wound grew worse, and the constant scuffling of the rats around us was unnerving, but we did not, at this stage, hear any sounds of fighting.

I did what I could to keep our spirits up, making light-hearted remarks whenever I had the breath. In truth, though, my feelings concerning this reunion were, during those moments, of a complex hue. There was no doubting my huge gratitude at fate's bringing us together just in time for our great undertaking. But at the same time, a part of me was saddened that our reunion – which I had thought about for so long – should be taking place in such grim circumstances. It was certainly a long way from the scenes I had always conjured up – of the two of us sitting in some comfortable hotel lounge, or perhaps on the veranda of Akira's house, overlooking a quiet garden, talking and reminiscing for hours on end.

Akira, meanwhile, for all his difficulties, maintained a clear sense of our direction. Frequently he would lead us along some route I feared would finish in a dead end, only for a doorway or opening to appear. From time to time, we came across more inhabitants, some no more than presences we sensed in the darkness; others, gathered around the glow of a lantern or a fire, would stare at Akira with such hostility I feared we would be set upon again. But for the most part we were allowed to pass unmolested, and I once even managed to persuade an old woman to give us drinking water in return for the last banknotes in my pocket.

Then the terrain changed perceptibly. There were no more pockets of domesticity, and the only people we encountered were isolated individuals with abandoned looks in their eyes, muttering or weeping to themselves. Nor were there any more surviving doorways, but only the gouged-out holes of the sort the lieutenant and I had negotiated at the journey's start. Each of these presented us with much difficulty, Akira being unable to climb through – even with me assisting his every move – without inflicting dreadful agonies upon himself.

We had long since given up conversation, and were simply

emitting grunts in time to our steps, when suddenly Akira brought us to a halt and raised his head. Then I too could hear a voice, someone shouting orders. It was difficult to say how near it was – perhaps two or three houses away.

'Japanese?' I asked in a whisper.

Akira went on listening, then shook his head.

'Kuomintang. Christopher, we now very close to . . . to . . .'

'The front?'

'Yes, front. We now very close to front. Christopher, this very dangerous.'

'Is it absolutely necessary to go through this area to reach the house?'

'Necessary, yes.'

There was a sudden burst of rifle fire, then from further away, the reply of a machine-gun. We instinctively tightened our grasp on one another, but then Akira freed himself and sat down.

'Christopher,' he said quietly. 'We rest now.'

'But we have to reach the house.'

'We rest now. Too dangerous to go in fighting zone in darkness. We be killed. Must wait morning.'

I saw the sense in this, and in any case, we were now both too exhausted to go on much further. I also sat down and switched off the torch.

We sat in the dark for some time, the silence broken only by our breathing. Then suddenly the gunfire started again, and for perhaps a minute or two continued ferociously. It ended abruptly; then after another moment of quiet, a strange noise rose through the walls. It was a long, thin sound, like an animal's call in the wild, but ended in a full-throated cry. Next came shrieking and sobbing, and then the wounded man began to shout out actual phrases. He sounded remarkably like the dying Japanese soldier I had listened to earlier, and in my exhausted state, I assumed this must be the same man; I was on the point of remarking to Akira what a singularly unfortunate time this individual was having, when I realised he was shouting in Mandarin, not Japanese. The realisation that these were two different men rather chilled me. So identical were their pitiful whimpers, the way their screams gave way to desperate entreaties, then returned to screams, that the notion came to me this was what each of us would go through on our way to death – that these terrible noises were as universal as the crying of new-born babies.

After a time, I grew conscious of the fact that should the fighting spill into our room, we were sitting in a completely exposed position. I was about to suggest to Akira we move somewhere more hidden, but then noticed he had fallen asleep. I switched on the torch again and shone it about cautiously.

Even by recent standards, the destruction around us was severe. I could see grenade damage, bullet holes everywhere, smashed brick and timber. There was a dead water-buffalo lying on its side in the middle of the room no more than seven or eight yards from us; it was covered in dust and debris, a horn pointing up to the roof. I went on casting the beam about until I had established all the possible points from which combatants could enter our enclosure. Most importantly, I discovered, on the far side of the room, beyond the buffalo, a little brick alcove, which perhaps had once served as a stove or fireplace. This struck me as being the safest place for us to spend the night. Shaking Akira awake, I put his arm around my neck, and we both rose painfully to our feet.

When we reached the brick alcove, I pushed away some rubble and cleared an area of smooth wooden boards sufficient to allow us both to lie down. I spread out my jacket for Akira and carefully laid him down on his good side. Then I too lay down and waited for sleep.

But exhausted as I was, the continuing cries of the dying man, my fears of being caught in the fighting, and my thoughts of the crucial task before us all kept me from drifting off. Akira too, I could tell, remained awake, and when finally I heard him sitting up, I asked him:

'How is your wound?

'My wound. No trouble, no trouble.'

'Let me see it again . . .'

'No, no. No trouble. But thank you. You good friend.'

Although we were only inches apart, we could not see each other at all. After a long pause, I heard him say:

'Christopher. You must learn to speak Japanese.'

'Yes, I must.'

'No, I mean now. You learn Japanese now.'

'Well, quite honestly, old fellow, this is hardly the ideal time to . . .'

'No. You must learn. If Japanese soldier come in while I asleep, you must tell them. Tell them we are friend. You must tell them or they shoot in dark.'

'Yes. I see your point.'

'So you learn. In case I asleep. Or I dead.'

'Now look here, I don't want any of that nonsense. You're going to be as fit as a fiddle in no time.'

There was another pause, and I remembered from years ago how Akira would fail to follow me if I used colloquialisms. So I said, quite slowly:

'You're going to be perfectly well. Do you understand, Akira? I'll see to it. You're going to be well.'

'Very kind,' he said. 'But precaution is best. You must learn to say. In Japanese. If Japanese soldier come. I teach word. You remember.'

He began to say something in his own tongue, but it was much too extended and I stopped him.

'No, no, I'll never learn that. Something much shorter. Just to make clear we're not the enemy.'

He thought a moment, then uttered a phrase only slightly shorter than the previous one. I made an attempt, but almost immediately he said:

'No, Christopher. Mistake.'

After a few more attempts, I said: 'Look, it's no good. Just give me one word. The word for "friend". I can't manage anything more tonight.'

'Tomodachi,' he said. 'You say. *To-mo-da-chi.*'

I repeated this word several times, I thought perfectly accurately, but then realised he was laughing in the darkness. I found myself laughing also, and then, much as we had done earlier, we both began to laugh uncontrollably. We went on laughing for perhaps as long as a full minute, after which I believe I fell asleep quite suddenly.

When I awoke, the earliest dawn light was coming into the room. It was a pale, bluish light, as though just one layer of darkness had been removed. The dying man had now gone silent, and from somewhere came the singing of a bird. I could now see that the roof above us had largely vanished, so that from where I lay, my shoulder hard against the brickwork, there were stars visible in the dawn sky.

A movement caught my eye and I sat up in alarm. I then saw three or four rats moving around the dead water-buffalo, and for a few moments I sat gazing at them. Only then did I turn to look at Akira, dreading what I might find. He was lying beside me quite still, and his colour was very pale, but I saw with relief that he was breathing evenly. I found my magnifying glass and began gently to examine his wound, but succeeded only in waking him.

'It's just me,' I whispered as he sat up slowly and glanced about him. He looked frightened and bewildered, but then he seemed to remember everything, and a look of numb toughness came into his eyes.

'You were dreaming?' I asked.

He nodded. 'Yes. Dreaming.'

'Of a better place than this, I should hope,' I said with a laugh.

'Yes.' He gave a sigh, then added: 'I dream of when I am small boy.'

We were silent for a moment. Then I said:

'It must have been a rude shock. To come from the world you were dreaming of into this one here.'

He was staring at the buffalo's head protruding out of the rubble.

'Yes,' he said eventually. 'I dream of when I am young boy. My mother, my father. Young boy.'

'You remember, Akira. All the games we used to play? On the mound, in our garden? You remember, Akira?'

'Yes. I remember.'

'Those are good memories.'

'Yes. Very good memories.'

'Those were splendid days,' I said. 'We didn't know it then, of course, just how splendid they were. Children never do, I suppose.'

'I have child,' Akira said suddenly. 'Boy. Five years old.'

'Really? I'd like to meet him.'

'I lose photo. Yesterday. Day before. When I wound. I lose photo. Of son.'

'Now look, old chap, don't get despondent. You'll be seeing your son again in no time.'

He continued to stare for some time at the buffalo. A rat made a sudden movement and a cloud of flies rose up, then settled again on the beast.

'My son. He in Japan.'

'Oh, you sent him to Japan? That surprises me.'

'My son. In Japan. If I die, you tell him, please.'

'Tell him that you died? Sorry, can't do that. Because you're not going to die. Not yet anyway.'

'You tell him. I die for country. Tell him, be good to mother. Protect. And build good world.' He was now almost whispering, struggling to find his words in English, struggling not to weep. 'Build good world,' he said again, moving his hand through the air like a plasterer smoothing a wall. His gaze followed the hand as though in wonder. 'Yes. Build good world.'

'When we were boys,' I said, 'we lived in a good world. These children, these children we've been coming across, what a terrible thing for them to learn so early how ghastly things really are.'

'My son,' Akira said. 'Five years old. In Japan. He know nothing, nothing. He think world is good place. Kind people. His toys. His mother, father.'

'I suppose we were like that too. But it's not all downhill, I suppose.' I was trying hard now to combat the dangerous despondency settling over my friend. 'After all, when we were children, when things went wrong, there wasn't much we could do to help put it right. But now we're adults, now we can. That's the thing, you see? Look at us, Akira. After all this time, we can finally put things right. Remember, old chap, how we used to play those games? Over and over? How we used to pretend we were detectives searching for my father? Now we're grown, we can at last put things right.'

Akira did not speak for a long time. Then he said: 'When my boy. He discover world is not good. I wish . . .' He stopped, either in pain or because he could not find the English. He said something in Japanese, then went on: 'I wish I with him. To help him. When he discover.'

'Listen, you great ape,' I said, 'this is all far too morose. You'll see your son again, I'll see to that. And all this about how good the world looked when we were boys. Well, it's a lot of nonsense in a way. It's just that the adults led us on. One mustn't get too nostalgic for childhood.'

'Nos-tal-gic,' Akira said, as though it were a word he had been struggling to find. Then he said a word in Japanese, perhaps the Japanese for 'nostalgic'. 'Nos-tal-gic. It is good to be nos-tal-gic. Very important.'

'Really, old fellow?'

'Important. Very important. Nostalgic. When we nostalgic, we remember. A world better than this world we discover when we grow. We remember and wish good world come back again. So very important. Just now, I had dream. I was boy. Mother, Father, close to me. In our house.'

He fell silent and continued to gaze across the rubble.

'Akira,' I said, sensing that the longer this talk went on, the greater was some danger I did not wish fully to articulate. 'We should move on. We have much to do.'

As though in reply, there came a burst of machine-gun fire. It was further away than the night before, but we both started.

'Akira,' I said. 'Is it far now to the house? We must try and reach it before the fighting starts again in earnest. How far is it now?'

'Not far. But we go carefully. Chinese soldier very near.'

Our sleep, far from refreshing us, appeared to have made us even more depleted. When we stood up and Akira put his weight on me, the pain which went across my neck and shoulders obliged me to let out a moan. For some time, until our bodies grew accustomed again, walking together proved a torturous ordeal.

Our physical conditions aside, the terrain we traversed that morning was by far the most difficult yet. The damage was so extensive, we would frequently have to halt, unable to find a way through the debris. And while it was undeniably a help to see where we were setting down our feet, all the ghastliness that had been hidden by the darkness was now visible to us, taking a profound toll on our spirits. Amidst the wreckage, we could see blood – sometimes fresh, sometimes weeks old – on the ground, on the walls, splashed across broken furniture. Worse still – and our noses would warn us of their presence long before our eyes – we would come across, with disconcerting regularity, piles of human intestines in various stages of decay. Once when we stopped, I remarked to Akira about this, and he said simply:

'Bayonet. Soldier always put bayonet in stomach. If you put here' – he indicated his ribs – 'bayonet not come out again. So soldier learn. Always stomach.'

'At least the bodies are gone. At least they do that much.'

We continued to hear occasional gunfire, and each time we did so, I had the feeling we had come a little closer to it. This concerned me, but Akira now seemed surer than ever of our route, and whenever I questioned his decisions, he shook his head impatiently.

By the time we came across the bodies of the two Chinese soldiers, the morning sun was coming down in strong shafts through the broken roofs. We did not pass close enough to examine them properly, but my guess was that they had not been dead for more than a few hours. One was face-down in the rubble; the other had died on his knees, his forehead resting on the brick wall, as though he had been overcome by melancholy.

At one point, my conviction that we were about to walk right into crossfire grew so strong that I stopped Akira, saying:

'Now look here. What's your game? Where are you leading us?'

He said nothing, but stood leaning against me, his head bowed, recovering his breath.

'Do you really know where we're going? Akira, answer me! Do you know where we're going?'

He raised his head wearily, then indicated over my shoulder.

I turned – I had to do so slowly, for he was still leaning on me – and saw through a broken section of a wall, no more than a dozen steps away, what was undoubtedly the East Furnace.

I said nothing, but led us over to it. Like its twin, the East Furnace had survived the assaults well. It was covered in dust, but looked virtually in working order. Letting go of Akira – he immediately sat down on some rubble – I went right up to the furnace. As on the last occasion, I could see the chimney above me pointing towards the clouds. I went back to where Akira was sitting and gently touched his good shoulder.

'Akira, I'm sorry about my tone just now. I want you to know I'm very grateful to you. I could never have found this by myself. Really, Akira, I'm so grateful.'

'Okay.' His breath was now a little easier. 'You help me. I help you. Okay.'

'But Akira, we must be very near the house now. Let me see. Along there' – I indicated – 'the alley runs that way. We have to follow the alley.'

Akira appeared reluctant to get to his feet, but I hoisted him up and we set off again. I began by following what was clearly the narrow alley the lieutenant had pointed out from the rooftop, but in almost no time we found our way completely barred by fallen debris. We climbed through a wall into a nearby house, then proceeded on what I imagined was a parallel course, picking our way through rubble-strewn rooms.

These houses we now found ourselves in were less damaged, and had clearly been more salubrious than those we had lately come through. There were chairs, dressing tables, even some mirrors and vases still intact amidst the wreckage. I was eager to keep going, but Akira's body began to sag badly, and we were obliged to stop again. We sat down on a fallen beam, and it was as we were recovering our breath that my gaze fell upon the hand-painted name-board lying there in the rubble before us.

It had split cleanly along the grain of the wood, but the two pieces were lying there side by side; I could see also part of the lattice-work by which it had once been fixed to the front entrance. It was not by any means the first time we had come across such a thing, but some instinct drew my attention to this particular item. I went over to it and, extricating the two pieces of wood from the masonry, brought them back to where we were sitting.

'Akira,' I said, 'can you read this?' I held the pieces together before him.

He gazed at the script for a while, then said: 'My Chinese, not good. A name. Someone's name.'

'Akira, listen carefully. Look at these characters. You must know something about them. Please, try and read them. It's very important.'

He continued to regard the board, then shook his head.

'Akira, listen,' I said. 'Is it possible this says Yeh Chen? Could that be the name written here?'

'Yeh Chen . . .' Akira looked thoughtful. 'Yeh Chen. Yes, possible. This character here . . . Yes, possible. This say Yeh Chen.'

'It does? Are you sure?'

'Not sure. But . . . possible. Very possible. Yes' – he gave a nod – 'Yeh Chen. I think so.'

I put down the two pieces of the board and made my way carefully over the rubble towards the front of the house we were in. There was a broken gap where the doorway had once been, and looking through it, I could see into the narrow alley running outside. I looked across to the house directly facing me. The frontages to the adjoining properties were badly smashed, but the house I was looking at had survived strangely intact. There were hardly any obvious signs of damage: the shutters on the window, the crude sliding wooden lattice door, even the charm dangling above the doorway, had all remained unscathed. After what we had travelled through, it looked like an apparition from another more civilised world. I stood there staring at it for some time. Then I gestured to Akira.

'Look, come here,' I said in a near-whisper. 'This has to be the house. It can't be any other.'

Akira did not move, but gave a deep sigh. 'Christopher. You friend. I like very much.'

'Keep your voice down. Akira, we've arrived. It's this house. I can feel it now in my bones.'

'Christopher . . .' With an effort he rose to his feet and came slowly over the ground. When he was beside me, I pointed out the house. The morning sun shining down into the alley was causing bright streaks to fall across its front.

'There, Akira. There it is.'

He sat down by my feet and gave another sigh. 'Christopher. My friend. You must think very carefully. It is many years. Many, many years now . . .'

'Isn't it odd,' I remarked, 'how the fighting's hardly touched that house? The house with my parents inside.'

Uttering these words, I suddenly felt almost overwhelmed. But I collected myself and said: 'Now, Akira, we have to go in. We'll do it together, arm in arm. Just like that other time, going into Ling Tien's room. You remember, Akira?'

'Christopher. My dear friend. You must think very carefully. It is many, many years. My friend, please, you listen. Perhaps mother and father. It is now so many years . . .'

'We'll go in now together. Then as soon as we've done what we have to do, we'll get you to proper medical help, I promise.

In fact, it's possible there'll be something, some first aid, in that house. At least some clean water, perhaps bandages. My mother will be able to look at your injury, perhaps put on a fresh dressing for you. Don't you worry, you'll be fine in no time.'

'Christopher. You must think very carefully. So many years go by . . .'

He fell silent as the door across the alley slid open with a rattle. I had hardly started to fumble for the revolver when the small Chinese girl emerged.

She was perhaps six years old. Her face had a still expression, and was rather pretty. Her hair had been tied carefully into little bunches. Her simple jacket and wide trousers were slightly too large for her.

She looked about her, blinking in the sunlight, then looked our way. Spotting us easily – neither of us had moved – she came towards us with surprising fearlessness. She stopped in the alley just a few yards away, and said something in Mandarin, gesturing back to the house.

'Akira, what's she saying?'

'Not understand. Perhaps she invite us inside.'

'But how can she be involved? Do you suppose she has something to do with the kidnappers? What's she saying?'

'I think she ask us to help her.'

'We'll have to tell her to stand away,' I said, drawing my revolver. 'We have to anticipate resistance.'

'Yes, she ask us to help. She say dog is injured. I think she say dog. My Chinese not good.'

Then as we watched, from somewhere near where her carefully tied hair began, a thin line of blood ran down, over her forehead and down her cheek. The little girl appeared to notice nothing and spoke to us again, gesturing once more back to her house.

'Yes,' Akira said. 'She say dog. Dog is hurt.'

'Her dog? *She's* hurt. Perhaps seriously.'

I took a step towards her, intending to examine her wound.

But she interpreted my movement as compliance, and turning, skipped back across the alley towards her door. She slid it open again, looked towards us appealingly, then disappeared inside.

I stood there for a moment hesitating. Then I reached a hand down to my friend.

'Akira, this is it,' I said. 'We must go in. Let's go in now together.'

Chapter Twenty-one

I tried to keep the revolver poised as we crossed the alley. But Akira's arm was around my neck, and I was having to support so much of his weight, that I imagine our gait as we staggered together into the house was far from authoritative. I was vaguely aware of an ornamental vase standing in the entrance way, and I believe the decoration I had seen dangling from the door frame gave a little chiming sound as we brushed past it. Then I heard the girl's voice speaking and looked about us.

Although the front of the house had remained virtually untouched, the whole of the back half of the room we were in lay in ruin. Thinking about it today, I would suppose a shell had come through the roof, bringing down the upper storey, and destroying the rear of the house, together with the property adjoining it behind. But at that moment I was looking first and foremost for my parents, and I am not sure what exactly I registered. My first giddy thought was that the kidnappers had fled. Then, when I saw the bodies, my terrible fear was that they were those of my mother and father – that the kidnappers had slaughtered them on account of our approach. I have to confess that my next emotion was one of great relief when I saw that the three corpses thrown about the room were all Chinese.

Near the back, over by a wall, was the body of a woman who might have been the young girl's mother. Possibly the blast had thrown her there and she was lying where she had landed. There was a shocked expression on her face. One arm had been torn off at the elbow, and she was now pointing the stump up to the sky, perhaps to indicate the direction from which the shell had come. A few yards away in the debris, an old lady was also gaping up at the hole in the ceiling. One side of her face was charred, but I could see no blood or any obvious mutilation. Finally, closest to where we were standing – he had been obscured at first by a fallen shelf – lay a boy slightly older than the little girl we had followed in. One of his legs had been blown off at the hip, from where surprisingly long entrails, like the decorative tails of a kite, had unfurled over the matting.

'Dog,' Akira said beside me.

I stared at him, then followed his gaze. In the centre of the wreckage, not far from the dead boy, the little girl had knelt down beside an injured dog lying on its side and was gently caressing its fur. The dog's tail moved weakly in response. As we stood watching her, she glanced up and said something, her voice remaining quite calm and steady.

'What's she saying, Akira?'

'I think she say we help dog,' said Akira. 'Yes, she say we help dog.' Then suddenly, he began to giggle helplessly.

The young girl spoke again, this time addressing only me, perhaps having dismissed Akira as a lunatic. Then she brought her face down close to the dog's and continued to pass her hand gently over its fur.

I took a step towards her, untangling myself from my friend's arm, and as I did so, Akira crashed over into some broken furniture. I looked back at him in alarm, but he had continued to giggle, and besides, the girl's pleading had gone on unbroken. Laying my revolver down on something, I went over to her and touched her shoulder.

'Look here . . . All of this'– I gestured at the carnage, of which she seemed completely oblivious – 'it's awfully bad luck. But look, you've survived, and really, you'll see, you'll make a pretty decent show of it if you just . . . if you just keep up your courage . . .' I turned to Akira in irritation and shouted: 'Akira! Stop that noise! For God's sake, there's nothing to laugh about! This poor girl . . .'

But the girl had now grasped my sleeve. She spoke again, carefully and slowly, looking into my eyes.

'Look, really,' I said, 'you're being awfully brave. I swear to you, whoever did all this, whoever did this ghastly thing, they won't escape justice. You may not know who I am, but as it happens, I'm . . . well, I'm just the person you want. I'll see to it they don't get away. Don't you worry, I'll . . . I'll . . .' I had been fumbling about in my jacket, but I now found my magnifying glass and showed it to her. 'Look, you see?'

I kicked aside a bird-cage in my path and went over to the mother. Then, perhaps out of habit as much as anything else, I bent down and began to examine her through the glass. Her stump looked peculiarly clean; the bone protruding out of the flesh was a shiny white, almost as though someone had been polishing it.

My memory of these moments is no longer very clear. But I have a feeling it was at this point, just after I stared through the glass at the woman's stump, that I suddenly straightened and began to search for my parents. I can only say, by way of partial explanation for what ensued, that Akira was still giggling where he had fallen, and that the girl was continuing to make her pleas in the same even, persistent tones. In other words, the atmosphere had become fairly overwrought, and this might account to some extent for the manner in which I went about turning what was left of that little house upside down.

There was a tiny room at the back, completely destroyed by the shelling, and it was here I began my search, pulling up broken floorboards, smashing open with a table leg the doors of an upturned cupboard. I then returned to the main room and began to heave aside the piles of wreckage, smashing with my table leg at anything that failed readily to yield to my kicks and manoeuvres. Eventually, I became aware that Akira had stopped his giggling and was following me about, pulling at my shoulder and saying something in my ear. I ignored him and carried on with my search, not pausing even when I accidentally threw over one of the bodies. Akira continued to pull at my shoulder, and after a time, unable to comprehend why the very person I had counted on to assist me was instead bent on hindering me, I turned to him, shouting something like:

'Get off me! Get off! If you won't help, then just go away! Go off into your corner and giggle!'

'Soldiers!' he was hissing at me. 'Soldiers coming!'

'Get off me! My mother, my father! Where are they? They're not here! Where are they? Where are they?'

'Soldiers! Christopher, stop, you must calm! You must calm or we killed! Christopher!'

He was shaking me, his face close to mine. I then realised that indeed there were voices coming from somewhere close by.

I allowed Akira to pull me to the back of the room. The little girl, I noticed, had now fallen silent, and was gently cradling the dog's head. The animal's tail was still making the occasional faint movement.

'Christopher,' Akira said in an urgent whisper. 'If soldier Chinese, I must hide.' He pointed to the corner. 'Chinese soldier must not find. But if Japanese, you must say word I teach.'

'I can't say anything. Look, old fellow, if you're not willing to help me . . .'

'Christopher! Soldier coming!'

He tottered across the room and disappeared into a cupboard standing at an angle in the corner. The door was sufficiently damaged so that the whole of his shin and a boot were clearly visible through the panel. It was such a pathetic attempt to hide that I began to laugh, and was about to call out that I could still see him, when the soldiers appeared in the doorway.

The first soldier to come in fired his rifle at me, but the bullet hit the wall behind me. He then noticed my raised hands, and the fact that I was a foreign civilian, and shouted something to his comrades, who crowded in behind him. They were Japanese, and the next thing I remember, three or four of them began to argue about me, all the time covering me with their rifles. More soldiers came in and began to search the place. I heard Akira call out from his hiding place something in Japanese, then as soldiers crowded around his cupboard, I saw him emerge. I noticed he did not seem particularly pleased to see them, nor they him. Other men had gathered around the little girl, also arguing what to do. Then an officer entered, the men all stood to attention, and a silence fell over the room.

The officer – a young captain – glanced about the room. His gaze fell on the child, then on me, then settled on Akira, now supported by two soldiers. A conversation ensued in Japanese, in which Akira himself took no part. A resigned expression, with elements of fear, had come into his eyes. He once tried to say something to the captain, but the latter immediately cut him off. There was another quick exchange, then the soldiers began to lead Akira away. The fear was now very evident in his face, but he did not resist.

'Akira!' I called after him. 'Akira, where are they taking you? What's wrong?'

Akira glanced back and gave me a quick, affectionate smile. Then he was gone, out into the alley, crowded from my view by the soldiers accompanying him.

The young captain was looking at the child. Then he turned to me and said:

'You Englishman?'

'Yes.'

'Pray, sir, what do you do here?'

'I was . . .' I looked around. 'I was looking for my parents. My name is Banks, Christopher Banks. I'm a well-known detective. Perhaps you've . . .'

I did not quite know how to continue, and besides, I realised I had been sobbing for some time, and that this was making a poor impression on the captain. I wiped my face and continued: 'I came here to find my parents. But they're not here any more. I'm too late.'

The captain looked around once more at the debris, the corpses, the little girl with the dying dog. Then he said something to the soldier nearest him, never taking his eyes from me. Finally he said to me: 'Pray, sir, you come with me.'

He made a polite but firm gesture that I should precede him

out into the alley. He had not holstered his pistol, but then nor was it aimed at me.

'This little girl,' I said. 'Will you take her somewhere safe?'

He gazed back at me in silence. Then he said: 'Pray, sir. You leave now.'

I was on the whole looked after decently by the Japanese. They kept me in a little back room within their headquarters – a former fire station – where I was fed and a doctor treated me for several injuries I had barely noticed receiving. My foot was bandaged and I was even provided with a large boot to accommodate it. The soldiers in charge of me spoke no English, and appeared uncertain whether I was a prisoner or a guest, but I was too exhausted to care; I lay on the camp bed they had put up in my back room, and for several hours, drifted in and out of sleep. I was not locked in; in fact, the door to the adjoining office would not close properly, so that whenever I came back to consciousness, I could hear Japanese voices arguing, or else shouting down a telephone, presumably about me. I now suspect I was suffering from a mild fever for much of that period; whatever, as I went in and out of sleep, the events not only of the past few hours, but of the last several weeks, circled around my head. Then gradually, one by one, the cobwebs began to clear, so that by the time I was awoken, towards the late afternoon, by the arrival of Colonel Hasegawa, I found I had an entirely fresh view on all that had been troubling me about the case.

Colonel Hasegawa – a dapper man in his forties – introduced himself politely, saying: 'I am glad to see you are feeling so much better, Mr Banks. I trust these men here have looked after you well. I am pleased to tell you I have come with instructions to escort you to the British consulate. May I suggest we set off at once?'

'Actually, Colonel,' I said, rising gingerly to my feet, 'I would prefer it if you could take me somewhere else. You see, it's rather urgent. I'm not sure of the exact address, but it's not so far from Nanking Road. Perhaps you know it. It's a shop selling gramophone records.'

'You are so eager to purchase gramophone records?'

I could not be bothered to explain, so just said: 'It's important I get there as quickly as possible.'

'Unfortunately, sir, I have instructions to deliver you to the British consulate. I fear we shall cause great inconvenience if I do otherwise.'

I gave a sigh. 'I suppose you're right, Colonel. In any case, now I think about it, I fancy I shall be too late.'

The colonel looked at his wristwatch. 'Yes, I fear you might. But if I may suggest. If we set off straight away, then you will be enjoying your music again with minimum delay.'

We travelled in an open military vehicle driven by the colonel's batman. It was a fine afternoon and the sun was beating down on the ruins of Chapei. We moved slowly, for though much of the debris had been cleared out of our path – there were huge piles of it on the roadside – the road was pitted with craters. Occasionally we would pass down a street with almost no sign of damage; but then we would turn the corner and the houses would be little more than piles of rubble, and every surviving telegraph pole would be standing at an odd angle between tangled cables. Once, as we moved through such an area, I found I could see a fair distance across the flattened ruins, and caught sight of the chimneys from the two furnaces.

'England is a splendid country,' Colonel Hasegawa was saying. 'Calm, dignified. Beautiful green fields. I still dream of it. And your literature. Dickens, Thackeray. Wuthering Heights. I am especially fond of your Dickens.'

'Colonel, excuse me for bringing this up. But when your men found me yesterday, I was with someone. A Japanese soldier. Do you happen to know what became of him?'

'That soldier. I am not certain what became of him.'

'I do wonder where I might find him again.'

'You wish to find him again?' The colonel's face became serious. 'Mr Banks, I would advise you not to concern yourself any more with that soldier.'

'Colonel, has he in your eyes committed some offence?'

'Offence?' He looked at the passing ruins with a gentle smile. 'Almost certainly that soldier gave information to the enemy. It is likely that is how he negotiated his release from captivity. I understand you yourself said in your statement you found him near the Kuomintang lines. That is most suggestive of cowardice and betrayal.'

I was about to protest, but realised it was in neither Akira's nor my interests to fall out with the colonel. After I had been silent for a time, he said:

'It is wise not to become too sentimental.'

His accent, which was otherwise impressive, faltered on this last word, so that it came out as 'sen-chee-men-tol'. It rather grated on me and I turned away without responding. But a moment later he asked in a sympathetic tone:

'This soldier. You had met him somewhere previously?'

'I thought I had. I thought he was a friend of mine from my childhood. But now, I'm not so certain. I'm beginning to see now, many things aren't as I supposed.'

The colonel nodded. 'Our childhood seems so far away now. All this' – he gestured out of the vehicle – 'so much suffering. One of our Japanese poets, a court lady many years ago, wrote of how sad this was. She wrote of how our childhood becomes like a foreign land once we have grown.'

'Well, Colonel, it's hardly a foreign land to me. In many ways, it's where I've continued to live all my life. It's only now I've started to make my journey from it.'

We passed through Japanese checkpoints into Hongkew, the northern district of the Settlement. In this region too there were signs of war damage, as well as those of anxious military preparation. I saw many piles of sandbags, and trucks filled with soldiers. As we approached the canal, the colonel said:

'Like yourself, Mr Banks, I am very fond of music. In particular, Beethoven, Mendelssohn, Brahms. Chopin also. The third sonata is marvellous.'

'A cultured man like you, Colonel,' I remarked, 'must regret all this. I mean all this carnage caused by your country's invasion of China.'

I feared he would become angry, but he smiled calmly and said:

'It is regrettable, I agree. But if Japan is to become a great nation, like yours, Mr Banks, it is necessary. Just as it once was for England.'

We were silent for a few moments. Then he asked:

'I am sure, yesterday, in Chapei, you saw unpleasant things?'

'Yes. I certainly did.'

Suddenly he let out a strange laugh, which made me start. 'Mr Banks,' he said, 'do you realise, do you have any idea, of the unpleasantness yet to come?'

'If you continue to invade China, I am sure . . .'

'Excuse me, sir' – he was now quite animated – 'I am not talking merely of China. *The entire globe*, Mr Banks, the entire globe will before long be engaged in war. What you just saw in Chapei, it is but a small speck of dust compared to what the world must soon witness!' He said this in a triumphant tone, but then he shook his head sadly. 'It will be terrible,' he said quietly. 'Terrible. You have no idea, sir.'

I do not remember clearly those first hours following my return. But I would suppose my arrival in the grounds of the British consulate, conveyed by a Japanese military vehicle, and looking more or less like a tramp, did little for the morale of an anxious community. I remember vaguely the officials rushing out to meet us, and then, as I was taken into the building, the look on the face of the consul-general as he came hurrying down the stairs. I do not know what his first words to me were, but I do recall my saying to him, perhaps even before any greeting had passed my lips:

'Mr George, I must ask you to let me see your man MacDonald without delay.'

'MacDonald? *John* MacDonald? But why do you wish to talk to *him*, old fellow? Look, what you need is to rest up. We'll have a doctor look you over . . .'

'I accept I'm looking a little the worse for wear. Don't worry, I'll go and freshen up a bit. But please, have MacDonald ready for me. It's very important.'

I was shown to a guest room in the consulate building, where I managed a shave and a hot bath despite a whole series of people knocking on my door. One of these was a dour Scottish surgeon who examined me for a good half-hour, convinced I was concealing some serious injury from him. Others came to ask after one or another aspect of my welfare, and I sent at least three of them back with an impatient query concerning MacDonald. I received only vague replies about his not yet having been located; and then, as the evening drew on, exhaustion – or perhaps something the surgeon had given me – sent me off into a deep sleep.

I did not awake until well into the following morning. I had breakfast brought to my room, and changed into some fresh clothes delivered from the Cathay while I had been asleep. I then felt a lot better, and decided I would go and seek out MacDonald then and there.

I thought I could remember the way to MacDonald's office from our last meeting, but the consulate building was rather deceptive and I was obliged to ask directions from a number of people I encountered. I was still a little lost, making my way down a flight of stairs, when I spotted the figure of Sir Cecil Medhurst standing on the landing below me.

The morning sun was streaming through the tall landing windows, lighting up a large area of grey stone around him. There was no one else on the landing, and Sir Cecil was stooping forward slightly, hands clasped behind his back, gazing down on to the consulate grounds below. I was tempted to retreat back up the stairs, but it was a quiet part of the building, and there was a chance my footsteps would make him look up at any moment. I thus continued my descent, and as I came up to him, he turned as though he had been aware all along of my approach.

'Hello, old fellow,' he said. 'Heard you were back. A bit of a panic when you went missing, I'll tell you. Feeling better?'

'Yes. I'm fine, thanks. Just this foot's a little awkward. Won't quite fit into my shoe.'

The sun in his face made him look old and tired. He turned back to the window again and peered out; moving alongside him, I too looked out. Below us, three Sikh policemen were hurrying back and forth across the lawn, stacking sandbags into piles.

'You heard she's gone?' Sir Cecil asked.

'Yes.'

'Of course, when you went missing at the same time, I jumped to conclusions. So did a few other people, I fancy. That's why I came along this morning. To offer you my apologies. But they told me you were sleeping. So I was just . . . well, just kicking my heels here.'

'There's hardly any need for apologies, Sir Cecil.'

'Oh yes there is. I fancy I went around saying a few things the other evening. You know. Jumping to conclusions. Of course, everyone knows now I was making a fool of myself. But all the same, thought I'd better come along and explain myself.'

Down on the lawn, a Chinese coolie arrived with a wheelbarrow containing more sandbags. The Sikh policemen began unloading them.

'Did she leave a letter?' I asked, trying to sound nonchalant.

'No. But I did receive a cable this morning. She's in Macao, you know. Says she's safe and well. Says she's by herself, and that she'll be writing soon.' Then he turned to me and grasped my elbow. 'Banks, I know you'll miss her too. In some ways, you know, I'd have preferred it if she'd gone off with you. I know she . . . she thought jolly well of you.'

'It must have come as a big shock,' I remarked, for want of something to say.

Sir Cecil turned away and for a time went on gazing down at the policemen. Then he said: 'Wasn't really, to tell you the truth. No shock at all.' Then he went on: 'I always told her she should go, told her she should go and find love, you know, true love. She deserves it, don't you think? That's where she's gone now. Off to find true love. Perhaps she'll find it too. Out there, on the South China Sea, who knows? Perhaps she'll meet a traveller, in a port, in a hotel, who knows? She's become a romantic, you see? I had to let her go.' There were now tears welling in his eyes.

'What will you do now, sir?' I asked gently.

'What will I do? Who knows? Ought to go home, I expect. I suppose that's what I'll do. Go home. Just as soon as I've paid off a few debts here, that is.'

I had been conscious of footsteps coming down the stairs behind us, but now they slowed to a halt and we both of us turned. I was rather dismayed to see Grayson, the official from the Municipal Council.

'Good morning, Mr Banks. Good morning, Sir Cecil. Mr Banks, we're all so pleased to see you back and safe.'

'Thank you, Mr Grayson.' And when he continued simply to stand there on the bottom stair smiling foolishly, I added: 'I trust all the arrangements for the Jessfield Park ceremony are progressing to your satisfaction.'

'Oh yes, yes.' He gave a vague laugh. 'But just now, Mr Banks, I came to find you because I heard you were wishing to speak with Mr MacDonald.'

'Yes, that's right. In fact, I was just on my way to find him.'

'Ah. Well, he won't be in his usual office. If you'd follow me, sir, I'll take you to him now.'

I gave Sir Cecil a gentle squeeze on the shoulder – he had turned back to the window to hide his tears – then followed Grayson with an eager step.

He led me through a deserted section of the building, and then we came to a corridor containing a row of offices. I could hear someone talking on the telephone, and a man who emerged from one of the doors nodded to Grayson. Grayson opened another door and waved for me to go in ahead of him.

I stepped into a small but well-appointed office dominated by a large desk. I stopped at the threshold because there was no one in the room, but Grayson nudged me further in and closed the door. He then walked around the desk, sat down, and gestured towards the empty seat.

'Mr Grayson,' I said, 'I have no time for these foolish pranks.'

'I'm sorry,' Grayson said, 'I know you wished to see MacDonald. But you see, MacDonald's domain is protocol. He discharges his duties very well, but his territory doesn't really extend much further.'

I sighed with impatience, but before I could speak, Grayson went on:

'You see, old chap, when you said you wanted MacDonald, I assumed you wanted me. I'm the fellow you need to speak to.'

I then noticed there was something different about Grayson. His ingratiating air had vanished, and he was watching me steadily over the desk. When he saw understanding dawn in my face, he gestured once more at the chair.

'Please make yourself comfortable, old chap. And I do apologise for having rather dogged you since your arrival here. But you see, I had to make sure you didn't do anything to cause a big stink with the other Powers. Now, let me see, I take it you want a meeting with the Yellow Snake.'

'Yes, Mr Grayson. I wonder if you can arrange such a thing.'

'As it happens, we finally got word while you were away. All parties seem happy now to grant your request.' Then leaning forward, he said to me: 'So, Mr Banks. Do you feel you're closing in?'

'Yes, Mr Grayson. At last, I believe I am.'

So it was that just after eleven o'clock last night, I found myself travelling by car through the elegant residential areas of the French Concession in the company of two officers from the Chinese secret police. We went down avenues lined with trees, past large houses, some entirely hidden behind high walls and hedges. Then we came through gates heavily guarded by men in gowns and hats, and halted in a gravelled courtyard. A dark house, four or five storeys high, stood before us.

Inside, the lights were low, and more guards lurked everywhere in the shadows. As I followed my escorts up the central staircase, I gained the impression the house had until recently belonged to a wealthy European, but had now, for some reason, fallen into the hands of the Chinese authorities; I could see crude notices and schedules pinned up on the walls right alongside exquisite works of Western and Chinese art.

To judge from its decor, the room I was shown into up on the second floor had until recently contained a billiard table. There was now a yawning space in the middle of the room, around which I paced while I waited. After twenty minutes or so, I heard the sound of more cars arriving down in the courtyard, but when I tried to see out of the windows, I found these gave on to the gardens to the side of the house, and I could see nothing at all of the front.

It was perhaps another half-hour before I was finally fetched. I was escorted up another flight of stairs, then along a corridor past more guards. Then my escorts stopped, and one of them pointed to a door several yards before us. I went the last lap alone, and entered what appeared to be a large study. There was thick carpet beneath my feet, and the walls were almost entirely lined with books. At the far end, where heavy drapes had been drawn across the bay windows, was a desk with a chair on either side of it. A reading lamp on the desk created a warm pool of light, but otherwise much of the room was in shadow. As I stood surveying my surroundings, a figure rose from behind the desk and, stepping carefully around it, gestured back to the chair he had vacated.

'Why don't you take this seat, Puffin?' Uncle Philip said to me. 'You remember, don't you? You always loved to sit in my chair behind my desk.'

Chapter Twenty-two

Had I not been expecting to see him, it is perfectly possible I would have failed to recognise Uncle Philip. He had put on weight over the years, so that though he was not stout, his neck had thickened and his cheeks were sagging. His hair was wispy and white. But his eyes were calm and humorous in much the way I remembered.

I did not smile as I came towards him; nor did I go behind the desk to the chair he had offered. 'I'll sit here,' I said, stopping beside the other chair.

Uncle Philip shrugged. 'Well, it's not my desk anyway. In fact, I've never set foot in this house before. Something to do with you, this place?'

'I've never been here before either. May I suggest we sit down?'

When we did so, we could see each other clearly for the first time in the light from the desk lamp, and we spent a moment carefully studying one another's features.

'You haven't changed so much, you know, Puffin,' he said. 'Easy to see the boy in you, even now.'

'I'd appreciate you not calling me by that name.'

'Sorry. Rather cheeky, I admit. So here we are, you managed to track me down. I kept refusing to meet you before. But in the end, I suppose I began to want to see you again. Owe you an explanation or two, I expect. But I wasn't sure, you see, how you regarded me. Friend or foe, that sort of thing. But then these days I'm not sure about most people on that score. Do you know, they told me to keep this with me just in case?' He produced a little silver pistol and held it up to the light. 'Can you believe it? They thought you might wish to attack me.'

'But I see you brought it along just the same.'

'Oh, but I carry it everywhere. So many people wanting to do me mischief these days. I didn't really bring it on your account. One of those men standing out there. Perhaps he's been bribed to burst in here and stab me. Who can tell? That's the way it's been for me, I'm afraid. Ever since this Yellow Snake lark started.'

'Yes. It would seem you're much given to treachery.'

'That's a bit harsh, if you're implying what I think you're implying. As far as the communists are concerned, very well, yes, I've turned traitor. Even there, it was never my intention, you know. Chiang's men got hold of me one day and threatened to torture me. I admit, I didn't fancy that much, didn't fancy it one bit. But in the end, they did a far cleverer thing. They *tricked* me into betraying one of my number. And then, you see, that was that. Because as you've seen, no one punishes turncoats more savagely than my old comrades. There was no other way for me to stay alive. I had to depend on the government to protect me from my comrades.'

'According to my investigations,' I said, 'a lot of people have lost their lives through you. And not just those you betrayed. There was a time, a year ago, when you allowed the communists to believe the Yellow Snake was another man. Many of his family members, including three children, were killed in the first wave of reprisals.'

'I don't consider myself admirable. I'm a coward, and I've known it a long time. But I can hardly be held to account for the Reds' savagery. They've proved themselves every bit as vicious as Chiang Kai-shek ever was, and I've no respect left for them. But look here, I don't expect you came to talk about all this.'

'No, I didn't.'

'So, Puffin. I'm sorry. Christopher. So. What shall I tell you? Where shall we begin?'

'My parents. Where are they?'

'Your father I'm afraid is dead. Has been for many years. I'm sorry.'

I said nothing and waited. Eventually he said:

'Tell me, Christopher. What do you believe happened to your father?'

'Is it any business of yours what I believe? I came here to hear it from you.'

'Very well. But I was curious to know what you'd worked out for yourself. After all, you've made quite a name for yourself for such things.'

This irritated me, but it occurred to me he would be forthcoming only on his own terms. So in the end, I said: 'My conjecture has been that my father made a stand, a courageous stand, against his own employers concerning the profits from the opium trade of those years. In doing so, I supposed he set himself against enormous interests, and was thus removed.'

Uncle Philip nodded. 'I'd supposed you believed something like that. Your mother and I discussed carefully what to have you believe. And it was more or less what you've just said. So we were successful. The truth, I'm afraid, Puffin, was much more prosaic. Your father ran off one day with his mistress. He lived with her in Hong Kong for a year, a woman called Elizabeth Cornwallis. But Hong Kong is awfully stuffy and British, you know. They were a scandal, and in the end they had to rush off to Malacca or some such place. Then he got typhoid and died, in Singapore. That was two years after he left you. I'm sorry, old fellow, it's hard to hear all this, I know. But brace yourself. Because I've a lot more to tell you before the evening's out.'

'You say my mother knew? At the time?'

'Yes. Not at first, mind you. Not for a good month or so. Your father covered his tracks rather well. Your mother only found out because he wrote to her. She and I were the only ones who ever knew the truth.'

'But the detectives. How on earth did the detectives fail to discover what he'd done?'

'The detectives?' Uncle Philip let out a laugh. 'Those underpaid, overworked flat-feet? They wouldn't have found an elephant gone missing in Nanking Road.' Then when I remained silent, he said: 'She would have told you eventually. But we wanted to protect you. That's why we had you believe what you did.'

I had started to feel uncomfortable sitting so close to the desk lamp, but the upright chair did not allow me to sit back. Then after I had maintained my silence another few moments, Uncle Philip said:

'Let me be fair to your father. It was difficult for him. He always loved your mother, loved her intensely. I'm jolly sure he never stopped loving her right to the end. In some ways, Puffin, that was the trouble. He loved her too much, idealised her. And it was just too much for him, trying to come up to what he saw as her mark. He tried. Oh yes, he tried, and it nearly broke him. He might have just said: "Look here, I can only do so much and that's it, I'm who I am." But he adored her. Wanted desperately to make himself good enough for her, and when he found he didn't have it in him, well, he went off. With someone who didn't mind him as he was. It's my belief he just wanted *rest.* He'd tried so hard for so many years, he just wanted rest. Don't think so badly of him, Puffin. I don't believe he ever stopped loving you or your mother.'

'And my mother? What has become of her?'

Uncle Philip leant forward on his elbows and tilted back his head slightly. 'How much do you know already about her?' he asked.

The lightness he had earlier contrived to place in his voice had evaporated altogether. He now looked a haunted old man, consumed with self-hatred. He was gazing at me carefully despite his tilted head, and the yellow light from the desk lamp showed white whiskers growing out of his nostrils. From somewhere downstairs, I could hear a phonograph playing Chinese martial music.

'I'm not trying to annoy you,' he said, when I did not answer. 'I don't want to hear myself talking any more about it than I have to. Come on. How much have you found out?'

'I was until recently under the impression both my parents

were being held captive in Chapei. So you see, I have not been so clever.'

I waited for him to speak. He remained in his curious posture for a time, then sat back and said:

'You won't remember this. But shortly after your father went away, I came to your house to see your mother. And a certain man came also that day. A Chinese gentleman.'

'You're referring to the warlord, Wang Ku.'

'Ah. Then you haven't been so foolish.'

'I found out his name. But thereafter, I suspect I've been too busy following a false trail.'

He gave a sigh and cocked his ear. 'Listen,' he said. 'Kuomintang anthems. They play them to tease me. Wherever they take me, it's like this. Happens too often to be a coincidence.' Then when I said nothing, he rose to his feet and wandered into the shadows towards the heavy curtains.

'Your mother,' he said eventually, 'was devoted to our campaign. To stop the opium trade into China. Many European companies, including your father's, were making vast profits importing Indian opium into China and turning millions of Chinese into helpless addicts. In those days, I was one of those central to the campaign. For a long time, our strategy was rather naive. We thought we could shame these companies into giving up their opium profits. We wrote letters, presented them with evidence showing the damage opium was causing to the Chinese people. Yes, you may laugh, we were very naive. But you see, we thought we were dealing with fellow-Christians. Well, eventually we saw we were getting nowhere. We discovered that these people, they not only liked the profits very much, they actually *wanted* the Chinese to be useless. They liked them to be in chaos, drug-addicted, unable to govern themselves properly. That way, the country could be run virtually like a colony, but with none of the usual obligations. So we changed our tactics. We grew more sophisticated. In those days, just as they do still, the opium shipments came along the Yangtze. Boats had to bring them upriver through bandit country. Without adequate protection, the shipments wouldn't get much beyond the Yangtze gorges without being marauded. So all these companies, Morganbrook and Byatt, Jardine Matheson, all of them, they used to make deals with the local warlords through whose territories the shipments passed. These warlords were just glorified bandits really, but they had armies, they had the power to see the shipments through. So here was our new strategy. No longer did we plead with the trading companies. We pleaded with the warlords. Appealed to their racial pride. We pointed out it was in their hands to end the profitability of the opium trade, to reverse the one major obstacle to the Chinese taking command of their own fate, their own land. Of course, some were too keen on the payments they received. But we had some converts. Wang Ku was at that time one of the more powerful of these bandit lords. His territory covered several hundred square miles in the north of Hunan. A pretty brutal chap, but sufficiently feared and respected to make him valuable indeed to the trading companies. Now Wang Ku became very sympathetic to our cause. He often came to Shanghai, liked the high life here, and we were able to prevail on him during these visits. Puffin, are you well?'

'Yes, I'm fine. I'm listening.'

'Perhaps you should go now, Puffin. You don't have to hear what I'm about to tell you.'

'Tell me. I'm listening.'

'Very well. My feeling is that you should hear it, if you can bear to. Because . . . well, because you must find her. There's still a chance you can find her.'

'So my mother is alive?'

'I've no reason to suppose otherwise.'

'Then tell me. Go on with what you're saying.'

He came back to the desk and sat down once more in front of me. 'That day Wang Ku came to your house,' he said. 'It's fitting you should remember that day. You're quite right to suspect it was important. It was the day your mother discovered that Wang Ku's motives were far from pure. Put simply, he planned to seize the opium shipments himself. Of course, he'd made complicated arrangements, so that it went through three or four other parties, very Chinese that, but in the end, yes, that's what it amounted to. Most of us already knew this, but your mother didn't. We'd kept her in the dark, perhaps foolishly, because we sensed she'd not accept it. The rest of us, naturally we had qualms, but we decided to work with Wang nevertheless. Yes, he'd sell the opium to the same people the trading companies did. But the important thing was to stop the imports. To make the trade unprofitable. Unfortunately, that day Wang Ku came to your house he said something that for the first time made clear to your mother the reality of his relationship with us. My guess is she felt foolish. Perhaps she'd suspected it all along, but hadn't wished to look at it, and was as angry with herself and with me as she was with Wang. In any case, she quite lost her temper, actually struck him. Only lightly, you understand, but her hand did touch his cheek. And of course, she said everything she had to say to his face. I knew then some terrible price would have to be paid. I tried to sort the thing out then and there. I explained to him how your father had just left, that your mother was really upset, I tried to convey all this to him as he left. He smiled and said not to worry, but I worried, oh yes, I worried all right. I knew that what your mother had done couldn't be undone so easily. I'd have been relieved, I tell you, if all Wang had done in response was stop participating in our plan. But he wanted the opium, he'd already made plenty of arrangements. Besides, he'd been insulted by a foreign woman, and he wanted to put things right.'

As I leant towards him into the glare of the lamp, an odd feeling came over me that behind my back the darkness had grown and grown, so that now a vast black space had opened up there. Uncle Philip had paused to wipe some sweat from his forehead with the heel of a hand. But now he looked at me intently and continued:

'I went to see Wang Ku later that day at the Metropole. I did what I could to try and stop the calamity I knew would come. But it was no use. What he told me that afternoon was that far from being angered by your mother, he'd found her spirit – that's what he called it, her "spirit" – highly attractive. So much so that he wished to take her back with him as a concubine, back to Hunan. He proposed to "tame" your mother, as he would a wild mare. Now you must understand, Puffin, the way things were then, in Shanghai, in China, if a man like Wang Ku decided on a course like that, there was little anyone could do to stop him. That's what you must understand. Nothing at all would have been achieved by asking the police or whoever to guard your mother. That might have slowed things down a little, but that's all. There was no one who could protect your mother from the intentions of a man like that. But you see, Puffin, my great fear was for you. I wasn't sure what he intended to do with you, and that's what I was really pleading for. In the end, we came to an agreement. I would arrange things so that your mother was alone, unguarded, if at that same time I could take you right away from the scene. That's all I wanted to do. I didn't want him to take you too. Your mother, that was an inevitability. But for you, there was something to plead for. And that's what I did.'

There was a substantial pause. Then I said:

'After this convenient arrangement, do I take it Wang Ku continued to co-operate with your scheme?'

'Don't be cynical, Puffin.'

'But did he?'

'As it happened, he did. Taking your mother satisfied him. He did as we wished him to do, and I dare say, his contribution was a factor in the companies' eventual decision to end the trade.'

'So my mother was, you might say, sacrificed for a greater cause.'

'Look, Puffin, it wasn't anything any of us had a choice about. You must understand that.'

'Did you ever see my mother again? After she was abducted by this man?'

I saw him hesitate. But then he said:

'Yes. As a matter of fact, I did. Once, seven years later. I happened to be travelling through Hunan and accepted Wang's invitation to be his guest. And there, in his fortress, yes, I did see your mother one last time.'

His voice was now almost a whisper. The phonograph downstairs was no longer playing, so that a stillness hung between us.

'And . . . and what had become of her?'

'She was in good health. She was, of course, one of several concubines. Under the circumstances, I'd say she'd adapted well to her new life.'

'How had she been treated?'

Uncle Philip looked away. Then he said quietly: 'When I saw her, she asked about you, naturally. I told her what news I had. She was pleased. You see, until I saw her that time, she'd been utterly cut off from the outside world. For seven years, she'd only heard what Wang chose to have her hear. What I mean is, she didn't know for certain that the financial arrangement was working. So when I saw her, that's what she wanted to know, and I was able to reassure her that it was. After seven years of torturous doubt, her mind was put at rest. I can't tell you how relieved she was. "That's all I wanted to know," she kept saying. "That's all I wanted to know."'

He was watching me now very carefully. After another moment, I gave him the question for which he was waiting.

'Uncle Philip, what financial arrangement?'

He looked down at the back of his hands and studied them for a time. 'Had it not been for you, her love for you, Puffin, your mother, I know, would have taken her own life without a moment's hesitation before allowing that scoundrel to lay a finger on her. She would have found a way, and she would have done it. But there was you to consider. So in the end, when she saw the situation for what it was, she made an arrangement. You would be financially provided for in return for . . . for her compliance. I saw to much of it myself, arranged it through the company. There was a man there at Byatt's, didn't have a clue what it was all about. Thought he was securing safe passage for his opium. Ha ha! He was a fool, that man!' Uncle Philip shook his head and smiled. Then his face darkened again, as though he were now resigned to the course our conversation would take.

'My allowance,' I said quietly. 'My inheritance . . .'

'Your aunt in England. She was never wealthy. Your real benefactor, all these years, has been Wang Ku.'

'So all this time, I've been living . . . I've been living off . . .' I could not go on and simply stopped.

Uncle Philip nodded. 'Your schooling. Your place in London society. The fact that you made of yourself what you have. You owe it to Wang Ku. Or rather, to your mother's sacrifice.'

He stood up again, and when he looked at me I saw something new in his face, something almost like hatred. But then he turned and moved away into the shadows, and I could see it no more.

'That time I last saw your mother,' he said. 'In that fortress. She'd lost all concern for the opium campaign. She only lived for you, worried for you. By that time, the trade had been made illegal. But even that news meant nothing to her any more. Of course I was bitter about it, as were the others of us who'd given years to the campaign. We'd finally achieved our goal, we thought. Opium trade abolished. It only took a year or two to see what abolition really meant. The trade had simply changed hands, that was all. It was now run by Chiang's government. More addicts than ever, but now it was being peddled to pay for Chiang Kai-shek's army, to pay for his power. That's when I joined the Reds, Puffin. Your mother, I thought she'd be devastated to know what our campaign had amounted to, but she no longer cared. All she wanted was for you to be looked after. She only wanted news of you. Do you know, Puffin' – his voice suddenly took on a strange edge – 'when I saw her that time, she seemed well enough. But while I was there, I asked others in the household, people who would know. I wanted to find out the truth, find out how she'd really been treated, because . . . because I knew that one day this moment, this meeting we're having now, was bound to come. And I found out. Oh yes, I found out. Everything.'

'Are you deliberately trying to torment me?'

'It wasn't just . . . just a matter of surrendering to him in bed. He regularly whipped her in front of his dinner guests. Taming the white woman, he called it. And that wasn't all. Do you know . . .'

I had already covered my ears, but now shouted out: 'Enough! Why torture me like this?'

'Why?' His voice was now angry. 'Why? Because I want you to know the truth! All these years, you've thought of me as a despicable creature. Perhaps I am, but it's what this world does to you. I never meant to be like this. I meant to do good in this world. In my way, I once made courageous decisions. And look at me now. You despise me. You've despised me all these years, Puffin, the closest thing I ever had to a son, and you despise me still. But now do you see how the world really is? You see what made possible your comfortable life in England? How you were able to become a celebrated detective? A detective! What good is that to anyone? Stolen jewels, aristocrats murdered for their inheritance. Do you suppose that's all there is to contend with? Your mother, she wanted you to live in your enchanted world for ever. But it's impossible. In the end it has to shatter. It's a miracle it survived so long for you. Now, Puffin, here. I'll give you this chance. Here.'

He had taken out his pistol again. He came from the shadows towards me, and when I looked up, he was looming above me, much as he had done in my childhood. He flung back his jacket and pressed the pistol into his waistcoat near his heart.

'Here,' he said, bending down and whispering so I could smell his stale breath. 'Here, boy. You can kill me. As you've always wanted to. That's why I've stayed alive so long. No one else should have that privilege. I've saved myself, you see, for you. Pull the trigger. Here, look. We'll make it appear as if I attacked you. I'll be holding the gun, I'll fall over you. When they come in, they'll see my body collapsed over you, it'll look like self-defence. See, here, I'm holding it. You pull the trigger, Puffin.'

His waistcoat was pushing against my face, moving up and down with his heaving chest. I felt a revulsion, and tried to move away, but his free hand – the skin felt indescribably parched – had grasped my arm in an effort to draw me to him. It occurred to me he would pull the trigger himself if my hand so much as touched the pistol. I pulled back violently, unbalancing my chair, and staggered away from him.

For a second we both glanced guiltily towards the door to see if the commotion would bring in the guards. But nothing happened, and eventually Uncle Philip laughed, and picking up the chair, positioned it carefully in front of the desk. Then he sat on it himself, put the pistol down on the desk, and spent some time recovering his breath. I took a few more steps away from the desk, but there was nothing else in that cavernous room, and I simply came to a stop, my back still turned to him. Then I heard him say:

'All right. Very well.' He took a few more gulps of air. 'Then I'll tell you. I'll make to you my darkest confession.'

But for the next minute, all I could hear behind me was his heaving breath. Then finally he said:

'Very well. I'll confess to you the truth. About why I allowed Wang Ku to kidnap your mother that day. What I said before, yes, it's true enough. I had to safeguard you. Yes, yes, everything I said earlier more or less stands. But if I'd really wanted to, if I'd really wanted to save your mother, I know I'd have found a way to do so. I'll tell you something now, Puffin. Something I wasn't able to confess even to myself for many years. I helped Wang take your mother because a part of me wanted her to become his slave. To be used like that, night after night. Because you see, I always lusted after her, right from the days when I came to be a lodger in your house. Oh yes, I desired her, and when your father went off like that, I believed it was my chance, that I was his natural successor. But . . . but your mother, she'd never looked at me like that, I realised it after your father went away. She respected me as someone decent . . . No, no, it was impossible. Not in a thousand years could I put myself forward to her, not in that sort of way. And I was angry. I was so angry. And when it all happened, with Wang Ku, it excited me. Do you hear me, Puffin? *It excited me!* After he took her away, in the darkest hours of the night, it excited me. All those years, I lived vicariously through Wang. It was almost as though I'd conquered her too. I gave myself pleasure, many many times, imagining for myself what was happening to her. Now, now, kill me! Why spare me? You've heard it! Here, shoot me like a rat!'

For a long time, I went on standing in the darkened part of the room, my back to him, listening to his breathing. Then I turned to him again and said, quite quietly:

'You said earlier you believed my mother was still alive. Is she still with Wang Ku?'

'Wang died four years ago. His army, in any case, was disbanded by Chiang. I don't know where she is now, Puffin. I honestly don't.'

'Well. I shall find her. I shan't give up.'

'It won't be easy, my boy. There's war raging through the country. It'll soon engulf the whole of it.'

'Yes,' I said. 'I dare say it will soon engulf the whole world. But that's not my fault. In fact, it's no longer my concern. I mean to start again, and this time to find her. Is there anything else you can tell me to help with my search?'

'I'm afraid not, Puffin. I've told you everything.'

'Then goodbye, Uncle Philip. I'm sorry I'm not able to oblige you.'

'Don't worry. No shortage of people willing to oblige the Yellow Snake.' He gave a quick laugh. Then he said in a weary voice: 'Goodbye, Puffin. I hope you find her.'

PART SEVEN

London, 14th November 1958

Chapter Twenty-three

It was my first long trip in many years, and for two days after our arrival in Hong Kong I remained quite fatigued. Air travel is impressively fast, but the conditions are cramped and disorientating. My hip pains returned with a vengeance and a headache lingered for much of my stay, which no doubt jaundiced my view of that colony. I know of those who have made the trip out there and returned full of praise. 'A forward-looking place,' they always say. 'And astonishingly beautiful.' Yet for much of that week, the skies were overcast, the streets oppressively crowded. I suppose I did appreciate here and there – in the Chinese signs outside the shops, or just in the sight of the Chinese going about their business in the markets – some vague echo of Shanghai. But then again, such echoes were more often than not discomforting. It was as though I had come upon, at one of those dullish supper parties I attend in Kensington or Bayswater, a distant cousin of a woman I once loved; whose gestures, facial expressions, little shrugs nudge the memory, but who remains, overall, an awkward, even grotesque parody of a much-cherished image.

I was in the end glad of Jennifer's company. When she had first hinted she should come with me, I had deliberately ignored her. For even by that late stage – I am speaking of only five years ago – she was still tending to regard me as some sort of invalid, especially whenever the past, or else the Far East, re-emerged in my life. I suppose a part of me had long resented this oversolicitousness, and it was only when it occurred to me she genuinely wished to get away from things for a while – that she had her own worries, and that such a trip might do her good – that I agreed we should travel together.

It had been Jennifer's suggestion that we try and extend our journey to Shanghai, and I suppose this would not have been impossible. I could have spoken to a few old acquaintances, men who still have influence at the Foreign Office, and I am sure we could have gained entry into mainland China without undue difficulty. I know of others who have done just that. But then by all accounts, Shanghai today is a ghostly shadow of the city it once was. The communists have refrained from physically tearing the place down, so that much of what was once the International Settlement remains intact. The streets, though renamed, are perfectly recognisable, and it is said that anyone familiar with the Shanghai of old would know his way about there. But the foreigners, of course, have all been banished, and what were once lavish hotels and night-clubs are now the bureaucratic offices of Chairman Mao's government. In other words, the Shanghai of today is likely to prove no less painful a parody of the old city than did Hong Kong.

I have heard, incidentally, that much of the poverty – and also the opium addiction against which my mother once battled so hard – has receded significantly under the communists. How deeply these evils have been eradicated remains to be seen, but it would certainly appear that communism has been able to achieve in a handful of years what philanthropy and ardent campaigning could not in decades. I remember wondering to myself what my mother would have made of such a reflection that first night we spent in Hong Kong, as I paced around my room at the Excelsior Hotel, nursing my hip and trying in general to regain my equilibrium.

I did not go to Rosedale Manor until our third day. It had long been understood that I would make the trip alone, and Jennifer, though she watched my every move throughout the morning, saw me off after lunch with no undue fuss.

That afternoon the sun had actually broken through, and as I climbed the hill-slopes in my taxi, the well-manicured lawns on each side were being watered and mown by teams of gardeners stripped to their vests. Eventually the ground levelled off and the taxi pulled up in front of a large white house built in a British colonial style with long rows of shuttered windows and an additional wing sprawling from its side. It must once have been a splendid residence, overlooking as it did the water and much of the west side of the island. When I stood in the breeze and looked across the harbour, I could see right into the distance to where a cable-car was climbing a faraway hill. Turning to the house itself, however, I saw it had been allowed to grow shabby; the paint on the window ledges and door frames in particular had cracked and peeled.

Inside, in the hallway, there was a faint smell of boiled fish, but the place looked spotlessly clean. A Chinese nun led me down an echoing corridor to the office of Sister Belinda Heaney, a woman in her mid-forties with a serious, slightly dour expression. And it was there, in that cramped little office, that I was told of how the woman they knew as 'Diana Roberts' had come to them through a liaison organisation working with foreigners stranded in communist China. All the Chinese authorities had known of her when handing her over was that she had been living in an institution for the mentally ill in Chunking since the end of the war.

'It's possible she'd spent most of the war there too,' Sister Belinda said. 'It hardly bears thinking about, Mr Banks, what sort of place that was. A person, once incarcerated in such a place, could easily never be heard of again. It was only because she was a white woman she was singled out at all. The Chinese didn't know what to do with her. After all, they want all foreigners out of China. So eventually she was referred here, and she's been with us now for nearly two years. When she first came to us, she was very agitated. But within a month or two, all the usual benefits of Rosedale Manor, the peace, the order, the prayers, began to do their work. You wouldn't recognise her now as the poor creature who arrived here. She's so much calmer. You're a relative, did you say?'

'Yes, it's certainly possible,' I said. 'And since I was in Hong Kong, I thought it only right I paid a visit. It's the least I could do.'

'Well, any news of kin, close friends, any link with England, we'd be very glad to hear about. Meanwhile, a visitor is always welcome.'

'Does she have many?'

'She has visitors regularly. We run a scheme with the pupils of St Joseph's College.'

'I see. And does she get on well with the other residents?'

'Oh yes. And she's no trouble to us at all. If only we could say the same about some of the others!'

Sister Belinda led me down another corridor to a large sunny room – it had perhaps once been the dining room – where twenty or so females all dressed in beige smocks were sitting or shuffling about. French doors were open to the grounds outside, and the sunlight was falling through the windows across the parquet flooring. Had it not been for the large number of vases filled with fresh flowers, I might have mistaken the room for a children's nursery; there were bright watercolours pinned all over the walls, and at various points, little tables with draughts, playing cards, paper and crayons. Sister Belinda left me standing by the entrance while she went over to another nun sitting at an upright piano, and a number of the women stopped what they were doing to stare at me. Others appeared to become self-conscious and tried to hide themselves. Almost all were Westerners, though I could see one or two Eurasians. Then someone started to wail loudly somewhere in the building behind me, and curiously, this had the effect of putting the women at their ease. One wiry-headed lady nearby grinned at me and said:

'Don't you worry, love, it's only Martha. She's bloomin' well off again!'

I could hear Yorkshire in her accent and was wondering what tides of fate had brought her to this place, when Sister Belinda returned.

'Diana should be outside,' she said. 'If you'd follow me, Mr Banks.'

We went out through the French doors into well-tended

grounds which climbed and dipped in all directions, reminding us we were near the crest of a hill. As I followed Sister Belinda past flower beds abloom with geraniums and tulips, I glimpsed panoramic views over the neatly cut hedges. Here and there, old ladies in beige smocks were sitting in the sunshine, knitting, chatting together or muttering harmlessly to themselves. At one point, Sister Belinda paused to look about her, then led me down a sloping lawn through a white gate into a little walled garden.

The only figure to be seen here was an elderly lady sitting in the sun on the far side of the thinning grass, playing cards at a wrought-iron table. She was absorbed in her game and did not look up as we approached. Sister Belinda touched her shoulder gently and said:

'Diana. Here's a gentleman come to visit you. He's from England.'

My mother smiled up at us both, then returned to her playing cards.

'Diana doesn't always understand what's said to her,' Sister Belinda said. 'If you need her to do something, you just have to keep repeating it over and over.'

'I wonder if I may speak with her alone.'

Sister Belinda was not keen on this idea and for a moment seemed to be trying to think of a reason why this was not possible. But in the end, she said: 'If you'd prefer it, Mr Banks, I'm sure that's all right. I shall be in the dayroom.'

Once Sister Belinda had gone, I looked carefully at my mother as she dealt out her cards. She was much smaller than I had expected and her shoulders had a severe hunch. Her hair was silver and had been tied tightly in a bun. Occasionally, as I continued to watch her, she would glance up and smile, but I could see a trace of fear that had not been there in Sister Belinda's presence. Her face was not so greatly lined, but there were two thick folds beneath her eyes that were so deep they looked almost like incisions. Her neck, perhaps owing to some injury or condition, had receded deep into her body so that when she gazed from side to side at her cards, she was obliged also to move her shoulders. There was a droplet clinging to the tip of her nose, and I had taken out my handkerchief to remove it before realising that by doing so I might unduly alarm her. Finally I said quietly:

'I'm sorry I couldn't give you any sort of warning. I realise this might be something of a shock for you.' I stopped, since it was clear she was not listening. Then I said: 'Mother, it's me. Christopher.'

She looked up, smiled much as before, then turned back to her cards. I had assumed she was playing solitaire, but as I watched, saw she was following some odd system of her own. At one point the breeze lifted a few cards off the table, but she appeared not to care. When I collected the cards from the grass and brought them back to her, she smiled, saying:

'Thank you so much. But there's no need to do that, you know. Myself, I like to leave it until many more cards have accumulated on the lawn. Only then do I go to gather them, all in one go, you see. After all, they can't fly away off the hill altogether, can they?'

For the next few moments I continued to watch her. Then my mother began to sing. She sang quietly to herself, almost under her breath, as her hands went on picking up and placing down the cards. The voice was faint – I could not make out the song she was singing – but it was effortlessly melodious. And as I went on watching and listening, a fragment of memory came back to me: of a windy summer's day in our garden, my mother on the swing, laughing and singing at the top of her voice, and me jumping up and down before her, telling her to stop.

I reached forward and gently touched her hand. Instantly she pulled it away and stared at me furiously.

'Keep your hands to yourself, sir!' she said in a shocked whisper. 'Keep them *right* to yourself!'

'I'm sorry.' I moved back a little to reassure her. She returned to her cards and when she next glanced up, she gave a smile as though nothing had happened.

'Mother,' I said slowly, 'it's me. I've come from England. I'm really very sorry it's taken so long. I realise I've let you down badly. Very badly. I tried my utmost, but you see, in the end, it proved beyond me. I realise this is hopelessly late.'

I must have started to cry, because my mother looked up and stared at me. Then she said:

'Do you have toothache, my man? If so, you'd better talk to Sister Agnes.'

'No, I'm fine. But I wonder if you've understood what I'm saying? It's me. Christopher.'

She nodded and said: 'No use delaying it, my man. Sister Agnes will fill in your form.'

Then an idea came to me. 'Mother,' I said, 'it's Puffin. *Puffin.*'

'Puffin.' She suddenly became very still. 'Puffin.'

For a long time my mother said nothing, but the expression on her face had now changed entirely. She was looking up again, but her eyes were focused on something over my shoulder, and a gentle smile was creasing her face.

'Puffin,' she repeated quietly to herself, and for a moment seemed lost in happiness. Then she shook her head and said: 'That boy. He's such a worry to me.'

'Excuse me,' I said. 'Excuse me. Supposing this boy of yours, this Puffin. Supposing you discovered he'd tried his best, tried with everything he had to find you, even if in the end he couldn't. If you knew that, do you suppose . . . do you suppose you'd be able to forgive him?'

My mother continued to gaze past my shoulder, but now a puzzled look came into her face.

'Forgive Puffin? Did you say forgive Puffin? Whatever for?' Then she beamed again happily. 'That boy. They say he's doing well. But you can never be sure with that one. Oh, he's such a worry to me. You've no idea.'

'It might seem foolish to you,' I said to Jennifer when we were discussing the trip again last month, 'but it was only when she said that, it was only then I realised. What I mean is, I realised she'd never ceased to love me, not through any of it. All she'd ever wanted was for me to have a good life. And all the rest of it, all my trying to find her, trying to save the world from ruin, that wouldn't have made any difference either way. Her feelings for me, they were always just *there*, they didn't depend on anything. I suppose that might not seem so very surprising. But it took me all that time to realise it.'

'Do you really suppose,' Jennifer asked, 'she had no inkling at all who you were?'

'I'm sure she didn't. But she meant what she said, and she knew what she was saying. She said there was nothing to forgive, and she was genuinely puzzled at the suggestion there might be. If you'd seen her face, when I first said that name, you'd have no doubt about it either. She'd never ceased to love me, not for a single moment.'

'Uncle Christopher, why do you suppose you never told the nuns who you really were?'

'I'm not sure. It seems odd, I know, but in the end I just didn't. Besides, I saw no reason to take her away from there. She did seem, somehow, contented. Not happy exactly. But as though the pain had passed. She'd have been no better off in a home in England. I suppose it was much like this question of where she should lie. After she died, I thought about having her reburied here. But there again, when I thought it over, I decided against it. She'd lived all her life in the East. I think she'd prefer to rest out there.'

It was a frosty October morning, and Jennifer and I were walking down a winding lane in Gloucestershire. I had stayed the night at an inn not far from the boarding house where she is currently living, and I had called on her shortly after breakfast. Perhaps I did not conceal well enough my sadness on seeing the shabbiness of her latest lodgings, for she had quickly insisted, despite the chill, on showing me the view from a nearby churchyard over the Windrush valley. As we came further down the lane, I could see at the bottom the gates of a farm; but before we reached them, she led me off the path through a gap in the hedge.

'Uncle Christopher, come and look.'

We picked our way through a thick patch of nettles until we were standing by some railings. I could then see the fields sweeping down the valley side.

'It's a wonderful view,' I said.

'From the churchyard, you can see even further. Don't you ever think of moving out here too? London's much too crowded now.'

'It's not like it used to be, that's true.'

We stood there for a moment, side by side, gazing down at the view.

'I'm sorry,' I said to her, 'I've not been up here much recently. I suppose it's been a good few months now. Can't think what I've been up to.'

'Oh, you shouldn't worry so much about me.'

'But I do worry. Of course, I worry.'

'It's all behind me now,' she said, 'all of that last year. I won't try anything foolish like that ever again. I've already promised you that. It was just an especially bad time, that's all. Besides, I never really meant to do it. I made sure that window was left open.'

'But you're still a young woman, Jenny. With so much ahead of you. It depresses me that you should even have contemplated such a thing.'

'A young woman? Thirty-one, no children, no marriage. I suppose there *is* time still. But I'll have to find the will, you know, to go through all of that again. I'm so tired now, I sometimes think I'll gladly settle for a quiet life on my own. I could work in a shop somewhere, go to the cinema once a week and not do anyone any harm. Nothing wrong with a life like that.'

'But you won't settle for that. Doesn't sound like the Jennifer I know.'

She gave a small laugh. 'But you've no idea what it's like. A woman of my age, trying to find romance in a place like this. Landladies and lodgers whispering about you every time you step outside your room. What am I actually supposed to do? Advertise? Now that *would* set them all talking, not that I care at all about them.'

'But you're a very attractive woman, Jenny. What I mean is, when people look at you, they can see your spirit, your kindness, your gentleness. I'm sure something will happen for you.'

'You think people see my spirit? Uncle Christopher, that's only because you look at me and still see the little girl you once knew.'

I turned and looked carefully at her. 'Oh, but it's still there,' I said. 'I can see it. It's still there, underneath, waiting. The world hasn't changed you as much as you think, my dear. It just gave you something of a shock, that's all. And by the way, there *are* a few decent men in this world, I'll have you know. You just have to stop doing your utmost to avoid them.'

'All right, Uncle Christopher. I'll try and do better next time. If there is a next time.'

For a moment we went on gazing at the view, a light wind blowing across our faces. Eventually I said:

'I should have done more for you, Jenny. I'm sorry.'

'But what could *you* have done? If I take it into my silly head to . . .'

'No, I meant . . . I meant earlier on. When you were growing up. I should have been there with you more. But I was too busy, trying to solve the world's problems. I should have done a lot more for you than I did. I'm sorry. There. Always meant to say it.'

'How can you apologise, Uncle Christopher? Where would I be now without you? I was an orphan, with no one. You mustn't ever apologise. I owe you everything.'

I reached forward and touched the wet cobweb suspended across the railings. It broke and dangled from my fingers.

'Oh, I hate that feeling!' she exclaimed. 'Can't bear it!'

'I've always rather liked it. When I was a boy, I used to take off my gloves just to do it.'

'Oh, how could you?' She laughed loudly, and I could see

suddenly the Jennifer of old. 'And what about you, Uncle Christopher? How about *you* getting married? Don't you ever think about it?'

'Definitely too late for that.'

'Oh, I don't know. You manage well enough living on your own. But it doesn't suit you much either. Not really. It makes you morose. You should think about it. You're always mentioning your lady-friends. Won't one of them have you?'

'They'll have me for lunch. But not for much more, I fear.' Then I added: 'There was someone once. Back then. But that went the way of everything else.' I gave a quick laugh. 'My great vocation got in the way of quite a lot, all in all.'

I must have turned away from her. I felt her touch my shoulder, and when I looked around, she was peering gently into my face.

'You shouldn't always talk so bitterly about your career, Uncle Christopher. I've always so admired you for what you tried to do.'

'Tried is right. It all amounted to very little in the end. Anyway, that's all behind me now. My major ambition in life these days is to keep this rheumatism at bay.'

Jennifer suddenly smiled and slipped her arm through mine. 'I know what we'll do,' she said. 'I have a plan. I've decided. I'll find a fine decent man whom I'll marry, and I'll have three, no, four children. And we'll live somewhere near here, where we can always come and look over this valley. And you can leave your stuffy little flat in London and come and live with us. Since your lady-friends won't have you, you can accept the post of uncle to all my future children.'

I smiled back at her. 'That sounds a fine plan. Though I don't know if your husband would so appreciate having me around his house the whole time.'

'Oh, then we'll rig up an old shed or something for you.'

'Now, that does sound tempting. Keep your end of the bargain and I'll think about it.'

'If that's a promise, then you'd better watch out. Because I'll make sure it happens. Then you'll *have* to come and live in your shed.'

Over this last month, as I have drifted through these grey days in London, wandering about Kensington Gardens in the company of autumn tourists and office workers out for their lunch breaks, occasionally running into an old acquaintance and perhaps going off with him for lunch or tea, I have often found myself thinking again of my conversation with Jennifer that morning. There is no denying it has cheered me. There is every reason to believe that she has now come through the dark tunnel of her life and emerged at the other end. What awaits her there remains to be seen, but she is not by nature someone who easily accepts defeat. Indeed, it is more than possible she will go on to fulfil the programme she outlined to me – only half-jokingly – as we looked out over the valley that morning. And if in a few years' time things have indeed gone according to her wishes, then it is not out of the question I will take up her suggestion to go and live with her in the country. Of course, I would not much fancy her shed, but I could always take a cottage not far away. I am grateful for Jennifer. We understand each other's concerns instinctively, and it is exchanges like the one that frosty morning which have proved such a source of consolation for me over the years.

But then again, life in the countryside might prove too quiet, and I have become rather attached to London of late. Besides, from time to time, I am still approached by persons who remember my name from before the war and wish my advice on some matter. Only last week, in fact, when I went to dinner with the Osbournes, I was introduced to a lady who immediately seized my hand, exclaiming: 'You mean you're *the* Christopher Banks? The detective?'

It turned out she had spent much of her life in Singapore, where she had been 'a very great friend' of Sarah's. 'She used to talk of you all the time,' she told me. 'I really do feel I know you already.'

The Osbournes had invited several other people, but once we sat down to eat, I found myself placed beside this same lady, and inevitably our conversation drifted back to Sarah.

'You were a good friend of hers, were you not?' she asked at one point. 'She always talked so admiringly of you.'

'We were good friends, certainly. Of course, we rather lost touch once she went out to the East.'

'She often talked of you. She had so many stories about the famous detective, kept us quite amused when we grew tired of playing bridge. She always spoke most highly of you.'

'I'm moved to think she remembered me so well. As I say, we rather lost touch, though I did receive a letter from her once, around two years after the war. I wasn't aware until then how she'd spent the war. She made light of the internment, but I'm sure it was no joke.'

'Oh, I'm sure it was no joke at all. My husband and I, we could so easily have suffered the same fate. We managed to get ourselves to Australia just in time. But Sarah and M. de Villefort, they always trusted so much to fate. They were the sort of couple who went out in the evening with no plan, quite happy to see who they bumped into. A charming attitude most of the time, but not when the Japanese are on your doorstep. Did you know him also?'

'I never had the pleasure of meeting the count. I understand he returned to Europe after Sarah's death, but our paths have never crossed.'

'Oh, I thought from the way she talked of you, you were good friends with them both.'

'No. You see, I really only knew Sarah during an earlier part of her life. I beg your pardon, there's perhaps no way for you to answer this. But did they strike you as a happy couple, Sarah and this French chap?'

'A happy couple?' My companion thought for a moment. 'Of course, one can never know for sure, but quite honestly, it would be hard to believe otherwise. They did seem utterly devoted to one another. They never had much money, so that meant they could never be quite as carefree as they might have wished. But the count always seemed so, well, so *romantic*. You laugh, Mr Banks, but that's just the word for it. He was so devastated by her death. It was the internment that did it, you know. Like so many others, she never fully recovered her health. I do miss her. Such a charming companion.'

Since this encounter last week, I have brought out and read again several times Sarah's letter – the only one I ever received since our parting in Shanghai all those years ago. It is dated 18th May 1947, and has been written from a hill station in Malaya. Perhaps it was my hope that after my conversation with her friend, I would discover in those rather formal, almost blandly pleasant lines, some hitherto hidden dimension. But in fact the letter continues to yield up little more than the bare bones of her life since her departure from Shanghai. She talks of Macao, Hong Kong, Singapore as being 'delightful', 'colourful', 'fascinating'. Her French companion is mentioned several times, but always in passing as though I already knew all there was to know about him. There is a breezy mention of the internment under the Japanese, and she pronounces her health problems 'a bit of a bore'. She asks after me in a polite way and calls her own life in liberated Singapore 'a pretty decent thing to be getting on with'. It is the sort of letter one might write, in a foreign land, on an impulse one afternoon to a vaguely remembered friend. Only once, towards the end, does its tone imply the intimacy we once shared.

'I don't mind telling you, dearest Christopher,' she writes, 'that at the time, I *was* disappointed, to say the least, at the way things transpired between us. But don't worry, I have long ceased to be cross with you. How could I remain cross when Fate in the end chose to smile so kindly on me? Besides, it is now my belief that for you, it was the correct decision not to come with me that day. You always felt you had a mission to complete, and I dare say you would never have been able to give your heart to anyone or anything until you had done so. I can only hope that by now your tasks are behind you, and that you too have been able to find the sort of happiness and companionship which I have come lately almost to take for granted.'

There is something about these sections of her letter – and those last lines in particular – that never quite ring true. Some subtle note that runs throughout the letter – indeed, her very act of writing to me at that moment – feels at odds with her report of days filled with 'happiness and companionship'. Was her life with her French count really what she set off to find that day she stepped out on to the jetty in Shanghai? I somehow doubt it. My feeling is that she is thinking of herself as much as of me when she talks of a sense of mission, and the futility of attempting to evade it. Perhaps there are those who are able to go about their lives unfettered by such concerns. But for those like us, our fate is to face the world as orphans, chasing through long years the shadows of vanished parents. There is nothing for it but to try and see through our missions to the end, as best we can, for until we do so, we will be permitted no calm.

I do not wish to appear smug; but drifting through my days here in London, I believe I can indeed own up to a certain contentment. I enjoy my walks in the parks, I visit the galleries; and increasingly of late, I have come to take a foolish pride in sifting through old newspaper reports of my cases in the Reading Room at the British Museum. This city, in other words, has come to be my home, and I should not mind if I had to live out the rest of my days here. Nevertheless, there are those times when a sort of emptiness fills my hours, and I shall continue to give Jennifer's invitation serious thought.